Günther Anders hat auf die atomare Drohung so früh und so radikal reagieren können, weil er die „Anstrengung des Begriffs" mit der „Anstrengung der Phantasie" verbunden hat, wie sie vor allem Künstlern eigen ist. Daß Anders mit Dichtern und Künstlern in Tuchfühlung gelebt hat und auch selbst als Maler tätig gewesen ist, zeigen die in diesem Band versammelten Texte über Brecht, Broch, Döblin, Grosz und der wegweisende Eassay „Kafka, pro und contra" sowie die beigegebenen Zeichnungen von Anders aus dem Paris der zwanziger Jahre.

Günther Anders wurde am 12. Juli 1902 in Breslau geboren. Nach dem Studium der Philosophie 1923 Promotion bei Husserl. Danach gleichzeitig philosophische, journalistische und belletristische Arbeit in Paris und Berlin. 1933 Emigration nach Paris, 1936 nach Amerika. Dort viele „odd jobs", unter anderem Fabrikarbeit, aus deren Analyse sich später sein Hauptwerk ‚Die Antiquiertheit des Menschen' ergab. Ab 1945 Versuch, auf die atomare Situation angemessen zu reagieren. Mitinitiator der internationalen Anti-Atombewegung. 1958 Besuch von Hiroshima, 1959 Briefwechsel mit dem Hiroshima-Piloten Claude Eatherly. Stark engagiert in der Bekämpfung des Vietnamkrieges. – Auszeichnungen: 1936 Novellenpreis der Emigration, Amsterdam; 1962 Premio Omegna (der ‚Resistanza Italiana'); 1967 Kritikerpreis; 1978 Literaturpreis der ‚Bayerischen Akademie der Schönen Künste'; 1979 Österreichischer Staatspreis für Kulturpublizistik; 1980 Preis für Kulturpublizistik der Stadt Wien; 1983 Theodor-W.-Adorno-Preis der Stadt Frankfurt; 1992 Sigmund-Freud-Preis für wissenschaftliche Prosa der Deutschen Akademie für Sprache und Dichtung. Günther Anders starb am 17. Dezember 1992 in Wien. Eine Übersicht seiner lieferbaren Werke bei C. H. Beck findet sich am Ende des Buches.

GÜNTHER ANDERS

Mensch ohne Welt

Schriften zur Kunst und Literatur

VERLAG C.H.BECK MÜNCHEN

Mit 15 Abbildungen

Die Deutsche Bibliothek – CIP-Einheitsaufnahme

Anders, Günther:
Mensch ohne Welt : Schriften zur Kunst und Literatur /
Günther Anders. – 2. Aufl. – München : Beck, 1993
(Beck'sche Reihe ; 1011)
ISBN 3 406 37401 8
NE : GT

ISBN 3 406 37401 8

Zweite Auflage. 1993
Einbandentwurf von Uwe Göbel, München

Gesamtherstellung: C.H. Beck'sche Buchdruckerei, Nördlingen
Gedruckt auf säurefreiem,
aus chlorfrei gebleichtem Zellstoff hergestelltem Papier
Printed in Germany

Für Liesl,
die das Werden dieser Texte
mit Kopf und Herz miterlebt hat,
voll Dankbarkeit

Inhalt

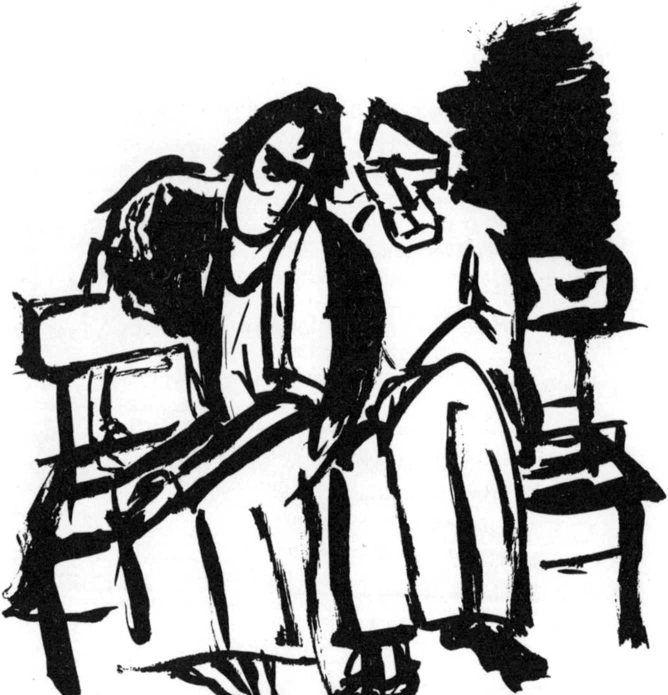

Lied der Arbeitslosen

Wir sind da uff diese Welt,
daran kann keen Deibel tippen,
hinjeborn und abjestellt,
bis wir wieder runterkippen.
Keener weess, wat solln wir hier,
keener ists zum Schluss jewesen,
keener trägt die Reisespesen
als wie wir.
Hinjeborn und abjestellt
stehn wir rum uff diese Welt.

Keener hat uns wat versprochen,
keene Wohlfahrt jarantiert
dass man uns mit heilen Knochen
durch den Trubel durchlaviert.
Keener weess, wat solln wir hier,
keener ists zum Schluss jewesen,
keener trägt die Reisespesen
als wie wir.
Hinjeborn und abjestellt
stehn wir rum uff diese Welt.

Nur jewisse Parajraphen
haben uns hierherjestellt.
Anjedrohte Zuchthausstrafen
brachten uns ans Licht der Welt.
Keener wees, wat solln wir hier,
keener ists zum Schluss jewesen,
keener trägt die Reisespesen
als wie wir.
Hinjeborn und abjestellt
stehn wir rum uff diese Welt.

(G. A., 1932)

Einleitung

I. Mensch ohne Welt

Nicht zu Unrecht gelte ich als einer, der Jahrzehnte – keine gerade sehr erheiternde Beschäftigung – damit zugebracht hat, das Bild des kahl durch den Weltraum rotierenden Globus an die Wand zu malen, also vor der Selbstvernichtung der Menschheit, vor der „*Welt ohne Menschen*" (vielleicht sogar ohne Leben) zu warnen.

Diese meine (wie der hoffnungslos zum Dauerhoffen verurteilte Bloch fand) „fixe Idee" hat mich zwar durch mehr als den halben Zeitraum meiner vita philosophica begleitet (wenn ich von dem mir nun einmal zudiktierten „apokalyptischen Thema" sagen darf, daß es mich „begleitet" habe). Aber diese „Beschäftigung" mit dem möglichen Ende, die sofort: am Hiroshimatage, am 6. August 1945, einsetzte, sich freilich nicht sofort in „Texte" umsetzen konnte, stellt doch eigentlich eine (um Heideggers Terminus aufzunehmen) „*Kehre*" dar: *eine Umkehrung meines ursprünglichen Hauptthemas:* Denn *vor* dem Zäsurdatum hatten umgekehrt fast alle meine Beschäftigungen: die spekulativen, politischen, pädagogischen, literarischen, die zu unterscheiden mir ziemlich sinnlos scheint, dem „*Menschen ohne Welt*" gegolten. Was will ich mit dieser Formel anzeigen?

Mehreres.

I

„Menschen ohne Welt" waren und sind diejenigen, die gezwungen sind, *innerhalb einer Welt* zu leben, die nicht die ihrige ist; einer Welt, die, obwohl von ihnen in täglicher Arbeit erzeugt und in Gang gehalten, „*nicht für sie gebaut*" (Morgenstern), nicht für sie da-ist; innerhalb einer Welt, *für* die sie zwar gemeint, verwendet und „da" sind, deren Standards, Abzweckungen, Sprache und Geschmack aber *nicht die ihrigen,* ihnen nicht vergönnt sind.

Diese These ist eine Ausweitung der Marxschen Grundthese, daß das *Proletariat die Produktionsmittel,* mit deren Hilfe es die Welt der herrschenden Klasse erzeuge und in Gang halte, nicht selbst besitze. Freilich ist meine These allgemeiner als die Marxens (der sie aber nicht etwa widerspricht), da sie auf etwas *Ontologisches,* und zwar auf etwas *negativ-Ontologisches* abzielt. Womit ich meine, daß sich dasjenige, was der Proletarier *nicht* sein eigen nennen kann, sich nicht auf die von ihm erzeugten und bedienten Produktionsmittel beschränkt; auch nicht auf die, ebenfalls von ihm erzeugten „products of easy life" – diese Definition von Unfreiheit wäre viel zu eng. Entscheidend ist vielmehr – und darin besteht eben das „negativ Ontologische" –, daß die Welt, die er selbst herstellt, mindestens mit-herstellt, nicht *seine* Welt ist, daß er in dieser nicht zuhause ist, so wenig zuhause ist, wie der Bauarbeiter in dem von ihm mit-errichteten Gebäude zuhause ist. In anderen Worten: da er nur für die Welt Anderer lebt, für eine Welt, in der Andere sich zuhause fühlen sollen, trifft auf ihn Heideggers Grundcharakterisierung menschlichen Seins: daß dieses eo ipso „In-der-Welt-Sein" sei, nicht eigentlich zu; lebt er *nicht* eigentlich *„in"*, sondern nur *„innerhalb"* der Welt – innerhalb der Welt Anderer, eben der „herrschenden Klasse", auch wenn die *„Ketten"*, die ihn an diese Welt der Anderen ketten, so weich und geschmeidig gemacht worden sind, daß er *sie* für die „Welt" hält, sogar für *seine* Welt, und er sich eine andere Welt schon gar nicht mehr vorstellen kann, und er diese auch unter keinen Umständen „verlieren" will, sie als die seine sogar mit Zähnen und Klauen verteidigt. Durch seinen Kampf um den Arbeitsplatz, an dem der Arbeitende oft Sinnloses oder Katastrophales herstellt, und auf den er ein Recht, gar ein heiliges, zu haben beteuert, beweist er, wie wenig er in *seiner* Welt lebt; daß er, ohne sich dessen bewußt zu sein, *„weltlos"* ist.

Der Ausdruck „Mensch ohne Welt" bezeichnet also eine Klassentatsache. Die von Heidegger als anthropologisch = allgemeingültig gemeinte Behauptung, „Dasein" (das spezifische Sein des Menschen) *sei eo ipso ein „In-der-Welt-Sein"*, gilt ausschließlich von dem der herrschenden Klasse zugehörenden Menschen: nur *der* kann sich mit dem, was ihn umgibt, so identifizieren, daß er es als *seine Welt* (damit „Welt als Existenzial") anzuerkennen und Heidegger recht zu geben vermag. Daß dieser Einwand ihm von seiner (zu 90 Prozent aus armen „Werkstudenten" bestehenden) Schülerschaft nie gemacht worden ist, ist ein sehr sonderbares politisches Faktum, dem nachzugehen hier nicht der Platz ist. Hegelnd ausgedrückt: Das „*Sein des Knechts*“ *ist kein* „*In-der-Welt-Sein*“, weil er eben *nicht* in *seiner* Welt lebt, sondern *in* der und *für* die Welt der „*Herren*“. Die Frage: „*wem gehört die Welt?*“, in der zu sein unser Dasein angeblich ausmacht, hat Heidegger in seiner ausführlichen Analyse des Weltbegriffes, trotz aller seiner Betonung der „Sorge“ und trotz seiner eigenen langjährigen Armutserfahrung niemals gestellt. – Und der Gedanken, daß man vielleicht nur „in derjenigen Welt *ist*“, nur zu derjenigen *gehört*, die einem *mit-gehört*, der ist ihm wohl niemals gekommen. Viel näher lag ihm, mindestens vorübergehend, der, daß die „Welt“, in der zu sein den Menschen definiert, diejenige sei, *der* man, da sie Diktatur ist, als Untertan oder „Volksgenosse“ *gehört*.

Der barfüßige Junge, den ich, gleichaltriger Bürgerssohn, etwa 1910 vor dem Nobelrestaurant in Breslau beobachtete, und der, sich die Nase an der Glasscheibe plattdrückend, hineinzublicken versuchte, und den der Polizist mit der Frage: „*was hast du hier denn eigentlich verloren?*“ fortschubste, und der fortstolpernd „*Nichts!*“ antwortete, der hatte in der Tat recht: denn er hatte deshalb nichts verloren, weil er zuvor nichts gehabt hatte, was er hätte verlieren können. Sein „Sein“ war gewiß kein „In-der-Welt-Sein“, sondern eben ein *Außerhalb-Bleiben*, ein (wie ich es vor fünfzig Jahren in meiner, hier abgedruckten, Kafka-Analyse genannt hatte) „*Zur Welt Nicht-zugelassen-worden-Sein*“. Diese Formel beweist, wie rechtmäßig mein Buchtitel ist. Denn dieser Junge war eben wirklich ein „Mensch ohne Welt“.

Wer aber dieser Behauptung mit der Redensart widerspricht, auch die „Welt der Armut“ sei schließlich eine „Welt“, der verwendet einen ganz leeren Weltbegriff und verdient keine explizite Widerlegung, sondern nur jenen Hohn, den Marx für Stirner hatte, als er diesem nachsagte, dieser hätte wohl kaum gezögert, den Hungrigen als den „Eigentümer seines Hungers“ zu bezeichnen.

2

„*Weltlos*“ in noch prononzierterem, nein: in *potenziertem Sinne* sind (und waren schon vor sechzig Jahren) die *Arbeitslosen*, die, als sie ihre Arbeit verloren, sogar diejenige „Welt“, die gar nicht die „ihrige“

gewesen war, aber immerhin irgendwas, einbüßten; *die*, um ein hochberühmtes Wort zeitgemäß zu variieren, *ihre Ketten nicht nur nicht verlieren durften oder verlieren konnten, sondern noch nicht einmal hatten tragen dürfen;* und die nun wirklich (in einem nicht nur wirtschaftlichen Sinne, was schon „genügt" hätte) *vis-à-vis de rien* standen (und heute erst recht stehen).[1] Kurz: von den Arbeitslosen als „Menschen ohne Welt" handeln meine Texte immer wieder. Sie, die Träger der Parole: „non laboro ergo non sum", halte ich, zusammen mit den Geräten, für die Schlüsselfiguren unserer Epoche, für die Symbole und Repräsentanten der „Antiquiertheit des Menschen". Und deshalb haben sie mein philosophisches Denken seit nahezu 60 Jahren fast pausenlos begleitet. Hier erheben sie ihre schreckliche Stimme nicht etwa nur in dem diesem Bande vorangestellten und nun erst vollends wahr werdenden „Arbeitslosenlied" (einem von vielen um 1930 entstandenen), sondern auch in meiner die Reihe dieser Essays eröffnenden Existenz- und Sprachanalyse des *Franz Biberkopf,* also in meiner Interpretation des Döblinschen Romans „Berlin Alexanderplatz"; ebenfalls in meiner (in den 1. Band der „Antiquiertheit des Menschen" aufgenommenen) *Godot-Deutung;* und schließlich findet sich eine grundsätzliche philosophische Abschätzung der „Arbeitslosigkeit als „Weltlosigkeit" im 2. Band des genannten Werkes (S. 91 ff.).

3

Als „ohne Welt" schien mir der Mensch ferner aus rein ontologischer Perspektive: Während eines, heute von mir nicht mehr nachvollziehbaren, total politikfreien Intermezzos meines Lebens etwa zwischen 1920 und 1927 hatte ich mit dem Ausdruck „Mensch ohne Welt" ausschließlich einen anthropologisch-philosophischen Tatbestand gemeint: Den, daß wir Menschen (vielleicht[2] als einzige von allen uns bekannten Spezies) auf *keine bestimmte Welt und auf keinen bestimmten Lebensstil* festgelegt, vielmehr darauf angewiesen seien, uns in jeder Epoche, an jedem Orte, wenn nicht sogar tagtäglich, eine neue Welt und einen neuen Lebensstil zu besorgen oder zu schaffen; daß, wenn wir uns als *„geschichtlich"* und als *„frei"* bezeichnen, nichts anderes täten, als diesen anthropologischen Defekt *„Nichtfestgelegtheit"* zu positivieren – worauf wir freilich, wie die bunte Fülle der gelungenen geschichtlichen Weltstile, die wir „frei" improvisiert haben, beweist, ein gutes Recht haben. Durchaus denkbar, daß diese Charakterisierung nicht auf „*den*" Menschen zutrifft, z. B. nicht auf archaische Kulturen und Weltkonzepte, die vielleicht ebenso stationär waren oder geworden waren wie die Kulturen und Weltkonzepte nicht menschlicher Spezies, und daß diese Definition des Menschen nur auf den spätgeschichtlichen, rapide sich verändernden, Menschen zutrifft. Gleichviel, damals sah ich „den Menschen" als *nicht festgelegt auf eine bestimmte Welt,* und *in dieser Unspezifizität sah ich seine Spezifizität.* Wie groß war meine Überraschung, als ich zwanzig Jahre nach der philosophischen Fixierung dieser „negativen Anthropologie", nach meiner Rückkehr aus dem Exil 1950, erfuhr, daß ein gewisser Arnold Gehlen durch die Erfindung dieses (letztlich wohl auf Nietzsche und seine Idee eines „Übermenschen" zurückgehenden) Begriffes der „Unfestgelegtheit" berühmt geworden sei, also lange Jahre nachdem ich diese in einem 1929 gehaltenen[3], aber erst im Pariser Exil auf Französisch veröffentlichten Vortrage zur Diskussion gestellt hatte.

4

Viertens bezeichne ich mit dem Ausdruck „*Mensch ohne Welt*" – und damit komme ich wohl zur heutigen Hauptbedeutung – *den Menschen im Zeitalter des kulturellen Pluralismus;* denjenigen Menschen, *der, weil er an vielen, an zu vielen Welten gleichzeitig, teilnimmt, keine bestimmte, und damit auch keine, Welt hat.* Dieser paradoxe Gedanke erfordert Erläuterungen.

Der *Pluralismus,* in den wir (ich zum Beispiel, Jahrgang 1902) hineingeboren worden waren, und in dem wir auch heute noch leben[4], der ist, *im Unterschiede zum „simplen Pluralismus"*, ein „*interiorisierter Pluralismus*", und damit, theologisch gesprochen, ein *Polytheismus.*

Was meine ich mit der Unterscheidung zwischen „simplem" und „interiorisiertem" Pluralismus?

Als „simpel" und „undialektisch pluralistisch" verstehe ich diejenige Welt, die mehrere (mindestens zwei) „Götter" (Religionen, Kirchen, Stile) enthält bzw. zuläßt (z. B. die katholische *und* die protestantische Kirche); in der aber diese, obwohl voneinander verschieden, vielleicht sogar einander widersprechend, einander nicht bekämpfen, sondern *nebeneinander* bestehen. Wenn es nun sogar schon zum Wesen des *„simplen Pluralismus"* gehört, daß jede einzelne Person oder Gruppe, obwohl ausschließlich ihrem eigenen „Gotte" zugehörig und loyal, die Respektierung eines anderen Gottes (oder anderer Götter) durch Andere toleriert oder verlangt, dann läuft das darauf hinaus, daß es zum Wesen des Pluralismus gehört, *etwas als falsch Unterstelltes zu dulden;* daß die *Wahrheit des Pluralismus darin besteht, letztlich kein Interesse an „der" Wahrheit zu haben; genauer daran, den Wahrheitsanspruch der tolerierten Position (und letztlich damit auch der eigenen) nicht ernst zu nehmen;* diesen zwar zu erlauben, aber doch eben nur mit Achselzucken. Jeder Position konzediert man zwar das Recht darauf, zu bestehen und zu behaupten, „recht" zu haben; aber keine darf doch *„mehr Recht"* haben als jede andere. Dieser Pluralismus ist evidentermaßen eine Position, die eigentlich weder von Gläubigen noch von Philosophen vertreten werden dürfte. Aber es gehört eben offensichtlich zum Wesen des *Pluralisten,* daß er nicht nur nicht darunter leidet, in keiner bestimmten Welt mehr zu leben[5], sondern auch *nicht mehr spürt, wie gleichgültig ihm Wahrheit geworden ist.* Und das gilt selbst von Personen, die sich als Gläubige oder als Philosophen verstehen. Jene beteuern, *an die Pluralität zu glauben* – was immer das bedeuten mag; und diese, *ihre Indifferenz angesichts der Wahrheit* für eine, für ihre, oder, wenn's hoch kommt, sogar *für die Wahrheit zu halten* – was natürlich nicht weniger sinnlos ist. Gleichviel – und damit kehre ich zum Hauptpunkte zurück: Wer in einer Welt lebt, in der alle Religionen und Weltanschauungen als gleichermaßen berechtigt gelten, der lebt gewiß in keiner eindeutigen „Welt"; vielmehr in einem Zustande, in dem der merkwürdige Plural *„Welten"* unanstößig zu werden beginnt. *Toleranz zieht mithin* Polytheismus, genauer: *Polykosmismus, nach sich.* Und verglichen mit einem unzweideutigen Stand ist *jeder Polykosmismus* natürlich ein *Akosmismus.*

Aber bis eben habe ich ja noch immer nur vom *„simplen Pluralismus"* gesprochen, den wir seit mehr als einem Jahrhundert hinter uns haben. Was vom „simpel pluralistischen" Menschen gilt, das gilt natürlich erst recht von Menschen, die den Pluralismus *„interiorisieren"*, bzw. von demjenigen Zustande, in dem der Pluralismus bereits *natürlich* zu sein scheint; in dem die Menschen diesen bereits geerbt haben und sich keine Gedanken darüber machen, wie geschichtlich exzeptionell das ist, was sie da durch- und mitmachen.

Was meine ich mit dem Ausdruck „*interiorisierter Pluralismus*"?

Denjenigen, wenn man will „alexandrinischen" Zustand, in dem man die „Götter" der Anderen nicht nur duldet, sondern diese, mehr oder minder verbindlich, *mit-anerkennt*, sogar *mit-verehrt;* das mindestens *kann* oder *darf* oder gar *will* oder, aus kommerziellen Gründen, sogar *soll.* Das mag absurd klingen, aber diese Absurdität ist nicht von mir verschuldet, sondern eben durch die Kultursituation, die „Toleranz" heißt, da diese in diesem Widerspruch besteht. (Daß der habituell Tolerante diesen Widerspruch nicht mehr aufzulösen versucht, nein: keinen Anlaß mehr dazu sieht, ihn aufzulösen, das steht auf einem anderen Blatte.) – Diese „Mitanerkennung" vollzieht sich aber nicht so sehr in *Theokrasie*[6], vielmehr zumeist als ein *Sowohl-als-auch,* als bloße Simultaneität oder als *Juxtaposition von Inhalten, Weltanschauungen oder -stimmungen,* die, obwohl einander fremd, oft sogar widersprechend, sonderbarerweise einander nicht zu stören scheinen.

So war das:

Der protestantische Tourist lauschte in San Marco ergriffen der katholischen Gabrieli-Messe; der Katholik bewunderte im Neapolitaner Museo Nazionale die obszönsten Satyr-Vasen; der Reformjude beschenkte sein Barmizwa-Söhnchen mit Darwins „Entstehung der Arten"; der Operndirigent kaiserlichen Geblüts leitete beglückt Mozarts Antiaristokraten-Oper „Figaro"; der Quantenmechaniker verstummte ergriffen bei der Gralsmusik Wagners. Und so, wie es damals war, ist es auch heute noch. Oder heute wieder: *Alle nehmen an allem teil.* Das Radio bedient *nicht nur jedermann, spendet nicht nur suum cuique, sondern Allen alles.* Und das, obwohl sich, wie gesagt, die diversen Gaben: die Stile, Credos, Inhalte, Emotionen, radikal voneinander unterscheiden, zumeist sogar einander ausschließen. Wer aber an dieser *kulturellen Promiskuität* Anstoß nimmt, der gilt als kulturell prüde, stur, provinziell, unaufgeschlossen, intolerant, undemokratisch, unkultiviert – und eng sogar auch in moralischer Hinsicht. Und wer unfähig bleibt oder sich dagegen sträubt, Wagner *und* Palestrina, Giotto *und* Klee, Nietzsche *und* Franziskus zugleich zu goutieren, gar zugleich zu verehren, der blamiert sich als Barbar oder als Banause – obwohl es durchaus wert wäre zu erwägen, ob nicht Barbarei und Banausie gerade durch dieses grundsätzliche „Zugleich" zu definieren sei. *Das nahezu sakrale Schlüsselwort des Zeitalters lautet „und".* Die berühmte Rankesche These, derzufolge alle Epochen der Weltgeschichte, wie verschieden immer, „*gleich nahe zu Gott*" stehen, gehört nun auf den Kopf gestellt: Denn was nun gilt, ist, daß *alle diversen Götter jedem beliebigen Kulturkonsumenten gleich nahe stehen und sogar stehen* sollen; *und daß jeder von uns jedem Gott als möglichem Gast einen Tischplatz freihalten solle.* Bekanntlich sind schon durch Hölderlins Zimmertüre Jesus und Dionysos Hand in Hand getreten. Die Götter sind gar nicht mehr heikel. Im Gegenteil: sie wünschen sich kein bestimmtes Spezialpublikum. Gerne läßt sich jeder Gott von jedermann, von wem auch immer, auch von den Falschesten, anbeten, wenigstens respektieren, auf jeden Fall *konsumieren.* Von je mehr und von je verschiedeneren, um so besser. Und das *wünschen* die Götter nicht nur, das gebieten sie geradezu, da sie sich ja – die Angebote sind die Gebote der Epoche – *anbieten.*

Ich sagte: „auch von den Falschesten" – was eigentlich philosophisch unscharf ist, weil es „falsche Konsumenten" nicht geben kann. Die kann es deshalb nicht geben, *weil man durch Konsum zum richtigen Konsumenten wird. Durch* Mit-Kauf und Mit-Konsum macht man sich zum legitimen Mitglied in der Gemeinde der pluralistischen Warengesellschaft. Und diese Tatsache, daß jeder, der sich das leisten kann, alles gleichermaßen, mit gleicher Berechtigung, mit gleichem Gusto und im Notfall sogar alles gleichzeitig, mitrespektiert, mitglaubt und mitgenießt, also daß jedermann die gewünschte, angebotene, also gebotene, „*Omnivorie*" mitmacht, dieses Faktum wird „*Kultur*" genannt. Und diese Omnivorie, oder, da es sich um ein Prinzip handelt, richtiger: dieser „*Omnivorismus*" ist, wenn man ihn nicht zur bloßen Unterhaltungslust an der Buntheit des täglichen Angebots abwertet, wiederum eine Art von „*Polytheismus*", ein „*Polytheismus im Diesseits*", *ein „oraler Polytheismus*", in dem sich alle konkurrierenden Götterwaren und Warengötter gleichberechtigt anbieten. Da aber die diversen, unendlich vielen Götter gar nichts miteinander zu tun haben, bilden sie noch nicht einmal eine *Götterhorde* oder *-party,* wie das die olympischen Götter getan hatten, sondern eben nur ein *Gewimmel.* Und deshalb ist der heutige Polytheist – hier schließt sich von neuem der Begriffskreis – „*weltlos*". Denn wo das Götterchaos herrscht, da bleibt auch unsere sublunare Welt chaotisch; da kristallisiert sie sich nicht zu etwas, was wir „Welt", gar *eine* „Welt" nennen dürften.

An die Stelle der Egalité oder Gleichberechtigung der Bürger oder

der Klassen war gewissermaßen – darin bestand angeblich Demokratie – eine „*Gleichberechtigung der Weltanschauungen*" getreten. Und deren Gleichberechtigung gilt im Westen (nach der kurzen fürchterlichen Unterbrechung durch den Nationalsozialismus) auch heute noch (bzw. schon wieder) als selbstverständlich. *Als Bürgern der sog. „freien Welt" ist es uns nicht erlaubt, auf den Gedanken zu kommen (und das können wir deshalb auch nicht), daß unsere Bejahung des Pluralismus etwas moralisch Fragwürdiges und weltgeschichtlich Ausgefallenes darstelle.* Das können wir um so weniger, als uns, ohne daß wir es verspürt hätten, mit durchaus totalitären New-speak-Mitteln der Glaube (angeblich sogar das „Wissen") eingetrichtert worden ist, daß *Nicht-Pluralismus eo ipso auf Totalitarismus hinauslaufe;* den wir ja – so schwafelt die heimlich totalitäre Sprachregelung weiter – ohnehin abwiesen, mindestens abzuweisen hätten.

Nun werden vermutlich viele meiner Kollegen befremdet oder gar empört auffahren und mich als Fürsprecher des Totalitarismus verdächtigen. Daß ich den Totalitarismus (freilich unter strikter Vermeidung dieses unterdessen längst selbst auf totalitäre Art propagierten Terminus) bereits vor mehr als einem halben Jahrhundert bekämpft hatte, als die Verdächtiger, sofern schon vorhanden, noch in kurzen HJ-Hosen steckten, das ist diesen nicht nur unbekannt, das wäre ihnen auch unverständlich und wegen Verfrühtheit sogar suspekt. Sollen sie mich verdächtigen! Was ich meine, ist allein, daß wir, *durch den heimlichen Totalitarismus der Medien in der sog. „freien Welt" dazu gezwungen sind, uns für „frei" und für „Gegner des Totalitarismus" zu halten.* (Siehe meine „Antiquiertheit des Menschen", Bd. I, S. 99–211.)

Der Ausdruck „Mensch ohne Welt" bedeutet mithin auch, daß wir (sofern wir nur den Kapitalismus eisern als „selbstverständliche und alternativlose Verwirklichung der Freiheit" anerkennen) „frei" bleiben, zu entscheiden, für welche der uns jeweils angebotenen und gebotenen Welten wir Partei ergreifen.

Nichts beweist – was freilich pausenlos, auch offiziell, geschieht – schlimmere Unwissenheit, nichts ist widersinniger, als wenn Gläubige die Religionen ihrer Nachbarn, gar ihre eigenen, zu den „*Kulturgebieten*" zählen. Wer das tut, der mißversteht und entwertet sie. Und das dürfen höchstens Baedekers tun: „Führer durch die bedeutendsten Kirchen, Klöster und andere architektonische Kulturdenkmäler Oberitaliens". Und natürlich dürfen auch *wir* das tun – wobei ich unter „wir" die Atheisten verstehe –, die sich dessen bewußt sind, daß sie Religionen durch ihre Zurechnung zur Kultur entweihen; und die nichts gegen diese Entweihung haben. Nicht grundlos haben die Tertullians aller Zeiten so fanatisch gegen „Kultur" gewettert.

Zu Kulturgebieten werden Religionen erst dadurch, daß sie (wie z. B. die althellenische Religion heute) *nicht* (mehr) *geglaubt* werden. *Kultur ist das Revier des ungültig Gewordenen oder des von vornherein Ungültigen.* Wenn Caruso auf der Opernbühe seine Bellinische Gebetsarie sang, dann glaubte er nicht an den angesungenen Gott; nicht zu Jesus Christus hinauf stieg die Sopranstimme der bejubelten Sopranistin Agŭjari empor, sondern in die Höhe des fünfgestrichenen C's. Und nicht zufällig gelten als „*Kulturmenschen*" vor allem *diejenigen, die alle Glaubensinhalte neutralisiert haben* und die diese, statt an sie zu glauben, *nur „irgendwie" respektieren oder genießen* – was bereits, man denke an den Goethekult, auf *eines* hinausläuft. Und dieses Wort „*irgendwie*", gegen dessen gezierte Vagueheit ich stets Widerwillen empfunden hatte und auch heute noch empfinde, das ist hier nicht nur erlaubt, sondern geradezu geboten, weil es kein anderes Wort gibt, das so „genau ins Schwarze der Ungenauigkeit und des Ungefähr" der Kulturrezeption „hineintrifft" (Sisley) wie dieses.

Was man Künstlern nachsagt: daß sie, *wenn sie ihre dicta im Ernst meinen, ihr Recht darauf verspielen, als Künstler, also im Reich der Kultur, noch ernst genommen zu werden,* weil sie dieses durch ihren Ernst bereits „verraten" oder sich mit der *unabwaschbaren Schande der „Tendenz"* beflecken[7], das gilt analog auch von den Kulturkonsumenten: Wenn das Konzertpublikum Schillers und Beethovens leidenschaftliche Behauptung, daß „*alle Menschen Brüder*" werden, frenetisch beklatscht, dann will es damit nicht etwa seine effektive Bereitschaft kundtun, sofort die Verhungernden in der Sahelzone oder die Gefolterten in Argentinien brüderlich zum umschlingen, so brüderlich wie die besungenen „Millionen". Damit würde es ja Kultur bereits politisieren, die gute Absicht (die ja sogar von unserem größten Klassiker als „verstimmend" disqualifiziert worden ist), die würde die Beethovensymphonie stören; *die Moral würde die Kunst besudeln.* Die Konzertbesucher fraternisieren vielmehr *nur „irgendwie"*, nur so dürfen (sollen oder wollen) sie fraternisieren, und das bedeutet wiederum: unverbindlich, konsequenzenlos, risikolos und – genußreich. *Kunst ist Beteuerung und hat angeblich eine solche zu bleiben.* Was sie „umschlingen", sind nicht etwa die „Millionen", höchstens (wenn überhaupt) diejenigen, die der Aufforderung zur „Umschlingung" der Millionen ebenfalls beiwohnen und diese ebenfalls genießen. Und die „Welt", deren „Kuß" zu applaudieren sie vorgeben, die meinen sie gar nicht. Was sie meinen und applaudieren, ist bestenfalls ihr eigenes ganz scheinhaftes Fraternisieren mit dieser Welt. Von einem wirklichen Bezug zur Welt kann also keine Rede sein. Abermals drängt sich der sich immer wieder anbietende Terminus *„Menschen ohne Welt"* auf.

Das im Museum aufgestellte Kruzifix kann (namentlich, wenn es von anderen flankiert wird) keinem Beter mehr dienen. *Den Plural „Christi" gibt es,* trotz der Tatsache, daß abertausende von Christusfiguren (gewissermaßen sakralen Reproduktionsstücken) an Andachtsstätten der Welt herumstehen, *in der Religion nicht, sondern ausschließlich in der Kultur:* Für den Gläubigen sind zehntausend Christusfiguren, auch wenn deren Leiber, Gesichter, Formate und Stilzugehörigkeiten verschieden sind, nicht zehntausend; vielmehr blickt er durch die zehntausend hindurch und sieht immer nur einen. –

Die Tatsache, daß *Religionen* sich *nicht* als *„Kulturgebiete"* verstehen, bedeutet aber nicht etwa, daß *Glauben und Kultiviertheit* einander ausschließen. Natürlich gibt es auch unter Gläubigen solche, die, abgesehen von reicher Bildung, „hochkultiviert" sind – bei Scheler, Marcel und Mounier habe ich solche, gewissermaßen *„amphibische Gläubige"*, kennengelernt. Da diese offenbar *noch fähig* waren, zu glauben (worin immer dieses Tun oder dieser Zustand bestanden haben mag), blieben sie freilich *noch unfähig, ihren eigenen Glauben als Kulturphänomen unter anderen zu verstehen* – dessen *durften* sie natürlich, wenn sie weiterglauben wollten oder sollten oder mußten, *nicht fähig sein.* Dagegen waren sie andererseits durchaus schon imstande, *in den Religionen der Anderen, selbst in ausdrücklich agnostischen Positionen,* statt diese einfach als Unsinn oder Häresien abzutun, *„Kulturphänomene"* zu sehen und diese, gewissermaßen aus Feindesliebe, als solche sogar zu respektieren. Diese Gläubigen hatten zwar noch eine „Welt", die die ihre war. Aber *mit einem Fuß standen sie doch bereits im Pluralismus, also auf „weltlosem Grunde"*.

Ich hatte vorhin (S. XV) den *„interiorisierten" Pluralismus* vom *simplen"* unterschieden und den interiorisierten dadurch definiert, daß wir als dessen Anhänger die Anderen nicht nur tolerieren; ihnen nicht nur zugestehen, dasjenige zu glauben oder zu vertreten oder zu tun, was sie glauben, vertreten oder tun möchten; daß wir sie nicht nur „*lassen*", daß wir uns vielmehr, darüber hinausgehend, auf das Ihre *einlassen;* daß wir das von ihnen Geglaubte oder Vertretene *mitglauben* bzw. *mitvertreten.*

Aber auch diese Formulierung vermittelt noch nicht die ganze Wahrheit des heutigen Pluralismus. Denn sie könnte uns dazu verführen, in diesem eine rein geistige Attitüde und im Übergang zum „interiorisierten Pluralismus" einen „rein geistesgeschichtlichen Schritt" zu sehen. Davon aber kann keine Rede sein. Denn was hier vorliegt, ist etwas sehr viel weniger Feines: Wenn wir nämlich generös oder tolerant oder charakterlos oder gleichgültig oder sogar enthusiastisch zu allem unterschiedslos *ja* zu sagen bereit sind, so ist das primär keine geistige, sondern eine *kommerzielle* Tatsache. *Wir sind deshalb tolerant und gleichgültig etc., weil jedes Objekt,* wofür (für welchen „Gott") immer dieses steht, *in seiner Eigenschaft als Ware gleiches Recht zu genießen, also gleich gültig zu sein, beansprucht.*

Produkte, die nicht an jedermann abgesetzt werden können, sind schlechte Waren. Um ein einer bestimmten „Religion" oder einer bestimmten Weltanschauung entstammendes und zugehöriges Produkt verlockend und kaufbar zu machen, *darf sich dessen Reiz nicht mehr von seinem* (stets limitierten oder elitären oder verpflichtenden) *Wahrheitsanspruch herleiten. Vielmehr muß seine Appell- und Attraktionskraft in etwas Unverbindlichem bestehen:* in seiner Schönheit oder in seiner angeblichen Bildungseignung oder in seinem Unterhaltungswert oder in seiner Interessantheit – auf jeden Fall in einer Qualität, die schlechthin jedem Produkt zukommen könnte: kongolesischen Holzgötzen ebenso gut wie gregorianischen Chorplatten wie Reproduktionen von Picassos Guernica-Gemälde oder wie Minibikinis – sie *alle können, nein: dürfen, nein: sollen gleichermaßen zu gleichberechtigten und gleichgeduldeten Waren werden. Die Toleranz von heute entstammt nicht etwa nur der Religionsgeschichte oder der Kirchenpolitik, sondern der Welt des Handels. Alle Religionen, Weltanschauungen, Kunststile, „Kulturwerte" und -objekte haben das gleiche Recht auf Duldung, weil sie das gleiche Recht darauf haben, als Waren aufzutreten.* Dies ist das fundamentale Gleichheitsrecht unserer Epoche. Proudhons entsetzliches Wort, daß alle Frauen gleichberechtigt seien: nämlich als Huren, gilt von allen sog. „Kulturprodukten" und -erscheinungen. Die sog. Freiheit der Religion und der Kunst entspringt der Gleichberechtigung aller Waren, bzw. aller Erzeugnisse, sich auf dem Sklavenmarkt der Waren feilzubieten. Alle sind „born equal" bzw. „produced equal": alle besitzen das gleiche Recht darauf, sich zu exhibieren, sich zu verkaufen und kaufen zu lassen. Und aus diesem Grunde hat auch jeder Bürger, d. h.: jeder *Kunde*, das gleiche Recht wie jeder andere, alles, was er bezahlen kann (ob das nun ein Katechismus ist oder ein Pyjama aus Hongkong oder eine Mickey Mouse aus Platin oder eine Parsifalplatte von Karajan), käuflich zu erwerben. Schon in den frühen Vierziger Jahren taten sich sogar *alle Götter* zusammen, um, obwohl einander spinnefeind, im Verein als *eine einzige Ware* verkauft zu werden. So erwarb ich und schenkte ich Döblin schon damals zu seinem 60. Geburtstag eine „*Bible of the World*", die die Texte *aller* einander spinnefeindlichen und ausschließenden und zerfleischenden Religionen friedlich und „gleich wahr" und gleichberechtigt zwischen zwei Buchdeckeln enthielt. *Getrennt marschieren, vereint verkauft werden. Als Waren können selbst Todfeinde zu Alliierten werden.*

Dazu kommt, daß das klassische „*non olet*" nicht nur vom Geld gilt, sondern von jeder gegen Geld verkäuflichen und käuflichen Ware. Durch die Tatsache, daß sie ehrlich auf den Strich geschickt und gekauft werden kann, verliert jede ihren „Gestank". „*Ich bin käuflich, also bin ich anständig*", spricht jede, „*und gleich anständig wie jede andere*". *Also gleichermaßen ein Kulturobjekt innerhalb der pluralistischen (keine „Welt" bildenden) Welt.* Also gleichermaßen geeignet für jeden „*Menschen ohne Welt*".

Der Gleichheit der Waren folgt die der Kunden. Jedermann darf, sofern bei Kasse, als Kunde jedes Stück einkaufen. Im Warenhaus finden Freiheit, Gleichheit und Toleranz (wenn auch nicht gerade Brüderlichkeit) ihre Verwirklichung. Und es würde keinem Verkäufer auffallen, wenn Mrs. Smith in der Warenabteilung „Religions and Sects", in der Kruzifixe in allen Größen friedlich neben Buddhastatuetten und siebenarmigen Leuchtern in allen Preislagen locken – wenn Mrs. Smith Exemplare dieser drei Objektklassen erwerben würde, namentlich zur weihnachtlichen Ausverkaufszeit, wenn auch Sakrales und Kulturelles, auch Sakralobjekte, die mit dem christlichen Ermäßigungsanlaß nichts zu tun haben, zu herabgesetzten Preisen abgestoßen werden. *Auch Buddhas und Chanukkaleuchter sind nach Weihnachten preiswerter als vor Weihnachten.* Wenn das nicht Pluralismus ist! Oder vielleicht gar dessen Überwindung? Da eben *alle Waren als Waren* der einen Welt des Kommerzes *gleichberechtigt* zugehören, wobei „gleichberechtigt" bedeutet, daß alle *das gleiche Recht auf Gekauftwerden* haben; sogar das gleiche Recht, an die *Kaufpflicht* zu appellieren, da ja Ermäßigtes *nicht* zu kaufen Vergeudung und damit unmoralisch wäre.

Die Grundlage der Demokratie im Kapitalismus ist nicht die Gleichberechtigung aller Bürger, sondern die aller Produkte. Gleichviel, da Mrs. Smith zum Kauf der diversesten Waren, die außer der kommerziellen keiner gemeinsamen Welt zugehören, gedrängt, nein: gezwungen wird, verläßt die Ärmste das Warenhaus – hier schließt sich der Kreis – als *„Mensch ohne Welt"*.

5

Diese Gedanken über den Zusammenhang von Toleranz, „Kultur", Pluralismus, Recht auf Ware-Sein und *Weltlosigkeit* haben mich seit sechzig Jahren begleitet. Schon als Zwanzigjähriger hatte ich, überwältigt von dem Nachkriegsalexandrinismus Berlins, verwirrt durch die Tatsache, daß alle Weltanschauungen: Marxismus, Amerikanismus, Dostojewski-Kult, Dada, Nationalismus, Anthroposophie etc. etc. nebeneinander und durcheinander gleichberechtigt herumwirbelten, eine (wie ich mir einredete) „epische Dichtung", betitelt: *„Die Stadt der 100 Götter"* geschrieben; übrigens (da ich literarisch sehr spät entwikkelt war) in gymnasialsten Hexametern, denen die „message" des Textes vermutlich aufs lächerlichste widersprach – ich sage: „vermutlich", weil ich diesen seit sechzig Jahren nicht mehr gesehen habe und gar nicht weiß, ob der im Chaos meiner Skriptkisten überhaupt noch existiert – gleichviel, vor mehr als sechzig Jahren hatte ich also eine „Dichtung" geschrieben, die, wie der Titel anzeigte, in der Klage oder in der Empörung (wo ist der Unterschied?) darüber bestanden hatte, daß wir *nicht unter einem einzigen* (richtiger: *nicht unter einem bestimmten, und nur diesem*) *„Gott"* lebten, also nicht *in einer bestimmten Welt bzw. Kultur;* sondern *mindestens 100 Götter zugleich verehrten, jedenfalls anerkannten, mindestens duldeten;* verehren, anerkennen, dulden *durften;* hundert Götter, die wir, wie immer diese heißen mochten, alle zugleich, wiewohl jeder jeden anderen eigentlich ausschloß, als „wahr", zumindest als gleichberechtigt, gelten ließen. –

Warum gerade *ich,* der ich keinem irgendwie orthodoxen oder gar monomanischen Milieu entstammte, vielmehr (also umgekehrt) mit Lessings problematischer „Ringparabel" groß geworden war, unter diesem Pluralismus so tief und so pausenlos gelitten habe, das kann ich heute nicht mehr (noch nicht einmal heute) erklären. Den meisten damaligen Zeitgenossen, die ich kannte, mindestens den „Gebildeten" unter ihnen, von den „Aufgeklärten" zu schweigen, wäre diese Abnormität, wenn man versucht hätte, sie auf diese aufmerksam zu machen, als Skandal gar nicht mehr verständlich gewesen. Die Ideale „Toleranz", „Freiheit der Religionen", „der Meinungsäußerung" oder „des Geschmacks" hatten zur Folge gehabt, daß sie die Frage nach der Wahrheit (nach *der* Wahrheit, die keine Göttinnen neben sich duldet, und die die Anerkennung, auch nur die Erwägung, von Pluralismus ausschloß) als „stur", „mittelalterlich", „dogmatisch", „inhuman" brandmarkten. *Warum gerade ich,* obwohl in einem *geradezu dogmatischen und monomanisch vertretenen Pluralismus* großgeworden, diese pluralistische Existenz, *die gleichzeitige Geltung aller Geltungssysteme und aller Stile als so qualvoll empfunden habe, das wüßte ich nicht zu erklären.* Ganz unbekannt war diese Qual freilich nicht. Man kannte die Sonderbarkeit des Plural. Aber der Ausdruck, den man, namentlich in den Zwanziger Jahren, verwandte, um die damalige „Weltanschauung" zu kennzeichnen: nämlich der Ausdruck *„Relativismus"*, der blieb doch zu trivial, als daß er die wirklich kritische Situation, die wir hier dargestellt haben, eben die des Kultur-Polytheismus, wirklich hätte treffen können. Wenn wir damals *„ohne Welt"* gelebt haben, so nicht deshalb, weil es keine für uns gegeben hätte, sondern umgekehrt deshalb, weil wir *zuviele Welten gleichzeitig* gehabt hatten. Ob man das alles unter dem Titel „Warenwelt" oder unter dem „Kultur" oder dem „Mensch mit zu vielen Welten" oder „Mensch ohne Welt" behandelt, das läuft auf eines hinaus. Denn sowohl das Zuviel wie das Zuwenig entsteht durch Neutralisierung: durch den Verzicht auf den Wahrheitsanspruch.

Offenbar hat die Empörung über den Pluralismus während vieler Jahre, nein: Jahrzehnte meines Lebens trotz der ungeheuren Ereignisse, die schon bald anhoben, unterirdisch immer weiter geglimmt. Jedenfalls nahm ich das „Pluralismus-Problem", freilich nun nicht mehr in puberalen Hexametern, sondern in einer zynischen Swiftiade, in den Vierziger Jahren in New York wieder auf. Und schilderte den Kultur-polytheismus in Form eines *Museumsführers* durch das Universum der „gleichberechtigten Kulturwerte" in der Stadt „*Hesternien*". Das Museum nannte ich „*Mumeum*", weil es eben eine Kollektion der *Kulturmumien* von gestern war; von gestern: darum nannte ich das Land „*Hesternien*". In diesem Museum waren tausende von künstlich konservierten Geschichtsobjekten jeder Provenienz gleichberechtigt ausgestellt. Entscheidend war, daß alle diese Exponate „*sugar-coated*" dargeboten wurden, also in Zuckerguß staken; und daß sie gegen Einwurf einer Münze von jedem Museumsbesucher eine Zeitlang beleckt werden durften; nein sollten. Allgemein sprach man daher von der „*oralen Phase*" Hesterniens. *Gleichviel, das Geprotze damit, daß zu diesem „Oralismus" jedermann zugelassen war,* (oft sogar gratis), das *definierte geradezu den Kulturstolz der Hesternier; und diese wurden nicht müde, die Allgemeinheit des Lutschrechtes als Beweis ihrer Demokratie zu preisen.* Buddhastatuetten durften ebenso abgeleckt werden wie Faksimiles von Mozartpartituren; und auch Freuds Komplexe waren schon zehn Jahre nach dessen Tod in kandiertem Zustand ausgestellt – was heißt: „auch"? – da die vor der Abteilung „Luxusneurosen" sich jeden Morgen geduldig formierende Schlange stets länger war als die der sich vor den anderen Abteilungen anstellenden Interessenten. – Und nun, nach weiteren vierzig Jahren, habe ich also das „Problem des Pluralismus" zum dritten Male aufgenommen.

Seit Jahren bin ich – das war mein unabkratzbares Etikett – als „*der Wiener Kulturphilosoph G.A.*" be- und gehandelt worden – wogegen ich wehrlos blieb, obwohl ich mich mein Leben lang, statt mich mit der sog. „Kultur" auseinanderzusetzen, auf die Auseinandersetzung mit der nicht endenden Barbarei unseres Zeitalters beschränkt hatte, und diese meine bedauerliche Themenenge immer, und immer wieder vergeblich, betont hatte.

Nun also habe ich, spät aber doch, kleinbeigegeben, die unberechtigte Etikettierung doch wahrgemacht und ein paar kulturphilosophische Reflexionen nachgeliefert, wenn ich dabei auch das, was gewöhnlich als „Kultur" gilt, auf eine Weise vorgelegt habe, die für die meisten der professionellen *Kulturträger und Kulturabonnenten* erbitternd klingen mag. Beliebter werde ich mich durch diese Deutung von „Kultur" gewiß nicht machen. Ich bedauere: Aber da meine Reputation durch gewisse unverblümte politische Stellungnahmen ohnehin angeschlagen ist; und da es einem Mann meines Alters auf etwas mehr oder weniger Popularität nicht mehr anzukommen braucht, habe ich meine Reflexionen ruhig untemperiert vorgetragen. –

Eine Schlußbemerkung möchte ich freilich, um Mißverständnissen vorzubeugen, diesen Überlegungen noch anhängen:

Es liegt mir ferne, meiner Vergangenheit renegatenhaft abzuschwören, also die pluralistische Kultur, in der ich aufgewachsen bin, und ohne die ich schließlich nicht der wäre, der ich nun einmal bin, zu verraten. Ich bin froh des alexandrinischen Überflusses meines gelebten Lebens. Von Kopf bis Fuß gehöre ich noch zu dem, was ich hier geschmäht habe. Ich verschmähe es nicht. Und ich brauche nicht zu befürchten, an dem bunten Kulturmüll, der mich bis zum Hals anfüllt, zu ersticken. Keinen Tag lang würde ich ohne diesen, z. B. ohne einen gehäuften Löffel Musik von Josquin bis Webern durchhalten können. Der Entzug meines mich mit allem süßen Kulturmüll aller Zeiten überschüttenden Transistors wäre für mich qualvoller als zehn Jahre Einzelhaft mit garantiertem Gerät. Gleichviel, wenn sich (wie oft geschehen) jene Leute, die sich ohne Scheu überheblich *„Kulturträger“* nennen, nun nach Lektüre dieses „die Kultur verunglimpfenden“ Textes dazu aufgerufen fühlen, die Kultur „nun denn doch“ gegen mich in Schutz zu nehmen, dann darf ich mir das verbitten, und das habe ich schon wiederholt getan. Mich zu monieren steht den Beamten des, wie sie es aufs Unkultivierteste zu nennen pflegen, „Kulturbereiches“ genau so wenig zu, wie es ihnen zustände, mich zu loben. Als Philosophierender darf man – und ich bin wahrlich nicht der erste, der das tut, Rousseau ist das unerreichte Vorbild – den Wert der Kultur in Frage stellen, dies um so eher, wenn man, im Unterschied zur Mehrzahl der sich nicht allzusehr überhebenden überheblichen „Träger“, einen gewissen kleinen Beitrag zu dieser Kultur selbst geleistet hat. Ich nehme es mir hiermit heraus, die von mir beleidigte Kultur gegen deren illegitime Verteidiger in Schutz zu nehmen.

II. Döblin

Meine Deutung von Döblins „Berlin Alexanderplatz“ hat innerhalb meiner Schreib-vita eine wichtige Rolle gespielt. Einen literarischen Text hatte ich nie zuvor zum Ausgangspunkt philosophischer Überlegungen gemacht, über Geschriebenes zu schreiben, hatte ich verachtet. – Ich erinnere mich noch, wie ich den Roman sehr bald nach seinem Erscheinen verschlungen habe. Was mich erregte, war nicht etwa nur seine Dos Passoshafte, in der damaligen deutschsprachigen Romanliteratur erstmalige film- und montagehafte Anlage, sondern und vor allem die Darstellung von Menschen, die, im Gegensatz zu Heideggers „*In-der-Welt-Sein*", als Arbeitslose, Kriminelle und zur Aussteigerei Verdammte in „*keiner Welt waren*". Deren Art von Dasein, namentlich deren zerfallende Sprache, die die zerfallene Weltbeziehung reflektierte, versuchte ich also – ich war zu meinem eigenen Erstaunen schon mitten im Notieren, ehe ich noch ausdrücklich begonnen hatte – ins Philosophische zu übersetzen. Nach der raschen Niederschrift rief ich den mir unbekannten Arzt Dr. Alfred Döblin an. Der bestellte mich, begann sofort, den Text zu lesen, anfangs kopfschüttelnd (denn als Mediziner war er nur an naturwissenschaftliche Philosophie gewöhnt), hörte langsam mit dem Schütteln auf, meinte dann zwischendurch auf Berlinerisch, ich schiene ihm ein „janz Schlauer" zu sein, und als er nach mehr als einer Stunde durch war, fand er „die Chose drollig, aber joldrichtig". „Drollig" bin ich nie wieder genannt worden. Unvergeßlich, wie er, als wir über irgendeine meiner Behauptungen nicht ganz einig waren, zu meinem nicht geringen Staunen (nein: Erschrecken) im Telefonbuch nach der Nummer von Franz Biberkopf zu suchen begann, *der* sollte den Streit schlichten; und daß er seine nervöse Sucherei – schon damals waren seine Brillengläser fingerdick – erst aufgab, als ich ihn darauf aufmerksam gemacht hatte, daß Franz B. ja 1. durch seinen, Döblins, Machtspruch bereits tot sei (was ihn zusammenzukken ließ); daß Franz sich ja 2., selbst wenn er noch am Leben wäre, gewiß keinen Telefonanschluß leisten könnte; und daß er 3. doch leider nur eine von ihm, Döblin, erfundene Puppe sei – was der schließlich, kinnkraulend, „nicht janz bestreiten" konnte. So verspielt oder so verrückt war dieser geniale Schneidersohn aus Stettin.

Was immer es auch mit dem Streitpunkt auf sich gehabt haben mag, nach dieser Telefonbuchszene griff er mich plötzlich an der Hand, riß mich mit sich treppab, wir gingen, nein: wir jagten durch die Tauentzienstraße, dann stürmten wir (er mein Manuskript wie eine Trophäe vor sich herschwenkend, vermutlich fürchtete er, vor verschlossene Türen zu kommen) hinauf in die Redaktion der „Neuen Rundschau", wo er dieses dem Redakteur Rudolf Kayser sofort anzudrehen versuchte. Aber dieser – er war nicht gerade sehr helle – war unfähig gewesen, Döblins Meisterwerk als solches zu erkennen und fragte mich – dies kurz vor Hitler, in jeder Nacht fand man bereits Tote in den Hauseingängen – ob ich ihm nicht statt dessen lieber einen Essay über das „*Ringen der deutschen Jugend*" schreiben wollte – ein Angebot, das für mich, den total Unbekannten, zwar märchenhaft war, das ich aber, die Pathos-Vokabel „Ringen" (zu Döblins Freude) verlachend, abwies – kurz: wir zwei erhielten von einem Niemand einen Korb. Was zur Folge hatte, daß meine Aufnahme in die elitäre „Neue Rundschau" erst im Jahre 1946 (im April) zelebriert und mein Döblin-Text erst mehr als dreißig Jahre nach dessen refus gedruckt werden konnte (in der Festschrift zum 80. Geburtstag von Georg Lukács, Luchterhand 1965).

Und dann war das Emigrationsjahr 1933 gekommen, und wir waren uns in Paris wiederbegegnet, im 6me Arrondissement, im Hinterraum irgendeines Bistros; zwar in gemeinsamem Entsetzen, in gemeinsamer Scham, in gemeinsamem Elend und in gemeinsamer Sorge um die Welt, aber doch ohne jede Verständigungsmöglichkeit. Denn er bezog nun, leicht desorientierbar, wie er nun einmal war, jeden Tag eine andere Weltanschauung und eine andere politische Position. Es geschah, daß er mich damals anbrüllte, weil ich seine, von irgendwem zufällig übernommene Eintagsfliegen-Idee, die tödlich gefährdeten europäischen Juden würden ausschließlich in Madagaskar gerettet werden können, als das bezeichnete, was sie war, und daß ich zurückbrüllte. Tatsächlich sahen wir uns in Paris nicht wieder. Auch einander haben wir Gehetzten es uns noch schwerer gemacht, als alles ohnehin war. Trauriger – aber begreiflicherweise.

Dann hörte ich Jahre lang nichts mehr von ihm oder über ihn. Bis ich, wohl sieben Jahre später, in Californien erfuhr, daß einer seiner Söhne, ein Mathematikgenie, an einem der letzten Kriegstage als französischer Soldat gegen Hitler gefallen sei. Und dann, nach der Besetzung Frankreichs, war auch *er* plötzlich, natürlich völlig mittellos, mit Frau und Sohn in Los Angeles aufgetaucht – und zwar (er, der in besseren Tagen ziemlich vulgär-naturalistisch philosophiert hatte) aus Dankbarkeit für sein Überleben als frischgebackener Katholik; der nun, statt nach Madagaskar, zur Messe ging, und der im Berlinischsten Französisch einem, weder Französisch noch Berlinerisch verstehenden, katholischen Father confessor seine Beichte (welcher Sünden wohl?) abzulegen begann. Das erfuhr ich freilich von ihm erst, als ich ihm zu seinem sechzigsten Geburtstag eine, alle sakralen Texte der Weltreligionen enthaltende „*Bible of the World*" schenkte, in die ich ihm einen Reim hineingeschrieben hatte, der besagte, daß, wer sich mit allen Religionen befasse, unverführbar bleibe – was er verschmitzt, nein: sogar glücklich lächelnd, mit den Worten quittierte: „Merci beaucoup, mon vieux, mais vous venez un peu trop tard." Sein Glaube war so unglaubhaft wie sein Französisch.

Sinnvolle politische Gespräche mit ihm waren schon damals sehr schwer – so weit hatte sich seine Beurteilung der Weltlage und der Zukunft von allen anderen in der Emigration vertretenen Positionen entfernt. Und trotzdem: schreiben konnte er noch oder vielleicht wieder, und zwar hemmungslos und großartig – womit ich zweierlei meine:

1. daß er überhaupt keine Produktionsschwierigkeiten kannte, umgekehrt (genau so wie früher) *unfähig war, den Wasserhahn der Produktion fest zuzuschrauben;*

2. daß er (ebenfalls wie früher) *als Schreibender sich selbst übertraf;* daß er Figuren schuf, deren Erfahrungsfülle, Denkkraft, Skepsisschärfe unendlich viel größer waren als seine „eigenen"; philosophisch gesprochen: daß *seine creata ihn, den creator, überragten.* Psychologisch gesprochen: daß *er in posthypnotischer Amnesie durch keine Zeichen seine eigentliche Tiefe verriet,* von dieser gewissermaßen keine Ahnung hatte, diese wohl gar nicht verstanden hätte – eine Schizo–Kondition, die bei Musikern, die trivial reden, aber tiefsinnig komponieren, die Regel sein mag, die ich aber bei Schriftstellern sonst nie erlebt habe. – Und daß er – was eng mit dem soeben Gesagten zusammenhängt – über geschichtliche Zustände und Ereignisse schrieb, und zwar großartig und kompetent schreiben konnte, über die er – im Sinne historischer Forschung – nur ungenau Bescheid wußte, daß er also weitgehend – und dies ist das denkbar größte Lob – *Empirie-unabhängig* war und vistas entwarf, die die kleinen Archivschnupperer nun nachträglich bestätigen können.

Er schrieb also wieder. Wie in alten Zeiten. Tag für Tag füllten seine irrsinnig langen, wurzelfadenhaften Buchstaben die Seiten; hemmungslos, ziellos überließ er sich seinen Assoziationen, die mit ihm, dem alten, in Hollywood sitzenden neokatholischen „Franzosen" Döblin überhaupt nichts zu tun hatten: Denn er, oder *es*, schrieb politische Weisheiten über *„Karl und Rosa"*, d. h.: über *Liebknecht und Luxemburg*, die gar nicht mehr seine Angelegenheit waren, wenn sie das überhaupt je gewesen waren. So geschehen in einem engen, glühend heißen Südzimmer in der Citrus Avenue von Hollywood, in dem gleichzeitig sein, ihn um zwei Köpfe überragender Jüngster pausenlos auf der Flöte Telemann übte, was den sehr musikalischen Vater, dem nichts ferner lag als so Monodisches, zur Raserei hätte treiben müssen.

Aber der blieb, vielleicht durch die Hilfe seiner Religion, sanft und geduldig.

Aus dem „chronischen Frechdachs" – als solchen hatte er sich in Berlin selbst bezeichnet – war also ein sehr geduldiger, sehr bescheidener, hilfsbereiter alter Mann geworden (der damals freilich zwanzig Jahre jünger war als heute ich bin). Als ich im Hochsommer mit einer Angina lag, ist er, so als verstünde sich das von selbst, durch die glühenden Straßen von Hollywood getippelt (natürlich gehörte er zu der winzigen negativen Elite der Nicht-car-Eigentümer), um meine Mandeln zu pinseln. Und als wir gleichzeitig Herbert Marcuses leerstehendes Haus in Santa Monica bewohnten, behandelte er seine durch den Verlust des Sohnes furchtbar gealterte Frau so, wie ein Jungvermählter eine gerade Aufgeblühte behandeln könnte: auf Zehenspitzen pflegte er, der einmal über „Berge, Meere und Giganten" verfügt hatte, in die Küche zu schleichen, um für sie heimlich das „Frühstück im Bett" zu bereiten – was nicht nur eine erinnerungswürdige Leistung seiner *Augen* war (denn obwohl kaum mehr sehfähig, zerbrach er kein Ei), sondern auch eine seines Herzens. Ehre seinem Andenken!

III. Kafka

Daß ich von mir aus je über Kafka geschrieben hätte, das ist mir sehr zweifelhaft. Zwar hatte ich den „Heizer" schon ganz früh kennengelernt und die drei Romane auch unmittelbar nach deren Erscheinen. Aber wichtig wurde mir höchstens *„Das Schloß"*. Das *„Nicht-in-der-Welt-Ankommen-Können"* des Landvermessers K. regte mich auf. Denn schon in meinen ersten Entwürfen zur Philosophischen Anthropologie hatte ich ja (wie im Eröffnungsstück dieses Vorworts berichtet) den Menschen als das Lebewesen bezeichnet, das *unfertig und unbestimmt,* zur Welt kommt, d.h.: für keine bestimmte Welt bestimmt zu sein scheint; *das noch nicht eigentlich angekommen ist, wenn es zur Welt kommt,* und das seine anerkennbare und anerkannte Zugehörigkeit zu einer *bestimmten Welt* und seine Verkörperung als *bestimmter Typ* immer erst selbst *leisten* muß. Und eben das schien mir nun, freilich in einem, von der philosophisch-anthropologischen Schulsprache verschiedenen Idiom, von Kafka ebenfalls ausgesagt. – Zugleich freilich sah ich im Text die gewiß sprachlich vollkommene und bewundernswerte Darstellung, wenn nicht Glorifizierung, einer unvollkommenen Existenz, der Existenz eines geradezu programmatisch unerwachsen bleibenden Menschen – was mich nicht gerade faszinierte. Und schließlich erkannte ich in den Lebensversuchen K.'s natürlich die uns Juden vertraute *Bemühung, dazuzugehören* und akzeptiert zu werden. Aber das Sich-Abstrampeln K.'s, das Kafka im „Schloß" darstellte, schien mir doch weit über das, was sich mit *Würde* vereinbaren ließ, hinauszugehen. Schwer zu verschweigen, daß ein Gran von Verachtung von vornherein in meine Bewunderung des Künstlers Kafka hineingemischt war. Der ambivalente Untertitel „pro und contra", den ich in den frühen 40er Jahren für meine Auseinandersetzung mit Kafka wählte, hatte also seine Vorgeschichte. Wenn ich mir in dieser Schrift, geschrieben auf dem Höhepunkt antifaschistischer Erregung, in einem Augenblick also, in dem es für Unsereinen kein Thema geben konnte, das außerhalb dieses Umkreises hätte liegen können, sogar einredete, in Kafka einen *Feind* zu entdecken, so hatte das also seinen Grund darin, daß mir jede Unterwürfigkeits- und Assimilationsneigung gegen den Strich ging; mich nämlich sowohl an die atemlose Gleichschaltung gestriger Freunde mit dem Dritten Reich erinnerte, wie an die zu eifrigen Bemühungen der an die fremde Küste gespülten Emigranten, möglichst rasch Immigranten, nein *Mayflower*-Amerikaner, zu werden.

Ebenso wenig hatte mir das Benehmen des „Prozeß"-K. gelegen, der, wie mir schien, zuweilen sogar auf seinem Angeklagt-Sein insistierte, gar seiner „Strafe" entgegenrannte, ohne ernsthaft zu untersuchen, wessen er eigentlich beschuldigt wurde, ohne gar die Anklage höhnisch lachend oder stolz zurückzuweisen. Ob zu Recht oder Unrecht, K.'s Lieblingsbeschäftigung, die mit seiner angeblichen Schuld, erschien mir danach als eine Art von *negativem Narzißmus*, als voluptas humilitatis, also als Masochismus. Auch das ging mir trotz meiner Bewunderung der unüberbietbar trockenen Perfektion seiner Amtssprache gegen den Strich. –

Seit dem (sehr späten) Augenblick, in dem mir klar wurde, daß ohne den Begriff der Erbsünde die europäische Kultur überhaupt nicht möglich gewesen wäre, hatte mich dieser Begriff als *ungerecht* empört. Die Aufforderung, mich, der ich mir keiner Sünde oder Schuld (gar einer geerbten) bewußt war, schuldig zu fühlen, gar dieses Schuldgefühl *auszukosten*, habe ich stets als sinn- und würdelose Zumutung abgelehnt – was mir oft als zusätzlicher Schuldbeweis angekreidet worden ist. Wer sich als nicht-schuldig verteidigt, gar auf seiner Unschuld insistiert, macht sich dadurch angeblich *noch* schuldiger, z. B. der ,,Selbstgerechtigkeit". Das alles war mir, im Unterschied zu Kafka, absolut inakzeptabel. Zu Schuld mich zu bekennen, das Bekennen zum Schuldigsein gar zu genießen, hat mir, namentlich während der Niederschrift meines Kafka-Essays, zutiefst widerstanden.

Wenn es dann doch zur Beschäftigung mit Kafka gekommen ist, so hat das einen äußerlichen Anlaß gehabt. Der trat im Jahre 1933 ein. Ich war bereits seit einigen Monaten politischer Flüchtling in Paris und genoß auch schon die Ehre, durch Hitler meiner deutschen Staatsangehörigkeit beraubt zu sein, also, im Unterschied zum ,,Schloß"-K., der *noch nicht* dazugehörte, *nicht mehr* dazuzugehören. Womit ich automatisch auch in den Augen der französischen Behörden meiner Personalität, Identität und Daseinsberechtigung verlustig gegangen und zu etwas (jawohl: *etwas*) geworden war, zu einem politisch unerheblichen Etwas, das eigentlich nicht existieren durfte, da in der ,,Préfecture de Police" (einem wahrhaftigen, auch nur von „*Klemms*" bevölkerten, „*Schloß*") Existenz nicht cartesisch bewiesen wurde, sondern nur durch Vorweis eines Ausweises. Wer keinen hatte, kriegte keinen. *So* kafkaesk war unsere Situation damals. Und man könnte denken, daß es für unsereins eigentlich hätte ,,difficile" sein müssen, *nicht* über Kafka zu schreiben. Aber wer gezwungen ist, kafkaesk zu leben, der liest nicht Kafka und schreibt nicht über Kafka. Auch K. hätte unter diesen Umständen nicht Kafka gelesen. Wir hatten Dringlicheres zu tun. Und wenn ich es schließlich doch getan habe, so aus einem ganz anderen Grunde: in jener Zeit durften wir, da in Frankreich die gleiche Arbeitslosigkeit wütete wie in Deutschland, nicht arbeiten; aber ebensowenig durften wir nicht-arbeiten, d. h.: geldlos bleiben, weil wir als Geld-lose über die Grenze in Hitlers Arme zurückspediert wurden. In dieser Situation, der Kafka gewiß nicht gewachsen gewesen wäre, tauchte für mich, wohl durch Gabriel Marcels Vermittlung, die Chance auf, im „Institut d'Études Germaniques" Deutschstunden für Anfänger zu erteilen – was die Situation noch einmal kafkaesk machte, da ich gerade in dieser Woche aufgehört hatte, bei Deutschen als Deutscher zu gelten. Jedenfalls erhielt ich die Erlaubnis, mich in besagtem Institut zwecks Prüfung mit einem Vortrag über einen deutschsprachigen Schriftsteller vorzustellen. Bei der Vorbesprechung mit dem damaligen Institutsdirektor Liechtenberger, über welchen Autor ich sprechen wollte, fielen manche Namen. Zuerst der von Stefan Zweig, den ich angeblich „aus Unkennntis seiner Werke" (was Liechtenberger fassungslos machte), in Wahrheit: gerade *wegen* deren Kenntnis, ablehnte. Schließlich einigten wir uns auf Kafka, dessen Namen Liechtenberger schon gehört zu haben meinte, aber eben doch nur als den eines „inconnu fameux". Durch diese Wahl waren also zwei Fliegen auf einmal erschlagen. So hielt ich denn 1934 im „Institut d'Études Germaniques" in der Rue Racine einen Vortrag über den sehr ungermanischen Kafka, der freilich bei den Zuhörern (mit der Ausnahme von Hannah Arendt und Walter Benjamin) nur einfach „unbekannt" war. Und unerwachsen, wie ich damals offenbar noch war, gab ich meinem Vortrag vor den Franzosen, die noch nie ein Wort von Kafka gelesen oder über ihn vernommen hatten, die Form einer Warnung vor einer unmittelbar drohenden Kafka-Mode.

Nun, wer zu früh kommt, ist noch schlechter dran, als wer zu spät kommt. Kein Mensch verstand damals meine Warnung. Mein Examen hatte ich nicht bestanden. Die Möglichkeit, vielleicht Deutschunterricht für Anfänger im Institut zu erteilen, wurde nicht wieder erwähnt. Und auch ich selbst vergaß meine Kafka-Notizen sofort wieder, da mich der drohende Krieg und die Fertigstellung meiner politischen Swiftiade „*Die molussische Katakombe*", wohl mit Recht, mehr beschäftigten als die paar Seiten Germanistik. – Aber diese waren nicht verloren, zufällig begleiteten sie mich, wie vieles andere tote Gepäck, auf meinen Reisen. Und in New York begann schließlich der zweite Akt. Zehn oder elf Jahre nach dem Vortrag in Paris fragte mich dort nämlich ein professionell avantgardistischer und sich „continental" gerierender Editor einer Kulturzeitschrift flüsternd (denn es handelte sich offenbar um ein literary secret ersten Ranges), ob ich schon einmal (jawohl: *already*) ,,happened to have heard about a guy by the name of Francis Kafka?". Dieser ,,Francis" sei *,,a must"*, also einer, den, wenn man als ,,in" gelten wollte, nicht zu kennen unentschuldbar sei. Natürlich benötigte ich ein paar Minuten, ehe mir dämmerte, wen er gemeint hatte. ,,Already?" fragte ich dann so ungläubig wie möglich zurück. ,,Der Arme ist doch schon vor mehr als 20 Jahren gestorben!" Und dann mit frechster Beiläufigkeit: ,,Übrigens habe ich vor der Gefahr einer Kafka-Mode schon vor etwa 10 Jahren in Paris gewarnt."

Da entstand eine lange Pause. Jemandem gegenüber zu sitzen, der seinen Geheimtip für übermorgen schon 10 Jahre vor ihm nicht nur gekannt, sondern der vor diesem damals sogar schon gewarnt (implizit dessen Bekanntheit schon unterstellt) hatte, das war für den professionellen Avantgardisten ein schwerer Schlag. ,,Gewarnt?" stöhnte er. ,,Sure", antwortete ich wohlgemut. ,,Finden Sie denn, man sollte Kafka mit Haut und Haaren vereinnahmen? Oder man dürfte das?" Er blickte mich zugleich gedemütigt und gierig an. ,,Wäre das nicht etwas vorgestrig?"

Er räusperte sich. ,,Das dürfte man natürlich nicht", räumte er ein, um nicht plötzlichlich als Nachhut der Nachhut dazusitzen. ,,Unter diesen Umständen", begann er dann stockend, ,,könnten Sie nicht unter diesen Umständen vielleicht . . .?"

Und ob ich konnte! Denn in den USA etwas Philosophisches zu veröffentlichen, gar etwas uneinordenbar ,,Progressives", das war damals für assimilationsunlüsterne Emigranten wie mich, die sich weigerten, sich mit dem als ,,modern" angesehenen kümmerlichen New speak, nein: Old speak, zu begnügen, nahezu unmöglich. In den sieben Jahren meines Aufenthaltes in den USA hatte ich dort tatsächlich nur einen einzigen Artikel untergebracht. Nun bot sich endlich einmal wieder eine Gelegenheit. Strahlend packte ich also zu Hause meine Pariser Kafka-Notizen aus, las dann noch einmal, wieder voll *Bewunderung und Abneigung*, den ,,ganzen" Kafka (der freilich auch damals noch nicht annähernd der ,,ganze Kafka" war), übernahm wohl etwa die Hälfte des 10 Jahre zuvor verfaßten Textes, modellierte manche der in diesem Jahrzehnt veralteten Passagen um und schrieb manches völlig neu – wodurch natürlich ein Text entstand, der viel zu umfangreich war, als daß er in toto in der Zeitschrift (,,Commentary") hätte gebracht werden können. Aber *ein* Kapitel wurde immerhin gedruckt und hatte unter seinen Lesern Ernst Bloch, den ich dadurch kennenlernte. Darin bestand mein amerikanischer Erfolg.

Dann aber – es kam die polizeiliche Schnüffel-Ära McCarthys, die uns schließlich aus Amerika verjagte – vergaß ich meine Kafka-Schrift von Neuem, so wie ich die ersten Pariser Skizzen vergessen hatte; verglichen mit der Monstrosität der Wirklichkeit – nun meine ich Hiroshima – wurde die Schrift mir unwichtig. Im Jahre 1950 wanderte sie dann automatisch und beiläufig mit Strümpfen, Hosen und vielen anderen Manuskripten nach Wien.

Nun, im Nachkriegs-Deutschland und -Österreich war der Name Kafka damals gerade eingetroffen, um dort nicht nur als Bildungsgut, sondern auch als Alibi zu dienen. Gleichviel, genauso wie Freud wurde er, wurde europäische Kultur überhaupt, damals aus Amerika „bezogen", – solche „Rückkehr" als geschichtlichen Vorgang hatte es wohl seit der Rückgabe des Aristoteles an Europa durch die Araber niemals gegeben. Mein Manuskript begann nun in Wien hinter meinem Rükken privat zu zirkulieren und landete schließlich ohne mein Zutun oder Wissen im C.H. Beck-Verlag, wo es, wie auch sein Autor, gern hängengeblieben ist. (Nur Auszüge aus dem ersten Teil wurden bereits in „Die Neue Rundschau", Heft 6, April 1947, veröffentlicht.)

Der Aufsatz, mit dem ich nun, als bereits 50jähriger, nach 25 Jahren sturen ins-Leere-Schreiben meine literarische Laufbahn antrat, hatte ein ziemlich vernehmbares Echo. Nicht nur deshalb, weil er zufällig mit der gerade ausbrechenden Kafka-Seuche (vor der ich 20 Jahre zuvor sinnlos verfrüht gewarnt hatte) gut synchronisiert herauskam, sondern auch deshalb, weil er in dem allgemeinen modischen, pseudoreligiösen, auch pseudo-politischen, Kafka-Geraune durch seinen polemisch-schneidenden Ton und Inhalt auffiel. Das hat freilich Max Brod, der Kafka als sein sakrales Privateigentum hütete, so tief gekränkt, daß er meine Thesen in einem Aufsatz als *„Die Ermordung einer Puppe namens Kafka"* abtat, diesen sogar seinem Kafka-Buch anhängte, wodurch er sich – ich bedaure – als alter Mann etwas lächerlich gemacht hat. Gleichviel, wenn meinem schmalen Bändchen damals, vor nahezu einem Vierteljahrhundert, ein gewisser Erfolg beschieden war, so auch deshalb, weil es den damaligen elitären Lesern die stolze Gewißheit vermittelte, durch kritische Einstellung einer „religiösen Mode" gegenüber zu beweisen, daß sie wirklich zu den „derniers crieurs" gehörten – ein Stolz, der freilich reichlich verspätet eintrat, da ja die Grundmauern meines kritischen Textes schon seit 20 Jahren standen, also aus der Epoche *vor* Anbruch der Kafka-Mode stammten.

Nicht minder komisch als die Reaktion Brods scheint mir die Tatsache, daß sich ein paar Jahre nach der Veröffentlichuung meines Bändchens einige marxistische Theoretiker auf dem berühmten Kongreß in Liblice ausgerechnet dadurch als antistalinistische und als echte Revolutionäre zu beweisen versuchten, daß sie entschieden für die (politisch ganz unentschiedenen) Schriften Kafkas und gegen die wahrhaft läppische Unterdrückung dieses ungefährlichen Werkes durch die Oststaaten auftraten. Wie sonderbar, daß sie (obwohl ich Kafka ja als politisch vage und desorientiert, und die Kafka-Mode als gleichschaltungsanfällig verdächtigt hatte) gerade meiner Darstellung Sympathie entgegenbrachten – so z. B. Ernst Fischer. Das rührte wohl daher, daß ich Kafka einen „*Realisten*" genannt hatte, wodurch ich die Schande, ein kleinbürgerlicher Mystagoge zu sein, von ihm abgewaschen und ihn politisch stubenrein gemacht hatte. So geschehen mehr als 30 Jahre nach dem Tode des tuberkulösen Dichters, der damals wahrhaftig nicht hätte ahnen können, daß er noch einmal als Ausrede für Häretiker, gar als Bannerträger einer marxistischen Fraktion, des „Sozialismus mit menschlichem Antlitz" fungieren würde, würde fungieren können. Auch Lukács hat mir übrigens in den 50er Jahren zugestanden, daß ich mit meiner Klassifizierung Kafkas als „Realisten", nein sogar als „*prophetischen Realisten*", recht gehabt hätte. Man sieht: das Nachleben Kafkas war ungleich bunter und aufregender als dasjenige, das er zu Lebzeiten geführt hatte. Zu den absonderlichsten Schnörkeln dieses Nachlebens gehört die Tatsache, daß sich philosophisch ganz farblose Intellektuelle, wie z. B. Eduard Goldstücker, durch ihre Mit-Adoption des umkämpften Leichnams im Westen haben salonfähig machen können. –

Dort begannen damals die Wogen der pseudo-religiösen Ausdeutungen Kafkas zur Sturmflut anzuschwellen. Und heute soll die Sekundärliteratur – so hieß es neulich auf einer hier in Klosterneuburg bei Wien abgehaltenen Kafka-Tagung – bereits 11000 Nummern enthalten, was, nachdem Kafka die Vernichtung seines gesamten schriftlichen Nachlasses erbeten hatte, atemberaubend klingt. Über seine Flucht vor dieser ihm haushoch nachrollenden Sturzwelle von Ruhm hätte Kafka gewiß eine seiner beklemmendsten Kurzgeschichten schreiben können. Gleichviel, daß aus diesen 11000 Interpretationen neulich ausgerechnet meine, vor 50 Jahren zufällig geschriebene, hier neu abgedruckte, als einzige zum Gegenstand eines Kafka-Vortrages gemacht worden ist, das kann nicht mit rechten Dingen zugehen. Jedenfalls macht diese Tatsache es sehr wahrscheinlich, daß keine der 11000 Deutungen sehr dringend benötigt worden ist – von wem sollen die 11000 denn auch so dringend benötigt, gar gelesen werden, außer von den 11000 Autoren selbst, von denen jeder aber nur den seinen, den er als Visitenkarte für ein „Dept. for German Literature" verwenden zu können hofft, immer wieder liest. Und auch mein Text hatte ja vor 50 Jahren seine Entstehung letztlich einem nicht ganz unähnlich opportunistischen Motiv verdankt. – Gelesen habe ich jedenfalls keinen dieser 11000 Sekundärtexte – und zwar nicht nur deshalb nicht, weil ich, der ich nicht zum Betrieb gehöre, von der Existenz derartiger Texte nichts zu wissen pflege, sondern auch und vor allem deshalb nicht, weil ich es in unserer Epoche, in der es darum geht, den Eintritt einer gewissen Katastrophe zu bekämpfen, für unschicklich halten würde, die Zeit mit der Durchsicht von Waggons von germanistischer Philologie zu vertrödeln. Und was von dieser Sekundärliteratur gilt, das gilt sogar auch von der Primärliteratur. Womit ich zugebe, seit der Abfassung meiner Schrift niemals mehr zur Lektüre Kafkas gekommen zu sein. In der Zeit, in die ich nun einmal hineingeworfen bin, konnte und durfte ich keine Zeit dazu haben, ein Gelehrter zu werden; ich hatte damit vorlieb zu nehmen, ins bloße Philosophieren auszuweichen. – Außerdem muß natürlich daran erinnert werden, daß zu der Zeit, da ich meine Deutung niederschrieb, das heute verfügbare Kafka-Opus noch gar nicht in toto vorlag. Erst in der Zeit nach meiner Interpretation hat sich ja das œuvre im Interesse der Verleger und der College-Professoren vervielfacht. Aber davon habe ich eben, da ich Wichtigeres zu tun hatte, auch nicht mehr Notiz genommen. Meine Kafka-Askese ging in der Tat so weit, daß ich sogar über früher einmal Besessenes nun nicht mehr verfügte: daß mir z.B. „Der Prozeß", der mir vor 50 Jahren gewiß vertraut gewesen war, nun, da er nach Jahrzehnten aus dem Radio floß, beinahe unbekannt geworden war. Nicht eine einzige Szene konnte ich voraussagen. Daß ich ihn einmal gedeutet haben soll, kann ich mir kaum glauben. Aber es war sehr nützlich, daß ich nun noch einmal einigen dieser „Prozeß"-Lesungen zugehört habe: denn durch sie erkannte ich, daß interpretationsbedürftig und

-würdig nicht so sehr Kafkas Werk selbst ist, sondern die nach Kriegsende furios ausbrechende und auch heute noch nicht erloschene Kafka-Sucht und -Mode, und nicht nur die unter Interpreten oder Nachahmern grassierende.

Das Interesse, das Juden an Kafkas Darstellung jüdischer Existenz nehmen, ist natürlich ganz rechtmäßig. Dagegen erfordert die glühende Neugierde, die nach 1950 unter Deutschen ausbrach, Aufklärung. Die nach den maßlosen Verbrechen des Hitler-Regimes Schuldigen und Mitschuldigen, die zwar sehr gut wußten, was sie getan hatten, die aber nicht nur nicht angeklagt oder gar bestraft worden waren, sondern, bis auf wenige Ausnahmen, selbstgerecht und selbstgefällig weiterlebten, die waren vermutlich dankbar dafür, daß man ihnen eine *antipodische Figur* lieferte. Man hat mir erzählt, daß Globke, der der Judengesetzgebung ihre juristische Form gegeben hatte, im Vorzimmer Adenauers sitzend Kafkas „Prozeß" geschmökert habe. In der Tat muß ja die Figur des K. des „Prozesses", der im Unterschied zu den Verbrechern des Dritten Reiches nicht ahnte, was er verbrochen haben könnte, sich aber trotzdem eines Morgens als Angeklagter vorfindet, dennoch nicht eigentlich zu eruieren versucht, was ihm zur Last gelegt wird, und auch nicht eigentlich empört ist über die völlig unmotivierte Verfolgung – diese Figur muß ja für diejenigen, denen, wie Globke, *kein* Prozeß gemacht wurde, die aber sehr genau wußten, wessen sie hätten angeklagt werden müssen, sehr tröstlich gewesen sein. Daß sich die Nachkriegsdeutschen in diese Gegenfigur verguckt, sogar einen Opernhelden aus ihr gemacht haben, ist psychologisch plausibel. *Durch die Vergötterung Kafkas löschte man die Tatsache, daß man dessen Millionen-Familie umgebracht hatte, wieder aus.* Und wenn man ihn berühmt macht, so primär nicht als Schriftsteller, sondern als Lieferanten einer Figur, die, obwohl *nicht schuldig, doch bestraft* wurde. Natürlich habe ich damit nicht behauptet, daß die Kafka-Seuche vornehmlich bei den aufs unzweideutigste Schuldigen ausgebrochen sei und bei diesen am stärksten gewütet habe – Globke war wohl die Ausnahme. Vielmehr brach sie wohl vornehmlich bei jenen Deutschen aus, die halbherzig mitgemacht hatten, und die, auch sich selbst, zu beweisen wünschten, daß sie die von den Siegern ihnen nahegelegte Schuld mindestens in Form von Literatur akzeptierten, wobei sie die Reue in Form von Kunstbewunderung absolvieren konnten.

IV. Heartfield

Was Heartfield betrifft, so kann ich über ihn, da ich ihn nur ganz flüchtig gekannt habe, nichts Persönliches berichten. Aber nicht unwichtig scheint es mir, darauf aufmerksam zu machen, daß er gewissermaßen ein *Antipode von Döblin* gewesen ist: Während dieser die Unerträglichkeit der bloßen Juxtaposition der Millionen von simultanen Dingen und Vorkommnissen der Riesenstadt dargestellt hat, hat umgekehrt der marxistisch nicht ungeschulte Heartfield immer wieder durch Zusammenmontierung von Ereignissen, die sich auf den ersten Blick nur zufällig simultan abzuspielen scheinen, versucht, den kausalen oder den Schuldzusammenhang zwischen diesen deutlich zu machen. Auch Heartfield ist in seinem Genre (das bald von allen Werbeillustratoren aller Firmen des Westens nachgeahmt worden ist) ein Meister gewesen. Daß Döblin und Heartfield gleichzeitig vor 60 Jahren in Berlin gearbeitet haben, ist eine kulturhistorisch höchst bedeutsame Tatsache.

V. Broch

Über die kurze Anzeige des „Tod des Vergil" nur eine ebenso kurze Bemerkung. Ich gehörte gewiß zu den ersten Lesern. Der sowohl philosophische wie künstlerische Dunst dieses Textes, dessen Prägnanzlosigkeit, machte mich ganz krank; und es verstimmte mich, daß Thomas Mann dieses Buch auf dem Klappentext mit für seine Verhältnisse erstaunlich apotheotischen Worten akklamiert hatte. Vermutlich, um Broch zu helfen. Gleichviel, verärgert schrieb ich also meine Verurteilung, die ich, da sie nur in einer Emigrantenzeitung erscheinen konnte (in der von meiner damaligen Frau Elisabeth Freundlich redigierten Kulturbeilage der „Austrian American Tribune"), von 50 Seiten, die ich nicht aufgehoben habe, auf drei zurückskelettieren mußte. Diesen jämmerlichen Rest schickte ich dann Thomas Mann zu, der, von ihm verblüffenderweise angetan, mir verschmitzt vorschlug, ihn Erich von Kahler zuzusenden, der ihn dann Broch (der damals als Kahlers Gast in Princeton lebte) auf den Nachttisch zaubern sollte. So geschah es dann auch, Broch las den Text und reagierte – tableau! – mit einer Noblesse, die mich nicht nur entwaffnete, sondern auch – was mir nur selten passiert ist – beschämte. Er lud sofort meine Frau und mich nach Princeton ein; wir verbrachten einen Nachmittag mit einem so humanen, kultivierten, integren und liebenswerten Menschen, daß ich seinen (in seinen theoretischen Schriften unerträglichen) philosophischen Analphabetismus und seinen totalen Mangel an (für Wahrheitsfindung unerläßlichem) Zynismus kaum als anstößig empfand; und wir blieben in, freilich losem, Kontakt.

Arglos hat er mir einmal das Grammophon gezeigt, aus dem er während der Niederschrift des „Vergil" das wallende Es-Dur sowohl des „Rheingold" wie der „Vierten Bruckner" pausenlos hatte strömen lassen, um sich besoffen zu halten. Meine erstaunte Frage, ob er denn fände, daß unsere Welt – es war die Zeit nach Hiroshima und Auschwitz – sich im gleißenden Es-Dur abspiele, ob diese Tonart nicht vielmehr die Rausch-Tonart des 19. Jahrhunderts gewesen wäre, machte ihn noch nicht einmal stutzig.

Nach der Rückkehr nach Europa im Jahr 1950 habe ich ihn nie wiedergesehen. Er ist in den Staaten geblieben und dort als Gast einer konservativen Universität gestorben. Wirklicher geistiger Verkehr wäre zwischen uns auch gar nicht möglich gewesen, denn er hätte an meiner immer prononzierter werdenden Schroffheit und an meiner Verhöhnung des Geschwätzes über den so- (und auch von ihm so) genannten „*Verfall der Werte*" immer mehr Anstoß nehmen müssen. Daß von „Werten" zu sprechen – kein Großer vor Nietzsche hat diesen Ausdruck je in den Mund genommen – selbst schon „Verfall" war, hätte er gar nicht verstanden. Und ich hätte seine philosophische und politische Naivität nur ungern verhöhnt, da einen so nobel angelegten Menschen unnobel zu behandeln, verdrießlich gewesen wäre.

VI. Über die Zeichnungen

Wenn ich dem Band einige Zeichnungen beigebe, so nicht nur deshalb, weil ich in ihnen ausnahmslos *weltlose Typen:* Arbeitslose, Bohémiens, Vertriebene, Clochards dargestellt habe, sondern auch, um mein Reden über Kunst zu legitimieren. Da 99% der akademischen Kunsthistoriker nicht wissen, wie man einen Stift in die Hand zu nehmen hat, und gar nicht auf den Gedanken kommen, das zu versuchen und das eigentlich können zu müssen, bleiben sie, ganz abgesehen von der philosophischen Obsoletheit ihres Vokabulars, reine Schwätzer. Das war wahrhaftig nicht immer so gewesen: Dürer, Leonardo, Delacroix, van Gogh hatten die zwei Kompetenzen aufs selbstverständlichste vereinigt, nein: sie niemals als *zwei* verstanden. Daß Künstler und Kunstgeschichtler bzw. Kunstphilosophen kaum je miteinander verkehren, ist kein Zufall. In der Musik wäre Analoges absolut ausgeschlossen, ich habe noch niemals einen Musikologen getroffen, der nicht hätte Klavier spielen können. Ich habe also ,,Klavier gespielt".

Als der (mir in den Zwanziger Jahren in Paris noch völlig unbekannte) George Grosz zwanzig Jahre später meinen ersten, noch ganz kurzen Versuch einer Charakterisierung seines Werks (eine Besprechung seiner N.Y.-Ausstellung in einem Emigrantenblatt) gelesen hatte, da schlug er mir chummyhaft auf die Schulter und rief: ,,Mensch, Sie müssen doch selbst gemalt haben!" (sofern er nicht ,,du" gesagt hat, denn Siezen fiel ihm etwas schwer). Jawohl, ich hatte. Von frühester Kindheit an. Aber doch immer nur beiläufig. In der Schule. Oder in Husserlvorlesungen, wenn der von seiner fixen Idee nicht loskommende Alte die ,,Intentionalität" zum 100. Male erklärte. Dann zeichnete ich ihn zum 100. Male. Die Geburt der Kunst aus dem Geiste der Langeweile. – Oder vor dem Café du Dôme, um mir, wenn verabredete Freunde auf sich warten ließen, die Zeit zu vertreiben. Freilich hatte ich meine, auf den Rücken von Briefumschlägen oder auf die freien Ecken des ,,Intransigeant" hingeworfenen Skizzen niemals als ,,Kunstwerke" eingestuft, noch nicht einmal ,,Skizzen" genannt – auch das wäre schon zu prätentiös gewesen. Aber das manuelle ,,know how" besaß ich halt, und das hat mich in den Stand versetzt, sachverständiger über Kunstwerke zu reden als die snobistischen Berufskunstgeschichtler (die übrigens kunstphilosphisch genau so dilettantisch waren wie manuell); und mich auch dazu befähigt, zuweilen ein paar Francs als Louvreführer zu verdienen.

Auf die Ermunterungen der mich im Café du Dôme oder in der Coupole observierenden Künstler – sie malten durchweg noch ,,gegenständlich" und vorkubistisch –, einer der Ihren zu werden, habe ich stets, ironisch Platos ,,Staat" zitierend, mit dem Argument reagiert, daß unsere Bilder ,,*Abbilder von Abbildern*" seien, und daß die Welt auch dann „aussehe“, wenn sie darauf verzichten müßte, von uns, wie Plato sagte, „wiederholt“ zu werden: woraufhin sie Plato als „toqué“ verhöhnten. Jedenfalls hätte ich, fuhr ich, wenig beeindruckt, fort, größere Sorgen, als die ja bereits sehr erhebliche Anzahl von existierenden Bildern zu erhöhen. Für Bebilderung unserer Welt sei reichlich durch Photos, Plakate, illustrierte Zeitungen etc. Sorge getragen. Sie übten einen bereits überflüssig werdenden, nein: schon vor Jahrzehnten abgestorbenen Beruf aus, nein, sie seien selbst bereits zu abgestorben, um das schon (oder noch) zu bemerken. Was auch dadurch bestätigt werde, daß ihre Bilder, da sie ja – was es in der Geschichte der Kunst nie zuvor gegeben habe – für niemanden und nirgendwo, nicht für Kirchen, nicht für Paläste, nicht für Bürgerwohnungen, nicht für Gemeindebauten, malten, *sozial ortlose, sinnlose Objekte, clochards wie sie selbst, Dinge ohne Welt* seien.[9] Übriggeblieben sind von meinen zahllosen Zeichnungen nur einige aus den Jahren 24–27. Daß diese noch da sind – ich habe fast das Gefühl, mich dafür entschuldigen zu müssen – weiß ich nicht zu erklären. Alle anderen sind, wie es sich in unseren Zeitläufen gehört, bei den zahllosen Exil-Umzügen und -Reisen abhanden gekommen. Ich weine ihnen keine Träne nach. Es hat größere Verluste zwischen 33 und 45 gegeben.

Anmerkungen

1. Zur Charakterisierung dieser Position läge vielleicht der (von Fichte herrührende) Terminus „*Akosmismus*“ nahe, wenn dieser nicht gewöhnlich bedeutet hätte, daß die Realität von Welt deshalb nicht akzeptabel sei, weil als existent allein Gott anerkannt werden dürfte. Da in unserem Zusammenhang aber der Begriff der „Welt“ nicht als Gegenbegriff zu dem von „Gott“ figuriert, eher zu dem von „Leere“ oder von „Unbestimmtheit“, in der heutiges Leben sich abspielt, zögere ich, den prima vista sich anbietenden Terminus zu verwenden.
2. Ich sage „vielleicht“, um der Versuchung auszuweichen, diesen Defekt in ein neues Kriterium für eine „Sonderstellung des Menschen“, in ein Privileg des Menschen, umzufälschen.
3. „Die Weltfremdheit des Menschen“. Vorträge in den Kantgesellschaften Hamburg und Frankfurt 1929. – Zweiteilig erschienen in den „Recherches Philosophiques“ 1934 und ’36 unter den Titeln „Une Interprétation de l'Aposteriori“ und „Pathologie de la Liberté“.
4. Das noch weniger akzeptable pluralistische Intermezzo: den kommandierten Monolithismus des Nationalsozialismus lasse ich hier aus.

5. Natürlich gibt es Millionen von Zeitgenossen, die es nicht ertragen, als Pluralisten zu leben, die, kurzschlußhaft reagierend, in irgendeine enge religiös-fundamentalistische oder politisch-nationalistische Spezialität hineinspringen, um das *Glück der Ausschließlichkeit* zu genießen und sich den („Echtheit" oder „Heimat" oder „roots" genannten) *Mief der Enge* ums Haupt blasen zu lassen. – (Als Konsumenten bleiben freilich fast alle, außer den homöopathischen Kräuter- und Müsliessern, *Pluralisten.)* (s. u.)
6. Auch die gibt es freilich. Z. B. wenn in Mahler-Symphonien musikalische, poetische, religiöse, säkulare Inhalte und Motive der diversesten Herkunft, gleich ob von Nietzsche oder aus dem „Wunderhorn" – oder aus geistlichen Tresoren, gleichberechtigt – (und emotional gleich unwiderstehlich, gleich tränen- und applaustreibend) nebeneinander auftönen. Alles scheint zwar *gleich gültig*, da alles eben mit gleichem Enthusiasmus bejaht wird, aber diese *gleiche Gültigkeit läuft letztlich eben doch nur auf Gleichgültigkeit hinaus.*
7. Ihren Höhepunkt hat diese, zumeist politisch bestellte, „Kulturkritik" in Friedrich Torbergs Schmähungen der Werke von Thomas Mann, Brecht und anderen gefunden.
8. Nichts liegt mir natürlich ferner, als für „Glauben" (egal für welchen) deshalb zu plädieren, weil dieser ein Gegengift gegen Weltlosigkeit wäre. Das überlasse ich gerne den „Psychoanalytikern der dritten Generation", die Glauben (egal welchen) als Medikament gegen die angebliche Unerträglichkeit der Sinnlosigkeit des Lebens empfehlen. (Siehe dazu d. V. „Die Antiquiertheit des Menschen", Bd. II, S. 362 ff.)
9. Das Phänomen der „sozial ortlosen Objekte" habe ich übrigens 20 Jahre später in Californien in einem Rodin-Vortrag eigens thematisiert („Homeless Sculpture" in „Philosophy and Phenomenological Research", Buffalo 1946).

Über Döblin

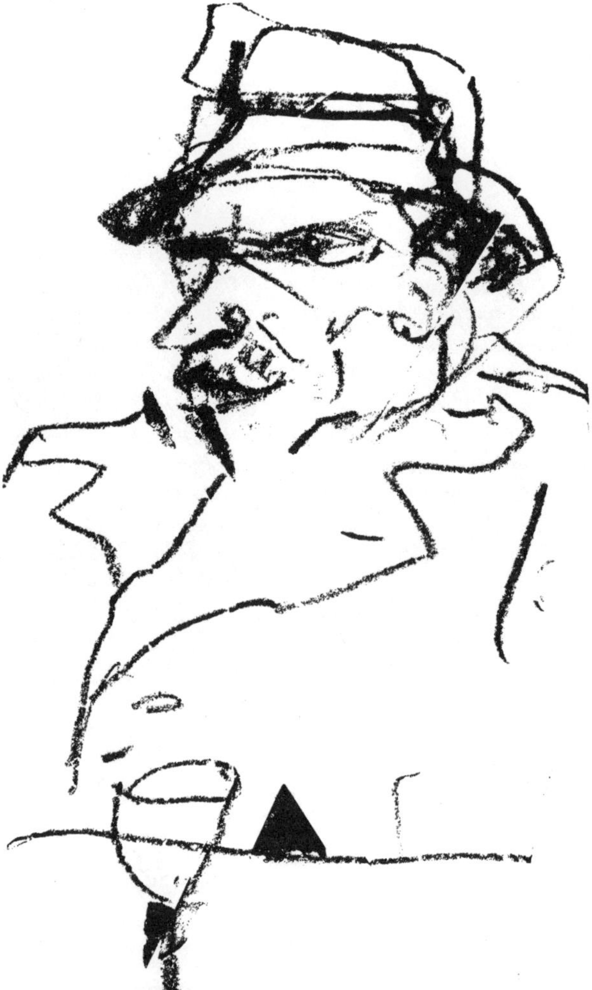

Der verwüstete Mensch

Über Welt- und Sprachlosigkeit in Döblins „Berlin Alexanderplatz“ (1931)

Für Georg Lukács

Nur in diesem großen Roman ist jene wüste Stadt, die wir vor dreißig Jahren gekannt, geliebt und verabscheut hatten, und die unterdessen – und nicht nur durch ihre Bebombung – untergegangen ist, wirklich aufbewahrt worden. Dies: durch ‚fiction‘ das einmal wirklich Gewesene gerettet zu haben, ist aber nicht das einzige Verdienst Döblins. Denn außerdem gehört sein Buch zu den ganz wenigen Dokumenten, in denen die literarische Zerstörung der Realität legitim war – denn diese war gefordert durch das sujet: die Realität der Zerstörung.

Der Versuch, die nachstehende Ausdeutung des Buches zu veröffentlichen, mißlang damals. Hitler kam dem Druck bereits zuvor. Da der Text in die Nachbarschaft des von Lukács so vielfältig bearbeiteten Realismusproblems gehört, ist es mir eine Freude, gerade ihm diese frühe Arbeit nun zueignen zu können. (1965)

I. Wer lebt?

Der Stadt, deren Dächer über ihm zusammenstürzen, ist der Biberkopf nicht gewachsen. Kein Mensch lebt in Berlin, wie keiner einfach in der Welt lebt: Jeder ist auf *seinem* Stand und im engen Raum *seines* Geschäftes. Berlin ist nur die wüste und imaginäre Summe dieser zahllosen wirklichen Räume. Aber es kann wirklich werden: wer nirgendwo steht, wer wie Biberkopf, ausquartiert aus Tegel als Erwachsener zur Welt kommt, zu ihr hinzukommt, steht im *ganzen* Berlin, ist überlassen dem Imaginären, das nun Raum wird, und doch Raum nicht sein kann, dem bloßen Es. Und bloßes Es wird alles: Straßen,

Essen, Menschen, die als bloße Funktionen im Raume vagieren: „es hatte fröhliche Gesichter, es lachte, es stand herum". Wer? Man kennt sie nicht, man kennt sich nicht. Und da ihn, Biberkopf niemand kennt, da er nur in Berlin steht, wird er selbst utopisch und imaginär. Mit zahllosen „nämlichs" sucht er sich einzuführen in die Welt, zu begründen und zu entschuldigen, daß er sie anspricht. Aber mit „ich bin nämlich Biberkopf" läßt sich Berlin nicht einfangen. „Ich wollte Sie nämlich was fragen. Was man nämlich ..." – Berlin antwortet nicht, nimmt ihn nicht an. In lautem Gesang muß er sich selbst bestätigen, aber der Gesang bleibt hängen, dringt nur zu jenen, die gleichfalls nirgendwo stehen, aber ihren utopischen Stand seit ewig gelernt haben: zu den Juden. Durch sie hat er Tegel nun hinter sich; aber noch ist er nicht rückgekehrt in sein Leben und noch nicht in die Welt. Da er vor nichts steht, kann *sein* Leben nur sein altes Leben sein. Um auf die Welt zu kommen, muß er in die Vergangenheit zurück, weit ausholen, vor Tegel beginnen. Da ist die Schwester jener Ida, um derentwillen er gesessen hatte; sie hat denselben Dunst wie die Erschlagene. Sie überrumpelt er. Und nun erst, durch Wiederholung des vergangenen, ist er zurückgeholt, ist er wieder da. Die moralische Geschichte seiner Erziehung kann beginnen.

Es ist ein *negativer* Roman. Biberkopfs Leben und die Romanform sind aufeinander nicht zugeschnitten. Sie dementieren sich gegenseitig und zwar dauernd. Es ist die Geschichte eines einzelnen – soweit scheint die Form des (um einen „Helden" zentrierten) Romans zu recht zu bestehen. Aber Biberkopf ist einzelner in ganz negativem Sinne: weder ist er zurückgeworfen auf die Welt seines eigenen geschichtlich biographischen Lebens[1], noch ist er „individuelle Persönlichkeit", die auf Grund unmeßbarer Besonderheit abgesondert wäre – er ist einfach durch die Umstände beiseite gedrückt. Da aber dieses Leben selbst glaubt, selbsthaft zu sein, wird dieses Selbstmißverständnis vom Roman ernst genommen und zu seinem Prinzip gemacht. Mit dem Resultat, daß an Stelle des *Lebens* eine Kette von Katastrophen, kurz: die *Welt* zu Worte kommt. Die Auflösung der Romanform ist also rechtmäßig. Sie ist die wahre Darstellungsart desjenigen Lebens, das an Anständigkeit und Selbständigkeit glaubt und als solches scheitert. –

Hinter ihm steht nichts: keine Sitte, keine bürgerliche, keine proletarische, keine städtische, keine ländliche, keine Natur, keine Religion, keine Religionsleugnung, keine Indifferenz, kein Milieu, keine Familie. Er ist unmenschlich, weil in einem barbarischen Sinne nur Mensch. Er ist schlechthin übrig, und kann nichts finden, weil er nichts zu suchen hat. Total verlassen, nimmt er Jargon und Phrase jeder Provenienz, wenn nur ihr Tonfall seinem augenblicklichen Ergehen Ausdruck gibt: „in Ehren treu ... dem Karl Liebknecht haben wirs geschworen ... hoch weht die Flagge schwarz-weiß-rot."

Hinter sich hat er keine geschichtliche Deckung, vor sich nichts als den formalen Vorsatz des Anstandes. So soll er sein Leben bestehen; oder vielmehr nicht seines, denn sein Leben ist nicht die Straße, auf der er erreichen sollte, was er und nur er ist; sondern der enge Weg, auf dem er entlanggetrieben wird, und auf dem er vorwärtskommt nur durch den Steinwurf von hinten und die Spießruten von rechts und links. Man treibt ihn, um ihm alles auszutreiben: sein eingebildetes Selbst, seinen Stolz; um ihm zu zeigen, daß es auf ihn nicht ankommt. Sich umzublicken hat er keine Zeit. So lernt er nichts, erinnert sich niemals, bleibt ohne Erfahrung, also auch ohne Rückendeckung *eigener* Vergangenheit. *Ihn* erinnert höchstens etwas: Minna an die ermordete Ida, das wiedergesehene Tegel an das Tegel von damals, und das Wiedergesehene stürzt auf das Erinnerte zu, die neue Situation deckt sich einen Augenblick lang mit der alten. Er „hat" überhaupt kein eigenes Leben: „sein" Unglück ist passiert, nicht hier, irgendwo, das Glockenläuten beweist es, er muß es erst suchen gehen; und wie man den Tod „findet", findet er alles was ihm passiert, findet er sein Leben. Dieses Leben ist nichts als die dauernde Gelegenheit, ihm zu zeigen, daß es nicht seines ist, ist nur das, was man aus ihm machte, ist nur die Summe der von allen Seiten auf ihn zufallenden und mit jedem Schlag ihn tiefer in die Sackgasse treibenden Welt. Sie treibt ihn, bis er aufrennt und nicht weiter kann. Da alles ihm nachspringt, ihn ganz zu vernichten, versperrt alles sich gegenseitig den Weg. So bleibt dem Gehetzten doch noch die letzte Enge, in die man ihn trieb, für sein nacktes Leben. Das nimmt keinen Platz ein. Er schöpft Atem, er kommt zu sich: er ist nichts.

Sein Anstand ist nichts. Die ihn mitschleppen, stoßen ihn aus dem Auto, denn er ist moralisch, d. h. unsolidarisch, d. h. gefährlich. Er ist anständig, also sucht man ihn zu morden. Diese Geschichte ist eingestandenermaßen „frech, ekelhaft, erbärmlich". Sie hat keinen Sinn, von Schicksal ganz zu schweigen. Deshalb geschieht sie. Denn das

Sinnlose hat für Biberkopf eine ganz bestimmte Funktion. Es ist die dauernde Maßregelung seines phantasielosen Hochmuts: seiner Anständigkeit. Denn die Anständigkeit ist nichts als die Angstvokabel für seinen Rückzug von der Welt, für sein scheinbares für-sich-Bestehen. Mit ihr versucht er, dem Unberechenbaren einen Sicherheitsvertrag auf Gegenseitigkeit zuzumuten, lautend: ich provoziere Dich nicht, ich tue Dir nichts, also kannst Du mir nichts tun *dürfen*. So stellt er der Welt geradezu Bedingungen. Er konstruiert eine moralische Weltordnung mit Strafe, Recht und Burgfrieden, eine juristische Welt (juristisch ohne Gemeinschaft, einer gegen alle), ohne zuvor die Welt gefragt zu haben, zahlt eine unverlangte Summe und hält sich für losgekauft: er weiß nicht, daß ein Vertrag zwischen Einzelnem und Welt unproportioniert und unregelbar ist, besonders dann, wenn das Leben wie seines, nichts ist, als das, was es erlebt; also nichts als die Welt selbst. Dadurch ist der Vertrag imaginär. Er weiß nicht, daß der Einzelne, der im nötigsten Bedarf, Hunger und Liebe, angewiesen ist auf die Welt, auf nichts rechnen darf. Ihm fehlt Erfahrung in jenem Doppelsinne von: Erfahrensein durch das, was dem Leben widerfuhr und: von anderen etwas erfahren, d. h. hinhören. Sein Anstand ist Erfahrungslosigkeit. Er muß gebrochen werden, das imaginäre Rechtsverhältnis muß durch Unglück und Zufall desillusioniert werden; Sinnlosigkeit allein kann das Leben enthüllen, seine wahre Belanglosigkeit, sein Unrecht, in dem es ist, weil es immer Unrecht behält. In der Moral der Geschichte versinkt die letzte Formel der Moral: der Anstand.

„Ich habe ihn hergerufen ... zum Erleben seines schweren, wahren und aufhellenden Daseins." Er ist hergerufen: die Katastrophe vollzieht sich also vor den Augen einer *Instanz*, die Chronik ist ein, wenn auch negativer Erziehungsroman.[2] Die moralische Inkonsequenz der Welt, die Beliebigkeit ihres gereizten Gegenschlages hat doch ihren „unerwarteten schrecklichen Sinn": sie ist die gerechte Konsequenz, die gerechte Strafe für das unproportionierte Verhältnis Biberkopf – Welt. Erst wo mehrere beisammen sind, wird die Welt entkräftet, da sie aus der Gegenfront des Lebens zu dessen Medium wird; in diese Richtung weist jedenfalls das Schlußmotiv des Romans. Das Happy-End des Biberkopfschen Lebens, seine plötzlich glückende Einordnung in die Gemeinschaft, bleibt freilich ein unglaubhaftes Ereignis. –

Ist Biberkopf nur Treff- und Spielplatz der Empfindungen, die ihm passieren, so bewahrheitet er gewissermaßen nachträglich den Sensualismus: keine Tradition hat seine Seele vorgeprägt, keine gab sich ihm aus als eingeborene Vorstellung, er ist wirklich nichts als die Gelegenheit der Welt. Und die Dauer seines Lebens nichts als die Bewährungsfrist, um deren Übermacht anzuerkennen. Da er gelebt *wird,* ist er das ständige Opfer der einfach weitergehenden Zeit, die ihm immer etwas passieren läßt, die ihn immer irgendwo sein läßt, zu irgendwem macht, und die ihn immer in Situationen hineinreißt, die er niemals gesucht hatte. So weiß er nicht nur nicht, *was* er tun, womit er sich beschäftigen solle, sondern *ob* er überhaupt etwas tun soll; keine vorgegebene Welt gibt ihm selbstverständliche, die Zeit ausfüllende Aufgaben. Die *leere* Zeit, sonst theoretische Formalisierung und Abstraktion der immer schon erfüllten, wird Biberkopfs schreckliches Element, da er selbst, abgezogen von jeder Welt, abstrakt ist – eine Abstraktheit, die gerade bei der Leibhaftigkeit dieses Menschen um so gespenstiger wirkt. „Wat mach ich bloß?" – Diese Frage sucht nicht aus dieser oder jener Klemme oder Kalamität heraus, sondern vielmehr aus der einen schlimmsten, daß er, obwohl keiner Welt zugehörend, doch der weitergehenden Zeit ausgeliefert ist. Da keine Welt am Anfang seines Lebens steht, weiß er mit den Weltgegenständen auch nichts anzufangen. Da es ihn eines Tages zum Zuchthaus in Tegel zurückzieht, steht er da und zaudert: soll er es nur ansehen? Tegel war noch eine Welt, denn dort war er noch „drin", wenn auch im schrecklichsten Sinne. Nun da er in der Welt ist, ist er nirgendwo, und im Anstarren verwandelt sich seine Tegelzeit (die die Erinnerung wahrer vergegenwärtigen würde als die Wahrnehmung) in Fronten roter Ziegel. Sie sind nur „*da*", und da in seiner Beschäftigungslosigkeit nichts „für ihn" da ist, begegnet ihm das „an sich" der Welt, ihr bloßes Dasein. Biberkopfs Stellungslosigkeit ist seine metaphysische Chance: „Wat wollte ick noch hier, wollte ick wat hier ... *das gibt es alles.*"

Zu diesem Leben, das ihn lebt und mitnimmt, gehört Reinhold: sein und Miezes Mörder. Gerade ihm verfällt Biberkopf, gerade ihm ist er treu. Und erst durch Reinholds elende und gleichsam negative Faszination wird Franzens Leben endgültig zum bloßen Mitgenommenwerden. Diese Faszination scheint identisch mit der hinreißenden Kraft der leeren Zeit, von deren täglichem Und-so-weiter Franz sich wider Willen, aber grundsätzlich wehrlos, mitschwemmen läßt, das ihn zu Miezes Lude macht, ehe er es weiß, und das ihn, ehe er sich versieht, seinen Anstand verlieren läßt.

Biberkopf ist übrig: übrig zwischen den Anständigen und Unanständigen, zwischen den Milieus, zwischen den Klassen; ob er Arbeiter oder Kleinbürger ist, bleibt zu Recht ganz undeutlich. Aber trotz seiner besonderen Isoliertheit steht er doch übertrieben für jeden Einzelnen da: denn jeder Einzelne ist zwar anders als der Andere, aber keiner ist Persönlichkeit oder Individualität im traditionellen Sinne, im Sinn der Romantik und des 19. Jahrhunderts.

Die Gleichung von differentia specifica und Wesen hatte in der Romantik zu der Unterstellung geführt, daß das Anderssein jedes Menschen die Individualität selbst sei, oder wenigstens eine Anweisung auf sie darstelle; daß, wie es bei Hegel heißt, „Abweichung und Subjektivität" identifiziert würden. Solange das Leben wirklich in „Bildung" der Individualität bestand und dafür Zeit hatte, war allerdings die Auffassung des Anderssein als Individualität mehr als nur Überkompensierung des Andersseins, mehr als bloße Theorie über den Menschen gewesen. Diese Anweisung fehlt heute. Jeder ist zwar so wie er ist, anders als jeder Andere, aber keiner hat Zeit dafür. Der Spielraum ist von Umständen umstellt; die von jedem dritten ausfüllbare und ungewählte Arbeit im Arbeitsprozeß, der Druck der allen gleichen Bedürfnisse macht jeden zur verhinderten Individualität und beläßt jedes Verschiedensein als natürliche ungebildete Spielart, die zu nichts da ist und keiner andern als nur zoologischer Beschreibung bedarf. So erscheint das Verschiedensein der Menschen widersinnigerweise geradezu als ein Produkt der Massenherstellung, jener unnatürlichen Massenherstellung, zu der die Technik die Natur zwang: dieser kommt es nun im Prozeß ihres Wucherns, im Überschuß ihrer Vorräte auf ihre einzelnen Produkte zu wenig an, als daß sie jedes präzise arbeitete; die Verschiedenheiten erscheinen als Nachlässigkeiten, Webefehler am einzelnen Exemplar, Folgen der Unfestgelegtheit, Vagheit oder Abgenutztheit des Fabriktypus Mensch.

Aber der gleiche Druck, der es verhinderte, daß der Einzelne das Anderssein zur Tugend der Individualität mache, legt sich nun auf die Gesichter, drückt sie platt, verwischt die Zeichnung der Züge. Die Unterschiede von heute sind nur noch die Spuren von gestern, gerade das Spezifische ist nur noch Erbgut; das aber zerschleißt: und schließlich ist es nur noch Art und Grad des Zerschleißens, was die Menschen unterscheidet: der eine entformt sich langsamer oder rascher als der andere; alle aber resignieren in Richtung auf das *eine* Gesicht, auf das *eine* Leben, und auf das Wenige, was jedes Leben von sich selbst hat: „Schönes Wetter, schlechtes Wetter, am Ofen stehen, Frühstücken, ... was haben Sie denn Herr Hauptmann, Herr General, Herr Jockey, machen Sie sich nichts vor." –

So ist man irgendwer und ein höchst unbestimmter Artikel. Dieses gesellschaftliche Faktum wird nun bei Döblin metaphysisch umformuliert: auch metaphysisch und physisch ist der Mensch eine Bagatelle: die polnische Lina ist nicht sie selbst; sondern nur die zufällig gelungene Probe auf das Exempel ihres Namens. Da zwei Vorgängerinnen, die auch Lina hatten heißen sollen, als Frühgeburten nur zur Hälfte gelungen waren, versuchte Frau Przyballa aus Czernowitz eine dritte, wieder eine Lina: *eine*. Was Biberkopf im Arm hält, ist ein schemenhafter und unbestimmter Artikel. Aber mit Haut und Haaren takelt sich das Schemenhafte auf zur Illusion einer ausgewachsenen und wirklichen Person. Wirklicher als sie ist auch Franz nicht. Denn die Wirklichkeit ist nichts als der zufällige Überfluß ihrer zu großen Reserven. Ob Franz Eva ausführt oder Mieze – beide heißen eigentlich Emilie – Mieze *ist* gar nicht Mieze, er nennt sie nur so, denn er hatte „noch keine die Mieze hieß. Sone möchte er gerne haben".

Der Ort, auf den Biberkopf – abgewiesen von der undurchdringlichen Welt – endlich verschlagen wird, wo er vorübergehend Anschluß findet und Leben mitmacht, ist selbst noch einmal ein Residuum: die von der Welt abgeworfene „schlechte Gesellschaft". Als Chronik dieser Gesellschaft, mit der sich die bürgerliche selbst gestraft hat, und die die Gegenwelt der bürgerlichen ist, ist der Roman noch einmal ausdrücklich ein negativer: ein negativ-bürgerlicher. Die Unterwelt ist Gegenwelt: auch in ihr beansprucht jeder, er selbst zu sein, *sein* Recht, *seine* Geschäfte, *seine* Geschäftsgeheimnisse, *seine* Beziehungen, *seinen* Luxus, *seine* Muße zu haben – und das auf Kosten der vielen. Was in der herrschenden Klasse „Spielraum" heißt, heißt hier „Ellenbogenfreiheit"; was dort als „freie Konkurrenz" und „freie Assoziation" auftritt, kann hier nur als Verbrechertum und Bandenwesen gedeihen. Was jene Klasse, beschützt durch die legalisierende Macht ihres Systems ohne sofortige Gewaltanwendung erreicht, vollbringt diese machtlose nur im direktesten Zugriff. Der Verbrecher ist kein Gegner der bürgerlichen Gesellschaft, diese ist vielmehr sein Medium; und in das, was er unter ihr sich vorstellt, sucht er sich hochzustapeln. Sein Ideal – wie das des Mittelstandes – ist die Selbstherrlichkeit des Bürgers, und jene Frauen, die die Geschöpfe der doppelten bürgerlichen Moral sind, sind auch zugleich die Kompagnons der Ganoven. Sie bevölkern den Raum des Romans; sie sind wirklich noch einzelne aus *Entschluß*, nicht nur verschiedene durch Geburt; sie sind somit im Roman noch erfaßbar. Dennoch sind auch sie nicht Individualitäten im bürgerlichen Sinne, sie brauchen keine Überkompensierung des Andersseins zur persönlichen Note, die das in seinem persönlichen Recht und in seiner Privatheit nicht attackierte Individuum nötig hat; mit der Sicherung ihrer Sonderstellung sind sie minütlich vollauf beschäftigt; und der Stoff ihrer Unternehmungen und ihrer Vergnügungen „trägt die Farben der Zivilisation" (Marx). Aber selbst dieser Unterwelt gehört der anständige Biberkopf nicht zu. Er ist nicht nur, wie Reinhold, Abfallprodukt der bürgerlichen Gesellschaft, der er nicht angehört, sondern noch darüber hinaus Abfallprodukt der schlechten Gesellschaft selbst, die ihn über Bord wirft. Ausgeschlossen von den Ausgeschlossenen lebt er wider Willen als moralischer Bohémien („freischwebend" wie der technische Ausdruck heißt) im luftleeren Raume zwischen den Gegenden der Gesellschaft.

So ist er auf sich und nur auf sich zurückgewiesen. Aber er ist nicht Plattform genug für sich selbst, er ist ungewohnt, auf sich selbst zu stehen, gerät immer wieder unter Menschen und in zufälligste Konstellationen.

Keine dieser Kombinationen, die der Betrieb mit sich bringt, ist prästabiliert: daß dieser mit jener geht und der Andere mit der anderen, war niemals so gemeint gewesen. Gelegenheit macht Liebe, Kumpane, Lokalpatriotismus und Mord. Und am Ende ist es keiner gewesen. Daß er, Franze, eine Fränze findet, dieser Umlaut scheint ihm schon ein Wink von oben, so wenig Gewähr gibt es für das Passen einer Kombination, deren Beute man längst schon ist, ehe man sich entscheidet. Aber nachträglich gibt es für die Anderen, für alle außer für Biberkopf, etwas Tröstliches, das den Zufall mildert, ja auslöscht; etwas, was die Frage, ob er und sie ihrer „Natur", ihrer „Individualität" nach zusammenpassen, gegenstandslos macht. – Die *Gewöhnung:* denn die Gewöhnung paßt die einander Zugefallenen zusammen, paßt sie so zusammen, daß sie nun passen. Selbst von dieser letzten und nachträglichsten Rettung vor dem Zufall ist Biberkopf ausgeschlossen. Immer wieder wird er entwöhnt, Tegels, seiner Zimmer, Miezes und seiner selbst. Ihm mangelt nicht nur die Wohnlichkeit einer Welt, nicht nur die Gewohnheit einer Tradition, nicht nur die Zugehörigkeit zu einer Klasse, sondern selbst die Gewohnheit eines eigenen Lebens.

Gespeist von der Gesellschaft, abgewiesen von der Gesellschaft, angewiesen auf Selbständigkeit, bestraft für die Selbständigkeit, rückfällig geworden und wieder verstrickt in die Welt, abgeworfen von der Welt – das ist kein Leben mehr, das ist nur noch ein bloßes *Geschehen*, ein Zusammenfluß aus unzähligen Nebenflüssen, eine Stauung durch tausend Dämme. „Biberkopf" scheint nur noch das Namensschild, das mitschwimmt, um dem ganzen einen letzten Schein von Identität zu wahren; und so wie Berlin nichts ist, nichts als der Name für zahllose verschiedene Räume, so ist auch der Name Biberkopf das einzige, das wirklich sich durchhält. Diesen „Nominalismus" bringt die Wirklichkeit selbst mit sich, ihn bringt sie selbst aus sich hervor: die Stadt, ehemals selbst ein Wirkliches, von Menschen als ganze auffaßbar, wuchert, „übertrifft" (mit Kant) langsam die „Grenze der Einbildungskraft", wie sehr sich diese auch zu „erweitern" sucht. Einzige Garantie ihrer eigenen Realität bleibt ihr sie ganz einschließender Name. Mit diesem diskreditiert nicht der Mensch die Realität, diese entwirklicht sich selbst, d. h. sie behält lediglich die Einheitsform des *Namens*.

So auch bei *Biberkopf*. Sein Name ist die einzige Konstante im Fluß seines Lebens, der ein anderer ist, wo immer man in ihn hineinsteigt. Aber auch bei ihm ist der Name noch letzte *Gewähr* der Identität des „Individuums". Noch zerfällt er nicht in die gegenseitig total unverständigten und durch Verpuppung tödlich abgeschiedenen Phasen von Raupe und Schmetterling. Noch hat das Geschehen seines Lebens *einen* Nenner. Aber selbst dieser Nenner, der Name, ist schon gefährdet, und in „Liberkopf, Ziberkopf" beginnt selbst die Etikette sich schon zu verwischen. –

Nur dort, wo die allzu starke Stauung durch die Dämme sein Leben aufhält, wird es etwas das seine; so in seiner Krankheit, da alles Verflossene noch einmal und zugleich zusammenfließt; wenn auch nur als Strudel von tausend Bildern, und nicht als die geordnete Reihe seiner Tage. –

II. Wer spricht?

Über dieses subjektlose Leben spricht nun der Roman. Wer spricht?

Medium der Dichtung ist die Sprache. Aber Sprache scheint an sich kein Medium. Als Rede und Zuruf, Mitteilung, Frage, Befehl ist sie Funktion *im* Medium Leben, aus dem Medium Leben heraus. Sie zieht nicht als kontinuierliche und parallele Oberströmung des fließenden Lebens dahin, sondern sie steigt einmal hier, einmal dort, als Floskel, Frage, Interjektion, als Zwischentext des Lebens. Diesem Zuvorliegenden, dem sie entwächst, ist aber die Sprache nicht gewachsen – sie will es nicht, sie braucht es nicht; denn spricht das Leben seine durchschnittliche Sprache, so will es nicht sich und seine Ganzheit noch einmal in der durchschnittlichen Sprache wiederholen und in sie übersetzen, sondern es will dieses und jenes und immer Einzelnes. Aber die Besonderheit der Funktion Sprache wird zur Abgesondertheit, die Äußerung, die dem Leben nicht gewachsen war, objektiviert sich, wächst über das Leben hinaus: die Stimme, die das Leben erhebt, um „über" sich zu sprechen, bleibt schweben, die Worte verdichten sich, werden zum eigenen Medium, geraten in eigene syntaktische Rotation. Die Transmissionen zwischen dem Gang der Worte und dem des Lebens sind gerissen, die Rhythmen laufen ohne Übersetzungen, Punkte und Kommata, Absätze des Sinnes und Rückschläge des Reims funktionieren in sich; das primum movens aber, das Leben selbst, unrhythmisiert und ungereimt, vielfältig und ohne das eindeutige Nacheinander des Sprachflusses, durch keinen Punkt beruhigt, durch kein Komma erfrischt, bleibt roher als sein eigenes Produkt, die Sprache. Nun ist das Leben dem von ihm selbst gemachten, dem poetischen Wort nicht mehr gewachsen. Das Leben gab seine Sprache frei, nur um sich selbst in ihr zu verwandeln, um sich, eingehängt in die Speichen ihres Räderwerks, mitreißen zu lassen.

Selbständig geworden verliert aber nun die Sprache den Bezug zum Leben – nicht zum Leben als Sprachinhalt, sondern zu dessen Duktus und Bewegungsprinzip. Es ist das Sprachereignis des Romans „Berlin-Alexanderplatz", daß diese Distanz wieder rückgängig gemacht wird: die Sprache wendet sich rückwärts, sie versucht, dem Ursprung, dem sie entwuchs, nachträglich wieder gewachsen zu sein; noch einmal das Medium, das das Leben darstellte, als Sprache zu vollziehen. Nun wird nicht „über" das Leben geredet, sondern das Leben vollzieht sich ein zweites Mal: in der *Sprache der Sprache.* –

Die übliche Rede des Romans, referierende Rede der ersten oder der dritten Person, redet *über* das Leben; damit spricht sie auch von einer Warte *über* dem Leben, d.h. als Zuschauer, als Erinnernder, als Unbeteiligter. Die scheinbar ganz neutrale und auf Darstellung jedes Gegenstandes anwendbare Redeform ist somit nur bestimmten Gegenständen gegenüber angemessen: sie setzt deren Beobachtbarkeit oder Erinnerbarkeit voraus. Diese Voraussetzung ist Biberkopf gegenüber sinnlos; er ist kleiner als sein an ihm exekutiertes Leben; er ist ihm so wenig gewachsen, daß er von sich aus niemals „darüber" oder in dritter Person sprechen könnte. Da seine Vergangenheit keine kontinuierliche Bahn darstellt, kann er sich nicht erinnern, kann er keine Bahn des Berichtes der Bahn des Lebens parallel führen; was er de facto nicht hatte formen können, kann er auch nachträglich nicht formulieren. Sekündlich gestoßen von dem, was ihm passiert, kommt er niemals zu Worte, steht er sich niemals Rede. Wollte man dieses Leben trotzdem zum Gegenstande eines einfachen Berichtes machen, obwohl diese Gegenstandswendung vom Leben selbst nicht vorgemacht wurde, so würde man von vornherein das Dargestellte durch das Darstellungsmittel entstellen. –

Gleichfalls „über dem Leben" steht die dramatisch-dialogische Form: wie direkt sich auch das Leben in „direkter Rede" mitvollzieht, so hat sie doch schon von vornherein auch das nicht redende Leben auf „Rede" zugespitzt; nur was „der Rede wert" ist, ereignet sich eigentlich. Das Leben wird schon als redendes Leben vorausgesetzt, damit ihm die mitvollziehende Sprache gewachsen sei. Liebe und Kampf verwirklichen sich als Dialog. Damit ist wiederum eine bestimmte Art von Mensch präjudiziert: er will sich aussprechen, er kann sich aussprechen, jedenfalls sprechen, er ist recht eigentlich Mensch erst in der Sprache; vor allem: seine Welt ist Menschenwelt, sie besteht in Menschen, mit denen man redet, auch dann redet, wenn sich mit ihnen nicht reden läßt. Da sich hier der Mensch in der Sprache heben kann, kann er auch eine „gehobene" Sprache sprechen. Selbst was ungesprochen und unausdrücklich im Menschen vorgeht, wird hier in monologisch Gesprochenes verwandelt, als wäre der Unterstrom des nicht formulierten Lebens eigentlich auch schon Sprache. Deutet und behandelt sich das Leben in seiner dramatischen Selbstdarstellung als

Handlung und ausdrückliche Rede, so betrügt es sich damit um seine eigene Passivität: diese Passivität: das „Gelebt-werden", ist nun aber die erschreckendste Entdeckung des heutigen Lebens. In dieser Bedeutung ist sie auch Thema des repräsentativen heutigen Schrifttums, sofern es nicht ausdrücklich aktiv-revolutionären Charakter hat; in den verschiedensten Zusammenhängen, in den verschiedensten Vokabeln. Sie ist Thema von Joyce und Döblin; sie ist Thema der Psychoanalyse, für die der Mensch *Opfer* seiner Kindheit und Genosse seines unmenschlichen „Es" ist; der Philosophie Heideggers, für die das Leben in die Welt „geworfen" ist, dem „Man" verfällt; des Marxismus, für den man „mitgenommen" ist von der Welle der unmenschlich gewordenen Wirtschaft; des Historismus, für den man gebundener Mitsprecher eines nicht selbst geschaffenen Vokabulars ist; die Welt ist zu mächtig, als daß man sinnvoll mitreden könnte. An die Stelle der Worte treten Bilder: der Ablauf des (dem puren Geschehen überlassenen) Lebens erscheint im Film als Folge und Verdichtung des Sichtbaren. Nicht zufällig: denn Sehen ist passiver als Sprechen; und das Sichtbare ist weit wie die Welt, aber in der Sprache hört man immer nur den Menschen.

Gewiß besteht das Leben, das nicht sich beschäftigt, sondern wider Willen beschäftigt wird, nicht in ununterbrochenem Sehen. Die ungreifbare Übermacht der Welt oder der verhüllte Gegenstand des Wachtraums projizieren sich eben so selten in durchgebildete Bilder, wie sie sich in Rede formulieren; dennoch ist die Entwicklung vom (aktiven) Reden zum (passiven) Sehen sehr bezeichnend für das Leben, das sich als Passiv versteht. Aber ehe „Berlin-Alexanderplatz" verfilmt wurde, *sprach* der Roman über dieses subjektlose und passive Leben. *Wer spricht?*

Kein Erinnernder in erster Person; kein bloßer Berichterstatter in dritter Person; kein Subjekt mit Subjekt im engen und humanen Raum direkten Gesprächs. Niemand spricht, niemand formuliert; denn das Leben, um das es der Sprache hier geht, ist selbst subjektlos und unformuliert. Will die Sprache, die artikulierte Sprache, diesem Leben sich anmessen, so muß sie sich *entformen, rückverwandeln, rückübersetzen:* statt in der Sprache des Lebens vollzieht sich nun das Leben noch einmal in der Sprache der Sprache. Ohne Rücksicht auf die Syntax, denn das Leben ist asyntaktisch, ohne Beachtung ihrer Punkte – es geht weiter; ohne Geduld gegen ihre Pedanterie der Vollständigkeit –

es ist abrupt. Also ohne Entgegenkommen gegen die Sprache, denn nun ist es die Sprache, die dem Leben entgegenkommt.

Sie setzt sich etwa an die Stelle des Blicks. Kein Doppelpunkt perforiert die Einheit von Blick und Welt, kein Auge spricht „ich sehe". So wird auch keine Wahrnehmung durch ein „Biberkopf sah" eingeleitet. Die Sprache übernimmt die Direktheit (was mit „direkter Rede" im üblichen Sinne nichts zu tun hat). Nun redet sie weder über das Sehen noch über das Gesehene, sondern sie *spricht sehend;* was sie spricht, ist das Gesehene. Nach dem Punkt ist das Gesehene entschwunden und vorbeigezogen: „Die Schupos haben jetzt blaue Uniformen." Wer spricht? Niemand, auch Biberkopf nicht, er sieht. – „Biberkopf im Innersten verwirrt, taumelt." Dieser syntaktisch ordentliche Satz wäre eine bloße Beteuerung, alles weitere bliebe dem Leser überlassen. Statt dessen zerschlägt sich die Sprache, nicht anders als der in ihr ausgesagte asyntaktische Zustand, gerät selbst ins Taumeln, verliert die Balance, ist da und doch wo anders und legt sich quer zu einem nicht-existenten Hauptsatz: „Wenn der Hund mit der Wurst über'n Rinnstein springt".[3] Franz verprügelt unter den Augen des versteckten Reinhold Mieze, mit der er gygeshaft hatte prahlen wollen: „Dem Franz Biberkopf aber, Biberkopf, Lieberkopf, Ziberkopf ..." Biberkopf ist nicht mehr Biberkopf – „keinen Namen hat der" – der Schwindel erfaßt die Sprache mit. Die Wut seiner vergeblichen Liebesversuche übersetzt sich in den rotierenden und endlosen Abzählreim „kochste Suppe Fräulein Stein; krieg ich'n Löffel Fräulein Stein; kochste Nudeln Fräulein Stein usw." Oft ist es nicht einmal eine einzelne Person, in die sich die Sprache rückverwandelt, sondern die Situation als ganze, der auch die Person nur zugehört. Da werden nun mitvollzogenes „Subjekt" und mitvollzogenes „Objekt" und wirklich gesprochenes Wort durcheinandergemischt oder in einer Kette kleinster Sätze verknüpft; denn die Situation faßt Mensch und Dinge und Rede zugleich in sich. Da beginnt z. B. die Rede jenseits von erster und dritter Person („und ab. Und ruhig ab. Und ruhig und langsam die Treppe herunter."), wird dann monologisch („soll mal hinterher kommen, wird sich hüten"), um schließlich in der üblichen Schilderung der dritten Person zu enden („und gegenüber ... Schnaps ... runtergeschüttet").

Mit dem stockenden, abbrechenden oder schweigenden Leben stockt die Sprache, aber das Loch, das sich auftut, ist ein Loch in der Welt. Im Augenblick, da das Nichts beginnt, springt die Sprache zurück, zurück ans Ufer des Seienden, zu Fabriken und Tieren, Ungeborenen und Verstorbenen, zu Aktien und Temperaturen über Island. Nur die Ohnmacht nennt sie nicht – denn in Leben und Welt ist die Sprache verwandelt, nicht ins Nichts. So umrennt sie das Loch und spart es aus; wo sie auch ist, nirgends wird es vermißt, es ist nicht der Rede wert. – Da ist weiter die unglaubliche Geschichte von der Wasserleiche Bornemann namens Funke. Sie braucht keinen Sprecher mehr. Immer wieder taucht sie von sich aus auf, als nähme sie ihre Schwätzer vorweg. Kein Mensch erzählt sie, aber keiner könnte ihren Unsinn verarbeiten, jeder würde sie wiederkauen müssen. Also erscheint sie auch im Roman ohne Bedenken mehrere Male. Ihre Häufigkeit hat sie in sich. – Ja selbst Texte, die in den Roman hineinmontiert sind, Wetterberichte, Rezepte und Briefe, verwandeln sich nun, da die ganze Welt in Sprache übersetzt ist. Nun sind sie Texte im Text, nicht mehr Texte in der Welt. Da hängt am Kiosk eine Kanzlerrede, Bedenken, Hoffnungen und Lebenswünsche für das schöne Bayern. Es heißt nicht ,,Franz liest Folgendes", wir lesen mit ihm den Text selbst. Der ist nichts als sein Gelesenwerden. Da Biberkopf mit Sorgfalt beginnt, beginnt der Text buchstäblich. Aber bald ist Biberkopf gelangweilt, mit ihm wir, mit ihm nun auch der Text: nun wird er selbst die Langeweile, die er erzeugt, die notdürftig ineinander gehakten Schnörkel der Rede lösen sich, die Worte beginnen zu spielen, und mit selbsttätig assoziativer Kraft ranken sie sich fort in die Leere des offenen Unsinns: ,,Menschenwerk ... Stückwerk ... Stelle ausfüllen ... Glück auf Ihrem ferneren Streben. Lebe, wie Du wenn Du sterbst wünsche wohl gespeist zu haben." Die seriös begonnene Rede endet mit der Aufhebung der Tafel; und der Redner, anfangs noch sichtbar, verschwindet unter den wild sich aufspielenden Worten, die eines Sprechers nicht mehr bedürfen.

Aber noch in ganz anderem Zusammenhang erhält das Wortspiel hier eine darstellerische Funktion, eine eigene Wahrheit. Es bewältigt das Undsoweiter des Lebens und der räumlichen Welt. Das bloße Nebeneinander der Häuser kann zwar durch das Nebeneinander der Namen nachgemacht werden, nicht aber der Weg, das Übergehen des einen Hauses in das andere. Die Reihe, ,,Wachgesellschaft ... Wachsmann als Erzieher ... Flachsmann als Erzieher, Waschanstalt ..." übertreibt die Zufälligkeiten der wirklichen Übergänge im Raume nicht. Der Zigarrenladen und die Bäckerei nebenan haben nicht den geringsten Sinnzusammenhang, nur eine gemeinsame Wand; und diese Wand übersetzt der Wortwitz mit seinem kompletten Unsinn der gemeinsamen Silben ins Element der Sprache.

Der prädizierende, in sich geschlossene Satz wird sinnlos, wo nichts über die Dinge ausgesagt werden soll. Denn über die Dinge reden kann nur der, der diese oder jene Eigenschaften an ihnen fixiert, der dieses oder jenes von ihnen will. Biberkopf aber will nichts von den Dingen, er ist umgekehrt deren Opfer; und sind sie nichts als „*da*", so spalten sie sich nicht auf in die Zweiheit von Subjekt und Prädikat. Diese Ungespaltenheit leistet in der Sprache der Sprache das einfach *nennende Wort*. In ihrem nichtssagenden, nichts als sich selbst sagenden Namen stellen die Dinge sich vor, stellen sie sich in den Weg, bleiben sie ungeteilt, Bildern verwandt, die gleichfalls die Sprache selbst und ihre Existenz geben und auf jede Zerfällung verzichten. Durchziehen die Dinge Biberkopf, so sind die Namen nicht weniger flüchtig als die Dinge. Während der Satz mit seinem Prädikat zum Subjekt zurückführt und das Ding fixiert, liegt um den Namen das Leere und der Bereich einer Unendlichkeit anderer Namen. Wie mit „Schuhgeschäft, Hutgeschäft, Glühlampen" die Flucht der Häuser und Straßen durch Biberkopf hindurchgeht, so durchzieht uns im gleichen Nacheinander die Flucht der Namen und Gedanken. Die Gedankenflucht ist die Flucht der Häuser und Straßen im Medium der Sprache. Und die Flucht der Worte macht vergessen, daß die Sprache Sprache ist – nicht erst im Roman tönt als Sprache auch das Stumme wieder. Die Verwandlung des Wortes bereitet schon die Wirklichkeit selbst vor, oft freilich Verwandlung ins stumme Wort: in Schrift, Etikette, Ladenschild und Wetterbericht. Aber nun wird jedes Seiende das Opfer seines Namens, gleicht sich ihm an, kommt ihm nach. Der am Abend schon erschienenen Morgenzeitung folgt verschämt der wirkliche Morgen – „im Anfang war die Presse und dann erschien die Welt" (Karl Kraus). Folgsam ihrem Vordruck „Rosenthaler Platz, Wittenau, Nordbahnhof etc." legt die 69 ihren Weg zurück, eine Probe aufs Exempel. Im Wetterbericht spiegelt sich die Laune der Stadt, und die Bahnhöfe verstopfen sich auf seinen Wink, die Qualitäten der Geschäfte sammeln sich in den Schildern wirklicher und reicher als auf den Ladentischen: nicht erst im Roman reißt die Sprache die Sache an sich und repräsentiert sie. Und verlegt sich die Romansprache auf Nennen und Zitieren, um die Sache selbst zu geben, so nimmt sie nur das Wort auf, das die Wirklichkeit ihr zugeworfen hatte. Sie bildet die Wirklichkeit nicht ab, vielmehr funktioniert sie wie diese.

Der Name gibt die Sache selbst. Aber was nützt der Name, wenn die Sache selbst Biberkopf nichts angeht, wenn Menschen, Häuser und Wasser nicht die seinen sind? Sie sind nur *da*. Selbst ihre Namen sind schon Überbestimmungen ihrer Existenz und treffen nicht mehr ins Schwarze ihres Daseins. Franz nennt dieses und jenes, aber in „Haus" und „Fenster" ist der Schrecken nicht beschworen, der durch das volle Benennen hatte abgewehrt werden sollen. Ob „Haus", ob „Fenster" – *daß* es so etwas gibt wie Häuser oder Fenster, ihr bloßes Sein erfüllt die Dinge mit Schrecken, obwohl es die Ruhe selbst ist, und obwohl das Ding, in dem das Sein sich verkörpert, banal und ungefährlich sein mag: „Aber obwohl das ist, obwohl ihr nur Wasser seid, ihr seid unheimlich."

Die Rückverwandlung hält nicht dauernd durch. Ein Teil des Romans besteht im Bericht, Chronik, Frage, Warnung, Anprangerung. Das von Biberkopf gelebte Leben ist ihm selbst zwar undurchsichtig, aber hinter ihm und seinem Leben wartet ja etwas Drittes, die anonyme Instanz, die vorlugt, und durch die hohle Klammer mit Zwischenrufen das Leben aufschreckt („Achtung, Franze") oder bei ihm anfragt („Schrecklich, Franze, warum schrecklich"), ihn verächtlich macht („Stöhnen kann ne kranke Maus auch"), um sich endlich wieder zurückzuziehen. Nur diese Instanz, vor deren Urteil sein Leben Rede zu stehen hat, kann dieses Leben nun auch beim Wort nehmen, nur sie kann es zusammenfassen, nur sie als dritte Person kann in dritter Person von diesem Leben Zeugnis ablegen. „Wer spricht" fragt Hiob in jener Prüfung, da die Stimmen von nirgendwo ihm zusetzen. Es ist die Instanz, die das Leben in seine eigene Unordnung hineinstellt und es erprobt, als hätte dieses Leben sich selbst übernommen; die Instanz, die das Leben stoppt und weitergehen läßt, um es abzufragen, wie es die ihm erteilte Lektion gelernt hat. Aber selbst dieser anonymen Instanz vergeht schließlich das Hochdeutsch. Die Sprache infiziert sich an ihrem Objekt. Und die dritte Person, die Biberkopf nahe bleibt, ihn im Auge zu halten, ist nicht der Weltgeist überhaupt, sondern ein sehr lokaler: er berlinert. Gott muß antworten, wie der Berliner ihn anruft. Der Name ist die Sache; wenn Biberkopf „abschiebt", so „geht er nicht fort"; er nennt es nicht nur anders. Und will die dritte Person Biberkopf benennen, will sie über sein Leben eine moralische Geschichte erzählen, so wird selbst sie zu Biberkopf hinabgezwungen, selbst ihre Sprache wird noch rückverwandelt.

III. Was ist?

> „Er schafft die seltsamsten Bezüge, verknüpft das Unverträgliche, jedoch dergestalt, daß ein geheimer ethischer Faden sich mitschlinge."
> *Goethe über Jean Paul*

„Das gibt es alles": damit ist die kleine Geschichte Biberkopfs eingebaut in den Rahmen von „Berge, Meere und Giganten". Die Tatsache der Gleichzeitigkeit, des Nebeneinanders aller Dinge ist Döblins metaphysische Panik. Was macht erschrecken? Daß in *einem* gleichen Schnittpunkt der Weltzeit, im gleichen Jetzt, dies und dies und dies da ist, dies und dies geschieht, daß trotz dieses Generalnenners „Jetzt" jedes Wesen, jedes Einzelne, in dem Welt sich verkörpert, an allem anderen Seienden vorbei-lebt, vorbei-ist; und so schon eigentlich „vorbei ist", ehe es – im üblichen zeitlichen Sinne –, vorbei ist; daß es als endliches Wesen weltverlassen bleibt; daß das Ganze des Seins, das durch das alles zusammenfassende Wort „Jetzt" angezeigt und berufen zu sein scheint, imaginär bleibt; imaginär nicht nur für uns, die wir das Ganze in einem Griff nicht fassen können, imaginär „an sich", da sich eben dieses Ganze des Seins, um zu sein, in die zahllosen, über ihre Existenz gegenseitig unverständigen Einzelwesen versprüht. Dieses Einzelsein ist der eigentlich metaphysische Skandal dieser Welt. Ob es sich um die Einzelheit der Naturdinge handelt, um die der Tiere oder der Menschen, ist dabei völlig gleichgültig: jedes Wesen ist gerade es selbst und nichts anderes, gerade an diesem oder jenen Tag, hier oder dort oder dort in die Verwirklichung gestoßen. Jedem hätte es auch früher oder später passieren können oder gar nicht. Da fliegt eine Hummel: „Seine Stammesgenossen, Art- ... und Gattungsgenossen sind tot, schon tot oder noch nicht geboren ... weiß nicht warum gerade er." Jedes einzelne Individuum scheint nur das Opfer der principia individuationis: Raum und Zeit, durch deren Ordinaten die Gattung sich dividiert und zerstückelt in die verlorenen Exemplare.

Beim einzelnen zu verweilen ist kaum erträglich. Alles Gleichzeitige ruft zugleich und mit gleichem Recht nach Rettung im Wort. Und die

Gerechtigkeit weiß nicht, wen sie zuerst vorziehen und namentlich sich vorstellen lassen soll: „es sind Männer, Frauen und Kinder ... sie alle aufzuzählen und ihr Schicksal zu beschreiben ist schwer ... was in ihnen vorgeht, wer kann das ermitteln, ein ungeheures Kapitel." Jedes Wesen ist das Versäumnis des anderen, und das eine heranzitieren, heißt das andere vernachlässigen und verurteilen. – Aber nicht nur die Dinge, die sich im Nebeneinander verlieren, und sich gegenseitig keine Existenz gewährleisten, rufen nach Erwähnung und Rettung im Wort: der Rettende selbst verlangt in den Dingen Garantie: allen sucht er sich zugleich bemerkbar zu machen, von ihnen sich bestätigen zu lassen; denn auch nur von einem einzigen Ding vergessen und verschwiegen zu sein, heißt von diesem Ding aus: nicht-sein. Aber das Jetzt, die Verbindungsformel für alles Seiende, hält nicht, was es verspricht; das Gleichzeitige bleibt in der Äußerlichkeit des Nebeneinander.

So gefährdet die Furcht vor der spinozistischen Gleichung determinatio = negatio den ganzen Roman, der nur mit Widerwillen bei seinem einzigen Objekt = Biberkopf bleibt. Dieser stellt ja als Einzelner bereits eine Fälschung der Welt dar. Andererseits ist Sprechen nur möglich als Sprechen über etwas, über etwas Einzelnes. Insofern ist jedes Sprechen schon Fälschen. Dieses Paradox ist das Gegenstück zu der metaphysischen Dialektik der Individuation, die besagt, daß nichts Einzelnes „die Welt" sei, daß aber andererseits die Welt nur insofern *ist,* als sie sich in zahllos Einzelnem verwirklicht. Schon die Methode der das ganze Buch durchziehenden und ausfransenden Assoziationsfäden ist Zeichen dieser Dialektik: jede momentane und einzelne Assoziation ist notwendig und wider Willen immer gerade bei etwas, bei etwas Einzelnem und Bestimmten; aber dieses Bestimmende hat keinen Bestand; es kann sich nicht in seiner Identität halten, ist dialektisch, hebt sich auf – zwar nicht durch Umschlag in *sein* Anderes, in sein Gegenteil, aber doch durch Verfärbung in irgend etwas anderes. Die Assoziation ist der Versuch, das Ganze im Einzelnen zu geben; freilich das *Ganze des Chaos* – darin unterscheidet sich der Sinn dieser Dialektik von aller bisherigen philosophischen, in der das Einzelne das *Ganze des Systems* mitgeben soll. Die Assoziation ist immer gerade bei Einzelnem, und ist dennoch als *Assoziationsreihe* alles; und ist so die einzige wahre Darstellungsart der Welt, die in ihrer Vielheit jeder Thematik zu widersprechen scheint. Der Welt: denn wie in „Berge, Meere und Giganten" geht es auch im Alexanderplatz (in einem sonst nur der Philosophie bekannten Sinne) thematisch ganz allgemein um die *Welt,* nicht von vornherein um Biberkopf. Aber wovor die Philosophie immer Halt macht, vielleicht Halt machen muß: vor der wirklichen Individuation – da wagt der Roman den Sprung. Auch über die Vereinzelung und Selbstaufteilung der Welt in Species und Einzelnes spricht ja die Philosophie immer noch allgemein, nimmt das Einzelne höchstens als Beispiel und Verdeutlichung des Generellen, und verfehlt so grundsätzlich das Einzelne. Der Roman aber springt trotz seiner Weltabsicht wirklich in das Einzelne hinein wie die Welt selbst, die in jedem ihrer isolierten Bestandteile ihre Ganzheit aufgibt, vergißt und versäumt. Immer ist ja die Welt gerade irgendwann, immer irgendwo, und wo auch immer, in etwas Einzelnem inkorporiert. Dieses Selbstversäumnis macht nun die Sprache mit. Sie meint die Welt und sagt Berlin; sie meint die Menschen und sagt Biberkopf; und dennoch schrumpft Biberkopf nicht einfach zum *Beispiel* für die Menschen zusammen – so wenig wie die einzelnen Exemplare, in die sich die Gattung ausspielt, als Beispiel umherlaufen. Beispiel ist Biberkopf nur im moralischen Sinne: in dem von „so geht es Euch allen".

Die Panik der Gleichzeitigkeit, das schlechte Gewissen über das Versäumnis der Welt erfindet sich die Assoziation. Aber es gibt auch das schlechte Gewissen über das Versäumnis des Einzelnen, die Reue der Assoziation, die sich nur mit Mühe auf den rechten Weg zurückfindet. So wenig das Einzelne, in das der Roman hineinspringt, nur ein Beispiel ist, so wenig ist es nur Momentanes. Das Einzelne, in das die Welt sich verläuft und inkorporiert, findet eben doch relativen Bestand: es dauert eine Frist, es lebt ein Leben lang. Die Assoziation aber, die das Einzelne immer nur stichprobenhaft nennt, um durch ihr Undsoweiter zum eigentlichen Thema: Welt wieder fortzukommen, betrügt das Einzelne um diesen seinen relativen Bestand, verfehlt also gleichfalls die Welt. Denn diese *bleibt* ja im Einzelnen, als Einzelnes, in dem sie eine Frist lang sich fristet. Die Assoziation muß sich also selbst noch einmal rückgängig machen und zurückkonzentrieren: Biberkopf, unschlüssig vor Minnas Haus umherstreichend, macht kehrt. „Kehrt, sprich kikeriki." Diesem einem Wort „kikeriki" entflattern alle Sorten von Hühnern, von Hühnern aus allen Aspekten, Brathühner und Sumpfhühner. Mitaufgeschreckt von ihnen, erheben sich ihre fernsten Verwandten, Moniale, „von den Wissenschaftlern asiatische Glanzfasanen genannt" – schon sind wir in Indien – da fängt sich die Assoziation auf; reuig geworden, tadelt die Sprache die Kenntnisse ihrer vagabundierenden Assoziation als „für Berlin ... ziemlich unfruchtbare Bibliotheksweisheiten". Zu Franz zwar findet sie nicht sofort zurück, und die Umwege über den Schlachthof und Hiob sind selbst noch einmal Wandertriebrückfälle der Sprache, noch einmal Reisen für sich.

Sie reist nicht, sie oszilliert, da sie überall zugleich sein will; so, wenn sie jedes einzelnes Thema vermeidet, umherirrt in allem und jedem, um in einem Satze, oder wenigstens einem Absatze, das zusammenzufassen, was in der nicht ganz konkreten, d. h. nicht ganz zusammengewachsenen Welt auseinanderfiel. Oder wenn sie in der wüsten Vielheit dessen, was jetzt ist, nach Biberkopf sucht, und ihn nur mit Mühe, vielleicht nur durch Zufall oder auch gar nicht entdeckt. Der Scheinwerfer, der den Horizont des Jetzt absucht, bestreicht vieles; sein Kegel enthält Nahes und Fernes zugleich. Vieles belichtet er wider Willen; vieles entstellend: die Lebensläufe unbekannter Wesen, in denen sein Licht sich verfängt, illuminiert er wie Sackgassen, die erst im Schlaglicht ihre Schattenhaftigkeit ganz zeigen. Oft springt der Fleck von der nahbeleuchteten Brandmauer ins Leere, um kaum merklich eine ferne Wolkenwand aufscheinen zu lassen. Oft vergißt er sich ganz; unruhig, bei allem was jetzt ist, zugleich zu sein, verweilt er im Leeren: „Es ist kein Grund sich damit zu befassen, wo bleiben wir? Wir?" ... „Ist nicht auch, ich weiß nicht wer gestorben." Zuweilen aber zögert er, ob er nicht hier oder dort bleiben solle; es ist herrlich über dem Bosporus, bei der „glühenden Meldung" von Troja nach Griechenland; das Belichtete strahlt auf; das von ungefähr hingefallene Wort erhebt sich zum Dithyrambus. –

Nichts wird der sich rückverwandelnden Sprache erspart, nichts wird ihr leichter gemacht als der Welt selbst, die sich nicht in Reinhold zentriert und die sich auch nur unter anderem in der einen Bagatelle Biberkopf verwirklicht. Nichts wird in der Sprache einfacher gemacht als dem Suchenden selbst, der über Platz, Weg und Umweg an vielem vorbei, hinauf und hinunter den Schlupfwinkel Franzens aufstöberte. Der Beteuerung, Biberkopf sei in der Linienstr. x 5 Tr. versteckt, würde man keinen Glauben schenken; schon im Sagen wäre er aufgestöbert. Und obwohl niemand ihn sucht, nehmen die Zeilen der Häuser und der Sprache kein Ende, ehe man ihn findet. Es ist tatsächlich ein Kapitel für sich, ehe er gefunden ist: „eine Handvoll Menschen um den Alex." Biberkopf direkt ins Auge fassen, ihn direkt finden, hieße ihn fälschen; er ist „unter anderem" und seine metaphysische Unscheinbarkeit, die ihm zugehört, wäre verloren; fiele er auf, fiele der Blick auf ihn, denn er ist ja nicht nur das, was ihm passiert, sondern selbst das, was ihm nie begegnete: gerade dieses Fernste gibt ihm seine rechte Kleinheit. Ehe man alles dieses nicht passiert hat, findet man ihn nicht. Die negativ theologische Methode, an allen Stellen zu verweilen, an denen er sich nicht findet, alle Dinge zu nennen, die er nicht ist, spart ihn nicht nur aus, als Lücke der Welt; er wird noch einmal gemacht, aus allem, was ihn ausmacht, und alles wird abgezählt, ehe man zur Erzählung seiner kleinen Größe kommt. Von fernher kommt das Wort mit dem Strahle der Sonne: „am Stern X ist er vorbeigeschossen, die Sonne scheint seit Jahrmillionen, lange vor Nebukadnezar, vor Adam und Eva ... und jetzt scheint sie in das kleine Bierlokal.

Mit dieser Suche – nicht nach dem Wort, sondern nach der Sache – ist die alltägliche Funktion der Sprache vollständig ausgeschaltet. Denn im Leben und für das Leben ist Vorstellung und Wort gerade die Möglichkeit, die Abwesenheit eines Dinges, seine Distanz und Versteckheit Lügen zu strafen. Vorstellung und Rede sind unvermittelt und ohne Umweg „bei der Sache"; das Wort, das etwas meint, die Sprache, die etwas bespricht, braucht gewöhnlich weder zu suchen noch zu finden – von nirgendher erscheint das Phantom des Besprochenen und stumm trotzt seine Plötzlichkeit. Hier aber repräsentiert die Sprache nicht das sprechende Leben, sondern das ganze auch nicht sprechende Leben; dieses Leben, das entfernt ist von allem, was es nicht selbst ist, muß Entfernungen zurücklegen, um beim anderen zu sein.

Mühselig findet die Sprache zum Hier; mühselig zum Jetzt. Sie verläuft sich in der Zeit wie im Raume: in ihrer Freude, daß Biberkopfs Leben nun wirklich losgeht – was war vorher? – schlägt sie zurück in die Herrlichkeit des Garten Eden. Aber die Schöpfung der mit Sonne und Mond bestickten Welt und die Eröffnung der mit den Wimpeln von Gaswerk und Tiefbau angekündigten Weltausstellung Berlin werden eines mit der großen Fröhlichkeit des Anfangs. Die Sprache verläuft sich, aber dieses Verlaufen ist das Glück der Sprache. Es mag zwar jedesmal ihre Absicht sein, direkt hier oder dort anzulangen, bei Biberkopf oder bei Reinhold, aber ihre unhemmbare Vagabundierlust irritiert die Weg- und Zielsicherheit. Durch diese Irritation trifft sie nicht nur alle Punkte der Welt, statt des einen ausdehnungslosen Mittelpunkts des Biberkopf, sie trifft damit auch das Leben selbst. Denn das Verlaufen und das Geradetreffen des Nichtgesuchten ist Charakter des Lebens, das zumeist weder Zeit noch Geduld noch Gelegenheit noch Wunschbestimmtheit genug hat, gerade dort anzulangen, wo es sich hinwünscht. Das faktische Getriebe ist ein vollständiges Verwechslungsspiel: „Ich könnt' den Klempner totküssen, so lieb ich den Franz." Miezes Kuß trifft nicht anders auf den falschen Fleck als Döblins Sprache. Der schwunghafte Mädchentausch zwischen Reinhold und Franz ist nur das Schaufenster der ganzen Firma. Jeder nimmt fürlieb, jeder hält her. Daß der Romantext nun gerade Reinhold auffindet oder Biberkopf, ist nicht zufälliger, als daß Fränze oder Cilli bei Reinhold oder bei Biberkopf sich einfindet.

IV.

> Man gedenkt nicht derer, die zuvor gewesen sind; also auch derer so hernach kommen, wird man nicht gedenken bei denen, die danach sein werden. *Prediger I/II.*

Es genügt nicht, alles, was passiert, zu nennen; alles, was es gibt, noch einmal wiederzugeben. Sind zwar die einzelnen Dinge durch ihr Bekanntwerden gerettet, so sind sie doch dadurch noch nicht füreinander garantiert. Noch bleiben sie gegenseitig unverständigt, sie müssen zusammengebracht werden. Sind sie räumlich getrennt, wird ihnen der Bogen der Gleichzeitigkeit übergelegt; sind sie zeitlich geschieden, so können sie doch am gleichen Ort passieren. Daß die Gleichzeitigkeit für sich, oder die Gleichortigkeit für sich nicht ausreicht, um das Getrennte zu vereinen, erscheint als Unzulänglichkeit: die in einer Hinsicht Nahen sind dennoch getrennt: „nur zwei Nummern weiter ist das Haus, wo nach circa 4 Stunden ein Dicker ohne Hut rauskriechen wird und Cilli ansprechen wird." Franz steht, wo Cilli steht, wo sie stehen wird, aber die Lücke ist unüberspringbar, nur die Sprache macht den Satz; denn wenn auch nur für einen Augenblick, weist sie vor in das Geschehene in vier Stunden: „sie (nämlich Cilli) geht weiter, den nächsten wird sie bestimmt nehmen, son Schuft der Franz, Gemeinheit." Da *eine* Bestimmung, Ort oder Zeit, nicht ausreicht, kann die Sprache auf ihrer Suche nach der Sache den Ort treffen, aber ihre

Zeit verfehlen. Sie kann sich verspäten: durch das Loch am Bauzaun erscheint das Kaufhaus: nur noch Erscheinung; die Kräne durchdringen Etage und Ladentisch und auf den schwebenden Teppichen zwischen den Tapeten der Brandmauern tänzeln die Geister der Verkäuferinnen. Angesteckt aber vom imaginär Gewordenen verliert auch das Beständigste im Umkreis seinen Bestand. Durch den Rahmen der durchsichtig gewordenen Häuserfronten fahren die Züge von morgen, und die Transparenz der Dinge läßt nicht ihren Ursprung, sondern ihre Nachfolger durchscheinen. „So ist kaputt, Rom, Babylon, Ninive ... alles kaputt, oh denkt daran." Die Panik des Nebeneinander ist nicht die letzte; schrecklicher ist das Entsetzen des Ineinander: daß ein Kran ist, wo der Ladentisch steht, daß die Stelle im Raum weiter besteht ohne das Ding, in das sie ganz vergangen gewesen war.

Das gegenseitige Unverständigsein der Wesen heißt, wo es den Menschen betrifft, *Nichtwissen*. Franz aalt sich im Wannsee, Mieze ist fort. „Hat vielleicht einen Ausflug gemacht." Aber längst ist „ihr Gesicht erschlagen, ihre Zähne erschlagen, ihre Augen erschlagen". Die Selbstverständlichkeit, daß man ein Faktum erfahren muß, um von ihm zu wissen, wird hier zur Unbegreiflichkeit, daß das Faktum nichts als „*da*" ist, daß es sich nicht rührt, daß seine Unwiderruflichkeit nicht durchdringt bis in die Meinungen und Eventualitäten. So ist der Schauder über das Unverständigsein der Dinge und der über das bloße Dasein der Welt einer und derselbe. –

Da sich das Wort in den Zeiten verläuft, werden die Zeiten zum Raume der Zeit. Max Rust, 14jährig, sitzt in der elektrischen Bahn. Mit der „Handlung" hat er nichts zu tun. Er gehört zum ungeheuren Kapital dessen, was der Roman zu verschweigen genötigt ist. Aber er muß sagen, was er verschweigt. Rust ist nicht nur auch da. Er *war* auch, er *wird* auch *sein*. Das schlechte Gewissen dieser dreifachen Versäumnis ist nicht zu beschwichtigen. Und an dieser geringfügigen Stelle, von diesem zufälligen Augenblick aus – Knabe X am so-und-sovielten des Monats Y auf der Bank der Elektrischen Nr. Z – wird nun der Stollen der Zeit vorwärtsgetrieben, eilig, um zum Ende zu kommen, unterirdisch, unter dem Heute und Morgen der Romanereignisse, weiter noch über den Mann X hinaus: er wird gewesen sein. Dort steigt die Sprache herauf ans Tageslicht. Sie ist ausgestattet mit allen Kompetenzen jener Instanz, vor der das Leben sich abspielt. Sie lugt zurück, Kundschafter nach rückwärts. Noch fährt die Bahn der Ereignisse, sie naht, aber sie naht dem Gewesensein; noch sitzt der Knabe auf seinem Platz – er ist schon gewesen.

Nun, da alles, was ist und was sein wird, bereits „seine Zeit" hat, gewesen sein wird, ist das Nacheinander der Zeiten zur Farce geworden. Schon beim ersten Besuch Reinholds bei Mieze mahnt die Instanz mit einem Ruf an das, was mit beiden gewesen sein wird. Das nun noch abrollende Geschehen ist nur die Kopie der längst erledigten Entscheidung; das, was sein wird, nur noch Probe auf das, was ist. So wird die Sprache, die bisher stets monodisch gewesen war und jeweils nur *eine* Linie des Geschehens verfolgt hatte, polyphon. Während Mieze gehetzt und gemordet wird, besteht der Baß des Fatums auf seinem „Jegliches hat seine Zeit" und macht das vielleicht noch Abwendbare zum längst Erledigten. Gegenwart und zweites Futur bestehen zu gleicher Zeit. Freilich hält die tiefe Stimme die Ruhe ihres Zelebrierens nicht durch, sie gerät mit hinein in die auffahrende Todesangst, schreit mit, wirft sich um: „Gewalt, Gewalt ... seine Zeit, seine Zeit, ... Jegliches"; ja auch sie wird mitgewürgt, und nur noch das schwache „jegliches, jegliches" bleibt übrig wie das gerade noch schwebende Wort der eben Hingemordeten. –

Alle Zeiten liegen nun im Nebeneinander, assoziiert mit dem Gewesenen. Und die Assoziation, die alles in einem Jetzt zusammenfallen läßt, ist letztlich eine *eschatologische*. Da aber bricht die Panik der Gleichzeitigkeit zum letzten Male aus: was war, was ist, was sein wird, das gibt es; aber alles dies ist gegenseitig unverständigt, nicht weniger unverständigt und unverbunden als die räumlich diskreten Dinge und Wesen, die jetzt sind und doch von niemanden gefaßt werden können. Nur vor jener einen Instanz werden sie einig; da ihre Abrechnung hintrifft in alle Ecken der Zeiten, erheben sich nun auch die Stimmen der Auflehnung unisono und das Aufbegehren Hiobs klingt aus dem Munde Biberkopfs. Nur die Instanz, die die Kolonnen der Namen im Buch des Lebens versammelt hat, ruft auf die Namen der Verstorbenen und Lebenden und noch Ungeborenen zur Gemeinsamkeit der Hölle oder des Jüngsten Gerichts und verbindet in einem Atem die Entferntesten, Landsknecht und Sansçulotte, Furien und Polizei, Mordechai und Reinhold, Agamemnon und Mieze, die Hure von Babylon und die Kinder des Jungen in der Elektrischen – endlich finden nun alle ihre wilde und durch kein Jahrhundert mehr verhinderte Vereinigung; sie formieren sich zum Heere der Toten, und so marschieren sie „zu sechsen und zu zweien und zu dreien, marschiert die Französische Revolution, marschiert die russische Revolution, marschieren die Bauernkriege, die Wiedertäufer, sie ziehen alle hinter dem Tod einher".

V.

Unsichtbar wie das Vergangene, unabsehbar wie das Künftige ist das meiste, das hochgeholt wird, um nun neben- und ineinander mit dem anderen sichtbar gemacht zu werden. So ist Phantasie im gewöhnlichen Sinne, die Stücke der Sichtbarkeit zu einem ungewöhnlichen, aber sinnvollen Ganzen variiert und zusammenerfindet, überflüssig. Das Auffindbare selbst reicht aus. Geröntget hasten die Menschen über die Straßen: „Sitzt der Fötus ruhig in seinem Winkel ... er spaziert über den Alexanderplatz." Phantastisch ist hier nicht wie gewöhnlich ein Unwirkliches, sondern umgekehrt: daß es *wirklich* so ist, daß 70 cm über dem Asphalt die Ungeborenen dahinschweben. Freilich ist im Roman die Welt oft auch *nur* sehbar; da Franz mit ihr nichts zu tun hat, zieht sie sich gleichsam in ihre letzte Etappe, in die der bloßen Erscheinung, zurück. Aber auch dann ist das nicht Gesehene, das nicht zu Sehende immer noch mitgemeint. Und darum gehört der Roman zu nichts weniger als zum Impressionismus, dem man ihn auf Grund der fetzenhaften Darstellung zuweilen zugerechnet hat. Die pointillistische Auflösung im Impressionismus zerstört zwar den einzelnen Gegenstand, aber doch zugunsten eines optisch so oder so bestimmten Zustandes, immer *eines* Zustandes, den der Blick in einem Augenblick auffaßt, dessen Rahmen der Blick nicht verläßt.

Rahmen und Weltausschnitt kennt der Roman nicht; sondern immer nur die ganze Welt. Aus ihr wird unbesehen von hier und dort das Ungesehene zusammenmontiert. Und doch handelt es sich um keine Phantasiekomposition. Denn die Montage *erfindet* nicht, sondern *entdeckt;* sie konstruiert nicht eine in sich überzeugende Scheinwelt, sondern enthüllt durch die Montierung des Entferntesten erst das wahre Nebeneinander der Dinge, das ohne Komposition nicht offenbar wäre, weil das Ganze der Welt nicht zugleich zu sehen ist. Insofern ist die Komposition surrealistisch: sie gibt der Welt erst ihre wahre Wirklichkeit, sie macht sie wirklicher, als sie es von sich aus in ihrer durchschnittlichen Sichtbarkeit ist. Sie setzt die Gliedmaßen der zerstückelten Realität im übersehbaren Rahmen zusammen: nicht um den Makrokosmos im Mikrokosmischen zu verkörpern, sondern um die „schlechte Unendlichkeit" der Welt, ihre Überfüllung, Vielschichtigkeit, Querverkoppelung, Unübersichtlichkeit in übersichtlichem Rahmen nun endlich sichtbar werden zu lassen. Bei aller Minutiosität setzt sie die Teile unstimmig ineinander, aber nur so unstimmig, wie sie es wirklich sind. Nicht die Realität wird unstimmiger, nur die Unstimmigkeit sichtbarer gemacht. Die dazu verwendete Methode ist das, was man in der Musik „Engführung der Stimmen" nennt. Das Entfernteste wird einander so nahe gerückt, das vieldimensionale Geschehen der Welt in solche Nachbarschaft gebracht, daß das Verschiedene nun wirklich dissoniert und durch seine Dissonanz erschreckt. Die surrealistische Komposition ist also nichts weniger als bloße Phantasie, sie ist Technik der Darstellung der Welt. Und nicht anders als die philosophisch-spekulative Architektonik ist sie ein Ausweg aus der Unzulänglichkeit des Menschen, dessen Zusammenschau (die „Komprehension") das nicht leisten kann, was sich der Mensch als „Vernunftidee" vorgesetzt hatte, der das „Ganze der Welt" zwar meinen, aber nur indirekt darstellen kann.

Das Dialektische dieser Kunst besteht also nicht darin, daß das Ganze des Systems, sondern daß das Ganze des Chaos sichtbar wird. Des Chaos: denn die Welt ist nicht nur ein Nebeneinander von Dingen, diese sind, wenn sie überhaupt in Kontakt treten, *querverkoppelt:* Ida stirbt nicht, weil Franz sie ermordet, sondern weil die Schlagkraft des Holzes, die Widerstandskraft der Hautgewebe diese oder jene Stärke hat; des Holzes überhaupt, der Hautgewebe überhaupt. Franz bleibt fern und mit ihm die Schuld. Der Schlächter, der den Ochsen köpft, trennt nicht den Schädel vom Rumpf, er erschlägt eine Welt: die fröhlichen Weiden, den warmen Stall, das duftende Feld. Seine Tat ist mächtiger als er selbst, sie überschlägt sich in fremde Reviere. „Wir sind am Ende der Physiologie, hier beginnt die Metaphysik." Aber selbst diese Ordnung der Verwandlungen wird verwischt. Betrogen nicht nur ums Sterben, selbst um die kleinste Frist des Totseins, werden die Schweine mit Hilfe des sanftesten Schlachtkomforts aus der Ahnungslosigkeit des Lebens direkt ins Wellfleischdasein hinübergebrüht.

Alles reicht überall hin, alles wird zu allem. Jedes Wesen ist unstabil, unbalanciert, plötzlich kippt es und liegt da: Ding einer anderen Dimension. Diese Vieldeutigkeit macht nun auch die Sprache wieder mit.

Biberkopfs physisches Versagen ist eine private Blamage, ist zugleich eine medizinische, generell beschreibbare Angelegenheit, als solche weit entfernt von aller Blamage und doch identisch mit diesem einen peinlichen Faktum. Die Sprache gibt nun ihrerseits ihren üblichen *einen* Standort auf (Sprechen über ...), wird vielseitig und perspektivisch: jede Seite der Sprache wird zum eigenen Stil. Die Blamage, die nicht aufsehen will, flieht in den Wirbel des sinnlosen Abzählreims: das Physiologische, das Gemeine erhebt sich zum allgemeinen dozierenden Traktat und präsentiert sich als Textblatt eines Therapeutikums. Diese Texte sind unverändert aus der Wirklichkeit in den Roman hineingenommen, aber nicht als Texte über den Sexus, sie gehören vielmehr selbst dem Sexus zu als sein öffentlich-geschäftlich-medizinisches Echo, das von sich aus schon Sprache ist.

Alles *ist* alles. „Es ist nicht sicher", heißt es beim Blick auf die aufgehende Sonne „was die Sonne ist ... Zentralkörper unseres Planetensystems ... 3000mal so groß wie die Erde ...". Dieses Ding Sonne reicht nicht nur herüber in vieles und in die verschiedensten Reviere, wie der Holzklöppel in das Leben der Ida, wie das Beil in die duftenden Weiden, es *ist* vieles und verschiedenstes. Und da der Mensch die Sonne als Morgenlicht *und* als Gestirn sieht, gerät er in Schwindel. Dieser Schwindel wird ganz verschieden bewältigt. Am gewaltsamsten und zugleich am harmlosesten durch gewisse Theorien, die ihn puristisch in Ordnung bringen: es gibt zwei Sonnen, zwei geschiedene Gegenstände, jedem ist seine Methode zugeordnet, und der Übergang von einer Sonne zur anderen ist unerlaubt. Ebenso gewaltsam, aber absichtlich absurd ist die Methode der Malerei Picassos oder Légers. Die zufällige Perspektive, in der ein Gegenstand, etwa der quadratische Tisch, zum Trapez verjüngt erscheint, wird nun dem Gegenstand zugerechnet, das scheinbare Verkürztsein wird als wirkliches beim Wort genommen, der zum Trapez entstellte Tisch wird durch dickste Konturen fixiert und gefesselt, so daß er nun in eine andere Perspektive überhaupt nicht mehr hinüberwechseln kann. Auch Döblin verlegt das, was der Hybris unsres Blickwechsels oder der Freiheit unsrer Erscheinung gewöhnlich zugerechnet wurde, in die Welt selbst. Aber sie wird nun bei ihm nicht trotzig eingepaßt in eine einzige eindeutige Perspektive – jedes Ding *ist* vielmehr in jedem Augenblick vieles und vieldeutiges; die Sonne Planet, Morgentrost und Gott Helios. Nicht weniger als die diskreten Dinge im Raum stehen ihre Funktionen im bloßen Nebeneinander, und die Panik der Gleichzeitigkeit hätte genug an einem einzigen Ding, in dem wie in einer Linse das viele gesammelt ist. Jene Frage: „Was ist es?", die sich seit Plato an jedes Ding angesetzt und jedem zugesetzt hatte, sein eindeutiges Was herauszugeben, verliert Kraft und Ansatzfläche und fällt ab.

Die erste Lehre, die der rothaarige Jude Biberkopf gegeben hatte, besagt: Werde wie Du heißt; „Sie haben von ihm gewußt. Du bist der Baron Warta. Scheen, hat er gesagt, bin ich der Baron Warta." Jedes Ding ist wie es benannt wird und als was es gilt. Diese Lehre hat bei Biberkopf nicht anschlagen können. Wer selbst anonym ist, dem werden die Dinge namenlos und nichts als *das* – Franzens ontologische Chance hat ihre gesellschaftlichen Hintergründe.

Jede Tat und jede Sache ist nun vieles: so ist jede auch nichts. Jeder wird ihr Spruchband abgerissen, jeder ihr Name ausgezogen. Essen wird zum Hineinstecken aufgespickter Fleischteile in Kopföffnungen. Stehlen zum wortlosen Transport eines Dinges von hier nach dort, Tanzen zur widersinnigen Prozedur. Ihrer Namen beraubt verschwinden die Dinge im Zwielicht. Zwar sind sie noch sichtbar, aber durchaus nicht mehr zu erkennen, „man kann Spucke zu ihnen sagen". Zwielichtig geworden mit ihnen, rechtfertigt der Dieb seine anonymen Griffe; und leugnet er alle Namen der Dinge, so rächt er sich an jener Welt, in der er selbst keinen Namen trägt.

Anmerkungen

1. Siehe Lukács' Romanbestimmung, Die Theorie des Romans, Berlin 1920.
2. Siehe W. Benjamin. Die Gesellschaft, Heft 6, Jahrg. VII.
3. Vgl. dazu *Freuds* Ausführungen über die Sprache der Symbolik (W. W. III S. 295): sie sei ungrammatisch, ein und dasselbe Bild repräsentiere Aktiv und Passiv, sie sei weitgehend infinitivisch.

Der letzte Roman

Gebrauchsanweisung für Döblins Buch „Babylonische Wanderung oder Hochmut kommt vor dem Fall“

„Sie sind betäubt, alle beide,
wissen nicht, woher, warum,
und überhaupt, das ...“

Weniger können sie nicht wissen. Und auch wir stehen betäubt. Denn daß ein babylonisch-assyrischer Gott Konrad heißt; solch ein Gott sich eines Tages abgebaut und ganz und gar verflucht vorfindet: daß er herunterkommt, aus Hunger gezwungen ist, herunterzukommen auf die Erde (vorläufig umzieht, wie er meint); daß solch ein Gott unter tausend opportunistischen Bemäntelungen seiner Flucht sich durchzubringen sucht durch diese unbeherrschte (von ihm nicht mehr beherrschte) Machtwelt; oder, da er saubere Finger behalten will, sich mehr oder minder sauber von seinem Bruder Georg durchbringen läßt; daß ein solcher Konrad es über sich ergehen lassen muß, als laienhafter Museums-Besucher sein eigenes ehemaliges Reich Babylonien zu besichtigen (und das unter den Erklärungen eines Bremenser Herrn); daß solch ein Konrad, als angeblicher persischer Großer, Gott und Teufel in Bewegung setzt, um irgendwo sich zu finden, sich selbst, und sein altes geliebtes total vergessenes Babylonisch wiederzuerlernen daß solch ein Konrad kleine Mädchen und die Größe der Welt erfahren muß, beispielsweise in Bagdad, Stambul, Zürich; daß solch einer als nirgends Zugehöriger, als Ritzenkratzer der Welt, zwischen Begegnungen mit Ludwig dem Sechzehnten, sportliebenden Calvinisten, redenden Dromedaren und dergleichen, nach Durchkostung aller Erniedrigung und aller Lust dieser Welt schließlich auf einer Pariser Metrotreppe verkommen muß – nein, nicht schließlich, sondern schließlich von seinen (unterdessen mit dem seligen Zaren Alexander auf Du und Du stehenden) Bruder gerettet wird – nein, auch das nicht schließlich, sondern schließlich, um voll zu machen das Kompendium seiner Zufälle, nach ausführlicher Teilnahme an der französischen Revolution von 1789 und hundert Etappen instruktiven Strebens doch noch einmal zur bescheidenen Blüte kommt, um als hochbetagter, familienumringter südfranzösischer Schrebergartenbesitzer die Erde zu preisen, sich klein zu finden und dann endlich das Zeitliche zu segnen – das scheint ungewöhnlich.

„Ergeben diese tausend zufälligen und zufällig assozierten Dinge, zusammengehalten zwischen zwei Buchdeckeln, *ein* Leben, *ein* Buch, *einen* Sinn? Wie heißt der Schlüssel?"

Er heißt Rückwärtslesen. Verbrecher sind Spießer, heißt es in der Dreigroschenoper? Dreh um und ließ: Spießer sind Verbrecher. Diese Inversion von Subjekt und Objekt, sinnlos in der Logik, ist der Sinn der Fabel. Also: Götter werden Menschen? Götter sprechen wie wohlsituierte Herren? Götter werden abgebaut? Dreh um und lies: Wohlsituierte Herren hielten sich für Götter. Wohlsituierte stürzen. Die ‚dran waren' stürzen. Das wäre das erste Kapitel. Der Rest ist Zufall. Wahllosester, zufälligster Zufall: Unser Zufall. Denn wer die Inkohärenz des abgebauten Lebens zeigen will und das, was kommen wird, der muß sich schon entschließen, statt Zufall zu sagen, wirkliche Zufälle zu zeigen. Ist *Ihr* Leben (gestern war es noch so, heute ist es noch so, und morgen etwa so), ist Ihr Leben *ein* Leben, so ist doch dieses Buch, die prophetische Reportage Ihrer Zukunft, *ein* Buch, trotz redender Dromedare und Ludwig dem Sechzehnten.

„Warum war ich Gott?"

Weil Sie nicht fragten, warum die Welt da war für Sie und für Sie klappte. Weil Sie haben konnten, woran Sie dachten (so definierten die Theologen Gott). Also: Weil Sie allmächtig waren. Weil Sie keine Entfernungen kannten, und das Gewünschte ins Haus kam, in freier Lieferung. Also: Weil Sie allgegenwärtig waren. Deshalb waren Sie göttlich wie Konrad und ein Ignorant wie er: Wenn die Welt für ihn da war, was braucht er zu wissen, was sie ‚um sich' war? Fällt er also in die Welt, so fällt er in die Ahnungslosigkeit, und nichts ist ihm unbegreiflicher als ‚daß diese weite Welt nötig ist'. Distanz, Entfernung, Hingehen-Müssen zu etwas, Fahren, Erfahren, die Absolvierung des langen Lebensweges, all das scheint ihm Zumutung, all das sind skandalöse Einrichtungen. Denn Entfernung ist: Nicht-Haben, Wünschenkönnen und Dochnicht-Haben, ist Ohnmacht, ist die siegreiche Größe der Natur (Einrichtungen? Wenn dem Gotte Konrad seine Einrichtungen geklappt hatten mit der Pünktlichkeit der Naturgesetze, so scheinen ihm die Naturgesetze heute schlechte Einrichtungen.)

„Warum mußte Konrad herunter und so schwach werden? Er könnte Protestieren."

Seine Schwäche ist schon Strafe für seine Schwäche. Die Gleichung der Gewalt geht auf: strafwürdig ist, wer die Gewalt entgleiten läßt: zur Strafe wird er der Vergewaltigte. Konrad ist zu Recht besiegt worden; denn besiegt werden heißt: sich besiegen lassen. Wäre er nicht so schwach gewesen, sich besiegen zu lassen, dann wäre er nicht besiegt worden. Was er nicht einsieht. Er protestiert – aber sein ständiges, von jeder Aktion meilenweit entferntes, Rechten bleibt bloßes Beteuern.

„So was kann mir nicht passieren. Schließlich bin ich in meiner Welt zu Hause."

Das sagen die Romane. Und das sagten sie mit Recht. Denn jeder Roman bis heute gab eine ganz bestimmte gesellschaftliche Welt vor. Konrad macht eine Ausnahme. Sein Leben spielt nirgendwo; wie Ihres. Ist hier Ihre Umwelt? Nein. Sie sehen anderer Leute Umwelt von außen. Wie den Ameisenhaufen: Umwelt für die Tiere, Stück Natur für Sie. Es ist nicht Ihr Heim, also ist es unheimlich, unselbstverständlich, also bloße Natur. So ging es Konrad. Da war zum Beispiel Zürich, unser Zürich, das jedem Leser bekannte Zürich. ‚*Eine*' Stadt war es ihm, entfremdet im unbestimmten Artikel, eine Stadt in Außenansicht. Da trat auf ein Kamel, ‚*ein*' Säugetier, ein zoologisches Phänomen, der Schatten seines lateinischen Namens. Da ißt Konrad: welch befremdliche Institution, Weltstücke durch jenes Loch im Kopf einzuführen, das sonst zum Sprechen dient. So sah Konrad: war er noch irgendwo? Irgendwo zuhause?

Aber nirgendwo kann niemand leben, und nirgendwo kann kein Roman spielen. Also spielt er überall: im Himmel, in Bagdad, in Zürich, in Paris. Konrad lebt in keiner bestimmten Welt? Also bleibt nichts außerhalb. Also kann er alles treffen, also *gibt es zuviel Welt.*

„Dann sollte er sich auf sich selbst zurückziehen. Er ist ja auch noch da."

Das ist das einzige, was er von sich noch aussagen kann. Denn wenn er nicht niemand ist, *als* wer ist er denn da? Weltlos ist er auch rollenlos; im besten Falle vieldeutig; täglich ein anderer: spricht hier als Gott, dort als persischer Gesandter, dort als Liebhaber, dort als Rentier, dort als Moralist. Kurz: er wandert nicht nur durch die Orte, sondern durch alle Rollen. Er weiß nicht, als wer er sprechen soll. Und als wer er angesprochen wird. Und ob man ihn wiedererkennen wird.

„Siebenhundert Seiten lang ist Konrad in keiner Welt. Wo ist er so lange?"

In statu nascendi. Wenn er auch in keiner Welt *ist,* er *kommt* zur Welt, er kommt zu ihr hinzu. Es ist ein *Geburtsroman.* Nicht anders als Franz Biberkopf, der aus dem Gefängnis entlassen, nirgends zugehörig, losgelassen auf die ganze Stadt Berlin, nicht anders „erblickt" auch Konrad, sein himmlischer Bruder, sein Lebtag lang „das Licht der Welt."

Das Zurweltkommen ist schwer: es findet sein Ende erst im Tod, der Konrad nicht weniger als Franz zu einem Stückchen Natur macht. Sein Leben lang zur Welt kommen? Ist das nicht Erziehung? Weder Franz noch Konrad sind jemals Erwachsene. Erziehung müßte aufhören, am Ende der Erziehung müßten Männer stehen. Das Zurweltkommen Konrads aber reicht bis zum letzten Atemzug, und dadurch ist er, wie Biberkopf, wie Sie, nicht nur niemand, er hat auch *kein bestimmtes Alter.* Teils ist er uralt, teils ewiges Kind – zumeist freilich in unheilbarer Pubertät mit regelmäßigen Monatswechsel; denn stets ist er im Provisorischen, im Vorübergehen. Und wer nur vorübergeht, kann kein Mann sein.

„Wenn Konrad so vieles ist, kann er sich denn nicht entscheiden?"

Hundertfach glaubt er sich an „entscheidenden Punkten". Aber die Entscheidung bleibt eben ein „Punkt": sie bleibt rein innerlich, greift nicht in die Welt ein, die er ja nicht als zuständig anerkennt. Da er mit ihr nicht paktiert, hat sie ihn bedingungslos in der Hand. Hundertfach also ist das einfache Weitergehen der Tage, dieses und jenes und das Nichtigste stärker als jede seiner seelischen Krisen. Jeder Punkt wird widerstandslos überschwemmt vom folgenden Tag, einfach weil er folgt und da ist. Was auch immer entscheidend und unwiderruflich wird in Konrads Leben – stets kommt es von außerhalb, stets ist es eine Lächerlichkeit. So ist es keine Laune, daß Döblin seinen Schützling aus allem, was ihm in Paris bevorsteht, abzuberufen und fortzulocken sucht mit etwas, das ihn garnichts angeht: mit einem bis in den Himmel und bis in alle Ecken möglicher Transportassoziationen gepriesenen Dieselmotorschiff auf dem Genfer See. Das soll den Ausschlag geben. Darauf soll Konrad hereinfallen. Döblin versucht: denn wer ständig in nur innerlichen, konsequenzenlosen Entscheidungen lebt, für den ist alles in der Welt gleich zufällig, also vielleicht auch gleich verlockend: die Lappalie wird über ihn entscheiden. Also gilt es nur, *etwas* zu versuchen. Ist für Konrad *alles* Zufall, alles Fremdes, alles nur Zufallendes, dann ist ein Dieselmotorschiff nicht schlechter als irgendetwas anderes. Es gehört zur Konsequenz des Buches (das in seinem beliebigen Weitergehen das wahre Organon ist, die Inkonsequenz eines solchen Lebens zu zeigen), daß er am Schluß wirklich eine der Scheinentscheidungen Konrads ernst nimmt, und daß es Konrad wirklich – als sei sein Leben eine einzige Frage gewesen – mit einer einzigen Lösung sein biographisches happy end schenkt. Oder meinen Sie, dieses happy end sei eine Schwäche des Buches? Döblin hätte einfach einen Punkt machen sollen, irgendwo? Das war offensichtlich Döblins Absicht: es gibt Seiten, in denen er zu enden sucht, in denen er Konrad, von dem er mehr als genug hat, fortzuekeln sich anstrengt. Wenn er aber schließlich selbst dem Opportunismus Konrads verfällt und seinen Schützling doch nicht losläßt, wenn er Konrad zum Schluß doch wirklich ernst sterben läßt, so ist die Konzession nicht allzugroß: Denn was besagt es schon schließlich für Konrads Leben, daß er mit irgendeinem Ernst stirbt? Das ist folgenlos nach rückwärts.

„Für Konrad gilt also garnicht mehr Ursache und Folge?"

Doch. Wenn auch auf ganz barocke Art. Während früher undiskutiert galt: Jeder Effekt muß zureichend vorbereitet sein (causa aequat effectum), ist hier Ursache und Wirkung stets verschieden groß. Das hat die verrücktesten Figuren zur Folge: Aus dem Nichts, daß Konrad einem Konstantinopler Mädchen den Laufpass gibt, steigt in breiten Festreden die volle und reiche Geschichte Stambuls. Sie scheint kein Fundament zu haben, sie steht wie gekantet auf einem Anlaß ohne Ausdehnung; die Gravitation ist aufgehoben.

Das ergibt umgekehrt *negative Explosionen:* Daß nach ungeheuren Plänen, Vornahmen und Anstrengungen oft nichts, schlechthin nichts geschieht, und daß ohne Kunstpause, tonlos oder jedenfalls nur mit ihrem üblichen Geräusch die Welt weitergeht. Diese Welt wird dann *genannt:* das sind die tausend Abschweifungen und Zwischenstücke Döblins (die man gewöhnlich aus seiner ‚orientalischen Erzählerlust' erklärt). Denn die Sprache, auf der Suche nach den Folgen von Konrads guten Absichten, trifft oft auf anderes. Immer wieder muß die Sprache zurückfinden. Denn sie verläuft sich, und ihr guter Wille, Schritt zu halten mit Konrads Leben, wird gestraft, weil es garnicht Konrad ist, der dieses Leben disponiert, sondern weil dieses Leben einmal von hier, das andere mal von dort disponiert und gelebt wird.

„Wollen Sie damit sagen, daß selbst Döblin Konrad manchmal aus den Augen verliert?"

Natürlich. Wenn Konrad überall sein kann, dann gibt es ja tausend Stellen, an denen er stecken könnte, dann gibt es ja vieles, was Konrad nicht trifft. Wer nichts ist, ist schwer zu treffen; und das „Adam, wo bist du?" aus der Paradiesgeschichte tönt verzweifelt durch das Dikkicht der Kapitel. Der Ruf Döblins findet Konrad durchaus nicht immer; und wenn seine Stimme sich verläuft und an Konrads Stelle vieles andere trifft und nennt, so ist das nicht nur versehentlich, nicht nur aus Wut über den Versteckten, sondern auch aus Gerechtigkeit: denn das Andere ist nicht weniger da und nicht weniger wichtig als Konrad. Warum sollte gerade *er* so wichtig sein, warum gerade *er* Thema, wo er ja alles andere ist als das Thema der Welt? Die tausend Zwischenstücke aus tausendundeiner Welt sagen nichts anderes als: „Adressat unauffindbar, verzogen." Und: „Falls er noch lebt, so ist es unerfindlich, warum er noch leben sollte; warum gerade heute?"

„Warum gerade heute? Wollen Sie Konrad sogar sein Heute nehmen?"

Wer in keiner Welt lebt, der lebt auch in keiner bestimmten Zeit mehr. Wer nichts vorhat, hat keine bestimmte Zukunft vor sich. Wer neu in die Welt tritt, dem ist das Längstvergangene ebenso noch unbekannt, noch zukünftig wie das Zukünftige in unserem üblichen Sinne. Voltaire steht ihnen noch bevor: ein längst Toter. Der Ausflug ins Vorgestern. Wer reist, reist nicht nur geographisch, sondern von Zeit zu Zeit. Wer, obwohl aus der Gegenwart ausgeschifft, doch noch weiterlebt (und Ausgeschifftsein und doch nicht totsein ist Konrads Fluch), für den ist keine Gegenwart mehr verbindlich, keine trägt ihn mehr, keine meint ihn mehr. Also kippt Konrad (ebenso Georg, und im gleichen Schwindel Döblins Sprache) aus einer Zeit in die andere, manchmal in mehrere zugleich. Drei überdecken sich: Mit dem längst verstorbenen Zaren Alexander sitzt der heutige Georg beim Arrak zusammen und läßt eine Revue der Mordwaffen von Neunzehnhundertundvierunddreißig an sich vorbeipassieren. Auch Ihnen passiert dergleichen. Es fällt Ihnen nicht mehr auf: Wenn Sie sich, wie gestern, mit Lessing an einen Tisch setzen, und mit seinen Toleranzargumenten Revue passieren lassen das Heutige, das Sie „Mittelalter" nennen, ist das etwas so anderes? Nichts Ungewöhnlicheres geschieht dem Gotte Konrad, und nichts Sinnloseres, wenn bei dieser Feilbietung des längst Vergangenen in dem allgemeinen Warenlager der Zeiten schließlich selbst die Gegenwart brüchig wird und ihre Gegenwärtigkeit verliert: die Stambuler, die herumlaufen, erscheinen Konrad bereits als die, die einmal *begraben sein werden.* Unter dem Aspekt des Futurums II scheint auch das Heutige nur noch etwas Irreales, auf dem Wege zum Nichtsein, zum ‚War'. Und ist es nicht ebenso richtig, daß die Gegenwart vordrängt zu ihrer eigenen, vor ihr liegenden Vergangenheit, zu ihrem Werdegewesensein, wie daß sie zur Zukunft vordrängt? Für Konrad jedenfalls ist diese invertierte Zeitrechnung vor allen anderen gültig: er entwickelt sich nicht, sondern wickelt sich ab und zurück, bis er nicht mehr da ist. Nicht den Aufsteigenden ist das Buch gewidmet, sondern den ‚Sinkenden, Versunkenen'. Am Anfang ist die Spannung: der aufgeblasene Frosch; am Ende die völlige Entspannung, der Tod. Der Roman ist also nicht nur ein Geburtsroman, sondern auch die *Geschichte eines lebenslänglichen Sterbens.* Was zwischen Geburt und Tod liegt, das eigentliche Leben, fällt aus, weil keine Welt vorhanden ist, oder zuviel Welt.

„Ein für alle mal: zuviel Welt oder zu wenig Welt?"

Beides: Die Welt steht Konrad zwar offen; aber bloß als Möglichkeit, und sie bleibt Möglichkeit. Ob sich Konrad nach rechts wendet oder nach links, nach Zürich, nach Kapstadt oder nach Paris, wer kann das entscheiden? Er selbst vielleicht? Oder gar Döblin? Und wenn Döblins eigener Aufenthalt in Zürich oder in Paris (wohin er Konrad mitnimmt wie seinen Hund), wenn Döblins eigene Emigration das mitentscheidet, so heißt das nur: Sonst wäre eben Konrad irgendwo anders hingekommen, ich kann ihn schon mitnehmen. Jeder wirkliche Augenblick Konrads wird eigentlich nur zufällig wirklich, weil das Leben ohnehin weitergeht. Und weil es immer auch anders hätte kommen können, *weil dem Indikativ immer noch ein Stich ins Irreal-Konjunktivische innewohnt, erhält* nun umgekehrt *das ‚es hätte' eine ungeheuere Wucht.* Die tausend Mittel, die man bei der sommerlichen Überschwemmung vor Bagdad hätte anwenden können, in unendlicher Breite erzählt, sind ebenso wirklich wie die eine zufällig wirklich gewordene Möglichkeit. Ja selbst unmögliche Möglichkeiten, die plötzliche Vereisung im Sommer, erscheinen diskutabel: so indiskutabel zufällig ist das, was den Brüdern Konrad und Georg wirklich passierte. So wenig Wirklichkeit hat das Wirkliche.

„Wenn er schon den Möglichkeiten nachläuft, warum nicht seinen eigenen?"

Das tat er auch. Er ging auf seine recherche du temps perdu. Er suchte *sein* ehemaliges Babylonien, *sein* ehemaliges Reich, suchte, was er ‚eigentlich' war. Aber den eigentlichen Konrad fand er nicht, weil es den nicht gibt, und er fand nicht das echte Babylonien, weil es nicht mehr da ist, so wenig wie er selbst; und weil schon Schichten längst Verstorbener über ihm liegen. Was für ein konradischer Vorschlag, sich selbst zu suchen! Das ist nichts als Eitelkeit nach rückwärts, das verlorene Perfekt durch das Plusquamperfekt zu ersetzen, das Verlorene durch das längst Verlorene. Konrad wurde schwer bestraft: ein fremder Herr aus Bremen erklärte ihm seine Urreste: Der Archäologe von heute siegt über den Archonten von vorgestern; der Baedeker von heute über den Gott von ehemals. Seine alte Sprache sucht er wiederzuerlernen: aber er kennt sie so wenig, daß er mit türkischen und persischen Sprachbrocken (als Babylonisch ausgegeben) irregeführt wird. Er verlegt sich auf die Wiederholung seiner sogenannten echten Existenz. Ist diese Reise um so viel besser als seine tausend anderen Reisen?

„Also ist Döblin gegen das Echte?"

Er ist gegen die Wiederholung. Die ist ihm Fluchtversuch, Verschönung, Bemäntelung der Unwiderruflichkeit; der Versuch, die Gradlinigkeit der Zeit zu betrügen, zum Kreis umzubiegen, um alles Alte ewig und endgültig immer wieder durchlaufen zu können. Franz Biberkopf, Konrads plebejischer Bruder, entlassen aus Tegel, losgelassen auf die ganze Welt Berlin, hat nichts Besseres zu tun als zur Schwester Idas zu gehen (um deretwillen er gesessen hatte), um sie zu lieben; und um nun erst nach der Wiederholung sein neues Leben zu beginnen.

Konrad beginnt mit seinem alten Babylonien, um dann erst weiterzuziehen nach Bagdad und in die Welt. Und was tut er in Bagdad? Noch einmal geht er nach Babylonien, wo er nichts zu suchen, weil er alles verloren hat. Alle Geschöpfe Döblins sind rückfällig, rückfällig auf pathetische Art. Ein Mann, der gar nicht mit der Zeit mitgehende, seinen Konrad bis zum Schluß vergötternde, stets betrunkene Dienstmann Waldemar, ist sogar charakterisiert durch diese eine Eigenschaft: daß ihm stets das gleiche passiert. Alle sind rückfällig; bis sie zum Schluß richtig fallen; bis sie an einem zufälligen Punkt den Versuch aufgeben, sich selbst zu wiederholen und auf sich selbst zu bestehen.

„Wie kann das Buch spannend sein, wenn alles unwirklich bleibt? und wenn Konrad nur lebt im Und-so-weiter?"

Das wird mehr als aufgewogen: durch die Möglichkeiten der Schrecken, der Neugeburten, der Unvorhergesehenheiten, die die ‚*Chemie*' Döblins erzeugt. Wenn er so eine Dosis Bilderstürmer und eine Prise Europafahrt eines Perserfürsten zusammenrührt, die Mischung sich selbst überläßt, um zuzusehen, ob was daraus wird, und was daraus wird, ob es tot bleibt oder ob es eine neue und einmalige Welt ergibt – dieses Abwarten des vollkommen Unbekannten ersetzt alle Spannung auf das schon halb Erwartete und ist zugleich wahr: Die Mischungsresultate sind nichts anderes als das, was wir überall finden. Ihr Freund, der Neger auf der Sorbonne, der gerade noch magisch, schon höhere Mathematik versteht; Ihr Japaner, der Motoren herstellt, aber sie einsegnet mit den Worten Shintos, sind sie nicht einfach Produkte eines neugierigen Chemikers? Hergestellt von einem, der einmal zusehen wollte? Konrads Schöpfer macht sich darüber wenig Illusionen. Wo die Wirklichkeit selbst verspielt ist, markiert er nicht Ernst. Das Leben, das er Konrad leben läßt, ist ein guter Gegenbeweis gegen die sogenannte organische, zeitlich gradlinige Entwicklung, die wir angeblich alle erwarten dürfen. Sein Leben geht vorwärts und rückwärts, wie es will, wie es geschoben wird. Seine Zeit ist Raum, und ein Raum ausgestattet mit den modernsten Errungenschaften des Verkehrs; von heute zu vorgestern, um vom sechzehnten zum zwanzigsten Jahrhundert zu gelangen.

„Ist dieser Trubel noch Kunst?"

Die Flucht der Zimmer, Städte, Länder und Zeiten wäre in der syntaktischen Ordnung der wohlanständigen Sprache schon wieder zu wohlgeordnet; also gefälscht, künstlerisch falsch; ihr wahres Abbild findet sie nur in der methodischen Gedankenflucht. Die Spiele mit ähnlichen Worten, die Verwendung der lexikalischen Nachbarschaft von Worten macht das rein äußerliche Nacheinander und Beieinander unendlich viel wahrer noch als jede bloße Rede ‚darüber'. Keine bloße Unordnung ist so vielfältig, so raffiniert, so abgestuft: die Unordnung ist Darstellungsmittel, Verwirrungsmittel, Unterricht im Verwirren. Da ist zum Beispiel eine Stelle, die einen Schlaf Konrads darstellt: Er hört eine Quelle; die Ouelle behauptet, daß ein Hund etwas sage. Also die Rede des Hundes? Der Quelle? Konrads? Das ist unbeantwortbar und soll nicht beantwortet werden. Subjektlos wie der Schlaf schweben auch wir im subjektlos gewordenen Worte. Über den Schlaf sagt Döblin kein Wort; ‚über' redet er nicht, er redet ‚mit'; was geschieht, läßt er auch mit der Sprache geschehen. Ist das ein bloßes Sichgehenlassen? Sieht das nicht vielmehr nach Handwerk aus? Wenn auch nach dem Handwerk, sich dort gehen zu lassen, wo es die Sache erfordert?

„Und ist dieser Trubel noch ein Roman?"

Ein letzter, wie viele andere noch geschrieben werden mögen; der Roman über einen letzten; der Roman, der endet als Nicht-Roman: er markiert noch den Entwicklungsroman und führt über Stufen instruktiven Scheiterns zum Nichts; er führt wie eine Unzahl klassischer Erziehungsromane aus der Isoliertheit zur Welt; aber da er eben nicht in eine bestimmte gesellschaftliche Welt führt, sondern zur Welt überhaupt, ist die Führung des Romans keine Einführung, sondern ein Exodus. Auf der letzten Seite steht nicht wie im üblichen Erziehungsroman der Mann, selbstsicher und eingefügt seinem Kreise, der etwas Bestimmtes ist und, ‚als wer' dasteht (der steht auf der ersten Seite), sondern ein Rollenloser, ein bloßes Wesen, ein bißchen Natur. Wo die Natur beginnt, hört der Roman auf, weil in ihr die bürgerliche Gesellschaft aufhört; wiewohl ‚Natur' die letzte Stelle ist, die die bürgerliche Gesellschaft noch gerade selbst auswählt, um sich von sich selbst zu dispensieren.

„Wie lautet Konrads letzte Konsequenz?"

Sie ist voller Warnung: denn sie lautet schließlich zu rigoros, weil sie zu widerstandslos ist: Ausgeschaltet aus der Machtwelt, hat er seine politische Vertreibung ernster, jedenfalls anders verstanden, als sie gemeint war; nicht politisch; er läuft weiter, als er gestoßen wurde, nicht nur fort, sondern in den Urwald. Konrad ist wie jener seiner Krone beraubte König, der sich aus Rache und aus Konsequenz nun bis auf die Haut auszieht. Der zwar nicht auf der Seite des Siegers steht, aber doch auf der Seite des Prinzips Macht, das nun repräsentiert wird von seinem eigenen Besieger. Sein Besiegtsein ist schließlich seine Beschäftigung und seine Moral, sein Leben die Fortsetzung des Besiegtseins, ein dauerndes besiegtwerden. Also lautet Konrads Konsequenz: ‚Es gibt keine Tat.' *(1935)*

Über Kafka

„Er stand da – sie drängten sich um ihn her – und einer sagte: du bist also noch ein Maler geworden! – du hättest wirklich besser getan uns unsere Schuhe zu flicken.

Er antwortete ihnen: ich hätte sie euch geflickt, ich hätte für euch Steine getragen, ich hätte für euch Wasser geschöpft – ich wäre für euch gestorben – aber ihr wolltet meiner nicht, und es blieb mir in der gezwungenen Leerheit meines zertretenen Daseins nichts übrig, als malen zu lernen.“ *Pestalozzi „Der Menschenmaler“*

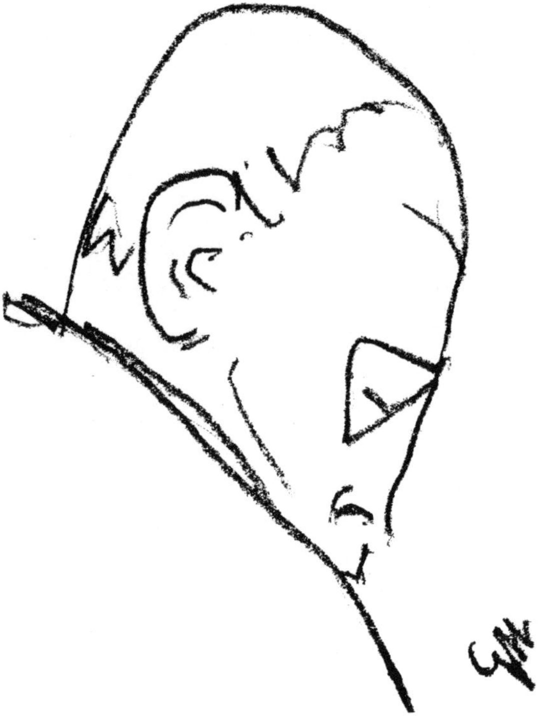

Kafka
Pro und Contra

Die Prozeß-Unterlagen

Vorbemerkung

„Ich habe das Negative meiner Zeit, die mir ja sehr nahe ist, die ich nie zu bekämpfen, sondern gewissermaßen zu vertreten das Recht habe, kräftig aufgenommen. An dem geringen Positiven sowie an dem äußersten, zum Positiven umkippenden Negativen, hatte ich keinen Anteil. Ich bin nicht von der allerdings schon sinkenden Hand des Christentums ins Leben geführt worden wie Kierkegaard und habe nicht den letzten Zipfel des davonfliegenden jüdischen Gebetsmantels noch gefangen. Ich bin Ende oder Anfang." (*Kafka, Tagebuch 4*)

Ende oder Anfang. Heute, da ihn die einen als Anfang, ja als eine Art Heiligen beanspruchen; die anderen ihn als Inbegriff des Endes anklagen und die Frage präsentieren: „Faut-il brûler Kafka?" – ist es nötig, die Prozeßakten für die Entscheidung vorzulegen. Was hiermit geschieht.

In dubio pro reo. Wir steigen in die Untersuchung als Verteidiger, um auszufühlen, wie weit wir ein Plädoyer vortreiben können. Aber gerade der skrupelhafte Verteidigungswille bringt sehr bald Züge zum Vorschein, deren belastender Charakter nicht geleugnet werden kann. Daß wir die Prüfung nur noch als Verteidiger verlassen, können wir nicht behaupten.

Ob er Philosoph, Romanautor oder homo religiosus gewesen ist, darf nicht von vornherein entschieden werden. Daß er, im Sinne üblicher Klassifikationen, d. h. der literarischen Arbeitsteilung und Warenetikettierung, *nicht* identifizierbar ist, hat zwar anfangs die Verkäuflichkeit seiner Bücher gehemmt, dann aber gerade seinen Erfolg verbürgt. „Nous ne classerons pas Kafka inclassable" (*E. Mounier, „In-*

troduction aux existentialismes", Esprit, April 1946, p. 526). Ein sozial ohne weiteres einrangierbares Werk ist ,,eines unter anderen": Die Attitüde ihm gegenüber ist vorgezeichnet durch die Attitüde gegenüber dem genus als ganzem, sie ist also einfach und unaufregend. Bleibt es dagegen dem Leser undeutlich, von wo, mit welchem Grad von Verbindlichkeit er angesprochen wird; ob er unterhalten, informiert, zum Träumen gebracht, erschreckt, erbaut oder moralisch gestoßen werden solle, so ist er aufs Tiefste beunruhigt. Auf dieser ,,Hybridität" beruht Kafkas Erfolg nicht weniger als derjenige Heideggers.

Die Verschiedenartigkeit der Deutungen, die Kafka erfahren hat, beruht nicht auf der ,,Dummheit" der Interpreten, sondern auf der Vieldeutigkeit des Objekts selber. Die Diskussion um Kafka erinnert an den in ,,Tausend und eine Nacht" beschriebenen Streit um die ,,wahre" Farbe der Perlmutter: Worum es geht, ist nicht, die ,,wahre" Farbe der Perlmutter zu ermitteln, sondern Einsicht zu gewinnen in die Situation, in der perlmutterne Objekte auftauchen; und die Frage nach ,,Nutzen und Nachteil" schillernder Objekte zu entscheiden.

Einen Autor wichtig nehmen heißt: Nicht nur über ihn sprechen. Denn wichtig ist, wer anderes repräsentiert und für anderes Konsequenzen hat. Da wir Kafka wichtig nehmen, werden wir ihn also in einen weit gespannten Horizont allgemeiner (moralischer, religiöser, philosophischer, geschichtlicher, gesellschaftlicher und literarischer) Probleme hineinstellen.

Die Arbeit liegt, jedenfalls was ihre Hauptanalysen betrifft, seit Jahren vor: Sie ist die Ausarbeitung eines im Jahre 1934 im Pariser ,,Institut d'Études Germaniques" gehaltenen Vortrages *,,Theologie ohne Gott"*.

Sie will keine Einführung sein; eher ein Kommentar. Das heißt: Nicht vor, sondern neben oder nach der Lektüre Kafkas benützt werden.

New York, 1946

I. Diesseits als Jenseits

Kafka entstellt, um festzustellen

Der Mönch Maximus Planudes, der im 14. Jahrhundert die unter dem Namen Aesop laufenden Fabeln ediert hat, berichtet, Aesops Gesicht sei monströs häßlich, ja bis zur Unkenntlichkeit deformiert gewesen. – Aesop selbst hätte keine bessere Fabel über die Fabel erfinden können: denn Fabelwahrheiten entspringen der Entstellung.

Damit sind wir bei Kafka. Das Gesicht der Kafkaschen Welt scheint ver-rückt. Aber Kafka ver-rückt das scheinbar normale Aussehen unserer verrückten Welt, um ihre Verrücktheit sichtbar zu machen. Dieses verrückte Aussehen behandelt er aber zugleich als etwas völlig Normales; und beschreibt dadurch sogar eben die verrückte Tatsache, daß die verrückte Welt als normal gilt.

Statt diese gar nicht so undurchsichtige Methode zu erkennen, sah man nur das Aparte im Gesicht seiner Welt. Und pries es als supranatural; oder als traumhaft; oder als mythisch; oder als symbolisch. Aber Kafka ist weder ein Geschmäckler noch ein Heiliger, noch ein Träumer; noch ein Mythenschmied oder Symbolist, jedenfalls nichts von alledem in erster Linie. Sondern ein realistischer Fabeldichter. Entstellung als Methode sollte uns allen vertraut sein: Die moderne Naturwissenschaft bringt, um der Wirklichkeit auf den Zahn zu fühlen, ihren Gegenstand in eine *künstliche*, die *Experimentalsituation.* Sie stellt eine Anordnung her, in die sie den Gegenstand hineinstellt und *entstellt* dadurch das Objekt: aber das Resultat ist *Feststellung.* Von diesem Gesichtspunkt gesehen, ist, bis auf Ausnahmen, die heutige Romanliteratur unmodern. Im besten Falle beschreibt sie, was sie sieht. Kafka dagegen, und später Brecht, stellen entstellende Situationen her, in die sie ihre Versuchsobjekte – den heutigen Menschen – hineinstellen. Zwecks Feststellung. Ein biologisches Experiment in einem tierpsychologischen Institut sieht zwar gewiß nicht so „realistisch" aus wie der Hagenbecksche Tierpark. Eine Kafkasche Versuchsanordnung sieht zwar gewiß nicht so realistisch aus wie ein Menschenpark von Galsworthy. Aber ihr Resultat ist realistisch.

Kafka tauft um

Ein beträchtlicher Teil des Kafkaschen Werkes handelt vom Juden. So der Roman „Das Schloß", so die Mäusegeschichte „Josephine". Aber das Wort „Jude" kommt selten vor. Ja, in den „Chinesische Mauer" genannten Stücken ist das Wort „Jude" sogar durchweg durch das Wort „Chinese" ersetzt. Warum vollzieht Kafka diesen, offenbar doch verdunkelnden, Namenstausch?

Wiederum aus einem Erkenntnisgrund. Nämlich, um die mit den Namen automatisch verbundenen Vorurteile von vornherein abzuschneiden; um den Leser, ja, um sich selber, zu zwingen, dem was er zu sagen wünscht, vorurteilslos ins Auge zu blicken; also in einer Einstellung, die der Findung, Darstellung, Vermittlung und Akzeptierung der Wahrheit so wenig wie möglich abträglich ist. Wenn Realismus einen philosophischen Sinn hat, dann diesen.

Freilich darf man sich diese Kafkasche „Umtaufe" nicht als einen jedesmal neu bewußten Akt der Übersetzung vorstellen; seine Umbenennungen haben mit denjenigen der „Lettres Persanes" oder denen in „Gullivers Reisen" kaum etwas gemein: die „entfremdende" Zuwendung ist sozusagen die ihm natürliche. Der Gegenstand A wird bei ihm schon im ersten Zugriff B heißen; und der Gegenstand B schon bei der ersten Fixierung als C auftreten. Wenn Kafka für etwas einen ausdrücklichen Handgriff benötigt hätte, so nicht für die Entfremdung, sondern vielmehr für die Rückgängigmachung der Entfremdung.

An sich ist uns die „Natürlichkeit" entfremdender Zuwendungen ja keine unbekannte Erscheinung. Wenn ein Chemiker in seinem Laboratorium Wasser nicht als trinkbare Flüssigkeit, sondern als H_2O anspricht und behandelt, so erstaunt uns das nicht. Erstaunlich wird uns diejenige Umtaufe, die individuell vollzogen wird; und die uns zugemutet wird, ohne daß uns der Übersetzer seinen Übersetzungsschlüssel ausdrücklich aushändigt und verifiziert. Das ist nun bei Kafka der Fall. Und deshalb benötigt sein Leser eine „Gebrauchsanweisung".

Kafkas Methode besteht also darin, durch Austausch von Etiketten die mit den Etiketten verbundenen Vorurteile zu suspendieren und dadurch vorurteilslose Urteile zu ermöglichen. Ganz im gleichen Sinne handelt er, wenn er Dingen unbegreifliche Etiketten aufklebt. Da beschreibt er z. B. ein Objekt „Odradek", dessen Funktion gerade darin zu bestehen scheint, daß es keine Funktion hat. Aber die Einführung dieses „sinnlosen" und scheinbar sinnlos benannten Objektes ist so wenig sinnlos wie die der „falsch" etikettierten. Der Gegenstand erinnert uns an alle Arten von Objekten und Maschinen, mit denen der moderne Mensch tagein, tagaus zu hantieren hat, obwohl ihre Leistungen direkt mit den *Bedürfnissen* des Menschen nichts zu tun zu haben scheinen. Tausendfach gerät der heutige Mensch an Apparate, deren Bewandtnis ihm unbekannt ist, und zu denen er, da ihre Beziehungen zum Bedürfnissystem des Menschen unendlich vermittelt sind, nur „entfremdete" Beziehungen aufrechterhalten kann: denn „Entfremdung" ist eben nicht ein Trick des Philosophen oder des Dichters Kafka, sondern eine Erscheinung der heutigen Welt – nur daß eben die Entfremdung im alltäglichen Leben durch leere Gewohnheit zugedeckt wird. Kafka deckt durch seine Technik der Entfremdung die verdeckte Entfremdung des Alltagslebens auf – ist damit also wiederum Realist. Seine „Entstellung" „stellt fest".

In der entfremdeten Welt wird die Natur zur „nature morte" und selbst der Mitmensch oft zum bloßen „Ding". Kein Wunder, daß „Dinge" bei Kafka eine außergewöhnliche Rolle spielen; in der Erzählung „In der Strafkolonie" nicht weniger als im „Odradek". Durch diese Einführung von Gegenständen oder Apparaten als Fabelheroen geschieht nun aber etwas fundamental Neues mit der alten klassischen Fabel. Wenn in dieser das Tier Held der Fabel gewesen war, so einfach deshalb, weil es als eine Art „Mensch" verstanden wurde: so im Märchen. Was der Fabel zugrunde liegt, sind einfach Geschichten von sprechenden Tieren; Geschichten, denen das bewußte Parabolische ganz ferne liegt. Erst in demjenigen historischen oder prähistorischen Moment, in dem Mensch und Tier als substantiell verschieden aufgefaßt wurden, gab es Parabolik, die bewußte Austauschung von Mensch und Tier. Aber diese Vertauschung ist im gleichen Sinne eine späte und moderne Erscheinung wie etwa die Ovidschen Metamorphosen von Menschen in Tiere, die gewissermaßen „Rück-Metamorphosen" darstellen, da eben die später morphologisch als menschlich verstandenen Wesen (oder Mächte) ursprünglich als Tiere aufgefaßt worden waren (Artemis als Hirschkuh, Prometheus als Geier: Reinachsche Theorie).

Die antike, didaktisch benutzte Vertauschung von Mensch und Tier hatte nun aber eine eigenartige moralische Eignung für das christliche

Europa. Es ist durchaus kein Zufall, daß das Tier bis zu La Fontaine, Lessing und Goethe *fabulae persona* geblieben ist: Wenn in der Fabel Tiere als Menschen handeln und sprechen, so ist gemeint – die Inversion: Menschen sind Tiere. Dieser Satz „Menschen sind Tiere" ist nun aber die Grundlage der christlichen Anthropologie und Moral. Noch Kant spricht vom „Viehischen" im Menschen.

Nun steht aber heute diese christliche Gleichung nicht mehr im Vordergrunde. Wenn uns heute der Mensch als „unmenschlich" erscheint, so nicht, weil er eine „tierische" Natur besäße, sondern weil er in *Dingfunktionen* zurückgedrängt ist. Darum hat der heutige Fabeldichter, um den Skandal „Menschen sind Sachen" anzuprangern, Fabeln zu erfinden, in denen Sachen als lebendige Wesen auftreten. Diese Konsequenz hat nun Kafka gezogen. Als erster. Oder mindestens beinahe als erster. Einen Ahnherrn hatte er. „Der Tisch verwandelt sich", heißt es in einem berühmten Buche, „in ein sinnlich übersinnliches Ding. Er steht nicht mehr mit seinen Füßen auf dem Boden, sondern er stellt sich auf den Kopf und entwickelt in seinem Holzkopf Grillen, viel wunderbarer, als wenn er aus freien Stücken zu tanzen begänne." Nein, das ist nicht Kafkas Odvadek. Auch kein Tieck'sches, Poesches oder Gogolsches Objekt, sondern der zur Ware gewordene Tisch im vierten Paragraph des ersten Kapitels des ersten Abschnittes des ersten Buches des „Kapitals" von Marx.

Das bei Kafka Verblüffende: daß das Verblüffende niemanden verblüfft

Nicht die Gegenstände und Ereignisse als solche sind bei Kafka beunruhigend, sondern die Tatsache, daß seine Wesen auf sie wie auf normale Gegenstände oder Ereignisse – also unerregt – reagieren. Nicht daß Gregor Samsa am Morgen als Käfer aufwacht, sondern daß er darin nichts Staunenswertes sieht, diese Alltäglichkeit des Grotesken macht die Lektüre so entsetzenerregend. Das Prinzip, das man das der *„negativen Explosion"* nennen könnte, besteht darin, daß, wo ein Fortissimo zu erwarten steht, noch nicht einmal ein Pianissimo einsetzt, sondern die Welt ihre unveränderte Lautstärke einfach beibehält. – In der Tat ist nichts verblüffender, als die Unverblüfftheit und Naivität, mit der Kafka in die erstaunlichsten Geschichten hineinspringt.

Zu Beginn der Erzählung „In der Strafkolonie" führt z. B. ein Offizier einem Forschungsreisenden eine höchst komplexe und mit äußerster Grausamkeit konzipierte Exekutionsmaschine vor, eine Maschine, dergleichen niemand vor Hitlers Massenmordmaschinen je gesehen hatte. Aber das Epithet, das der Offizier für die Maschine benutzt, ist nur „eigentümlich"; und der Forschungsreisende hat nur „wenig Sinn für den Apparat": Der Ton bleibt unscheinbar, die Beteiligung der Personen scheint allem Superlativischen abhold; und Kafkas friedliche Nüchternheit scheint – im Unterschied zu allen bewußten und programmatisch surrealistischen Attitüden – von nichts weiter entfernt als von irgendeiner „Épatez-le-bourgeois"-Absicht ... es sei denn, man fasse diese Unscheinbarkeit selbst schon wieder als eine Art subtiler Insolenz auf ... was Kafka gegenüber unerlaubt wäre.

Oder da ist das höchst befremdliche Stück „Josefine, die Sängerin", in der (angeblich von einer Maus erzählt) die religiös verehrte Mäuseprimadonna beschrieben wird, deren kläglicher Gesang absolut respekt - und andachteinflößend sei. Was immer der Sinn dieser Geschichte sein mag (s. S. 94), Kafka schlägt einen Ton an, als setze er auch beim Leser voraus, daß es für ihn zum Selbstverständlichsten und Alltäglichsten gehöre, eine von Mäusen erzählte Geschichte zu hören.

Dieser Antisensationalismus des Tones, das Nichtannoncieren des Ungewöhnlichen, gibt diesem Ungewöhnlichen, ja, oft sogar dem Entsetzlichen, eine ganz eigentümliche kleinbürgerliche Behaglichkeit. Dieses Mischprodukt von *Grauen* und *Gemütlichkeit* hat heute freilich seine, den ersten Lesern als wahnsinnig anmutende, Befremdlichkeit verloren. Wir wissen alle von den „guten Stuben", die sich die Vernichtungslagerführer mit Polstermöbeln, Grammophonen und Nachttischlampen Wand an Wand mit den Vergasungs-Installationen eingerichtet hatten. K.'s Wohnzimmer in der Turnhalle des „Schlosses" ist um nichts phantastischer als die „guten Stuben" im Vergasungslager, die ihren Benutzern gewiß auch normal erschienen. Die „verrückte" Milieu-Verschränkung, die Kafka da durchführt, ist tatsächlich eine Beschreibung der Wirklichkeit; eine Beschreibung der Tatsache, daß heute die „Pflichtwelt" und die private „Heimwelt" zwar kaum mehr etwas miteinander zu tun haben, daß sich aber diese beiden „Welten" in der Wirklichkeit doch als *eine* Welt überdecken, mindestens überschneiden. In der Tat ist ja der industrialisierte Massenmörder und der gemütliche Familienvater ein und derselbe Mann. –

Da aber die völlige Diskrepanz zwischen den „Lebenssphären" sozial als selbstverständlich gilt, und da Verblüffung oder Entsetzen für den durchschnittlichen Menschen schließlich keine perpetuierende Lebensstimmung sein kann, ist Kafkas Methode, das Verblüffende als nichtverblüffend hinzustellen, völlig realistisch.

Rein technisch gesehen, wird diese De-Sensationalisierung wieder durch die vorhin erwähnte, *Inversionsmethode* erreicht. Das heißt: es wird *Subjekt* und *Objekt* wie in allen Fabeln *invertiert* oder ausgetauscht. Das klingt rein grammatisch, bedeutet aber weit mehr. Will Aesop in seinen Fabeln sagen: Menschen sind wie Tiere, so zeigt er: Tiere sind Menschen; will Brecht in seiner Dreigroschenoper sagen: Bürger sind Räuber, so stellt er Räuber als Bürger dar. Will Kafka sagen: Das Selbstverständliche und Nichtverblüffende unserer Welt ist entsetzlich, so invertiert er: Das Entsetzliche ist nicht verblüffend. –

Diese Fabeltechnik der „Inversion" hat eine strikt didaktische Funktion. Wird ohne alle Umstände vorgemacht, wie wenig in der Wirklichkeit das Verblüffende verblüfft und das Entsetzliche entsetzt, so wirkt eben dieses Vormachen verblüffend und Entsetzen erregend, viel entsetzenerregender, als wenn Kafka das Opfer der Tötungsmaschine in der „Strafkolonie" ajaxhaft hätte brüllen lassen. Was dem bloßen Romanleser wie eine Subtilität des, wie die Angelsachsen sagen, „understating" vorkommt, ist bei Kafka mindestens *auch* eine pädagogische Maßnahme.

Kafka gibt „potenzierte Bilder". Apologie dieser Irrealisierung

Will man einem Großstädter die Häßlichkeit seiner Stadt deutlich machen, so wird eine Kunstmappe mit Bildern der häßlichen Häuser einen viel stärkeren Schock auf ihn ausüben, als eine Rundfahrt durch die Straßen, in denen er ohnehin täglich zu tun hat. Will man einen Antisemiten auf seine Vorurteile stoßen, so werden ihn die Worte „Nathans des Weisen" eher erreichen, als die eines heute lebenden europäischen Juden. Damit ist gesagt: *Bilder* als solche ermöglichen, auch wenn sie vertraute Gegenstände der Wirklichkeit abbilden, eine neue Attitüde und eine Chance für Urteilsrevision; jedenfalls sistieren sie die vertrauten und mechanisierten Reaktionen, die der „Sache selbst" gegenüber ins Rollen geraten. In dieser Sistierung mechanisierter Antworten besteht eine der großartigsten erzieherischen Funktionen der Kunst. Die Wichtignahme der „mimesis", der „abbildenden Nachahmung" durch Aristoteles, die von den Ausdrucksästhetikern als naiv belächelt worden war, war vollkommen berechtigt.

Wenn Einer über diese Funktion des „Bildes" Bescheid gewußt hat, so Kafka. Tatsächlich stößt er um einen Schritt weiter vor, als es die Kunst gewöhnlich tut: Gewisse seiner Bilder sind nämlich Bilder „in der Potenz", *Bilder von Bildern.*[1] Was heißt das?

Nehmen wir einmal an, ein Maler stelle eine Zirkusreiterin dar (wie es Seurat in seinem berühmten Bilde getan hat); sein Gemälde ist ein „Bild ersten Grades". Kafka gibt uns ebenfalls das Bild einer Zirkusreiterin (in „Auf der Galerie"); aber im Unterschied zu Seurat präsentiert er sie uns nicht direkt, vielmehr versetzt er sie in einen maßlos langen Wenn-Satz (Beispiel siehe Seite 68): Er entzieht also dem Bilde selbst noch einmal seine (bereits reduzierte, bereits „als ob-hafte") Realität, in ähnlicher Weise, in der das Bild ersten Grades der „wirklichen" Reiterin ihre Realität entzogen hatte; und er treibt damit die Irrealisierung bis zum äußersten Extrem.

Nun sind wir aber gewöhnt, daß mit der „Iteration" von Abbildungen die Prägnanz des dargestellten Gegenstandes abnimmt: Zeigt ein Gemälde ein, u. a. Bilder enthaltendes, Zimmer, so werden diese „Bilder von Bildern" einen tiefenlosen, verblasenen Eindruck machen. Das Gegenteil davon findet bei Kafka statt: Da er seine Bilder zweiten Grades skrupelhaft und bis ins letzte Detail durchzeichnet, ergibt sich eine *Diskrepanz zwischen extremer Unwirklichkeit und extremer Genauigkeit; diese Diskrepanz erzeugt nun ihrerseits eine Schockwirkung; und diese Schockwirkung wiederum das Gefühl der akutesten Wirklichkeit.*

Diese Gleichzeitigkeit von Irrealität und Präzision, ja der aus der Kollision sich ergebende Realitätschock ist zwar „irgendwie" von allen Interpreten gespürt worden; aber unwillig, den Zusammenhang wirklich zu durchleuchten, erledigten sie das Problem dadurch, daß sie das Ineinander von Präzision und Unwirklichkeit als „traumartig" klassifizierten.

Wir kennen in der modernen Kunst nur ein einziges Analogon zu diesen Kafkaschen „Bildern in der Potenz": Die Disneyschen Cartoons. Wenn das, einem Matrosen auf den Leib tätowierte, „Schiff" (also ein Bild zweiten Grades) zu schaukeln beginnt und schließlich sogar kentert, dann bringt diese Disneysche Erfindung eine Wirkung hervor, die weit über das bloß Komische hinausgeht: Die Realitätsgrade werden durcheinander geschüttelt, und dieses Durcheinander erfüllt uns mit Grauen.

Dies aber: Die Realitätsgrade zu verwirren, ist eine der beabsichtigten didaktischen Effekte Kafkas. Da er, als Kritiker seiner Zeit, zahllose Erscheinungen, die als selbstverständlich real gelten, für bloß ideologisch hält; andere aber, deren Realität unterschlagen oder verwischt wird, für höchst real erachtet, versucht er, das feste Gerüst des als wirklich oder unwirklich Geltenden zu erschüttern. Diese ,,Revision" erfordert eine Art von *revisio,* d. h. eine Methode neu zu sehen und diese bildet er aus in seiner Technik der potenzierten Abbildung.

Der Mensch ist fremd und muß sich beweisen

Die Psychopathologie nennt die Zwangshandlung eines Kranken, der statt einer von ihm selbst gewollten oder geforderten Handlung eine andere ausführt, ,,Allopraxie". Man kann in der Tat von einer entsprechenden ,,Allologie" bei Kafka sprechen. Man darf sich nicht vorstellen, daß Kafka das, was er zu sagen hatte, gewissermaßen nachträglich in sein Bilder-Idiom übersetzte: was immer er nannte, nannte er bereits bei seinem Decknamen. Wie kommt es, daß Kafka diese befremdliche, entfremdende Methode in einem solchen Maße ausbilden konnte?[2]

Weil er selbst ein ,,Fremder" war.

Als Jude gehörte er nicht ganz zur christlichen Welt. Als indifferenter Jude – denn das war er ursprünglich – nicht ganz zu den Juden. Als Deutschsprechender nicht ganz zu den Tschechen. Als deutschsprechender Jude nicht ganz zu den böhmischen Deutschen. Als Böhme nicht ganz zu Österreich. Als Arbeiterversicherungsbeamter nicht ganz zum Bürgertum. Als Bürgerssohn nicht ganz zur Arbeiterschaft. Aber auch zum Büro gehört er nicht, denn er fühlt sich als Schriftsteller. Schriftsteller aber ist er auch nicht, denn seine Kraft opfert er der Familie. Aber ,,ich lebe in meiner Familie fremder als ein Fremder". (Brief an seinen Schwiegervater.)

Selbst sein Nicht-Zugehören zu den Juden ist noch einmal ein doppeltes Pariatum: er gehört nicht mehr zu den bürgerlich-europäischen

Juden, von denen er herkommt, deren Bildungsjudentum ihm eine schiefe Existenz darzustellen scheint; aber er gehört erst recht nicht zu den wirklich als „Volk" lebenden Juden des Ostens, die er – in Gestalt einer ostjüdischen Theatergruppe – kennen lernt; die überzeugen ihn zwar durch die Eindeutigkeit mit der sie sind, was sie sind; aber ihn behandeln sie begreiflicherweise als Längstnichtmehrzugehörigen. In den „Forschungen eines Hundes" beschreibt er dieses doppelte Hundeleben. „Wenn ich jetzt zurückdenke", erzählt der Hund „und mir die Zeiten zurückrufe, da ich noch inmitten der Hundeschaft lebte ... ein Hund unter Hunden, finde ich doch, daß hier seit jeher etwas nicht stimmte, eine kleine Bruchstelle vorhanden war, ein leichtes Unbehagen inmitten der ehrwürdigsten Veranstaltung mich befiel." Dann aber trifft er ein Hunderudel, dessen Dufterlebnis ihm unvergeßlich ist. Sie waren bewundernswerte Musikanten, er nähert sich ihnen, er fragt sie aus, aber „*Sie antworten nicht, taten, als wäre ich nicht da*". Zu diesen ostjüdischen Hunden will er nun die Seinen führen, aber die schüttelten ihn ab. Kurz: Kafka war doppelter Paria zwischen den beiden Gruppen der Juden, die „seine Leute" nicht sein konnten. Von dieser Vieldeutigkeit des Nichtzugehörens wird Kafkas Weltbegriff gewissermaßen infiziert: einmal steht im Vordergrund seines Weltbegriffs *diese* substantielle Gruppe, an der er nicht teilhat, einmal *jene* – wenn auch zumeist unter „Welt" das *Ganze* dessen, worin er *nicht* ist, also die Machtwelt, gemeint ist.

Dies also war seine Geburtskonstellation. Bei der Schöpfung war er nicht mitgemeint. „Er stört nur" – wie in dem Roman „Das Schloß" der Dorfsekretär Momus von dem Landvermesser K. sagt. Wo er sich hinwendet, die Welt sind – die Anderen. Und sich selbst kann er nicht beweisen.

Aber um weiterzuleben, muß er sich beweisen. In der Tat ist sein ganzes Leben ein einziger, niemals unterbrochener, Beweisversuch. Und das Leben seiner „Helden" desgleichen. „Es hat niemals eine Zeit gegeben, in der ich durch mich selbst von meinem Leben überzeugt war." *(„Gespräch mit einem Beter", Kafkas früheste Arbeit.)*

Diesen Satz kann man nicht ernst genug nehmen. Warum ist die Kraft der zweiten Cartesischen Meditation, warum die Beweiskraft des ‚*Cogito ergo sum*' bei Kafka plötzlich kraftlos geworden? So kraftlos, daß (wie spätere Zitate beweisen werden) die Entdeckung des Ich paradoxerweise geradezu zum Beweis der eigenen Nicht-Existenz werden konnte? Der Grund ist einfach: das Ich, das Kafka findet, entdeckt er als einen „*Fremdling*" – der Fremdling aber „ist" nicht; denn das „Wort ‚Sein' bedeutet", wie Kafka zehn Jahre nach den „Betrachtungen" schreibt, „im Deutschen beides: ‚Da-sein' und ‚ihm gehören'." Aber wer „zugehört", darf sagen: „*Ergo sum.*" Vorerst aber „bin" ich „nicht". „Guten Morgen", stellt sich ein Mann in seinem frühen „Gespräch mit einem Betrunkenen" vor, „Ich bin dreiundzwanzig Jahre alt, aber ich habe noch keinen Namen". *Non sum.* Und dieses ‚non sum' bleibt unverändert während des ganzen Gespräches: denn das Gespräch ist nur ein Monolog, bei dem sich die Funktion des Gesprächspartners darauf beschränkt, von ihm keine Notiz zu nehmen, ihn mißzuverstehen, kurz ihn als Luft zu behandeln.

Ohne ein Verständnis des Kafkaschen Seinsbegriffes muß Absicht, Inhalt und Struktur seiner Romane und Geschichten dunkel bleiben. Deshalb betonen wir noch einmal: Während in der Geschichte der Emanzipierung des Individuums gerade das „un-bedingte", d. h. durch nichts gehaltene oder gebundene Ich als Inbegriff des Seins galt („Sein" gleich „Freiheit"), ist für Kafka nur das bedingte, das gebundene Ich „seiend". Aber was Kafka beschreibt, ist nicht so sehr das „Seiende", die Welt, mit der das Individuum „mit-ist", sondern die Tatsache des Nichtdazugehörens, also das Nichtsein. Oder genauer: das Seiende, die Welt, wie es vom Fremdling aus aussieht (nämlich fremd); und die verzweifelte Bemühung des Nichtseienden (nämlich Nichtdazugehörenden), von der Welt akzeptiert zu werden.

Nun haben zwar die heute universell bestehenden „Entfremdungen" (zwischen dem Menschen und der „Ware" gewordenen Welt; zwischen Mensch und Mensch) mit Kafkas spezieller Geburtskonstellation, mit der Tatsache, daß er so vielen Gruppen und jeder nur „halb und halb" zugehörte, nichts zu tun. Aber die spezielle Fremdheit Kafkas war gewissermaßen seine „Chance", nichts mit nichtentfremdenden Augen anblicken zu können. Und es ist gewiß kein Zufall, daß es zwei Juden waren, die die Entfremdung am krassesten formuliert haben: Marx in seiner Analyse des Fetischcharakters der Ware; und Kafka in seiner Beschreibung der Welt als Jenseits.

Kafkas Jenseits ist diese Welt. Sein Leben ist lebenslängliches Ankommen

Wir sagen „Jenseits". Und die meisten, Kafka vorschnell religiös auslegenden Interpreten werden mit dem Wort zufrieden sein. Aber nur mit dem Worte. Denn das Jenseits, um das es sich bei Kafka handelt, ist gerade nicht etwas Außerweltliches, sondern die Welt selbst, das Diesseits selbst. *Er* (bzw. sein Held K.) steht außerhalb, steht „jenseits des Diesseits": dadurch wird das Diesseits zum Jenseits. – Ebensowenig bedeutet die Identifizierung von „Welt" und „Jenseits", daß, wie im utopischen Sozialismus, der künftige Zustand der Welt als Himmel dargestellt würde.[3] Nicht die Zukunft ist bei ihm das Jenseits, nicht die kommende Welt, sondern die *bestehende* Welt. Wer zu „kommen" hat, ist wiederum er, der Fremdling: denn er hat anzukommen, er dazuzukommen. Kafkas Hauptwerk „Das Schloß" ist Hauptzeugnis dieser These.

Denn dies ist der Inhalt des „Schlosses": ein Mann K. ist angeblich in ein Schloßdorf berufen und kommt in diesem Dorf eines Abends an. Er will aufgenommen werden. Aber die ihn beriefen, wissen nichts von seiner Berufung: also wird er nicht aufgenommen, wenn er auch nicht gerade fortgeschickt wird. Sein ganzes weiteres Leben – der ganze weitere Inhalt des Buches – besteht nun in den tausendfach wiederholten Versuchen und Bemühungen, doch akzeptiert zu werden. Das heißt: sein ganzes Leben ist eine dauernde Geburt, ein nicht endendes „zur Welt kommen".

Die ungeheure Spannung, die in echten Religionen zwischen der himmlischen und dieser Welt, oder zwischen Creator und Creatura besteht: die sogenannte *Transzendenz* – besteht hier zwischen K. und der Welt, die als total, ja totalitär institutionalisierte Machtwelt unerreichbar bleibt. K. „lebt" also nicht (wenn mit Heidegger Leben „In der Welt Sein" bedeutet); sein Leben ist höchstens ein Antichambrieren. ‚Irgendwie' ist der Ankommende zwar in der Welt; aber der Grad seines Darinseins ist gerade ausreichend, um ihm deutlich zu machen, daß er nicht in ihr ist. Zahlreiche Kafkasche Fabeln und sein Roman „Amerika" beginnen mit Ankunftssituationen, die sich von der ausgeführten im „Schloß" grundsätzlich nicht unterscheiden; und alle hören als *vergebliche* Ankunftsbemühungen auf. „... Das Fehlen der Täuschung darüber, daß alles nur Anfang, ja nicht einmal ein Anfang ist..." (Tagebuch, 122, 1921). Und 1922: „In meiner Kanzlei wird immer noch gerechnet, als finge mein Leben erst endgültig an, indessen bin ich am Ende."

Konsequenzen der perpetuierenden Ankunft

Während die Romane der bürgerlichen Welt das Einwachsen in diese Welt als „Erziehung" deuteten, ist bei Kafka die Welt von außen beschrieben, das Einwachsen als Scheitern. Der Held gehört *nicht* zur Welt. Gerade in dieser Ex-Zentrizität besteht der Kafkasche Realismus. Denn für die Mehrzahl der heutigen Menschen ist die Welt – die in der Erkenntnistheorie ohnehin schon lange ‚Außenwelt' hieß – zum „Außen" geworden. Die Hauptfigur wird dadurch zum Helden in einem negativen Sinne, weil er im Vergleich zur seienden Welt, als ‚Niemand' absolut absticht. Er ist Mittelpunkt der Romane wie der Mittelpunkt eines Kreises: er hat keine Ausdehnung.

Zwar bedeutet ‚Dasein' für Kafka: ewig ankommen ohne jemals anzukommen, also ‚Nichtdasein'; aber da er andererseits nicht leugnen kann, doch irgendwie in der Welt zu sein, muß er dem Nichtdasein eine positivierende Verkleidung geben bzw. Zwischenformen zwischen Sein und Nichtsein finden. Diese Zwischenformen findet er, auf klassische Manier, dadurch, daß er dem Nichtsein Zeitbedeutung verleiht: es wird zum „Noch nicht sein" oder „Nicht mehr sein". In der Geschichte vom „Jäger Gracchus" stellt er z. B. das Geborenwerden als Sterben, als „In-die-Welt-hinein-Sterben" dar: vor Jahren stürzte Gracchus zu Tode (Geburt), kam aber, durch eine Unaufmerksamkeit des Totenkahnführers, niemals in das Reich der Schatten: Sein Dasein ist also zugleich *Nochsein* und *Nichtmehrsein;* nicht einfach (zeitneutrales) Nichtsein. –

Auf der anderen Seite verwandelt sich für Kafka der niemals Ankommende (da er „irgendwie ja doch da ist") in einen grundsätzlich *Zuspätkommenden;* und das Leben in eine Jagd von Stelle zu Stelle: Ist man da, so ist man schon nicht mehr gemeint. Dies das ausschließliche Thema der Stücke „Das Ehepaar" und „Eine alltägliche Verwirrung". In diesen Geschichten läuft das Unglück darauf hinaus, daß die Welt, die sich zwischen das Wegziel und den Gehenden schiebt, zu stark ist:

gewissermaßen mit ihren Details den Weg überschwemmt. Nimmt man das Leben selbst als „Weg" (was Kafka, unter Berufung auf Laotse, gerne tat), so bringt jeder neue Tag eine neue, „vom Ziel abführende" Verpflichtung; diese führt wiederum zu einer neuen, und man kommt, obwohl ständig laufend, immer zu spät – eine Beschreibung, die freilich nur auf denjenigen zutrifft, der, wie Kafka, über Ausmaß und Auswahl des Raumes seiner Verpflichtungen grundsätzlich im Unklaren ist; und für den, da die Welt mit Hilferufen gepflastert ist, jeder Schritt die Unterlassung zahlloser anderer Schritte bedeutet.

Exkurs über den negativen Helden. „K." ist ein Don Quichote

Der Don Quichote von heute ist noch nicht geschrieben. Noch nicht der Roman, in dem der Bürger mit allen seinen bürgerlichen Tugenden und Ansprüchen, aber vor allem mit seinem, durch keine Realität eingeschüchterten, Vertrauen in den ewigen Bestand der bürgerlichen Welt in deren Trümmerhaufen herumfährt; so herumfährt wie der, durch keine Wirklichkeit eingeschüchterte, Ritter von der traurigen Gestalt durch die „entritterte" Zeit geritten war. Der einzige großartige und gelungene Versuch einer modernen Quichote-Dichtung im vorigen Jahrhundert ist Kleists Michael Kohlhaas. Aber die Diskrepanz, die Kleist schildert, ist nicht eigentlich die zwischen zwei nicht synchronisierten Zeitaltern (wobei das eine durch das „Subjekt", das andere durch die „Welt" vertreten wäre), sondern die Diskrepanz zwischen den „zwei Welten" im kantischen Sinne: Der moralischen und der empirischen. Wenn der Mensch, mit Kant, ein „Bürger zweier Welten" ist, so ist Kohlhaas die empirische Person, die sich benimmt, als sei sie keine empirische, sondern eine ausschließlich moralische in der „moralischen Welt"; und die es nicht wahrhaben will, eigentlich gar nicht „wahrnimmt", daß die empirische Welt *nicht* die moralische ist. Das heißt: In der deutschen Don-Quichote-Dichtung ist, was bei Cervantes Diskrepanz historischer Mächte gewesen war, in eine metaphysische Diskrepanz (von „Sein" und „Sollen") verhärtet und zugleich verharmlost worden. Kein Wunder, da in der deutschen Situation um 1810 die Ansprüche der modernen Epoche als Realität gar nicht in Betracht kamen. Dadurch ist Kohlhaas gewissermaßen „philosophisch", nicht „historisch" komisch.

Die geschichtliche Funktion des Cervantes war eine doppelte gewesen: Durch die Benutzung des genres „Ritterroman" zur Beschreibung der „entritterten" Zeit führte er die Zeit selbst ad absurdum; seine wichtigere Funktion bestand aber darin, daß er durch die Darstellung der Spannung zwischen Mensch und Welt das Thema für die gesamte moderne Romanliteratur zum ersten Male anschlug.

Der gesamte Roman verläuft nämlich so, daß *Don Quichote immer antwortet, ohne gefragt zu sein.* Seine Handlungen sind Reaktionen auf Befehle, die eine nicht mehr existierende Welt einmal (und nicht ihm) erteilt hat. Immer weiß er, was er zu tun hat: nämlich das Falsche. Seine Selbstsicherheit ist so groß, daß keine Macht der Welt sie zu brechen imstande ist. Kein Mißerfolg kann ihn belehren: denn auch diesen begreift er stets nur in den Kategorien *seiner* Welt. Durch diese Diskrepanz zweier „Welten" wird Don Quichote, gesehen von der wirklichen Welt aus, ein *Held ohne Welt.* Er wird, da er kein Stück Welt mehr ist (oder noch keines) in *übertriebenem Sinne „Subjekt"*, negatives Subjekt – und *damit komisch.* Die Überbetonung des Subjektiven in der europäischen Romanliteratur entsteht also (mindestens auch) durch die Situation, in der dem Helden die „objektive" Welt unerreichbar bleibt, weil er ein sozial falsches Weltbild hat. Im Grunde genommen ist Don Quichote genau so „außerhalb" der Welt wie Robinson.

Wie gesagt, eine entsprechende Leistung existiert in der modernen Romanliteratur noch nicht: zum Beispiel nicht der Roman der noch von allen bürgerlichen Loyalitäts- und Wohlanständigkeitsregeln selbstverständlich erfüllten Frau, die, die Terrorepoche des nationalsozialistischen Deutschland mißverstehend durchlebt und, ausgerüstet mit ihren, jährlich ins Bad mitgenommenen Idealen und ihren Reiseutensilien, ins Vergasungslager fährt. Wenn es aber Romane gibt, die in dieser Richtung vorfühlen, und die unheilbare Diskrepanz zwischen Subjekt und Welt darstellen, so die Kafkas. Nur daß Kafkas „Helden" nicht, wie Don Quichote, auf nicht gefragte Fragen antworten, sondern umgekehrt ständig fragen, aber niemals eine Antwort erhalten. *Eines* ist Don Quichote und dem „K." der Kafkaschen Romane gemeinsam: *„Individuen" sind sie, weil sie „Dividuen"*, d.h. *von der Welt abgeschnitten* sind – wodurch die Welt das Individuum, das sich doch auf sie einzulassen versucht, das ganze Leben hindurch „schneidet".

Wer nicht in der Welt wohnt, hat keine Gewohnheiten und versteht Sitten als Dekrete

Wer seine Welt als Wohnung hat, für den zerfällt, was geschieht, in Ereignisse, die „gewöhnlich", und solche, die „ungewöhnlich" sind. Diesen Unterschied gibt es für K., den „Helden", nicht. Das Sonderbare an seinen Erlebnissen ist nicht, daß soviel Sonderbares geschieht, sondern, daß nichts was geschieht, selbst das Selbstverständlichste, selbstverständlich ist; daß es nichts gibt, was er erwartete, nichts, worauf er rechnete. In solcher Situation ist begreiflicherweise alles – erschreckend. Im Schrecken aber erstarrt die Welt. Und damit verstehen wir das für Kafkas Welt so charakteristische Phänomen der Zeit-Paralysierung und die Tatsache, daß die Geschehnisse aus einzelnen *Bildern* bestehen. Da aber andererseits selbst das an nichts gewöhnte Leben weitergeht, der Schreck also das *Normale* in einem solchen Leben ist, nimmt es eine sonderbar nüchterne Form an – was die Schrecksituation (für den Leser) um so gespenstiger macht. Nur Gogol hat etwa in der „Nase" oder im „Tagebuch eines Wahnsinnigen" ähnliche Effekte zustande gebracht.

Aber wer nicht in seiner Welt wohnt, für den gibt es nicht nur nicht den Unterschied zwischen Gewöhnlichem und Ungewöhnlichem, sondern er selbst hat auch keine Gewohnheiten. Er ist, da er keiner „conventio" zugehört, „unkonventionell". Seine Unkonventionalität bedeutet freilich nicht „Brüskierung von Konvention", sondern einfach: Nicht zur Konvention zugelassen sein. Für einen solchen Menschen – man denke an den Typ des Einwanderers – müssen alle gewordenen Sitten und Gebräuche der Anderen als ein System bürokratisch dekretierter Regeln erscheinen – und als solches erscheint dem Fremdling K., der als Zugereister ins Dorf kommt, der ganze Mechanismus dessen, was dort „üblich" ist ... als solches erscheint es ihm, obwohl er, in seiner Sehnsucht, zuzugehören, den Regeln „religiously" nachzukommen versucht. Aber das mißlingt eben, weil er die Sitten als verstehbare Dekrete mißversteht. Als verstehbare: Denn Neuankömmling, der er ist, wird K. notwendigerweise dem Wirtsland gegenüber zum Rationalist.

Darum ist auch das Bild der undurchsichtigen Administrationsmaschine, das in den Werken Kafkas immer und immer wieder vorkommt, nicht einfach das Abbild der überorganisierten Gesellschaft oder Wirtschaft; vielmehr ist es das Bild der Sitten und Gebräuche, *wie es dem Zugereisten erscheint.*

Alle Sitten sind, von ihm aus gesehen, ,,*Vor-Urteile*", ,,Urteile" über das, was geschieht und zu geschehen hat, gefällt, *bevor* er dazukam. Tatsächlich könnte das gesamte Werk Kafkas den Titel ,,Das Vorurteil" tragen: Denn da er an den ,,Vorurteilen" der Gesellschaft nicht teilhat, ist er von der Gesellschaft bereits *verurteilt, bevor* er ihr zugehört. – In dieser, etwas komplizierten, aber durchaus konsequenten Form ist Kafka Realist: er zeigt die Welt, von außen gesehen. Und diese Attitüde ,,von außen" erfordert eben ihre spezifischen literarischen Mittel.

So etwa stellt sich für Kafka das Problem Sitte und Dekret dar. Daß der Ankömmling in seiner Verdächtigung der Sitten als Dekrete recht haben könnte, daß der Rationalist vielleicht die Chance haben könnte, die *Wahrheit* zu sehen – diese Idee ist von Kafka niemals ausgesprochen worden. Für ihn hat der Dazukommende *immer* unrecht, grundsätzlich, denn in gewissem Sinne sieht Kafka das Problem des Fremden, des Ankömmlings, des Juden, *mit den Augen dessen, der den Fremdling nicht aufnimmt.* Kafka ist daher ein *verschämter Rationalist* – wie alle diejenigen Juden, die mit einem Lande sich gleichzuschalten versuchen, dessen Verfassung die rationalistische Anerkennung jedes Menschen, also auch des Fremdlings, *als Menschen* nicht proklamiert hat. Für jene, die selbstverständlich Kinder der Gesellschaft, des Schloßdorfes sind, ist, was die Gesellschaft befiehlt: die Sitte, zugleich selbstverständlicherweise ,,die *Sittlichkeit*"; ἔθος und ἦθος sind Eines. Was Kafka hier vorschwebt, ist, was Nietzsche als ,,erste Moralphase": die Sittlichkeit der Sitte beschrieben hat. Natürlich besteht in der heutigen Welt nirgendwo eine solche ,,totale" Koextension der beiden Phasen ,,von Natur" aus. Aber Kafka beschreibt ja die ,,normale" Welt ,,von außen": aus der Perspektive dessen, für den ,,mores" mit ,,Moral" erst einmal *nichts* zu tun zu haben scheinen. Daher die totale Identifizierung, die jeder von uns genau so versucht hat, wenn er in ein fremdes Land kam. Diese Identifizierung führt K. nun soweit durch, daß er von den Dorfbewohnern berichtet, für sie sei ,,Lieben" und ,,Gehorchen", also die psychologischen Korrelate zu ,,Sein" und ,,Sollen", eines und dasselbe. ,,Wir wissen", sagt das Dorfmädchen Olga, ,,daß Frauen nicht anders können, als Beamten lieben, wenn sich diese ihnen einmal zuwenden." D.h. es gibt keinen Unterschied zwischen dem „objektiven Geschehen" und seiner „subjektiven Beurteilung" – die Zweiteilung ist dem gut Integrierten schlechthin unverständlich. In der Tat ist die Differenzierung zwischen „Sein" und „Bewußtsein", zwischen ἔθος und ἦθος zwischen dem was *ist* und dem was sein *sollte,* stets revolutionär. Außerdem aber ist sie die natürliche Reaktion des „Dazukommenden", der Ansprüche stellt, die in den Sitten des Dorfes nicht vorgesehen waren. Darum ist es so häufig zu beobachten, daß Einwanderer radikalen Bewegungen zugehören; beide setzen sich ein für die Anerkennung der Rechte des Nicht-Anerkannten. –

Hat man aber erst einmal die Unterscheidung zwischen Sitte und Sittlichkeit gemacht, so kann man sie nicht mehr revozieren, ohne selbst zum Paradox zu werden, obwohl Tausende, *um* zuzugehören, solche paradoxe Revokation versucht haben. Diesen Typ, der versucht, die vorgefundene Sitte als Sittlichkeit zu vindizieren und anzuerkennen, hat K. in seiner Hauptfigur X., dem Landvermesser aus dem Schloßroman, beschrieben. Denn K.'s Bemühen ist es, allen Vorschriften nachzukommen, sie sich „innerlich anzueignen" und selbst die „unsittlichen" Ansprüche der Herrschenden zu rechtfertigen. Kafka stellt, um dieses „Justifikationsproblem" in aller Kraßheit zu schildern, die Herrschenden als schlechthin „böse Mächte" dar: und das Bemühen des Dazukommenden als pflichteifrige Gleichschaltung mit dem Bösen, durch die der Gleichschalter das Böse als Gute zwar nicht erkennt, aber anerkennt. Das Bewußtsein, das Befohlene nicht ohne weiteres als sittlich anerkennen zu können, ist Motiv des schlechten Gewissens. Alle philosophischen Aphorismen Kafkas beweisen, daß Kafka den Versuch der Justifikation nicht nur beschreibt, sondern dieses zweideutige Unternehmen bejaht und selbst versucht. Auch Kafka ist in gewissem Sinne ein Moralist der Gleichschaltung. Gesehen von diesem Gesichtspunkt ist die Kafka-Mode nicht gerade begrüßenswert. Seine moralische Botschaft heißt: „Sacrificium intellectus" und seine politische: Selbsterniedrigung.

Das Leben ist ein Prozeß der Selbstakkumulation der Schuld. Das Gewissen läuft im Kreise

Wer nicht weiß, wo er zugehört, weiß auch nicht, wem er verpflichtet ist. Der moralische Hunger (d. h.: das Bedürfnis des Menschen nach einem begrenzten „Raum seiner Verpflichtungen") „zappelt" sich gegenstandslos ab (der Ausdruck „zappeln" stammt von Kafka). Für sich persönlich hat Kafka zwar, mindestens vorübergehend, die Frage nach der „Zuständigkeit" seiner Verpflichtungen beantwortet: durch seine Arbeit in der Arbeiterunfallversicherung. Aber endgültige Beruhigung verschaffte ihm dieses Pflichtfeld nicht. Das über seine Pflichtzuständigkeit unsichere Gewissen gerät nun durch seine Ungewißheit in eine sich automatisch akkumulierende Gewissenspanik, die den Gequälten schließlich davon überzeugen muß, daß er sich in irgendeiner Weise versündigt haben müsse. Aus dieser Unsicherheit des Gewissens erklärt sich die von Kafka gepredigte Demut. Weiß man nicht, wem man Hilfe schuldet, so weiß man auch nicht, warum, von wem und von wo einem Hilfe geschuldet sein sollte. „Auch nicht beiläufig könnte ich angeben", klagt der Fahrgast der elektrischen Bahn in den frühen „Betrachtungen", „welche Ansprüche ich in irgendeiner Richtung mit Recht vorbringen könnte."

Die Stadien dieses moralischen Marterkarussells sind die folgenden:

1. Er fühlt sich aus der Welt (oder den verschiedenen gesellschaftlichen oder ethnischen Welten) ausgeschlossen.
2. Daher weiß er nicht, *wo* er verpflichtet ist.
3. Dieses Nichtwissen wird schlechtes Gewissen.
4. Also beansprucht er auch von nirgendwoher Rechte.
5. Da er keine Rechte hat, ist er „im Unrecht".
6. Das „im Unrecht sein" steigert seine Gewissensqual.
7. resp. 1. Seine Gewissensqual stellt ihn außerhalb der Welt.

In der Tat ist das ganze Werk Kafkas, sofern es nicht eine Beschreibung dieses unseligen Karussells darstellt, ein Versuch, dem Schwindel dieses Zustandes zu entgehen. Aber diesen Versuch macht er nicht dadurch, daß er aus dem Karussell herausspränge und spräche: „Hier stehe ich, obwohl ich auch anderswo stehen könnte, aber jetzt verpflichte ich mich hier" – vielmehr sucht er sozusagen im Karussellfahren ein Mittel gegen Schwindel zu erfinden. Statt Befreiung sucht er – durchaus noch im Sinne des 19. Jahrhunderts – „Erlösung" – die er sich de facto durch das Mittel der Kunst, durch die kalligraphische Registrierung der Misere verschafft, obwohl er sich eigentlich die Erlösung durch „Eintritt in die Welt" hatte verschaffen wollen.

Kafka läßt Lücken in der vermauerten Welt. Frau und Zufall

Es gehört zu den Grundzügen des neunzehnten Jahrhunderts, daß es das Ereignis der Kommunion *erotisierte.* Da im Zeitalter der Säkularisierungen die religiöse Kommunion für die Bildungsschichten nicht mehr in Frage kam, da das politisch-ökonomische Prinzip des Individualismus eine „soziale" Kommunion (wie sie Comte zwangsweise einführen wollte, und wie sie der Nationalsozialismus einzuführen vorgab) ausschloß, mußte die letzte, weder durch Religionszerfall, noch durch Wirtschaft zerstörte Privatkommunikation: die *Liebe,* eine, geradezu wahnsinnig übertriebene, Bedeutung annehmen: sie wurde das *Organon* der *Kommunion* und der *Erlösung.* Das begann mit Goethes fragwürdigem „Das ewig Weibliche zieht uns hinan", fand seine extreme Steigerung in den Wagnerschen Musikdramen, in denen „Erlösung" und „Selbstauflösung" identisch wurden, und dauerte bis in das erste Viertel dieses Jahrhunderts. Wir stehen erst am Anfang der Zerstörung der Liebe als Religionsersatzes.

Die andere, gewissermaßen extra-institutionelle, Beziehung, die das neunzehnte Jahrhundert trotz Religionszerfall und Individualismus kultiviert, ja wiederum religiosifiziert hat, war das *Mitleid.* Kein Zufall, daß es wieder Wagner ist, bei dem die beiden Gefühle: Liebe und Mitleid, ineinander übergehen; so ineinander übergehen, daß es dem Schmelz seiner Musik niemals zu entnehmen ist, ob sich sein Herz in Erbarmen oder in Sexualnot verzehrt – wenn es sein Herz ist: denn das Mitleid ist bereits auf den Generalnenner des Sexus gebracht.

Ohne diese geschichtliche Vorerinnerung ist auch die Rolle, die die Frau in Kafkas Welt spielt, nicht zu verstehen. Auch bei ihm ist nämlich die Frau (obwohl nicht mehr in ihrer metaphysischen Feiertagsform des „Weibes") noch immer die einzige Lücke in der Mauer, die den Fremdling von der Welt trennt. Sie repräsentiert das, was man eine *„Beziehung"* nennt, nämlich den (im Ordnungsgang nicht vorgesehenen) Zugang zu denen, die zählen.

Die verblüffendste, um nicht zu sagen, schockierendste Stelle aus Kafkas Prozeßroman wird verständlich, wenn man diesen Deutungsschlüssel verwendet:

Der Angeklagte K. begibt sich zum erstenmal zu seinem, die Übermacht verkörpernden, Advokaten, um Rat und Hilfe einzuholen. Noch ehe er vorgelassen ist, „passiert" es ihm, daß sich ihm Leni, des Advokaten Dienstmädchen, hingibt. Wie er bald erfährt, geschieht das nicht nur ihm, sondern allen Klienten des Anwalts. „Schön sind für Leni alle", stellt scheinbar indezent der Advokat fest, „weil das Verfahren sie verschönt" – das heißt: weil das Elend der Schuld sie verschönt. Die Feststellung des Anwalts macht deutlich, daß Sexus hier *identisch* ist mit Mitleid: Tatsächlich entzündet sich Mitleid ja nicht an den positiven Qualitäten seines Objektes, sondern gerade an dessen Defekten; es ist gewissermaßen Defektliebe auf den ersten Blick.

Mitleid und Sexus sind hier also auf eine einzige Platte photographiert. Wenn man diese Verdichtung diskursiv auseinanderziehen kann, würde sie etwa so lauten: *Daß* man, obwohl man von der Welt ausgeschlossen (also „schuldig") ist, doch „Beziehung" oder „Verbindung" findet, ist unverdient. Also kann die Verbindung nur dem Mitleid entspringen. Da aber die vollständige Verbindung die sexuelle ist, ist Sexus Mitleid.

Hier aber hört die Möglichkeit der logischen Nachkonstruktion auf. Denn bei Kafka ist nicht so sehr Sexus Mitleid, als Mitleid Sexus; und diese Identifizierung ist zwingend nur nach der „Fabellogik", die Subjekt und Prädikat austauscht (S. 15). Wie Äsop aus „Menschen sind Füchse" „Füchse sind Menschen" macht, so macht Kafka aus „Sexus ist Mitleid" sein „Mitleid ist Sexus" – wirft dem gehetzten K., noch ehe er Zeit hatte, im Vorzimmer sich umzublicken, das armselige Zimmermädchen an den Hals; und gibt ihm dadurch eine „Beziehung" zur Welt: freilich eine ganz vorübergehende, unverdiente und zufällige. Aber immerhin eine Beziehung. In der Tat spielt der *Zufall* als Pforte zur vermauerten Welt bei Kafka eine entscheidende Rolle.

Wenn es nämlich einmal gelingt, mit der höchsten Instanz (mindestens mit Untergebenen der untersten Subalternbeamten der höchsten Instanz) in Berührung zu kommen, so beschämenderweise nur durch *Versehen.* Ein Beispiel aus dem Schloßroman: Falsch informiert, daß ein Interesse für ihn bereit sei, macht sich K. auf den Weg zu der Behörde, irrt sich in der Tür, und gerät in das Schlafzimmer eines Beamten – das heißt an eine Stelle, wo die Behörde ihrer Aufgabe nur verschlafen nachkommt. Hier erfährt er zum erstenmal, da er für den gelangweilten Beamten eine Ablenkung darstellt, Details über seinen Fall, besonders aber Grundsätzliches über „Gnade" – das heißt über die zufälligen Chancen, die sich daraus ergeben, daß die bürokratische Maschine hier und da unvollkommen arbeitet. Aber auch K. ist von seiner Hetze so erschöpft, daß er bei diesen Eröffnungen einschläft: Eine bessere Darstellung der Erfahrungen des „Zugereisten" ist bisher nicht geschrieben worden. Die Phantasie Kafkas beschämt die Muse des Realismus, die sich errötend davonschleicht.

Aber Kafka übersieht durchaus nicht, daß dem Ausgeschlossensein ein „Sich-Ausschließen" entspricht: In einem bewunderungswürdigen, mehr als fünfzigseitigen Monolog eines in seinem Dachsbau vergrabenen Dachses bringt er die Mentalität dessen, der, verfolgt oder mißtrauisch, *nicht ankommen will,* zum Sprechen. Während für den Ankunftwütigen die Welt vermauert zu sein scheint, scheint umgekehrt für den Dachs der Einbruch der Welt in seinen Bau eine ständige Drohung: Die entscheidende Rolle im Bau nimmt das Loch ein, der *Zugang zur Außenwelt,* der Zugang der Außenwelt zu ihm, der dem Dachs einerseits unentbehrlich, andererseits eben Gegenstand der Angst ist. Daher hat der Dachs die Lage seines Loches aufs raffinierteste zu wählen, nämlich in der belebtesten Gegend, dort, wo das Gedränge das Loch verdeckt, wo *die Welt ihn vor der Welt schützt:* eine soziologisch korrekte Beschreibung der „Vorliebe" der Juden für Großstädte. Wenn in den ersten Jahren des Hitlerregimes die in der Provinz bereits bedrohten Juden in Berlin vorübergehend Unterschlupf suchten und fanden, so taten sie nichts anderes als Kafkas Dachs.

Wie alle anderen Stücke Kafkas reicht aber auch die Bedeutung des Stückes „Der Bau" weit über das Judenproblem hinaus: zugleich bezeichnet es nämlich die sehr allgemein geltende Tatsache, daß heute für keinen Einzelnen „seine" Welt und die tatsächliche, unübersehbare, unberechenbare, entfremdete, wirkliche Welt koextensiv sind; daß jeder in einem „Bau" lebt, nämlich in einer Welt mit kleinerem Horizonte, dessen Maßen er intellektuell, emotional, moralisch nachkommen kann; daß aber dennoch jeder, der in „seiner" Welt leben will, an *einer* Stelle sich auf die wirkliche Welt einlassen muß, *um* außerhalb von ihr leben zu können. Das Dachsloch ist – der Beruf.

Wer ankommen will, will nicht „frei" herumlaufen. Daher ist Freiheit Kafkas Angsttraum

Wer darum wirbt, zugelassen und als Dazugehöriger anerkannt zu werden, kennt nur den negativen Begriff der Freiheit: Er ist „frei" wie die ins „Freie" verstoßene Hagar. Über „Freiheit" oder „Unfreiheit" als „Verhältnisse *innerhalb* des Schlosses" macht Kafka sich eigentlich keine Gedanken. Die einzige „Freiheit", die er erträumt, ist (gleich ob das Schloß ein System der Freiheit oder der Unfreiheit ist) im Schlosse aufgenommen zu werden. „Fragt man ihn", heißt es in „Er" (1920) „was er eigentlich haben will, kann er nicht antworten, denn er hat ... keine Vorstellung von Freiheit." Und im „Bericht an eine Akademie", in dem ein Affe erklärt, warum er Mensch geworden ist: „Ich sage absichtlich nicht Freiheit. Ich meine nicht dieses fromme Gefühl der Freiheit nach allen Seiten."

Kein Zweifel, daß damit eine der Quellen bezeichnet ist, aus denen sich die heutige Kafka-Faszination unbewußt speist. Nur darf man dabei nicht vergessen, daß Kafka, wenn er Angst vor Freiheit hat, sich nicht, jedenfalls ursprünglich nicht, für Unfreiheit ausübende Herrschaftsformen einsetzt. Daß sich andererseits sein Durst nach totaler „*Zugehörigkeit*" zuweilen als Plädoyer für Ent-Individualisierung und *Hörigkeit* Luft machte, kann nicht geleugnet werden: „Einheit, Einheit!" heißt es in „Beim Bau der chinesischen Mauer", „Brust an Brust des eigenen Volkes, Blut nicht mehr eingesperrt im kärglichen Kreislauf des Körpers, sondern süß rollend und doch wiederkehrend durch das unendliche China." Oder: „Damals war es geheimer Grundsatz Vieler, und sogar der Besten, suche mit allen deinen Kräften die Anordnungen der Führerschaft zu verstehen, aber nur bis zu einer gewissen Grenze, dann höre mit dem Nachdenken auf. Ein sehr vernünftiger Grundsatz."

Wer heute ahnungslos solche Sätze liest, muß sie auf Grund der organologischen Vokabeln, für ein präfaschistisches literarisches Dokument, ja für ein Plädoyer für Kadavergehorsam und sacrificium intellectus halten. Ungedeutet sind solche Sätze in der Tat gefährlich.[4]

Das Leben vollzieht sich als Wiederholung. Der Lebende ist negativer Gefangener: nicht eingesperrt, sondern ausgesperrt. Die Schuld folgt der Strafe auf dem Fuße

Wer ständig ankommt, ohne je wirklich anzukommen, dessen Leben ist zwar, wie das Leben des Christen, in jedem Augenblick „*Vor*-Leben", Vorbereitung auf ein anderes, das „eigentliche" Leben; da aber diese Vorbereitung vergeblich ist, besteht das Leben aus ständiger vergeblicher Wiederholung. Wo es nur Wiederholung gibt, gibt es nicht den Fortgang der Zeit. In der Tat sind sämtliche Romansituationen bei Kafka paralysierte Bilder. Zwar läuft der Sekundenzeiger der Verzweiflung pausenlos und in rasendem Tempo, aber der Minutenzeiger seiner Uhr ist abgebrochen; und der Stundenzeiger steht. Wenn der Text seiner Romane weitergeht, so nicht eigentlich, weil der „Held" die Handlung weitertriebe; vielmehr beginnt es stets mit einem stummen Donnerschlag; einem fait accompli von außen; und der Fortgang besteht in der Spekulation oder der Diskussion darüber, was der Schlag aus dem Dunkel zu bedeuten haben könnte. Denn die einzig wahre Aktion seiner Helden besteht in Bedenken und Durchdenken der tausend Möglichkeiten, die wie ein Strahlenbündel von jedem Punkt der Geschehnisse ausstrahlen.

Kein Wunder, daß, sofern Kafkas Romane ein Ende haben (wie „Der Prozeß"), ihr Ende zufällig erscheint – mindestens an zufälliger Stelle. Eigentlich gehen sie im Kreise. So beginnt z. B. der Amerikaroman damit, daß ein Knabe, verführt von einem Dorfmädchen, von Hause in die Fremde geschickt wird. In der Fremde (Amerika) wird er von neuem häuslich aufgenommen, gerät von neuem in eine zweideutige erotische Situation, wird von neuem in die Fremde geschickt, und findet dort von neuem in ein Zuhause zurück, zu einer Frau aus seinem Heimatlande, die ihn von neuem aus dem Paradiese treibt. Die Grundsituation ist also eine *idée fixe:* traumaartig taucht sie immer von neuem auf – hier, wenn irgendwo, liegt ein Freudsches Element, das Element, aus dem Analytiker den ganzen Kafka erklären wollen.

Das *Zyklische*, die Kreisförmigkeit, des nie vorwärtskommenden Kunstwerkes ist freilich kein künstlerischer Mangel. Kafkas Darstellungen sind vielmehr die ersten, in denen die Begriffe der *„Entwicklung", des „Fortschritts"* usw. programmatisch aufgegeben sind – die

Darstellungen vergeblichen Lebens können weder ein happy end noch Veränderungen des Helden zur Folge haben. Freilich hat die Kafkasche Kategorie der „*Wiederholung*" nicht den Sinn, in dem Kierkegaard sie eingeführt hatte: Kierkegaard hatte sie als moralische Kategorie des Lebens gemeint, und mit ihr die, dem „Interessanten" entgegenstehende, Konstanz der immer alten, obwohl täglich neu zu übernehmenden, Verbindlichkeit bezeichnet; was bei Kierkegaard das Prinzip des moralisch gelingenden Lebens gewesen war, ist bei Kafka der Fluch des täglich immer neu, wenn auch in gleicher Weise, mißlingenden Lebens.

Da nun aber bei ihm der Mensch lebenslänglich zu diesem mißlingenden Leben verurteilt ist, aus dem er nicht heraus kann, ist er gewissermaßen im *Gefängnis.* Wirklich gebraucht Kafka immer wieder – in seinen Tagebüchern, im „Prozeß", im „Bericht an die Akademie" – das Gefängnisbild, immer wieder das Bild des Erstickens –, obwohl das Gefängnis, das er meint, ein *negatives Gefängnis* ist. Denn Kafka fühlt sich nicht *ein*gesperrt, sondern *aus*gesperrt. Er will nicht *ausbrechen,* sondern *einbrechen* – nämlich in die Welt. Symbol dieses negativen Gefängnisses sind die Käfigstäbe, denn die Welt, von der er ausgesperrt ist, kann er sehen.

Die *Paralysierung der Zeit* geht so weit, daß Kafka – offenbar ohne jede innere Schwierigkeit – die Reihenfolge von Ursache und Effekt umkehren kann: So beginnt z.B. der Roman „Der Prozeß" mit einer Anklage, die völlig leer bleibt; aber sie reißt den Angeklagten K. nun in Schuld. In „Amerika" erhält der „Romanheld" den Brief, der ihn aus dem Hause seines Onkels vertrieb; aber der Brief war, wie sich herausstellt, bereits geschrieben, ehe noch die Ursache für die Vertreibung (der „Sündenfall") eingetreten war. Hinter dieser, den Leser aufs tiefste beunruhigenden, Inversion von Schuld und Strafe steht eine ausgebildete Moraltheologie. In gewissem Sinne sind Kafkas „Helden" Opfer der „Erbsünde"; freilich nicht der christlichen; aber sofern sie von vornherein „außerhalb des Paradieses" (der Welt) stehen, sind sie schuldig: Jede sträfliche Tat ist Folge dieser zuvorliegenden Grundsituation. *In der Kafkawelt fliegen die Furien der Tat voraus,* nicht hinter der Tat her. Ja, sie zwingen die Täter zur Tat: der Verbrecher folgt der Strafe auf dem Fuße. Die Inversion der Zeit läßt sich dabei in einzelnen Details verfolgen. So laufen z.B. alle Liebesbeziehungen nach diesem Schema ab. Stets beginnen sie mit dem Geschlechtsakt –

gewissermaßen vor dem Guten-Tag-Sagen: Was folgt, ist dann nur eine Art Regreß, das Nachspiel nach dem Sündenfall. Die Antipathie gegen die flüssige Zeit ist Kafka so selbstverständlich, daß er, wo er unermeßliche Zeitstrecken meint, diese zumeist in unermeßliche Raumstrecken übersetzt. Die Rätsel der Geschichten in ,,Beim Bau der chinesischen Mauer" lösen sich, wenn man diese Übersetzungen rückübersetzt, von selber.

Die Inversion von Schuld und Strafe ist Zeugnis der Zweideutigkeit

Das Verbrechen folgt der Strafe auf dem Fuß: Diese, eine Art Seekrankheit des Zeitgefühls hervorbringende, Inversion hat stets eine der Hauptschwierigkeiten der Kafkalektüre dargestellt. In der Tat bleibt, selbst wenn man sie eindeutig definiert hat, diese Inversion noch undurchsichtig. Denn Kafka selbst nahm ihr gegenüber eine zweideutige Stellung ein.

Einmal hat der Austausch von Schuld und Strafe ein durchaus realistisches Motiv: Misere oder Deklassierung (,,Strafen") sind ja in unserer Welt tatsächlich fast niemals Folgen, sondern Ursachen des Verbrechens: Also geht die Strafe der Tat zeitlich voraus. Außerdem entspricht die Inversion dem tatsächlichen Urteil der Gesellschaft, sonfern diese die Misere als ,,verdient" ansieht, mindestens als ,,verdient" behandelt: ,,Armut ist ihre eigene Strafe." Dieses grausame Urteil der Gesellschaft nimmt Kafka nun ernst, d. h. er baut das Geschehen wirklich nach diesem Urteilsmodell auf. Wenn die Geschehnisfolge in seinen Romanen ,,verrückt" aussieht, so beweist das gewissermaßen nur die Verrücktheit des von ihm übernommenen Gesellschaftsurteils: das er nun durch konsequente Durchführung ad absurdum führt. Dadurch nimmt sogar seine Darstellung etwas von einem sozialen Plädoyer an, von einem Plädoyer, das etwa lauten könnte: ,,Da die Strafe unverdient ist, sind auch die Folgen nicht eigentlich ‚Schuld'." Das heißt: Seiner Schuldphilosophie geht es um ,,Ent-Schuldung".

Bis hierher scheint alles durchsichtig, wenn auch etwas kompliziert. Aber nur bis hierher.

Denn wie weit und wie endgültig Kafka sich von diesem Urteil der Gesellschaft wirklich distanziert, bleibt undeutlich. Mindestens für sich selbst akzeptierte er nämlich das Urteil der Gesellschaft (biographisch: seines Elternhauses). Sein eigenes „Elend" (besonders sein Verhältnis zu dem rechthaberischen und immer Recht habenden Vater) ist ihm eo ipso *seine* eigene Schuld, auf der er sein Leben lang durchaus insistiert. Brief an den Vater 1919: „In Deinem Lehnstuhl regiertest Du die Welt ... Dein Selbstvertrauen war so groß, daß Du gar nicht konsequent sein mußtest, *und doch nicht aufhörtest, recht zu haben.*" Man sollte freimütig genug sein, diese Briefstelle entsetzlich zu finden.

Hier ist also ein Motiv, das dem vorigen strikt zuwiderläuft. Die (der Schuld vorausgehende) Strafe wird nun zum Zeugnis der Schuld gemacht. „Ich wäre nicht bestraft", scheint er zu sprechen, „wenn ich nicht schuldig würde." Und dieser Schuld sucht er in der Tat „nachzukommen": Es ist ungeheuer bezeichnend, daß der K. des Prozeßromans, obwohl von den amtierenden Beamten der Einleitungsszene freigelassen, diesen Beamten *nachläuft.* Wenn Max Brod den Unterschied zwischen den beiden großen Romanen „Das Schloß" und „Der Prozeß" darin sieht, daß K. im „Schloß" sein Recht verfolge, während er im „Prozeß verfolgt werde", so ist diese Unterscheidung also unzulänglich.

Die beiden Motive für Zeitinversion auf einen Nenner zu bringen, ist unmöglich. Sie sind einfach antagonistisch. Ob Kafka sich für oder gegen das Urteil der Gesellschaft entschieden hat, bleibt ein für allemal undeutlich. Er hat sich nicht entschieden.

Unentschiedenheit aber nimmt literarisch stets die Form der Vieldeutigkeit an. Wenn Entscheidungen nicht gefällt werden, kommen immer mehrere, wenn eben auch mehrere fragliche, Bedeutungen zugleich in Frage. Das heißt: Die „Oberfläche" des literarischen Textes präsentiert dann nicht offen ihre Bedeutung, weil der Text mehrere hat, also der „Deutung" Spielraum läßt. Sieht aber der Betrachter in einem Textstück gleichzeitig mehreres (in Betracht Gezogenes), dann sieht er dies oder jenes *„in"* oder *„hinter"* dem Text: Diese „räumlichen" Charaktere „In" oder „Hinter" erzeugen aber ihrerseits den Anschein sogenannter *„Tiefe"* – womit freilich nicht gesagt ist, daß das höchst schwierige Phänomen der „Tiefe" durch ihre Ableitung aus der Unentschlossenheit erschöpft sei.

II. Nicht Symbole, sondern Metaphern

Kafka ist weder Allegoriker noch Symboliker

Im ersten Teil hatten wir einen ganzen Knäuel ineinanderverschlungener Probleme behandelt. Zwei dieser Probleme haben wir aus diesem Knäuel herauszuziehen: Sie erfordern gesonderte Behandlung. Einmal das Problem der „Zeitparalysierung": Denn Zeitparalysierung ist die Bedingung der „Schönheit" des Kafkaschen Werkes. Dann das Problem der „Inversion von Schuld und Strafe": Denn diese enthält in nuce seine Moraltheorie und -theologie. Konventionell könnte man diese Ausführungen: „Kafka als Künstler" und „Kafka als homo religiosus" überschreiben.

Ehe wir aber diese beiden Aufgaben in Angriff nehmen, gilt es noch eine Vorarbeit zu leisten: Die Aufklärung des Symbol- oder Allegoriemechanismus bei Kafka. Wie funktioniert er? Welcher Motor treibt ihn? Welche Art von Transmission ist es, die die Dinge „dieser" Welt in Dinge „seiner" Welt übersetzt? Oder ist vielleicht, was Kafka tut, ein Vorgang sui generis, der mit den üblichen Ausdrücken „Symbolisierung" oder „Allegorisierung" gar nicht getroffen wird?

Wir hatten mit der These begonnen: Die „Entstellungen" in seinem Werk bezwecken und fördern Erkenntnis. Diese These allein ist unzulänglich. Auch wenn wir wissen, daß die Natur durch Experimentalmodelle gezwungen wird, ihre Geheimnisse preiszugeben, bleibt uns die Natur so lange verschlossen, als wir die Modelle selbst nicht durchschauen. Wir haben daher darzustellen, wie sich die Transmission von der wirklichen zur Kafkaschen Welt vollzieht; nach welchem Prinzip Kafka „übersetzt".

Der *Allegoriker* bringt seinen konventionellen (theologischen, mythologischen oder dgl.) Übersetzungsmechanismus dadurch in Betrieb, daß er *Begriffe durch Bilder* ersetzt. Der echte *Symbolist* nimmt partem pro toto, d. h. er läßt einen Gegenstand durch einen anderen vertreten, weil dieser mit dem anderen angeblich *kosubstantiell* ist. Kafka tut weder das Eine noch das Andere. Was er in Bilder übersetzt, sind nicht Begriffe, sondern Situationen. Aber „Isolationist", der er ist, kann er auch nicht im üblichen Sinne „Symbole" geben: Denn „Symbole" kann nur derjenige verwenden, für den das „Sym", das Zugehören zu einem (göttlichen oder Welt-)Grunde selbstverständlich ist. – Wenn sich die Mehrzahl der Interpreten aus Abneigung gegen den „kalten Rationalismus" der Allegorie, für Kafka als „Symbolisten" entschied, so verrät das lediglich oberflächliche Vorliebe für „Tiefe", aber nicht die Fähigkeit, für ein neues Phänomen (und Kafkas Prosa ist ein neues Phänomen) einen neuen Schlüssel herzustellen.

Wovon Kafka ausgeht, ist nicht mehr ein gemeinsamer Glaube, der Symbole aus sich wachsen ließe; sondern allein die *gemeinsame Sprache:* denn die steht ihm, selbst ihm, dem Abgewiesenen, in ihrer ganzen Breite und Tiefe zur Verfügung. Sie ist unraubbar. Sie teilt er mit dem umworbenen Feind: der Welt. Genauer: *er schöpft aus dem vorgefundenen Bestand, dem Bildcharakter, der Sprache.* Die metaphorischen Worte nimmt er beim Wort.

Beispiele: 1. In den Augen der wohlanständigen, „tüchtigen" Welt ist Gregor Samsa, weil er als Künstler (d.h. „Luftmensch") leben will, ein „dreckiger Käfer": Also wacht in der „Verwandlung" Samsa als Käfer auf, der an der Zimmerdecke zu kleben liebt.

2. „Ihr seid mir alle eins", sagt man von den Menschen, die einen nichts angehen: also führt Kafka, als unvermeidliche Begleiter seines Aufenthaltes, zwei völlig gleichaussehende „Gehilfen" ein, die er trotz ihrer angeblich individuellen Namen bei einem einzigen Namen ruft.

3. „Am eigenen Leibe etwas erfahren", sagt die Sprache, wenn sie der Wirklichkeit der Erfahrung Ausdruck geben will: Dies die Basis für Kafkas „Strafkolonie", in der dem Verbrecher die Strafe nicht mündlich mitgeteilt, sondern mit einer Nadel in den Leib geritzt wird.

4. „Unter den Augen der Welt leben", nennt die Sprache mangelnde Privatheit. Also findet im „Schloß" K.s Privatleben in einem Raume statt, der eigentlich anderer Leute Haus, ja noch nicht einmal ein Privathaus, ist; und seine Umarmungen mit Frieda werden von Mitbewohnern glossiert.

Aber diese Beispiele sind noch unzureichend: Denn es ist die ganz alltägliche Sprache, die, selbst in ihren mikroskopischen, ja, in ihren abstrakten Splittern, aus Metaphern besteht. Allen Präpositionen, wie z.B. „unten", „mit", „zwischen" eignet ursprünglich räumlicher Bildsinn; und viele der sonderbarsten Konstellationen in den Kafkaschen

Romanen werden sofort verständlich, wenn man sich klar macht, daß Kafka diesen ihren verschütteten Bildsinn wiedererweckt hat.

Dieses „Beim-Wort-Nehmen" der Sprache ist nun aber wieder, wenn auch in einem befremdlichen Sinne, eine Methode der *Empirie.* Das Leben, das der Mensch lebt, ist ja kein vorsprachliches factum brutum, sondern ein sprachlich von ihm bereits interpretiertes: Wenn der Mensch sagt, er will „vor Scham versinken"; oder er „hängt an jemandem"; oder er könne an einem Liede „sich erheben" – so hat er damit bereits Wesentliches über menschliche Realität ausgesagt. Was Kafka tut, besteht in nichts anderem, als darin, diese wahren Bilder der Sprache ins Schlaglicht zu setzen. Keines seiner noch so absurden Bilder wirkt völlig beliebig: Jedes ist eben gegründet in einer bildlichen Aussage, die schon vor ihm der Mensch über sich selbst gemacht hat.

Damit ist der fundamentale Unterschied zwischen Symbolismus und Allegorik einerseits und der Kafkaschen Methode andererseits bezeichnet. Kafka lebt nicht mehr in einer Welt, mit der er – wie etwa Bunyan – geglaubte Symbole oder Allegorien teilte. Aber er hütet sich auch, ad libitum allegorische Neuerfindungen, wie Nietzsche oder Wagner, jene verzweifelten Schöpfer von Privatmythologien, sich auszudenken. Er erfindet keine Bilder. Er übernimmt sie. Was an Sinnlichkeit in diesen Bildern da ist, nimmt er nun unter das Mikroskop – und siehe da, die Metapher zeigt so ungeheure Details, daß nunmehr die Beschreibung etwas von grauenhafter Wirklichkeit annimmt. Das Detail beweist dann die Glaubwürdigkeit des Bildes, für das die Sprache die erste Verantwortung trug, noch einmal.

Kafkas Welt wird undeutlich, weil seine Metaphern kollidieren

Die Bilder Kafkas sind also alles andere als geheimnisvoll. Aber – und hier liegt der eigentliche Verdunklungsgrund – *die Metaphern verdunkeln sich sehr häufig gegenseitig. Eine* Metapher kann in *ein* Bild verwandelt werden. Tatsächlich gibt es zahlreiche kurze Stücke von Kafka, die *„metaphorische Monolithen"* sind. ... Stücke, die sogar – damit kommen sie der Simultaneität der Bildelemente im Bilde entgegen – aus einem Minimum von Satz bestehen. Das Stück „Auf der Galerie" nimmt wenig mehr als eine Seite ein: es besteht aus nur zwei Sätzen.

Sobald nun aber mehrere Metaphern benützt werden müssen – einen Roman kann man nicht aus dem Nährboden einer einzigen Metapher wachsen lassen –, dann ereignen sich Metapherkollisionen und -verdichtungen, die das Verständnis verdunkeln. Im „Schloß" z.B. geschieht es dem zugereisten K., daß er, da er nirgendwohin gehört und nichts Brauchbares gelernt hat, noch einmal „zur *Schule*" gehen muß. Kafka logiert ihn daher in der Schule ein. Nun geschehen ihm aber viele andere Dinge, die mit der Schulmetapher nichts zu tun haben. Seine Frau Frieda hätte es, wenn es nur nach Metaphern ginge, durchaus nicht nötig, in die „Schule" zu gehen. Denn sie ist erwachsen und gehört zum Dorf, während K. ein Fremder ist. Aber da die Metapher den K. in das Schulgebäude gesetzt hat, und da seine Frau zu K. steht, muß Kafka sie *widermetaphorisch* auch in der Schule einlogieren.

Schon Macaulay[5] hat in seinen Bemerkungen zu Bunyan darauf hingewiesen, daß Bunyans Metaphern großartig seien, aber sich gegenseitig irritierten. Oft ist es auch dem Kafka-Leser unklar, ob er sich einfach einer schwierigen Metapher oder einer Kollision von Metaphern gegenüber sieht. Es ist jedenfalls wenig erstaunlich, daß Kafkas Romane mit ihren Metapherverschlingungen die Vollkommenheit seiner monolithischen Fabeln nicht erreichen.

Die Metapherverschlingung ist aber nicht die einzige Schwierigkeit, die sich der Interpretation entgegenstellt. Denn es gibt auch kurze, monolithische Geschichten, die nicht ohne weiteres aufschließbar sind: Weil manche mit mehreren Schlüsseln zugleich zugeschlossen sind. Selbst wenn wir alle Schlüssel in der Hand haben, kann es passieren, daß die Türe nicht aufspringt – weil wir unfähig sind, alle Schlüssel gleichzeitig zu benutzen. Häufig, besonders in den Romanen, geschieht, was man in der Musik eine *„enharmonische Verwechslung"* nennt: Im Laufe der Geschichte nimmt ein Gegenstand oder eine Person, die einer bestimmten Metapher ihr Leben verdankt, eine andere metaphorische Nuance an; das „Dis" wird gewissermaßen plötzlich zum „Es". Da aber trotzdem die Person oder der Gegenstand durch die Geschichte hindurch eine gewisse Identität mit sich selbst durchhält, wird ihre „Gesamtbedeutung" unverständlich. Aber die Gesamtbedeutung besteht eben häufig gerade in der Tatsache der Zweiseitigkeit oder Zweideutigkeit: Zweideutigkeit ist ja eine der Haupterfahrungen des Kafkaschen Lebens: Denn die Welt ist ja durchgehend für ihn ein Gegenstand des Schreckens *und* der Werbung.

Beispiel für solche Zweideutigkeit: Die Gerichtsinstanzen im Prozeßroman stellen zweierlei dar: Einmal die „Armen", deren Existenz die eigene Existenz zur „Schuld" macht. Nicht zufällig befinden sich ja die Gerichtsräume im Dachgeschoß der Armenstraße, ja fast in jedem Armenhaus. Andererseits aber stehen viele Mitglieder der „Welt", also der herrschenden Klasse, und gerade jene, die K.s soziales Gewissen als eine Schande betrachten, mit eben diesem Gericht in allerengstem Kontakt. Diese Doppeldeutigkeit ist nur dadurch zu erklären, daß Kafka eben in zwei Richtungen ein schlechtes Gewissen hatte; daß er es nicht nur als Schuld empfand, nicht zu den völlig Benachteiligten zu gehören, sondern gleichzeitig, nicht der „Welt" zuzugehören – also „untüchtig" zu sein. Über diese Zweideutigkeit des Gewissens kam er niemals ins reine; und es ist nicht übertrieben, wenn man sagt: Die Metapher des „hohen" Gerichts verdeckt die Vagheit seiner moralischen Position und verklärt seine Unentschlossenheit zum Paradox.

Kafkas Figuren sind nicht abstrakter als wirkliche Menschen: sie sind – Berufsmenschen

Allegoriker ist Kafka also nicht. Aber sind seine Figuren nicht Abstraktionen? Sind sie nicht Geschwister jener sprechenden Tugenden und Laster, die Bunyan auftreten ließ? Ist Kafka nicht deshalb so schwierig zu verstehen, weil er sein privates, jeweils ad hoc zusammengestelltes, metaphorisches Instrumentarium vor uns ausbreitet, während Bunyan das seine aus der vertrauten Allegorienwelt der christlichen Theologie übernehmen konnte?

Sind Kafkas Figuren Abstraktionen?

Nein, sie sind nicht vermenschlichte Abstraktionen, vielmehr stellen sie *abstrakte Menschen* dar. Das Wort „abstrakt" verstehen wir hier in seinem ursprünglichen, von abs-trahere genommenen Sinne: die Menschen, die Kafka auftreten läßt, sind *abgerissen* von der Fülle menschlicher Existenz. Viele sind in der Tat nichts als Funktionen: Ein Mensch ist Bote und nichts als das; eine Frau eine „gute Beziehung" und nichts als das. Dieses „Nichts als" ist aber keine Kafkasche Erfindung, sondern hat sein Vorbild in der modernen Wirklichkeit, in der der Mensch allein in seiner Spezialfunktion wirkt, in der er sein Beruf „ist", in der die Arbeitsteilung ihn zur bloßen Spezialrolle gemacht hat.[6] Während die durchschnittlichen realistischen Romane von dieser Tatsache wenig Gebrauch gemacht haben und es oft liebten, das Romangeschehen so darzustellen, daß die Berufsfunktionen des Menschen unsichtbar blieben – während sie also durch Beschreibung von „vollen und vollständigen Menschen" die Wirklichkeit verfälschten, ist Kafka mit seiner Einführung von Marionetten der wahrere Realist. Heute ist diese Funktionalisierung seiner Romanfiguren von geradezu prophetischer Bedeutung: Denn heute hat die Entwicklung jenen schauerlichen Höhepunkt erreicht, auf dem, wer keine bestimmte Funktion hat, nicht mehr als wirklichkeitswürdig, also als nichtig und zu vernichten gilt: In den Vernichtungslagern verkamen jene, denen man eine bestimmte Funktion nicht zuerteilen wollte oder konnte.

Zahlreiche Romane des 19. Jahrhunderts implizierten durch die Unterschlagung oder Bagatellisierung der Berufe (oder durch die Einführung des Vollmenschen „Künstler" als „Helden"), daß der „eigentliche" Mensch der Mensch außerhalb seines Berufs war. Kafka macht diese Unterschlagung so wenig mit, daß er umgekehrt den Beruf als die ausschließliche Existenzform des Menschen darstellt, den Menschen von seinem Beruf verschlungen sein läßt. Dadurch erhält der Begriff des „Berufs" einen so absoluten Charakter, daß er an den religiösen Begriff der „vocatio" anklingt. Und dadurch kommt eine frappante Ähnlichkeit zwischen dem Kafkaschen und dem calvinistischen Menschenbilde zustande, eine Ähnlichkeit, auf die wir später (S. 106) zurückkommen werden. Was der Mensch „eigentlich" ist – die Frage, die die Existenzphilosophie verzweifelt stellt, stellt oder beantwortet Kafka eben deshalb nicht, weil der Beruf eine solche „Eigentlichkeit" gar nicht aufkommen läßt. Imperator somnians imperator: Auch im Schlaf ist der Kaiser Kaiser. Diese Identifizierung von Mensch und Beruf, die die moderne Welt mit sich gebracht hat, macht Kafka nun dadurch vollends sichtbar, daß er *absurde* Berufe erfindet, die die Absurdität der Identität von Mensch und Beruf deutlicher sichtbar machen, als jene alltäglichen Berufe, angesichts derer wir über die Identität nicht mehr verblüfft sind. Schon in der Arbeit des fünfundzwanzigjährigen Kafka „Gespräch mit dem Beter" sagt der Beter „Es ist Zweck meines Lebens, von anderen angeschaut zu werden". Der absurde Beruf enthüllt hier die Absurdität von Beruf überhaupt.

„Ich bin zum Prügler angestellt, also prügle ich", erklärt im „Prozeß" ein Mann, der, durch die ungewollte Schuld K.s, zwei Beamte ständig zu schlagen gezwungen ist. Vor einem Vierteljahrhundert, als Kafka diese Figur schuf, wurde sie als eine von einem Sadisten erfundene Puppe empfunden; die Psychoanalyse warf sich bald auf diese und ähnliche Figuren in Kafkas Werk. Und auch der nicht-analytische Leser empfand sie als „gewollt", weil sie nichts waren als „Funktionen", und weil sie, ohne die geringste Spur von Gewissen, eben nicht mehr eigentlich handelten, sondern nur gehorchten.[7] Heute erscheint uns die Antwort des Prüglers in völlig anderem Lichte: Sie ist identisch mit jenen Antworten, die die Angestellten der deutschen Vernichtungslager im Verhör gegeben haben. Sie ist die Antwort des Entmachteten, des Verantwortungslosen, der deshalb verantwortungslos ist, weil man ihm keine Verantwortung läßt, kurz: die Antwort dessen, der nicht eigentlich lebt, sondern „gelebt wird".

Ist der Mensch nichts als sein „Beruf", erschöpft sich seine Existenz in der Rolle, *als* die er gemeint ist, dann ist er selbst Nichts, nicht wirklich, sondern gewissermaßen nur das Duplikat seines, auf seinen Namen laufenden Aktenstückes. Im Vergleich zu diesem Aktenstück (der administrativen Wirklichkeit) ist das Individuum (L'homme attaché à sa carte d'identité – wie es fünfzehn Jahre später ein französischer Autor formulierte –) so wertlos, wie in der platonischen Welt das „Phänomen" wertlos ist im Vergleich zur originalen „Idee". Dieser „*bürokratische Platonismus*" ist nichts weniger als eine Kafkasche Farce: Daß der Mensch, der kein Originalpapier hatte, mit dem er übereinstimmte, „für nichts" galt, bürgerlich nicht da war – das hat die Geschichte ebenso bestätigt, wie das, wer zum „Prügler angestellt" war, wirklich prügelte. In solchen Zügen bewährt sich Kafka tatsächlich als prophetischer Realist.

Aber es ist wiederum nicht nur Verzweiflung, die Kafka den Menschen als bloßen Funktionär darstellen läßt. Es ist zugleich Neid und Sehnsucht. Denn gesehen von der völligen Funktionslosigkeit des Helden K., also seiner selbst, erschienen ihm diejenigen, die eine bestimmte Funktion in der Welt haben, diejenigen, von denen man bestimmte Funktionen erwartet, und die sich mit dieser Funktion identifizieren, als die *wirklichen*, als die *erwachsenen* Menschen. In der Tat spricht ja, der einen Beruf hat, von sich: „ich *bin* Architekt" oder „ich *bin* Gastwirt". Nicht als allegorische Begriffe laufen also bei ihm die Menschen herum, sondern als Menschen, für die es so wenig in Frage kommt, etwas anderes, als sie sind, zu sein, wie es für einen Tisch in Frage käme, einmal ein Stuhl zu sein. Als gesellschaftlich absolut Vieldeutiger liebte Kafka die strikteste Eindeutigkeit. Und wenn er den Menschen mit seinem Beruf identifizierte, so war das für ihn nicht nur eine Beschreibung, sondern auch ein Wunschtraum.[8]

Kafkas Agnostizismus ist das Kind der Machtlosigkeit, denn der Ohnmächtige ist uninformiert

Metapherverschlingung oder Metapherkollision verdunkelt oft den Sinn Kafkascher Geschichten, ja, löscht deren Sinn zuweilen aus; so wie ein aus mehreren Wegweisertafeln zusammengesetztes Bild als ganzes den Sinn seiner Elemente vernichten und sich selbst, trotz des Überflusses an Einzel-Sinn, sinnlos machen würde.

Aber da gibt es noch eine andere Ursache für die Undeutlichkeit oder Undeutbarkeit Kafkascher Vorgänge: den Umstand, daß die meisten der Kafka-Wesen niemals wissen, woran sie sind und grundsätzlich vor unbeurteilbaren Situationen stehen; ja, daß Kafka selbst nicht übersieht, woran sie sind und kaum mehr zu wissen scheint als seine eigenen Kreaturen – ein höchst sonderbarer Zug: denn normal ist es, daß der Autor seinen Geschöpfen gegenüber die Allwissenheit und Providenz spielt. Die weitere Ursache für die Undeutbarkeit Kafkascher Vorgänge ist also Kafkas *Agnostizismus*; und die Ursache für seinen Agnostizismus (und den seiner Wesen) ist: *Rechtlosigkeit.* Als rechtloser verdient keiner seiner Menschen informiert zu werden; und keiner ist, trotz des herrschenden Panbürokratismus, würdig, über seinen eigenen zivilen Status Bescheid zu wissen. Das „Man kann nicht wissen" gründet in einem „Man hat keinen Anspruch auf Wissen". *Kafkas Agnostizismus ist ein politisches Phänomen.*

Keiner weiß, wer es ist? Widerspricht das nicht der vorhin vertretenen Behauptung, die Kafka-Wesen gingen in ihrem „Berufe", ihrem Status, auf und seien nichts als ihre Berufe? Kaum. Sowenig wie sie sich etwa im faschistischen Staate widersprechen. Das Niederträchtige der Kafkaschen Welt besteht eben umgekehrt gerade darin, daß, obwohl jeder nur „Beamter" der Welt ist, niemand das Recht genießt, die Rolle zu durchschauen, die er im amtlichen Ganzen spielt. Wer selbst nur als Chance oder Mittel „wahrgenommen" wird, hat selbst keinen

Zutritt zur Wahrheit, lebt also agnostisch. *Unfreiheit und Agnostizismus sind nur Namen einer einzigen Erscheinung.*

Wenn aber niemand weiß, wie es um ihn bestellt ist, was er zu gewärtigen habe, wem er etwas schulde, wessen er verdächtigt werden könnte, warum er angeklagt ist, ob er toleriert sei, wenn ja, für wie lange, wenn nein, von wie kompetenter Stelle – dann verwandelt sich jede noch so lebendige Energie in maßlose und pausenlose *Deutungswut.* Da ist keine Erscheinung, die zu geringfügig, keine Geste, die zu flüchtig wäre, um nicht die Frage zu erregen: Was bedeute ich? Der Deutungsfuror, den sie erregt, ist also das Stigma des Entmächtigten; dessen, der (um ein klassisches Wort zu variieren) *die Welt interpretieren muß, weil andere sie verwalten und verändern.*

Aber der Deutungsfuror ist mehr als das. Er ist zugleich Kafkas poetische Chance. Denn Interpretieren entwirft Möglichkeiten und Irrealitäten. Vom kleinsten Sprungbrett der Wirklichkeit springen die Kafkaschen Figuren in die weiten und verschlungenen Horizonte der „Wenns" und der Konjunktive, und oft entsteht eine Geschichte wesentlich aus einer solchen Reise ins Wenn: Die Interpretationswut wird zur logischen Phantasie. Das Stück „Auf der Galerie" beginnt sofort mit einem solchen „Wenn"; der Konjunktiv, das Kind der Unsicherheit, macht sich souverän und schwingt sich glorios in den Himmel der großen Dichtung.

Das aus einem einzigen, maßlosen Satze bestehende Prosastück „Der plötzliche Spaziergang" (in „Betrachtungen") wird z. B. durch einen vierundzwanzigzeiligen Wenn-Satz „eingeleitet". Dieser Wenn-Satz zerfällt, zwecks Präzision, selbst noch einmal in neun, wiederum neu auszweigende koordinierte Wenn-Sätze. Die Masse des, diesen „Wenns" nachfolgenden, Hauptsatzes ist dagegen kaum beträchtlich.

Diese Diskrepanz zwischen der „Beträchtlichkeit" des nur in Betracht Gezogenen und der Unbeträchtlichkeit des Wirklichen ist charakteristisch für die Situation dessen, der dazu verurteilt ist, in Möglichkeiten zu leben; dessen, der seine Möglichkeiten zwar in Betracht ziehen kann, aber sie zu entscheiden, nicht die Autorität hat. Durch diese Unfreiheit büßen nun aber die „bloßen Möglichkeiten" die ihnen sonst innewohnenden Charaktere der Flüchtigkeit und Fragilität ein; der freie Wille, Möglichkeiten entweder zu realisieren oder auszuschalten, ist gelähmt; dadurch erstarren die schwebenden Eventualitäten in der Luft und erlauben (ja, verlangen) ausgiebig, und als wären sie starre Dinge, beschrieben zu werden. Kafkas *Akribie der Bedingungssätze* ist daher Symptom für das Fehlen von Eigenwillen; und ein entscheidendes Element der *Syntax der Unfreiheit,* auf die letztlich seine gesamte Prosa hinausläuft.

Ja, das ganze Werk Kafkas läßt offen, wieweit es im Indikativ, und wieweit es im Konjunktiv gemeint ist: „Wenn die Welt dies bedeutet" scheint er zu sinnieren, „wäre dies oder das zu tun, und dies und das hätte diese oder jene Folgen; wenn die Welt jenes bedeutet, hätte ich jenes zu tun, und das hätte wiederum andere Folgen". Die Konsequenzen entwickeln sich zwar stets mit tödlicher Schlüssigkeit; aber *ob* sie auf einer gültigen Voraussetzung beruhen, bleibt ihm selbst stets ungewiß. Dadurch geschieht es, daß er oft zwei oder sogar mehrere Positionen nebeneinander bestehen läßt, ohne selbst angeben zu können, welche er wirklich meint; und daß als *„wirklich"* schließlich *nur* noch *die eigene Unschlüssigkeit* übrigbleibt, die er nun freilich moralisch als „Zaudern" sich vorwirft, oder die er, religiös, als ein ‚Der Wahrheit nicht für wert gehalten werden' demütig respektiert. Die Vielheit der nebeneinander bestehenden Positionen (deutlichstes Beispiel: die Verurteilungsszene in der Kathedrale im „Prozeß") wirkt dann freilich als vielschichtige und kaum auslotbare Wahrheit. Und obgleich Kafka wohl zuweilen glücklich gewesen wäre, nicht tiefsinnig sein zu müssen, hat er doch aus der Not der Vieldeutigkeit immer wieder die zweifelhafte Tugend der „Tiefe" gemacht.

Wenn es im „Schloß" heißt, daß jeder Schritt protokolliert werde, daß diese Protokolle aber niemals gelesen würden, und dieses Niegelesen-werden einen tiefen Sinn habe – so ist diese schauerliche Beschreibung von red tape nicht nur Ironie. Die Tatsache bedeutet auch nicht nur, daß das Gewissen zwar alles registriere, die göttlichen Instanzen sich darum aber nicht kümmerten – also daß das Moralische konsequenzlos bleibe; der Satz ist vielmehr zugleich ein Symptom für Kafkas Bereitschaft zum Paradox, für seine Sucht, Negatives in ein religiöses Positivum umzumünzen: Also Symptom seiner Bereitschaft, in der erbarmungslosen Größe und Undurchschaubarkeit der Macht das Zeugnis des *Sinns* anzuerkennen, so wie Hiob Gottes Recht schließlich anerkennt, weil er so riesige Tiere wie Nilpferde und Krokodile geschaffen habe. Wie gesagt, wieweit Kafka das wirklich meint, wo der Indikativ aufhört und der Konjunktiv anhebt, das hätte selbst er nicht beantworten können. Aber die Unbeantwortbarkeit dieser

Frage macht ihn, trotz der Fülle seiner Einsichten, zu einem philosophisch und moralisch unverwendbaren Autor. Nicht zufällig wählte er, der ja primär zweifellos kein Romanschriftsteller im üblichen Sinne war, für die Darstellung der Wirklichkeit und seiner philosophischen Gedanken die Fiktions-Form – und selbst dort, wo er uns eine Fabel vorerzählt, wie die wahrhaft großartige „Vor dem Gesetz", läßt er uns zurück mit einer Anzahl von gleichzeitig angebotenen Deutungen, aber mit keiner Meldung, die gilt.

III. Die Meduse

> Viens-tu du ciel profond ou sors-tu de l'abîme,
> O Beauté? Ton regard, infernal et divin
> verse confusément le bienfait et le crime ...
>
> *Baudelaire*

Die Zeit wird im Schreck sistiert.
Daher gibt Kafka Bilder

Daß, was man in angelsächsischen Ländern den „plot" heißt, in Kafkas Romanen kaum auffindbar ist, ist nach dem Vorausgehenden nicht erstaunlich. Wo der Mensch bereits von vornherein verurteilt ankommt und von Wiederholung zu Wiederholung getrieben wird, da ist weder ein allmähliches crescendo zu einem Klimax, noch eine katastrophische Entwicklung zu erwarten. In der Tat hätte die berühmte Exekutionsszene, mit der der „Prozeß" abschließt, sofort an das Eröffnungskapitel angeschlossen werden können. Dagegen sind die kleineren, schwer klassifizierbaren, zuweilen nur eine Seite langen, Stücke, die teils wie „logische Gedichte" wirken, teils wie „religiöse Feuilletons", von geradezu vollkommener Geschlossenheit; von einer Geschlossenheit, die sie eben der „Zeitparalysierung" verdanken. Obwohl es paradox klingt, zwingt ihn dieser, zu kürzesten Stücken führende, Stil zugleich zur Ausbildung des außerordentlich langen Satzes: des Satzes, der die Sukzession in einer einzigen gefrorenen Geste zusammenfaßt.

Während die moderne Dichtung, mindestens die mehr oder minder direkt von der Romantik bestimmte, Affinität zur Musik hatte, steht

Kafkas Prosa der ,,bildenden Kunst" weit näher: Eben deshalb, weil für ihn bzw. für die Menschen seiner Welt, das Leben so verquert ist, daß es *nicht weitergeht;* und weil sich das Nicht-Weitergehen nur als *Bild* niederschlagen kann. Wenn Kafka z. B. in der zweiten seiner (im 6. Bande seiner ,,Gesammelten Schriften" veröffentlichten) ,,Tagebuchnotizen" von einer ,,*Wunde*" spricht, ,,*geschlagen von einem Blitze, der noch andauert*" – so gehört dieser ,,stehende Blitz" in die ,,bildende Kunst".

Diese Zeitparalysierung unterscheidet sich grundsätzlich von jener, die wir in klassizistischer Dichtung finden. Ein Gedicht etwa des späten George hat zwar mit Statuarischem mehr zu tun als mit Musik; auch in seinen Stücken ist Zeit sistiert. Aber wenn ihn etwas ,,erschreckt", so höchstens das Weitergehen der Geschichte, der er, als bloßem Betrieb, in die Speichen zu greifen sucht; also das genaue Gegenteil dessen, was bei Kafka Gegenstand des Entsetzens ist. Beim Klassizisten ist Zeit-Neutralisierung (in der Form der Verewigung) *Absicht;* während für Kafka die Ewigkeit des Augenblicks, der Starrkrampf des Nichtweiterkommens ein *Fluch* ist. Wenn beide, gemessen am Maßstab des Schrifttums der Epoche, eine seltene Höhe formaler Vollkommenheit erreichen, so steht das zwar bei beiden mit der Tatsache der ,,Zeitparalysierung" im Zusammenhang; aber die Motive der beiden Typen von ,,Zeitparalysierung" haben schlechthin nichts miteinander gemein.

Die eigentümlich Kafkasche Verwandlung von ,,Prozessen" in ,,Bilder" läßt sich nun selbst im Syntaktischen seiner Prosa nachweisen. Gewöhnlich besteht der Unterschied zwischen Bild und sprachlichem Satz darin, daß Bilder *verbenlos* sind, noch nicht in die ,,Ur-Teile" von Subjekt und Prädikat zerschlagen sind; während ,,Sätze", als Instrumente der Verständigung, also des weitergehenden Lebens, jemanden *auf* etwas *an* etwas aufmerksam machen: ,,Auf" und ,,An" sind zwei Teile. Das Bild zeigt etwa Ruinen; der Satz teilt und teilt mit: ,,Die Stadt ist zerstört".

Der Handgriff, durch den Kafka Sätze in Bilder verwandelt, ist oft sehr einfach: Den Satz ,,Maschinen sind tödlich" verdichtet er in die ,,Tötungsmaschine" der ,,Strafkolonie"; den Satz ,,heutige Gegenstände sind undurchsichtig" in den, gewissermaßen professionell sinnlosen Gegenstand ,,Odvadek"; den Satz ,,Künstler hungern" in den ,,Hungerkünstler" – kurz: *die Gegenstände sind gefrorene Wahrheiten,* aus den Wahrheiten über die Gegenstände macht er die wahren Gegenstände seiner Welt.

Es gibt Stellen bei Kafka, in denen er wie in Filmskripten, die ja „Anweisungen für Bilder" sind, das Verbum ganz und gar unter den Tisch fallen läßt. Kein Wunder, daß das nachfolgende Beispiel für solche Verbverkümmerung wirklich eine Bildwerdung, ja, eine reguläre „Versteinerung" zum Inhalt hat. „Im Bett" (heißt es in der 3. Tagebuchnotiz) „das Knie etwas gehoben, im Faltenwurf der Decke daliegend, riesig wie eine steinerne Figur zur Seite der Freitreppe eines öffentlichen Gebäudes, starr in der lebendig vorbeitreibenden Menge und doch mit ihr in einer fernen, in ihrer Ferne kaum zu fassenden Beziehung." Damit schließt der Satz. Ginge es weiter, berichtete er, was nunmehr geschähe – er widerspräche sich selbst: Denn das Nichtweitergehen ist sein Inhalt.

„Happy endings" sind daher bei Kafka ganz seltene Ereignisse. Die Romane „Amerika" und „Chinesische Mauer" sind wohl die einzigen Ausnahmen. Die meisten seiner Stücke brechen nach der Problemdiskussion ohne Lösung ab: Da sie vorbereitende Keime für eine „Lösung" nicht in sich tragen, wirkt ihr Ende wie wirklicher Tod. Diese „Unabgeschlossenheit" der Romane ist aber gerade ihre Tugend: hätte nämlich Kafka aus sogenannten „künstlerischen" Gründen jedem Stück seine Abrundung gegeben, so wäre die Sackgassenhaftigkeit des Lebens, die er beschreibt, Lügen gestraft worden. „Abrundung" hat stets irgendeine Art von Optimismus zur Basis. In seinem frühen Amerika-Roman hat sich Kafka freilich den Meister der vergoldeten Romanabschlüsse, Dickens, zum Vorbild zu nehmen versucht, später aber eingesehen, daß das Fragmentarische des isolierten Menschen seine angemessene Darstellung allein im Fragment finde. Für seinen Schloß-Roman existiert die folgende Schluß-Version: Als K., der angeblich ins Dorf berufene, aber niemals akzeptierte Landvermesser, nach unsäglichen Versuchen, seinen Status, d. h. seine Zugehörigkeit zu legalisieren, im Sterben liegt, erhält er endlich den Bescheid, daß er zwar ein Recht, hier zu leben, nicht besitze; daß man ihn aber, da er nun einmal da sei, dulden wolle: Glücklich wird man diesen Abschluß kaum nennen können – obwohl er, verglichen mit dem, was in der Wirklichkeit eintrat, noch tröstlich genug aussieht.

Im übrigen aber wären „Abschlüsse" in vielen von Kafkas Arbeiten völlig überflüssig gewesen, so überflüssig wie ein Dur-Akkord für eine

Plastik: Ihren „Abschluß" finden die Stücke ohnehin durch ihre Erstarrung zu „Bildern".

Die Schönheit bei Kafka ist gorgonisch

„Die Wunde ... geschlagen von einem Blitze, der noch andauert" ... „Der noch andauert". Also ist der Blitz versteinert.

„Sie hielten die Schultern eng hinter den seinen, knickten die Arme nicht ein, sondern benutzten sie, um K.s Arme in ihrer ganzen Länge zu umschlingen, unten faßten sie K.s Hände mit einem schulmäßigen, eingeübten, unwiderstehlichen Griff. K. ging straff gestreckt zwischen ihnen, sie bildeten jetzt alle drei eine solche Einheit, daß, *wenn man einen von ihnen zerschlagen hätte, alle zerschlagen gewesen wären.* Es war eine Einheit, wie sie fast nur Lebloses bilden kann." (Kursivschrift von mir.)

„Fast nur Lebloses." Die Drei sind marschierende Statuen. Also versteinert.

Und diese Versteinerung ist es, die der Kafkaschen Welt ihre Schönheit verleiht. Versteinerung und Schönheit? Welche entsetzliche Art von Schönheit ist das? Die Schönheit der *Meduse.*

„Mit Recht zu bewundern ist es", heißt es in einer gelehrten Schrift aus dem Jahre 1832, „wie der alles verschönernde Geist der Griechen auch dieser uralten, greuelvollen Gestalt der Meduse ein Ideal hoher jungfräulicher Schönheit, selbst im Momente gewaltsamen Verscheidens, abzugewinnen verstand."[9] Die Bewunderung ist berechtigt. Aber ihr Grund doch nur halbwahr: Denn was die Griechen verstanden, bestand nicht etwa darin, dem Schrecklichen *trotz* seiner Schrecklichkeit Schönheit abzugewinnen, sondern die Schönheit gerade *aus* der Schrecklichkeit des Erschreckenden zu schöpfen; das „Gleißen" der Schönheit *aus* dem „Glotzen" des Entsetzlichen zu entwickeln: Denn daß diese beiden Worte ethymologisch identisch sind, ist kein Zufall. Wie das? Ist die Schönheit das Kind des Schreckens?

Alltägliche Zeugnisse für die Affinität von Schrecken und Schönheit

1. Das Schreckliche ist unnahbar; das Schöne ist unnahbar. In der Unnahbarkeit treffen sich beide. Das Raubtier ist „schrecklich schön". – Das heißt: Das Erschreckende hält uns in Distanz, die die Bedingung

alles Kunstschönen ist. „Temenon" („templum"), d. h. das Abgetrennte, heißt bei den Griechen der heilig-schreckliche Tabu-Platz. Analog ist das Kunstwerk von der Alltagswelt abgetrennt durch Vorhang oder Rahmen.

2. Der Schreck bringt (für den Erschreckten) die Zeit zum Stehen; versetzt ihn also in eine barbarische Vorform jener „insularen" Zeit, in die das Kunstwerk uns gleichfalls hineinzwingt.

3. Der Schrecken „überwältigt", „erschlägt", und was es der Metaphern mehr gibt – ohne wirklich zu überwältigen oder zu erschlagen. So das Kunstwerk.

Historische Belege: Diese ersten Winke genügen, um der behaupteten Affinität von „Schrecklich" und „Schön" den Schein der Absurdität zu nehmen. Ehe wir diese Affinität, ohne die Kafka unverständlich bleiben muß, wirklich durchleuchten, sollen einige, zufällig aufgegriffene, geschichtliche Zeugnisse beweisen, daß den Alten die *Genealogie des Schönen aus dem Geiste des Entsetzens* ganz vertraut war.

Artemis steigt, nach den frühen Versionen, nicht aus dem Wellenschaum, sondern aus den, ins Meer geworfenen, Resten des entmannten Chronos. – Pindar preist in einer seiner Oden die Meduse, obwohl er von ihr aussagt, sie trage den Tod der Versteinerung in sich, doch als schönwangig. – In einer anderen Ode berichtet er, Athene habe als Nachahmung der Klagetöne (nach der Enthauptung der Gorgo) die Süße der Flötenmusik erfunden. Nach anderen Versionen entsprang dem blutigen Rumpfe der ermordeten Gorgo – der Pegasus. – Und Ovid behauptet gar in der vierten seiner Metamorphosen, die Medusa sei so hinreißend gewesen, daß viele Männer sich Hoffnung auf sie gemacht hätten.

Ist etwas von dieser Identifizierung heute noch lebendig?

„Denn das Schöne ist nur des Schrecklichen Anfang" heißt es bei Kafkas Zeitgenossen Rilke, „weil es gelassen verschmäht, uns zu zerstören". Diese Zeilen könnten auf Kafka geprägt sein.

Wenn wir diese tiefe Einsicht Rilkes in Ausdrücke der klassischen Ästhetik übersetzen, so bedeutet sie: „Schön" und „Erhaben" sind nicht zwei Kategorien sui generis; vielmehr ist das *Erhabene* (oder das Übermächtige oder Erschreckende) *selbst das Schöne, sofern es auf die Ausübung seiner Übermacht verzichtet,* sich also in Distanz hält. Von hier und nur von hier aus ist die Rolle der Schönheit bei Kafka zu begreifen. Seine Welt (also z. B. das Schloß) ist das schlechthin Übermächtige und Unnahbare, das, da es niemals Vertrauen oder Glauben einflößt, nur im kontinuierlichen Schreck im Auge des K. stehen bleibt: so lange stehenbleibt, als das Schloß eben „gelassen verschmäht", K. wirklich zu „zerstören". Aber so lange es darauf verzichtet, seine Übermacht wirklich voll auszunutzen, so lange strahlt es in seiner atemberaubenden Größe als „*schön*".

Rilkes dichterische Aussage, die in Kafkas Werk Wirklichkeit wird, formuliert einen *Verzicht:* Denn die Übermacht ist „schön", sofern sie auf vernichtenden Gebrauch ihrer Macht verzichtet. Diese Verknüpfung von Verzicht und Schönheit kommt uns zugleich vertraut und befremdlich vor. Woher ist sie uns vertraut?

Aus der Kant-Schillerschen Ästhetik.

Denn für sie ist das Reich des Schönen, das Reich der „Freiheit in der Erscheinung", gleichfalls das Produkt des Verzichtes. Es entsteht dadurch, daß der Mensch sein „Begehrungsvermögen", sein „Interesse" an den Dingen der Welt suspendieren kann; so suspendieren kann, daß er diese nun in „uninteressiertem Wohlgefallen" genießen kann. Aber welch eine Kluft zwischen dieser Verzichttheorie und der Rilke-Kafkaschen. Bei Kant ist es der Mensch selbst, der verzichtet. Das Schöne steigt auf durch einen Akt seiner Freiheit; der Freiheit, sein Habenwollen, Einverleibenwollen, Vernichtenwollen den Dingen der Welt gegenüber vorübergehend zu revozieren. Bei Rilke und Kafka aber ist die *Leistung des Verzichts nicht die Leistung des Menschen* (der ja unfrei ist per definitionem), *sondern die Leistung der Übermacht selbst.* Der „Engel" ist es bei Rilke, der „verschmäht"; das „Schloß" bei Kafka, das verzichtet. Und sofern sie darauf verzichten, uns zu zerstören, sind sie „schön". Ihr Verzicht ist also „Gnade", und der Reflex dieser ihrer Gnade macht sie schön; so schön wie die, in voller Montur sich präsentierende Übermacht; so schön wie die Waffe, die nicht, oder noch nicht, oder noch nicht endgültig zustößt. „Noch nicht endgültig": diese Nuance ist ausschlaggebend. Denn sie ist es, die das Noch-schön-sein zugleich mit dem Immer-schon-bedrohlich-sein enthält; und sie, die den Effekt hervorbringt, den Kafka den „stehenden Blitz" genannt hat. Präzisiert man diesen Schönheitsbegriff soziologisch, so kann man ihn nur den Schönheitsbegriff des *Unfreien* nennen; genauer: den des Gerade-noch-Tolerierten, der, so lange er leben darf, noch bewundert. –

Aber die Zeit solcher Bewunderung ist vorbei. Die Gaskammern haben sich geöffnet und geschlossen. Es gibt Wichtigeres zu tun heute, als die, als „schön" dargestellte, Übermacht anzustaunen. Dieser Schönheitsbegriff muß abgeschafft werden.

Dies um so mehr, als die Deckung von „Schön" und „Schrecklich", die Faszination, die Kafka heute ausübt, miterklärt.

Es war der konventionellen Ästhetik immer selbstverständlich gewesen, daß im Verhältnis Mensch-Kunstwerk der Mensch der „Blikkende", das Werk das „Angeblickte" sei; daß (in der, diese phänomenologische Struktur am Entschiedensten formulierenden, Sprache Husserls) der Mensch den „intentionalen Akt" vollziehe, das Kunstwerk dagegen das „intentionale Objekt" sei.

Wo aber im Schönen das Schreckliche noch oder schon wieder enthalten ist, da ist diese angebliche Wesensstruktur von „Blick" und „Angeblicktem" vollkommen umgedreht. Die Maske der Gorgo ist primär das gerade Gegenteil eines Gegenstandes der Anschauung: Sie selbst ist „Sehen", nämlich „böser Blick" – dafür gemacht und bestimmt, den Anblickenden fortsehen zu machen oder ihn völlig zu lähmen. Was von der Maske gilt, gilt mutatis mutandis von der Kafkaschen Welt. Nicht wir blicken sie an, vielmehr starrt sie uns an.

Dieses Angestarrtwerden ist nun aber im heutigen Europa etwas furchtbar Bekanntes. Denn man lebte *unter dem Auge der Welt,* also nicht als Blickender, sondern als Angeblickter, kurz: *unter Kontrolle.* Obwohl der effektive Schrecken oder mindestens eine Etappe der Schreckenszeit heute vorbei ist, reicht der Schnitt dieses Traumas offenbar zu tief, als daß er sofort vernarben könnte; vielmehr wird er, und zwar durch Mittel wie Kafka-Lektüre, offengehalten; und nicht nur offengehalten, sondern als „Kulturgut" genossen.

Kafka „drückt" sich nicht mehr „aus"

Die Schüsselworte, mit denen wir die Kafkasche Kunst aufzuschließen versuchten: Schreck, Maske, Bild usf., scheinen all das Lügen zu strafen, was wir, Kinder und Enkel des noch romantisierenden 19. Jahrhunderts, mit dem „künstlerischen Schöpfungsakte" zu verbinden gewohnt waren.[10] Widerspricht nicht der Zustand der „Erstarrung" dem, was wir als die natürliche Attitüde des künstlerischen

Schaffens ansahen: dem „*Ausdruck*"? Oder (um den schärferen, weil reflexiven, englischen Terminus zu verwenden) der „*self-expression*"? Ist nicht das „Sich-Ausdrücken" gerade ein Zustand oder ein Prozeß, der die „feste Konsistenz" des Menschen auflockert und das „Innerste nach Außen stülpt"?

Daß es so etwas gibt und gab, kann natürlich nicht bezweifelt werden. Daß aber künstlerische Arbeit notwendigerweise als „Sich-Ausdrücken" vor sich gehe, ist ein Vorurteil von gestern. Und wer versucht, wie es häufig geschah und geschieht, die Geschichte der Kunst mit Hilfe dieser Kategorie zu buchstabieren, dem bleiben viele ihrer größten Stücke unlesbar.

Der Begriff ist einerseits Abkömmling des Begriffes der „Konfession": also rousseausches und pietistisches Erbstück; andrerseits ein Kind der, in Hegel, gipfelnden Geschichtsmetaphysik, nach der die Geschichte im Ausdrücken und Verwirklichen der „inneren" Möglichkeiten (des „Weltgeistes") besteht. Ihren Siegeszug begann die Vokabel in der Romantik, also in derjenigen Epoche, da der isolierte Künstler zu niemandem Bestimmten mehr zu sprechen schien und seinen Rede- oder Bild- oder Musizierzwang vor sich selbst und den anderen (eben als „Ausdruck") rechtfertigen mußte ... bis schließlich der Expressionismus die Interjektion zum Programm machte. – Ein kurzes, kaum zwei Jahrhunderte währendes Intermezzo. *Vor* diesem Intermezzo „machte" der Künstler: Denn das Objekt, das er machte, war nicht gemeint, ihn selbst zu zeigen, sondern bestimmten (gesellschaftlichen) Situationen angemessen zu sein. Daß das Objekt als „schönes" Objekt gemeint war, widerspricht nicht dem „Machen"; im Gegenteil: Gerade im Zeitalter der Vergottung des Ausdrucksbegriffs galt die „Schönheit" (die mit der Distanz, also Unpersönlichkeit des gemachten Objekts im Zusammenhang steht) als verdächtig. Kein Wunder, daß sich jene größten Künstler, die Schönes herstellten, wie Raffael oder Mozart, Epitheta wie „kindlich" oder gar „süßlich" hatten gefallen lassen müssen; und daß man, um das Schöne zu entkräften, das Daseinsrecht der „Häßlichkeit" anmeldete: So nicht nur im Naturalismus, sondern etwa in den „Fleurs du Mal" oder in des Hegelschülers Rosenkranz „Ästhetik des Häßlichen".

Es ist nicht gerade erfreulich, mitanzusehen, daß der Ausdrucksdrang um so unwiderstehlicher wird, je geringer der auszudrückende Gehalt ist: Je entfremdender und unpersönlicher die tägliche mechanische Arbeit, um so dringlicher scheint es, im direkten Akt der „self-expression“ eine Kompensation zu finden: Im heutigen Amerika gibt es eine Erziehungsbewegung, die die (früher dem Künstler vorbehaltene) self-expression jedermann, gewissermaßen als purgierende hobby-Beschäftigung, empfiehlt. Man lernt es in überfüllten Klassen, drückt aber nur das aus, was einem eingestopft wird: nämlich die, als Serienware in die Schule gelieferten, Gefühle oder Stile. –

Die, kurz vor dem ersten Weltkriege eintretende, durch die Namen Schönberg, Picasso usw. bezeichnete Wendung „fort vom Ausdruck“ war nicht, wie es gewöhnlich geschildert wird, durch die Tatsache veranlaßt, daß das letzte Extrem möglicher Ausdruckskunst erreicht war; daß man „weiter“ nicht hätte gehen können. Schon nach Wagners Tristan schien eine Steigerung der Ausdrucksintensität kaum vorstellbar – es kamen Straußens Elektra und der Mahlersche Symphonieen-Zyklus; nach Mahler schien eine Intensivierung unmöglich – es kam Schönbergs „Verklärte Nacht“. Wenn der Umschwung einsetzte, so aus viel tieferen als kunstgeschichtlichen Gründen: weil die Verdinglichung so weit fortgeschritten war, daß man gerade das „humane“ Medium der Kunst dazu benutzte, um diesen, gewöhnlich nicht zugestandenen, Prozeß dem Menschen ad oculos zu demonstrieren. Freilich war dieser Umschwung durchaus kein direkter Ausdruck der wirtschaftlich-technischen Situation: vielmehr setzte die Bewegung primär in technisch und industriell nicht ganz modernen Ländern ein, in Österreich oder Frankreich, wo die Verdinglichung nicht in gleichem Maße zum selbstverständlichen Lebensstil der Epoche geworden war wie etwa in Amerika. Während man sich in Frankreich die nichtgebauten modernsten Maschinen in der irrealen Form von Gemälden an die Wände seiner sechzig- oder achtzigjährigen Häuser hängte, bereitete sich in Amerika, gerade als Ventil gegen den furchtbaren Druck des mechanisierten Lebens, das Ausdrucksracket vor.

Hier, auch hier wieder, zeigt sich, daß Kafka am Kreuzweg steht. Einerseits gehören, wie wir sahen, „Vereinzelung“ und „Ausdruck“ zusammen: Man dürfte also erwarten, gerade in Kafka, dem extrem Vereinzelten, auch das Extrem der Ausdruckskunst zu finden. Gerade das Gegenteil ist der Fall: Ein unromantischerer, unsubjektivistischerer, weniger expressionistischer Stil als derjenige Kafkas ist kaum vorstellbar. Er artikuliert seine Sätze mit der äußersten Präzision, wie ein Robinson, der einen Fahrplan auskalkuliert.

Daß er einerseits ein Vereinsamter war, aber doch nicht schrie; zwar ein Präzisionsarbeiter war, aber doch seine präzisen, in sich stimmigen Stücke für nichts Bestimmtes und für niemanden Bestimmten bestimmte – diese Paradoxie hat ihn zum Schriftsteller à part, also zu einen „aparten" Schriftsteller gemacht. Seine Leser um 1925, die zwar durchaus Individualisten im Sinne des 19. Jahrhunderts waren, aber doch schon spürten, daß ihr eigenes Ende auch das Ende der Ausdruckskunst bedeuten würde, kamen nirgends so auf ihre Kosten wie bei der Lektüre Kafkas. Sie fanden sich in der einzigartigen Situation, von sich, und nur von sich (den Einzelnen) sprechen zu hören; aber in einem Ton, der sie zum Belanglosesten in der Welt machte; sich immer im Mittelpunkt zu sehen, aber immer im Mittelpunkt der Vernachlässigung. –

Was von den deutschen Lesern der zwanziger Jahre galt, gilt mutatis mutandis von den heutigen in Frankreich: Auch sie sind stolz darauf, festzustellen, wie überlebensgroß ihre Irrelevanz dargestellt ist. Gleichzeitig fühlen sie sich bestätigt und verurteilt. Und da sie gewohnt sind, jedes Gefühl zu genießen, genießen sie als letztes auch dieses noch.

Kafkas Sprache ist „gehoben", weil nüchterner als die Alltagssprache

Schönes im Alltagssinne gibt es bei Kafka niemals. Im Gegenteil: Gegen „schöne Menschen", „schöne Dinge", „schöne Landschaften" ist seine Welt so hermetisch abgedichtet, daß gerade dieses Fehlen sein Werk charakterisiert. Wo in seinen Personen, Figurinen oder Gespenstern „ästhetische" Attitüden vorkommen (wie im „Hungerkünstler", in der Geschichte von der Sängerin Josefine oder in den diversen Luftmenschen) ist diese Attitüde nicht eigentlich als anerkannt ästhetische dargestellt, sondern als eine eigentümliche *Irrealität* des Menschen, die sich dann in (gewöhnlich „Kunst" genannten) absurden Tätigkeiten verwirklicht.

Was seiner Welt ihre schreckliche Schönheit verleiht, ist allein sein Stil.

Nun gibt es aber zwei Chancen, einen „Stil" zu schreiben. Die erste besteht in der *Eindeutigkeit der sozialen Geste* bzw. der Sprachsituation: Wer genau weiß, als wer er spricht, zu wem er spricht, wozu er spricht, dessen Sprachduktus und Stimmansatz wird jene Eindeutigkeit annehmen, die wir als überzeugenden Stil empfinden. – Die andere Chance liegt im entgegengesetzten Extrem: in der *völligen Isoliertheit.* Denn diese kann die Sprache zu einer Art Geistersprache aus dem Niemandsland machen.

Wir sagen ,,kann": Denn wer ohne Hoffnung auf ein Ohr und ohne bestimmte Vorstellung eines bestimmten Hörers zu sprechen anhebt, der gerät stets in Gefahr, über Stimmstärke, Grad der Gehobenheit usw. völlig im Ungewissen zu bleiben und aus einer Tonlage unversehens in die andere zu fallen ... was im größten Maßstabe Hermann Broch in seinem monumentalen Vergil-Roman passiert ist.

Kafka ist dieser Gefahr niemals unterlegen. Seine Sprache bleibt in einer einzigen Ebene. Ihr entfremdender Ton macht Menschen und Dinge zu einer Art ,,nature morte" und schiebt sie fort in die dünne Luft einer auralosen ,,Distanz".

Wo aber Distanz ist, da ist ,,Schönheit" auch immer mindestens möglich.

Nun gründet aber – was die akademische Ästhetik niemals behandelt hat – die, Schönheit ermöglichende, Distanz selbst noch einmal in der Tatsache der *sozialen* Distanz. Schon früher hatten wir formuliert: ,,Schön" ist der unantastbare König oder die unerreichbare Frau – was aber nicht etwa sagt, daß sie deshalb unantastbar wären, weil sie schön sind, vielmehr daß sie ,,schön", weil unantastbar sind. Die Verführungsgeschichte der Genesis weiß davon ebenso zu melden wie das Kind, das vor dem Ladenfenster steht.

Unantastbarkeit und Unerreichbarkeit sind nun aber gesellschaftliche, d.h. Macht- und Ohnmachtphänomene. Das bedeutet, auf die Sprache angewendet:

Als ,,schön" wirkt primär die, aus dem sozialen Alltag *herausgehobene,* also ,,*gehobene* Sprache"; die Sprache, die den Hörer nicht aus dem Stockwerk des Zimmernachbarn anspricht, sondern ihn aus einer ,,*höheren Sphäre*" (was immer dieser Ausdruck besage) heraus anruft und ,,*erhebt*". Nicht zufällig gilt in allen Kulturen in erster Linie als ,,schön" (= feierlich) die Priestersprache. Hofsprache, Gerichtssprache, kurz, alle Autoritätssprachen liefern die, für die Schönheit und Erhabenheit der ,,Kunstsprache" unentbehrlichen, Distanzcharaktere.

Kein Wunder, daß in Epochen der Nivellierung gesellschaftlicher

Rangstufen oder in ideologischen Egalitarianismus-Zeitaltern der Begriff der „Schönheit" als reaktionär, klassizistisch oder dgl. zum Angriffsziel wird; obwohl erst in ihnen die Rangdifferenzen ihr ausschließlich ästhetisches Nachleben antreten: Der Hofpage endet als livrierter Liftboy. Der in solchen Zeitaltern gepflegte Naturalismus der Sprache, der das Kunstidiom bewußt dem Alltagsidiom angleicht, kann zwar großartige Werke hervorbringen – ob aber diese Werke noch der „Kunst" zugerechnet werden sollten, ob sie nicht vielmehr eine völlig neuartige Gattung darstellen, ist sehr durchzudenken. – Heutige amerikanische Radiostücke oder newsreels haben völlig andere Züge, Mängel und Tugenden, als Kunstwerke. – Als druckbarer Autor gilt im heutigen Amerika ein Schriftsteller, der so zu schreiben versteht, wie der Verleger glaubt, daß sein Chauffeur spricht. –

Aber was wir Kunst nennen, stammt eindeutig aus Epochen, in denen Herrschaftsverhältnisse, also Unterschiede sozialen Ranges, also auch Sozial-Unterschiede der Sprache, selbstverständlich bestanden. In der Tat ist die Distanz der Schönheit oder des Kunstwerks so sehr Reflex der sozialen Distanz und des sozialen Gefälles (Spannungsintensität), daß, so unerfreulich die These klingen mag, Klassenneutralisierung Kunst lähmt – ein Prozeß, dessen Typ Hegel sowohl wie Marx schon vor mehr als hundert Jahren beschrieben hatten; wenn auch nicht ausdrücklich für die Kunst, sondern für den „Geist" im allgemeinen. Mit seiner Idee der „Aufhebung" der Philosophie hatte Hegel ja nichts anderes gemeint, als die Aufhebung derjenigen sozialen Spannungs-Situation, in der Philosophie allein möglich und nötig ist.

Restaurationszeiten dagegen, die sich noch auf Rangordnungen berufen, aber nicht mehr mit gutem Gewissen; oder scheinheilige Jahrhunderte, die ihre Klassengegensätze zu vertuschen suchen, verwandeln *„Höhe"* (der Kunst, Sprache usw.) in die, gesellschaftlich schwer identifizierbare, aber deutlich anti-egalitäre, *„Tiefe"*, die dann noch immer, so widersinnig das sein mag, *„erhebt"*. Die „tiefen" Schriftsteller sind gewissermaßen die selbsternannten Priester der bürgerlichen Gesellschaft. Kein Jahrhundert hat das Wort so mißbraucht, wie das neunzehnte mit seinen ins zwanzigste hinüberreichenden Dezennien.

Was haben diese Überlegungen mit Kafka zu tun? Ist Kafkas Sprache eine „gehobene" Sprache?

Ja und nein. Ja, insofern seine Sprache nicht Alltagssprache ist.

Nein, insofern seine Sprache nicht etwa feierlicher ist als die Alltagssprache, sondern *nüchterner.*[11]

Denn bei Kafka ist, wohl zum ersten Male in der Literatur, die „Gehobenheit" des Stils eine Konsequenz der *Distanz von der Welt als ganzer* – nicht der Distanz einer Klasse Mensch von einer höheren Klasse innerhalb der gleichen Welt. Das Wort „Gehobenheit" bedeutet darum auch nicht mehr, daß die Sprache den Leser „erhebe" oder heraufhebe, sondern nur, daß die Sprache den Leser aus dem Alltag *heraushebe,* weil eben der Abgewiesene einen Alltag, der ja immer „Zugehörigkeit" voraussetzt, nicht kennt.[12] Es ist die Sprache dessen, der sich nicht legitimiert fühlt, anders (d.h.: intimer) zu sprechen, als *der Antragsteller vor dem Behördenschalter.* Die Distanz der Sprache ist der Abstand, den der eo ipso schon *vor* der Antragstellung Verworfene im Verkehr mit der verwerfenden Welt einhalten zu müssen glaubt; des *Demütigen,* der offiziell spricht, da er höchstens offiziell sprechen darf; aber zugleich auch die Distanz des uninteressierten Beamten, der den Bittsteller einer anderen als amtlichen Abfertigung oder Vertröstung nicht würdigt. Wenn bei Kafka diese beiden Distanzsprachen in einem einzigen verklärten Amtsdeutsch konvergieren, so ist das ebenso natürlich, wie wenn sich in einer religiösen Sprache das Machtwort Gottes und das Ohnmachtswort der Kreatur zu einem einzigen verklärten Idiom verdichten. Die Verdichtung ist bei Kafka um so natürlicher, als er sich ja mit den Augen der Welt sieht, d.h. sich selbst unrecht gibt: Also die Distanz, in der sich die Welt ihn selbst vom Leibe hält, moralisch akzeptiert: womit er natürlich auch ihren Sprachstil (ihm selbst gegenüber) annimmt.

In der Tat ist das Idiom Kafkas nicht nur seines oder das K.s, sondern das aller seiner Figuren. Unterschiede zwischen den Sprachen der Dummen, der Klugen, der Großen oder der Kleinen existieren eigentlich nicht.

Daß solche Distanzsprache bestimmte Tonansätze, wie Vertraulichkeit, Enthusiasmus, Unkontrolliertheit, Empörung u.s.f. ausschließt, ist selbstverständlich. Manche seiner Sätze erschrecken durch die Präzision, die offiziellen Bekanntmachungen eignet; andere haben die Richtigkeit, Umständlichkeit und Gelenkigkeit von Gesetzen, die genauestes Lesen erzwingen, weil Unkenntnis des Gesetzes vor Strafe nicht schützt; andere den Tenor von Krankenberichten; andere schließlich den bescheidenen Ton von Bittschriften. Immer aber spricht seine Sprache ins *Protokoll;* und *„Protokollsprache"* ist wohl der angemessenste Ausdruck für Kafkas Idiom.

Diese Protokollsprache ist es, die seine Welt „schön", sauber und präzis macht – nicht anders als der Aktenbogen, der dem auf ihm registrierten Falle (und selbst dem verbrecherischsten) das Aussehen einer Sache verleiht, die nunmehr, *weil registriert, „in Ordnung"* ist. Das heißt: *Die pedantische Genauigkeit der Feststellung wird gewissermaßen zur Rechtfertigung des in ihr protokollierten Tatbestandes.* Sie sagt zwar nicht: „Was ist, ist vernünftig"; aber doch: „Was ist, ist in Ordnung". Und welche der beiden Formeln die verderblichere ist, ist schwer zu entscheiden. Was vom Aktenbogen gilt, gilt von Kafkas Sprache: Was sie, im Unterschiede zu sozialkritischer (ja selbst zu surrealistischer) Literatur darstellt, ist nicht nur das Grauen der Unordnung, sondern auch die *Ordnung des Grauens;* und was sie dem gut Hinhörenden zu verstehen gibt, ist auch das Ja, das sie zu diesem Nein sagt.

Kafkas Sprache ist dennoch graziös

Daß Kafkas Welt und Sprache, trotz ihrer Versteinerung (oder richtiger: durch ihre Versteinerung) „schön" sind, ist nun wohl verständlich. Schwer begreiflich aber scheint es, daß die Kafkasche Sprache dennoch mit vollkommener Anmut sich bewegen kann. Schwer begreiflich, denn „Anmut" ist ja gerade das Versprechen der Freundlichkeit trotz Distanz; ist ja stets Bewegtheit und spielende Gelöstheit: also das Gegenteil der Versteinerung. Ja, „Anmut" ist so vollkommene Gelöstheit, daß sie sogar noch die Angst in etwas „Bezauberndes" verwandeln kann, nämlich in „Scheu".

Wie ist die, einfach nicht zu leugnende, Anmut der Kafkaschen Prosa zu verstehen?

Als Seitensprung aus der Ohmmacht. Gerade *da* die Welt als das absolut Übermächtige gilt und jede effektive Freiheit ausschließt, springt die Sprache in die tausend gedachten Möglichkeiten, Konjunktive und Wennsätze, um so, unbeschwert von der Wirklichkeit, zu „spielen". „In meinem Erdhaufen" spricht der Dachs in der Erzählung „Der Bau", „kann ich natürlich von allem träumen, auch von Verständigung, trotzdem ich genau weiß, daß es etwas Derartiges nicht gibt". „Kann" und „Wenn". „Wenn irgendeine hinfällige, lungensüchtige

Kunstreiterin in der Manege auf schwankendem Pferd von einem unermüdlichen Publikum vom peitschenschwingenden erbarmungslosen Chef monatelang ohne Unterbrechung rundum getrieben wurde, auf dem Pferde schwirrend, Küsse werfend, in der Taille sich wiegend, und wenn dieses Spiel unter dem nichtaussetzenden Brausen des Orchesters und der Ventilatoren in die immerfort sich weiter öffnende graue Zukunft sich fortsetzte, begleitet vom vergehenden und neu anschwellenden Beifallsklatschen der Hände, die eigentlich Dampfhämmer sind" – und nun erst, was dann geschähe. („Auf der Galerie".) Hier ist in der Tat alles: Das „gelöste" Wenn, das „Spiel" von Zirkus und Pferd, die Vergeblichkeit der karussellartigen, immer neu beginnenden Reitbahn, endlich die Tötlichkeit von Peitsche und Dampfhammer – kurz: Die Grazie entsteht dadurch, daß die Sprache, einem spielenden Hunde gleich, um die, die ganze Straßenbreite einnehmende übermächtige Welt herumtollt; ihre Leichtigkeit ist die Leichtigkeit dessen, der, im Vergleich zum Gewicht der Welt, für zu leicht befunden ist; und ihre Heiterkeit die des Nichternstgenommenen, nicht die des Unernsten.

IV. Verschämter Atheismus

Kafka gehört in die Geschichte des verschämten Atheismus

Nur gelegentlich haben wir bis jetzt denjenigen Schlüssel in die Hand genommen, der gewöhnlich als der Dietrich zum Werke Kafkas gilt. Kafka wird als „*homo religiosus*" bezeichnet; der einzige Zugang zu seiner versperrten Welt, versichert man, sei der religiöse.

Auch wir sind auf jene kafkaschen Grundmotive, wie: Schuld, Erlösung, Gnade, Transzendenz, Übermacht, Opfer, gestoßen, die schwerlich unter einem anderen als religiösen Titel diskutiert werden können – wenn es sich auch herausgestellt hat, daß es *Beziehungen des Menschen zum Diesseits, und nicht zum Jenseits* waren, die Kafka mit, der religiösen Sprache entlehnten, Begriffen beschrieben hat. Unleugbar bleibt dennoch, daß schon diese „Entlehnung" (das Minimum, das auch der Skeptischste nicht leugnen kann) selbst bereits ein Problem darstellt.

Wenn wir die Behandlung Kafkas als „homo religiosus" so lange vertagt haben, so, weil uns dieser Ausdruck keine Antwort, sondern ein Problem zu sein scheint: Es bleibt fragwürdig, was dieses Wort in unserer säkularen Welt bezeichnen kann. Die Geschichte der positiven Religionen bietet eine lange Reihe sehr distinkter religiöser Funktionsbezeichnungen: Heiland, Heiliger, Prophet, Jünger, Stifter, Reformator, Häretiker u. s. f. Niemand würde sich, gefragt, „was" etwa Franziskus oder Buddha gewesen seien, auf die vage Antwort „homo religiosus" beschränken. Andererseits würde aber wohl auch niemand wagen, Kafka mit einer der oben genannten distinkten Bezeichnungen zu belegen. In der Tat kann der ungewisse Ausdruck auch nicht eigentlich präzisiert werden; was allein untersucht und verstanden werden kann, ist, warum Kafka so vage klassifiziert wurde.

Da springt erst einmal in die Augen, daß die Investitoren, die Kafkas Grundposition so voreilig und so allgemein mit dem Ausdruck „religiös" belegten, keine konkreten religiösen Vorstellungen mit dem Worte verbinden konnten; *Kafkas Investitur fand in der – Literatur statt;* also in einer längst schon irreligiösen, mindestens religionsindifferent gewordenen, Schicht. In einer Schicht, der Kafka (wenn er irgendwo zugerechnet werden kann) freilich selbst noch zugehörte.

Was immer der Ausdruck anzeigen mag – allein schon der Umstand, daß ein keine positive Religion „ausübender" Autor in einer völlig gottlosen Welt sich selbst als religiösen Menschen verstand; „Schreiben als Form des Gebetes" bezeichnete; und daß er von einer, sonst religiös indifferenten, Bildungsschicht als religiös gefeiert wurde, ist so befremdlich, daß selbst der Mißtrauischste an ihr nicht einfach wie an einem Scheinproblem vorbeigehen kann. Tatsächlich sind die Probleme der verweltlichten Religion (oder vielleicht der re-religiosifizierten Weltlichkeit) in Kafkas Werk so repräsentativ verkörpert, daß die Aufklärung seiner *Religiosität* (denn um solche handelt es sich, nicht um „Religion") verspricht, sehr allgemeine Züge der geistigen Situation der Gegenwart mit aufzuklären.

„Es sind in Deutschland die Theologen", sagt Heine einmal, „die dem lieben Gott ein Ende machen – on n'est jamais trahi que par les siens". Die Wahrheit dieser Beobachtung ist einleuchtend. Wenn in Lessings „Erziehung des Menschengeschlechts" Gott selbst den Menschen bis zu jenem Ende der Erziehung hinführt, an dem der Mensch mündig, Gott also überflüssig wird, so ist es sogar Gott selbst, nicht nur der Theologe, der Gott entbehrlich macht; Gott selbst, der sich zurückzieht; aber auch Gott selbst, der seinen Rückzug als religiöses Positivum darstellt. – Wenn Hegel, herkommend aus der Tübinger Theologenschule, den johanneischen Geist-Begriff mit den, der „Raison" und der „Aufklärung" entlehnten Elementen versetzt, vernichtet er den Gottesbegriff, den er angeblich retten will. Im Grunde kann man die ganze deutsche Philosophie von Lessing bis Hegel, dieses sonderbare Zwischenphänomen zwischen Religion und Wissenschaft (das z.B. in dem zweigleisigen: nur religiösen *oder* naturalistischen Frankreich kaum existierte, und das erst heute unter dem Einfluß der deutschen Existenzphilosophie zu entstehen beginnt) als einen Prozeß ansehen, *in dem die Religion durch Rettung vernichtet und durch Vernichtung gerettet* wurde.

Aber eben auch durch Vernichtung gerettet wurde. So richtig es ist, die deutsche Geistes- und Kunstgeschichte des 19. Jahrhunderts als Geschichte der Säkularisierung zu lesen, so nötig ist es zugleich, das entgegengesetzte Motiv zu beobachten: Daß nämlich der Atheismus selbst als religiöses Phänomen verstanden wurde. Eindeutiger und nackter Atheismus war in Deutschland eine Seltenheit; in nichtbürgerlichen Kreisen gab es ihn zwar: so etwa bei Friedrich dem Großen; wie denn auch in Frankreich der Unglaube erst einmal ein Monopol nichtbürgerlicher Kreise: des Adels, gewesen war. Als aber die Aufklärung Ideologie des Bürgertums wurde, hatte sie in Deutschland zwar Vertreter großen Formats, aber wenig Glück. Denn die unselige Geschichte des deutschen Bürgertums besteht eben aus der Phase, in der es noch nicht seiner selbst sicher war und aus der, in der es seiner selbst schon nicht mehr sicher war. Noch ehe es historische Substanz wurde, ja noch ehe die feudalen Reste als Machtkomponenten verdrängt waren, erschien bereits das „Gespenst" einer nichtbürgerlichen Klasse am Horizont, einer Klasse, deren erste Tat darin bestand, dem Bürgertum seine antiklerikalen und antireligiösen Argumente aus der Hand zu schlagen. Daß das Bürgertum dadurch über seine eigene religiöse oder deistische oder atheistische Position in Unsicherheit geriet, ist vollkommen begreiflich. Eindeutig atheistisch war es wiederum, im Unterschiede zur französischen Bourgeoisie, nur in Naturwissenschaften und Technik, also dort, wo ausdrückliche Leugnung überflüssig und Nutzen evident war. Sonst kaum.

In der Tat ist es bei vielen Dokumenten des 19. Jahrhunderts (etwa bei Wagner) mühselig zu entscheiden, ob sie *noch* religiöse Reste enthalten, oder ob sie *schon wieder* im Prozeß der Re-Religiosifizierung begriffen sind.

Daß diese Re-Religiosifizierung dialektisch vor sich ging (also zumeist nicht als bloße Rückkehr, durch Konversion), ist wenig überraschend. Vielmehr wurde zumeist die erreichte Phase der Entgötterung selbst religiös gedeutet: Die entgötterte Natur zum Element der Religion gemacht (eine Entwicklung, die über die „monistische" Wissenschaftsreligion bis zum Nationalsozialismus führte); oder das Ende der Götter wurde als apokalyptisch (also religiös) präsentiert („Götterdämmerung"); oder der Mensch, der dazu verdammt war, im Nichts stehen zu müssen, wurde mythisiert („Übermensch"); oder der Mensch, der Gott nicht mehr „fand", deutete diese Unauffindbarkeit als Effekt des sich entziehenden Gottes (Rilke, Duineser Elegien). Alle diese, zugleich großartigen und vieldeutigen Varianten, gehören in die noch nicht geschriebene „*Geschichte des verschämten Atheismus*", ohne deren Verständnis die deutsche Geistesgeschichte der letzten hundertfünfzig Jahre unbuchstabierbar bleiben muß.

Daß auch Kafka nur vor dieser Folie Profil annimmt, wird sich im Laufe des folgenden immer wieder zeigen.

Kafka konzediert den Unglauben und sichert sich eine winzige Positivität

„Manche leugnen", schreibt er in seinen philosophischen Aphorismen „*Er*" (1920), „den Jammer durch den Hinweis auf die Sonne, er leugnet die Sonne durch den Hinweis auf den Jammer ... Die Kraft zu verneinen ... haben wir immer, den Mut aber nicht."

Den Mut aber nicht. Das heißt: Kafka war, wenn wir diese Stelle ernst nehmen dürfen, ungläubig. Aber er hatte nicht den Mut zu seiner eigenen Ungläubigkeit. Die Situation des Unglaubens ist ihm untragbar, das „Im-Nichts-stehen" wäre Untergang; der Untergang, mit dem er in der Tat dauernd kämpft: Jahre seines Lebens ließ er sich ein auf halbe Erlösungsdoktrinen, wie Steinersche Anthroposophie, Mazdasnan – und dies nicht, weil diese Hintertreppenreligionen seinem philosophischen oder religiösen Stil geähnelt hätten – die Kluft zwischen dem imposanten Quatsch dieser Heilslehren und seiner Nüchternheit ist unermeßlich –, sondern weil er aus dem Nichts den Sprung ins „Etwas" tun mußte, in *irgendein Etwas,* oder in die totale Bejahung des Seienden, der bloßen Tatsache des Existierens. Nietzsches Sprung aus dem Nihilismus in die „Ewige Wiederkehr" war, wenn auch nicht das effektive Modell, so doch gewiß der philosophische Präzedenzfall gewesen. Auch für Kafka blieb nur dieses nackte Minimum. „Daß es uns an Glauben fehle", heißt es in der 109. Betrachtung, „kann man nicht sagen. Allein die einfache Tatsache unseres Lebens ist in ihrem Glaubenswerte gar nicht auszuschöpfen."

„Hier wäre ein Glaubenswert? Man kann doch nicht Nicht-Leben."

„Eben in diesem ‚kann doch nicht' steckt die wahnsinnige Kraft des Glaubens."

Kafka vertritt einen Ritualismus ohne Ritual

Man ist heute in den verschiedensten Kreisen gewohnt, auf die ungefähre und verwässerte Religiosität ohne Religion, die das 19. Jahrhundert gekennzeichnet hatte, wie auf eine verächtlich-unverbindliche Angelegenheit unserer Groß- und Urgroßväter hinabzublicken. Das Goethesche

„Nenn es, wie du willst,
Nenn's Herz! Glück! Liebe! Gott!
Ich habe keinen Namen
Dafür. Gefühl ist alles."

schien eindeutig zu bezeugen, daß man noch nicht einmal wußte, worin der *Gegenstand* dieses Glaubens (wenn dieses „Gefühl" „Glaube" genannt werden konnte) überhaupt bestand; die Überschwänglichkeit, so schien es, stellte nur die „positive Kehrseite" von Unverbindlichkeit und Ungenauigkeit dar – obwohl „religio" ursprünglich nichts anderes bedeutet hatte als „Genauigkeit".[13]

Die Verächter dieser *Religiosität ohne Religion* waren, wie gesagt, zahlreich; ihre Standplätze lagen denkbar weit auseinander. Einerseits kritisierte man von der Position des radikal optimistischen Unglaubens: von ihr aus wirkte die Gläubigkeit als „Angst vor der eigenen Courage". Andererseits attackierte man vom Boden des radikal verzweifelten Glaubens, d. h.: kierkegaardisch, von jener Position aus, für die die Verzweiflung am Glauben als letzter Glaubensgrund festgehalten wurde: Von dieser, kaum fußbreiten, Position aus erschien Religiosität als unernst und ästhetisierend. In ein ähnlich gestimmtes Horn stieß die Existenzphilosophie, die von hier den Ernstbegriff, von dort den Atheismus entlehnend, eine Mittelstellung zwischen beiden einnahm und deshalb vorübergehend das stärkste Echo erzeugte – nicht zuletzt, weil sie in ihrer „ernsten" „Entschlossenheit" zu nichts als zu ihrer eigenen Entschlossenheit entschlossen war[14] und Verbindlichkeiten sowenig festlegte wie der „entschlossen" von ihr kritisierte Ästhetizismus. – Die letzten und vulgärsten Kritiker waren schließlich die nationalsozialistischen Ideologen, die zwar allen Wust von Glauberei, den uns das vorige Jahrhundert vermacht hatte, in Bausch und Bogen übernahmen („Gefühl ist alles"), diesem Wust aber die äußerliche Verbindlichkeit des Terrors einpumpten und ihm dadurch das Aussehen einer kompakten und geharnischten „Religion" verliehen.

Was hat Kafka zu diesem, aus allen Richtungen vorgetragenen, Angriff auf „Religiosität ohne Religion" beigesteuert?

Sein Beitrag zu dieser Attacke ist deutlich: Kafka stieß jenes ursprüngliche, aber verlorengegangene, Motiv der Religion: die *Präzision*, den *Ritualismus*, wieder in den Vordergrund; und tat das, obwohl er keinem bestimmten Ritualsystem, keiner in einem Ritual geeinten Gruppe zugehörte. Was er in den Vordergrund stieß, war ein Gespenst.

Denn Präzision in einem agnostischen Rahmen ist gespensterhaft. Wo in magischen oder religiösen Ritualien Präzision verlangt und durchgeführt wurde, war damit eo ipso vorausgesetzt, daß man (oder der Eigentümer des Erkenntnismonopols) unwiderruflich wisse, was durch welchen Schritt erzielt, was durch welchen vermieden, was durch welche Unterlassung gefördert, was durch welche gefährdet werde. Nichts dergleichen bei Kafka – im Gegenteil: *Was* zu tun sei, wußte er weniger, als die ihm vorangehenden Generationen, die immerhin noch in der Selbstverständlichkeit bürgerlicher Moral zu Hause gewesen waren; und wenn Kafka etwas wußte, so, daß er nicht mehr wußte, was zu tun sei, welche Pflichten verbindlich seien: Die Muse des Agnostizismus befeuerte seine Prosa. Sein (oder seiner Figuren) monströser kategorischer Imperativ könnte also formuliert werden: *„Führe die Pflichten, die du nicht kennst, präzise aus!"*

Es ist deutlich, daß diese Position der Skrupelhaftigkeit oder des „Ritualismus" (im Gegensatz zum distinkten Ritual) nicht weniger unpräzis ist als die Position der bloßen „Religiosität". War diese ein freischwebendes, nämlich obligationsloses, Gefühl gewesen, so handelt es sich bei Kafka um eine *freischwebende Verbindlichkeit,* nämlich um eine solche ohne Inhalt, um Ritualismus ohne Ritual. Jene Position hatte noch Enthusiasmus erlaubt; diese erlaubt nur noch Selbsterniedrigung und Verzweiflung.

(Um Irrtümern vorzubeugen: Diese „freischwebende Verbindlichkeit" hat mit derjenigen der Kantischen Ethik, also mit dem sogenannten „Formalismus" nichts gemein: Vielmehr sind die beiden kontradiktorisch. Kants Formalismus ist der großartige Ausdruck für die *Freiheit* des Subjekts, das keine bestimmten inhaltlichen „Solls" kennen oder anerkennen kann, weil die gegenseitige Freiheitsverbürgung der Subjekte eben den Inhalt des moralischen Tuns ausmacht. Kafkas freischwebende Verbindlichkeit aber schließt Freiheit gerade aus: Sie ist formal und „neutral gegen Inhalte", weil ihm die Antitüde der präzisen Gebotsbefolgung wichtiger ist als der Inhalt der Gebote und wichtiger als die Moralität der Gebietenden. Sein Formalismus ist der der Unfreiheit.)

Hätte nicht diese Kombination von Agnostizismus und Ritualismus sehr aktuelle Bedeutung, würfe sie nicht Licht auf die heutige Kafka-Mode, so würden wir sie nicht so ausführlich besprechen.

Wo gibt, wo gab es Agnostizismus in Verbindung mit Skrupelhaftigkeit und Ritualismus? Wo gilt Kafkas kategorischer Imperativ?

Unter dem faschistischen Terror, unter dem niemand weiß, *was* jeweils von ihm gefordert wird, warum etwas gefordert wird – wo aber die skrupelhafteste Erfüllung des Undurchsichtigen oder Unbekannten von ihm erwartet wird. So gesehen, ist der heutige deutsche und französische Kafka-Kult ein sehr fragwürdiges Symptom; er verbirgt eine indirekte und unbewußte Bejahung jenes furchtbaren Zustandes, in dem man zu wissen nicht für würdig befunden, aber genau zu handeln verpflichtet war. Was physisch untragbar gewesen, wird nun, im dichterischen Gewande, bewundert; und das Grauen der Vergangenheit wird, statt nüchtern bewahrt, in verbrämter Version erinnert.

Präzision ist, wie wir sahen, „sinnvoll", mindestens innerlich glaubhaft und konsequent, nur innerhalb eines Rituals. Denn Ritualsysteme sind Präzisionsmaschinen. Jeder Handgriff hat einen genauen Ausschlag zur Folge, oder richtiger: Jede Unterlassung zieht sehr bestimmte Gefahren oder Katastrophen nach sich. Das Ganze des täglich und nächtlich von einer primitiven magischen Gruppe „ängstlich" in Betrieb gehaltenen Ritualprozesses hält (in den Augen dieser Gruppe) zugleich ihre Welt in Gang, hält besonders die drohenden Gefahren ab. Je größer die Exponiertheit und Unsicherheit einer Gruppe, desto strikter die Skrupelhaftigkeit eines Rituals: Angst und „ängstliche Genauigkeit" sind Gegenbilder und proportionale Größen.

Die Angst des modernen, mangelhaft oder nirgends integrierten, allseitig exponierten Individuums hat zwar völlig andere Beweggründe als die der „primitiven Gruppe". Aber auch sie sichert sich in ritualartigen Gebilden und Prozessen. Die Psychoanalyse hat uns zahllose Bilder privater (sozial gesehen, krankhafter) Ritualsysteme gezeichnet. Und der atemlose Enthusiasmus, mit dem sich, ihrem eigenen Interesse zuwider, die europäischen Millionenmassen in das tödliche Schneidewerk der faschistischen Maschine hineinwarfen, hat auch darin seinen Grund, daß die unwiderrufliche Eindeutigkeit von Befehl und Gehorsam, die die Maschine herstellte, gleichzeitig als ritueller Schutz und als Sicherung vor dieser Maschine selbst hatte locken können.

„Präzision" hat heute also eine durchaus zweischneidige Bedeutung: sie bezeichnet sowohl die Funktionsart der gefährlichen Welt wie die Rettung vor dieser gefährlichen Welt. Sie ist gewissermaßen homöopathisch: Die Heilung wird erwartet von dem Gift, gegen das man es einnimmt.

Nicht anders ist es bei Kafka. Auch ihm ist Präzision Titel nicht nur für den „Prozeß", nicht nur für den Prozeß, der einem von der Welt gemacht wird, nicht nur Titel für das Funktionieren der Übermacht, sondern gleichzeitig für die Attitüde, die er vom Menschen oder von sich selbst verlangt. Es ist deutlich, daß diese Feststellung wieder so etwas umschreibt, wie „Gleichschaltung" – kein geringer Beweis für die Richtigkeit unserer Deutungen, die immer wieder konvergieren, obwohl sie von weitauseinanderliegenden Einzelproblemen ausgehen.

Die, der Skrupelhaftigkeit des Rituals entlehnte, Genauigkeit und Verbindlichkeit war zwar von Kafka als Maßnahme *gegen* die bloß psychologische „Religiosität" (im Unterschied zu „Religion") gemeint gewesen. Da aber seine ritualistische Präzision „frei schwebt", d.h. nicht Präzision eines bestimmten Rituals ist, wird Kafka damit zum

Apotheotiker von Verbindlichkeit und Ritualismus überhaupt. „Überhaupt“: also zum Apotheotiker des *bloßen Gefühls ritualistischer Verbindlichkeit.* Des bloßen Gefühls: Also führt Kafka aus der nur psychologischen Provinz nicht heraus, vielmehr psychologisiert er gerade dasjenige Grundelement der Religion, das zuvor, gerade durch den Prozeß der Psychologisierung und Ästhetisierung der Religion, als ästhetisch unassimilierbar hatte draußen gelassen werden müssen. Da der, keinem bestimmten Inhalt verbundene, Ritualismus *unverbindlich* ist, wird gerade er nun zum ästhetischen Phänomen – was freilich den Kunstwerken Kafkas ihre unvergleichliche Disziplin, Schönheit und Profiliertheit verleiht.

Kafka ist fern davon, zu einer wirklichen Religion zurückzufinden. Er geht über die bisherige Psychologisierung und Ästhetisierung der Religion dadurch hinaus, daß er nicht nur die religiösen *Inhalte,* sondern auch das, was die *religiöse Attitüde* ein für allemal von der ästhetischen unterscheidet, *ästhetisch* „besetzt“. Seine Radikalität ist unsteigerbar. Aber sie ist nicht Radikalität des Anfangs, sondern radikaler Abschluß desjenigen Prozesses, den er angeblich bekämpft. *Er gehört zu seinen eigenen Feinden: als deren radikalster.* Und wenn er seine Werke vernichtet wissen wollte, so wahrscheinlich auch deshalb, weil er ahnte, daß er durch die Form seines Kampfes das Ziel seines Kampfes verriet.

Apologie der Halbheit

Es ist außerordentlich einfach, über die durch den Titel „Religiosität ohne Religion“ bezeichnete Position den Stab zu brechen und sie als eine Scheinposition beiseite zu schieben. Mir scheint, daß die der „Scheinposition“ zugrunde liegenden Probleme auch heute noch nicht annähernd gelöst, ja daß sie eigentlich nicht einmal formuliert worden sind. Auch wer allen positiven Religionen völlig entfremdet ist, muß zugeben, daß die Wissenschaften die dogmatischen Systeme der Religionen nur als „Aussage- oder Wissenssysteme“ „widerlegt“ und ersetzt haben; sich aber um sie als Fragesysteme nicht gekümmert und sie als solche nicht entfernt ersetzt haben; sie haben die Religionen behandelt, als seien sie Theologien. Aber das waren sie stets nur nachträglich. Wie wahr auch die Antworten der Wissenschaften sein mögen, die *Fragen* der Religionen haben eine ganz andere Art von Wahrheit; insofern Religion *Praxis* war (Ritual), durch die der Mensch die sein Verstehen und die Ertragbarkeit übersteigenden Schwierigkeiten seines Daseins in Ordnung zu bringen versuchte, hat sie in den Wissenschaften keinen, jedenfalls keinen gerade vollständigen Erben gefunden. Wie man mit dem Tode der Nächsten und Fernsten „fertig" werden könne; warum (wenn es „Heiliges", also sanktionierende Instanzen nicht gibt) noch gesollt werden solle – über solche Fragen hat weder Wissenschaft noch Philosophie der letzten zweihundert Jahre irgend etwas aussagen können –, es sei denn, die eine oder die andere habe eben noch Restbestände christlichen oder stoischen Geistes in sich aufbewahrt.

Die Tatsache, daß Philosophie und Wissenschaft Erben der Theologien waren, aber nur unvollständig erbten; nur das Antworten erbten und die Antworten ersetzten, nicht aber die Fragen, hat den Menschen in eine unsäglich zweideutige Situation gebracht. Dem Chemiker, der dem Sarg seiner Frau folgt, kann die Chemie keine Antwort geben in seiner Schwierigkeit; aber die Aussagen der Religion sind ihm (er sei denn außerhalb des Laboratoriums ein völlig anderer als im Laboratorium) gleichfalls unglaubhaft. Daß in solchen Situationen Mischformen und Mischattitüden entstehen müssen, die weder wissenschaftlich verifizierbar noch religiös verbindlich sind, ist so tief begründet, daß durch bloßen Appell an „Sauberkeit" der Unterscheidungen oder durch bloße Erinnerung an die ehemalige Verbindlichkeit der Religion einfach nichts geleistet ist.

Der Ruf ohne Rufenden. Gott ist für Kafka tot. Daß er tot ist, ist ihm eine religiöse Tatsache

Was in den letzten zweihundert Jahren durch die Zersetzung der Religion geschehen ist, ist durch den Titel „Psychologisierung" nicht erschöpfend bezeichnet. Ungleich wichtiger waren die Wirkungen, die die Zersetzung auf die Grundlagen der Moral ausgeübt hat.

Solange die Existenz Gottes – selbst in ihrer verdünntesten deistischen Form – selbstverständlich anerkannt war, solange hatte die Moral ein Fundament gehabt. Befehle und Verbote sind sinnvoll nur als Befehle und Verbote eines *Jemand;* sie sind heilig und verbindlich nur, solange der Befehlende, selbst heilig, sie durch seine Existenz sanktioniert hat. Fällt der Befehlende (und Verbietende), so fällt damit notwendigerweise die Rechtfertigung des Befehls. Ein *Befehl ohne Befehlenden* verliert sowohl Heiligkeit wie Verbindlichkeit. Warum dieses „Gute" zu tun, jenes „Böse" zu vermeiden sein „sollte", müßte dem Ungläubigen mit einem Schlage unübersehbar werden, wenn er konsequent wäre. Daß es *Moral geben solle* – ist nicht mehr einsehbar. Ihre eigene Existenz moralisch zu rechtfertigen, ist die Moral außerstande. Mindestens hätte die Frage „*Warum soll Sollen sein?*", die Frage nach der moralischen Erforderlichkeit der Moral, gestellt werden müssen. Wenn der Mensch konsequent gewesen wäre.[15]

Anderes geschah. Erst einmal, bei Kant, eine schon von langer Hand vorbereitete *Inversion* von Religion und Moral: Gottes Existenz war nicht mehr eigentlich Basis der Moral; vielmehr wurde das Gewissen zum Beweise der Existenz Gottes. Im durchschnittlichen bürgerlichen Moralbewußtsein Europas aber fand noch nicht einmal diese Inversion mehr statt. Gott galt als „tot" ... nein, noch nicht einmal als „tot"; aber seine „Befehle" – d. h. die Moralbefehle, *nun Sprüche ohne Sprecher,* galten weiter, gewissermaßen von eigenen Gnaden. Zwar waren sie ohne Sanktionierung, aber sie „galten" als verbindlich. Der Vulgärplatonismus der „Geltungsphilosophie" ist nichts anderes als die Folge dieser „Säkularisierung". Gab man den „Befehlenden" (Gott) auf, ohne den Mut aufzubringen (den Stirner z. B. gehabt hatte), das Befohlene mit aufzugeben, so mußte dem Befohlenen selbst eine „schwebende", ideen-artige Eigenexistenz zugesprochen werden. Tatsächlich wurde das „Gelten" als neue Seinsform in die Philosophie eingeführt (durch Lotze); und, zu Beginn des neuen Jahrhunderts zum Grundbegriff der antinaturalistischen akademischen Philosophie gemacht (Rikkert). Der sophistische Handgriff dieser Philosophie bestand darin, den spezifischen Unterschied zwischen „Sein" und „Gelten" zum Beweis für die Gültigkeit von „Geltendem" zu machen, aus dem Begriff die Existenz von Gültigem abzuleiten, so wie in den klassischen Gottesbeweisen aus dem Begriff des vollkommensten Wesens dessen Dasein bewiesen worden war. – Wie dem auch sei, die Moral wurde seit hundertfünfzig Jahren zum deutlichen Abbild der Situation des Bürgertums, das sich selbst Gesetze gab, mindestens zu geben hoffte oder vermeinte, und sie nicht mehr von einer außerhalb stehenden Monopolautorität entgegenzunehmen wünschte.[16] Die Anonymität der ohne Befehlenden gültigen Moral bietet also, so fragwürdig ihre philosophische Formulierung war, dem soziologischen Verständnis keine Schwierigkeiten: Wenn, wie es die bürgerliche Gesellschaft, mindestens ihre Ideologie beansprucht, *Befehlende und Gehorchende identisch* sind, ist die Sanktion der Moral auf alle verteilt bzw. so allgemein verstreut, daß sie ,,nirgends" zu sein scheint: Dieses Nirgendwo und doch Da-sein fand eben seinen akademischen Ausdruck in dem Vulgärplatonismus der ,,Geltungsphilosophie", die das ,,Gelten" in eine, der Wirklichkeit entzogene, spezifische Ebene verlegte.[17]

,,Irgendwie" wurde die Paradoxie der ,,Befehle ohne Befehlenden" im Laufe des Jahrhunderts natürlich doch empfunden. Man versuchte Halblösungen: Entweder machte man die Moral selbst zu Gott oder man vergottete anderes: Das ,,Ich" (Stirner) oder ,,Seiende" (,,Heiligkeit des Lebens", des ,,Volkes" usw.). Selbst dort, wo, wie im Marxismus, diese oder jene Moral als Vergottung von Herrschaftsinteressen entlarvt wurde, blieb der naive moralische Anspruch auf eine gerechte, also moralische Gesellschaftsordnung und der heilige Verpflichtungscharakter doch selbstverständlich bestehen. Über die Hintergründe seiner eigenen moralischen Leidenschaft Überlegungen anzustellen, hat der Marxismus keine Zeit gehabt; auch indirekt hat er über den Sanktionsgrund der Moral nichts, was über bürgerliche Philosopheme hinausginge, ausgesagt – was sehr begreiflich ist, denn ein Arzt, der sich am Krankenbette fragt, warum er heilen sollte und warum Menschen gesund werden sollten, wäre nicht gerade empfehlenswert.

Deutlich sichtbar war die Inkonsequenz der ,,Befehle ohne Befehlenden", außer den russischen Nihilisten, nur zwei Männern: Nietzsche und Kafka. In der Tat war Nietzsche, trotz der Breite der naturalistischen Bewegung des 19. Jahrhunderts, doch der einzige seiner Generation, der die Frage nach der *Legitimität von Moral überhaupt* im Sinne hatte, als er die christliche Moral seiner Kritik unterzog. Seine Titel ,,Gott ist tot" und ,,Jenseits von Gut und Böse" sind letztlich nur zwei Varianten über ein einziges Thema.

Von der Situation ,,Gott ist tot" geht nun alles, was Kafka schreibt, aus. In seiner 47. Betrachtung beschreibt er sich als ,,Kurier, der durch die Welt jagt und, da es keine Könige gibt, sinnlos gewordene Meldungen ruft". Und als einen, der dem elenden Leben gern ein Ende setzen würde – was er aber ,,nicht wagt wegen des Diensteides".

Grausamer kann die Situation nicht beschrieben werden. Er ist Kurier eines Königs, der nicht existiert. Und dem Nichtexistierenden durch Diensteid verbunden. Das heißt: Kafka nimmt die oben beschriebene Situation, in der die Befehle (der „Diensteid") noch verbindlich sind, obwohl der Befehlende „ausgestrichen" ist, wörtlich.[18] Er beschreibt also endlich, was jedermann im 19. und im angehenden 20. Jahrhundert ohnehin getan hat, ohne sich darüber Rechenschaft abzulegen: Nämlich das Halten des Treueids ohne Glauben an die Existenz dessen, dem man den Eid hält – nur daß er eben die Nebel, die diese moralische Praxis verunklärt hätten, zerteilt, und die Zweideutigkeit dieser Situation als das echte Paradox, das sie ist, darstellt. Bis zu diesem Punkte ist er wahr. Aber nur bis zu diesem Punkte.

Denn wie und zu welchem Zwecke Kafka das Paradox formuliert, ist wiederum zweideutig. Auf keinen Fall, um (wie Nietzsche es getan hatte) die Verbindlichkeit des Treueides aufzulösen; wahrscheinlich nur, um sich selbst und uns in flagranti dieses Paradoxes zu ertappen und um sich und uns in ihm hängenzulassen. Manches spricht sogar dafür, daß er nun doch aus der Tatsache des noch gehaltenen Diensteides gewissermaßen religiöses Kapital zu schlagen versucht, das Paradox selbst noch als religiöses Paradox zu sehen bereit ist.

In dem (der 47. Betrachtung sehr ähnlichen) Stück „Die kaiserliche Botschaft" (in „Der Landarzt") heißt es, der sterbende König („Gott ist tot"!) habe im Todesaugenblick eine Meldung „an dich, den einzelnen, übergeben". Aber die Meldung kommt niemals an; der Weg von ihm zu uns oder zum „Einzelnen" ist zu lang. Die Zimmerflucht der Welt, die sich zwischen den verstorbenen Kaiser und uns einschiebt, ist undurchmeßbar. So weit scheint die antireligiöse Pointe siegreich: Der Kaiser ist tot; und die Unendlichkeit der als „Zwischenraum" auftretenden Welt ist offensichtlich größer als die Macht der göttlichen Meldung, die ja eben durch die ungeheure Entfernung zwischen Gott und uns am Ankommen verhindert wird. Aber dieser ungeheure Zwischenraum ist für Kafka eben nicht nur eine Negation des Religiösen, sondern ein religiöses Negativum. Immer wieder ist er bereit, die Funde seiner Verzweiflung positiv umzumünzen. Bei der Kategorie des „Zwischenraums" ist das sowohl logisch wie emotional leicht möglich. Der unendliche Zwischenraum (Welt oder Zeit) gewinnt die Bei-Bedeutung der „Unerreichbarkeit" Gottes; und diese „Unerreichbarkeit" (die zugleich bedeutet: Gott kann uns nicht, und wir können ihn nicht, erreichen) schlägt in Kurzschlüssen immer wieder um in die *Transzendenz,* die bisher Gottes positives „Attribut" gewesen war. Immer wieder hat man bei Kafka den Eindruck, die Tatsache, daß er von der Meldung Gottes nicht erreicht werde, werde ihm zum Gottesbeweise.

Diese letzte Formulierung ist vielleicht zu pointiert. Kafkas Vieldeutigkeit muß in aller Fairneß verstanden werden. Er ist wie ein im Dunkel eingeschlossener Mann, der einmal nach oben nach Hilfe ruft, einmal die Dielen im Fußboden untersucht, einmal nach rechts durchzubrechen sich abmüht, dann plötzlich wieder links das gleiche probiert. Daß er bei jedem seiner verzweifelten Versuche überzeugt war, auf dem Wege, dem einzig rechten Wege, zu sein – das anzunehmen, wäre sinnlos. Das Hin und Her, die Vieldeutigkeit seiner Unternehmungen beweist nur, daß er überhaupt nicht weiß, *ob* es einen Weg heraus gibt; bezeugt nur die Eindeutigkeit seiner verzweifelten Begierde, herauszukommen.

Der ständige Zweifel verhindert, daß er jemals eine Aussage in wirklicher Thesenform äußert. Und, so absurd das klingen mag: Gerade dieses Ausgeschlossensein von einer eindeutigen Aussage, das ewige „Vielleicht, vielleicht auch nicht" gibt seinen Aussagen noch die *verzweifelte Form von Kunstwerken.* Hätte er eindeutig gewußt, in welcher Richtung sein Ausweg lag, so hätte er „nur" als Gläubiger, oder „nur" als Weiser, oder „nur" als „Tendenzdichter" gegolten. Da er aber verzweifelt zweifelt, da er „nicht sagt, was er meint" (weil er nicht weiß, was er meint), bleibt er noch immer in jener Dimension der „Neutralität", die wir als die Dimension der künstlerischen Aussagen anzusehen gewohnt sind – nur daß bei ihm eben diese Neutralität nicht anzeigt, daß er sich in den „Elfenbeinturm" zurückgezogen habe, sondern daß er in einen Turm eingeschlossen ist. Daß seine Versuche und Hilfeschreie „künstlerisch" wirken, ist der Effekt seines Zweifels und seiner Verzweiflung. *Das Gebet des zweifelnden Beters wird zum Gedicht.* Und wer den nach vorn, nach hinten, nach rechts und nach links herumspringenden und Auswege probierenden Häftling ahnungslos beobachtet, mag seine Schritte für „pas" eines Ballettänzers und sein Hin und Her für eine Pantomime halten; sogar dem Häftling selbst mag es zuweilen so erscheinen, als führe er nur ein Privatballett auf. Daß Kafka sich zuweilen so sah, steht fest.

Der nicht zu leugnende Zusammenhang zwischen Skepsis und

Kunst (der in der Romantik noch einmal vorübergehend deutlich geworden und von Kierkegaard völlig durchschaut worden war) war freilich von Künstler und Publikum fast immer vergessen worden. In Kafka wird die Affinität von Zweifel und Kunst noch einmal exemplarisch sichtbar. Wenn er „Escapist" ist, so nicht, weil er von der Wirklichkeit in das Land der Phantasie „escapierte", sondern umgekehrt, weil ihm der Ausbruch in die Eindeutigkeit eines Glaubens oder in die Eindeutigkeit eines bestimmten Lebens in einer bestimmten Welt versagt war. Für sein Leben gerne (dies im wahrsten Sinne des Wortes) wäre er anderes gewesen als Künstler: Darauf und nur darauf zielen alle seine künstlerischen Bemühungen. Daß er in Frankreich als existenzialistischer Künstler verstanden wird, ist ganz rechtmäßig. Denn noch einmal macht er den, zumeist verdeckten, vorästhetischen, „existenziellen" Hintergrund: Die Skepsis, deutlich, ohne den die Existenz des Künstlers unbegreiflich ist. Aber er ist eben gewissermaßen der *„letzte Künstler":* denn er bejaht nicht seine eigenen künstlerischen Voraussetzungen, sondern er verflucht sie.[19]

Kafka ist Marcionist. Er glaubt nicht an keinen Gott, sondern an einen schlechten. Unmoralisches verwandelt er in Übermoralisches

Aber auch damit ist noch nicht das letzte Wort über Skepsis und Religiosität Kafkas gesprochen. Zu vieles bleibt vieldeutig. Nicht nur, ob er thesenmäßig spricht, oder nur in Fabelform Thesen ausprobiert. Unterstellten wir selbst, er „meinte", was er sagte – so bliebe noch immer unausgemacht, ob das in Thesenform Ausgesprochene bestehende Attitüden der Menschen beschreibt oder gesollte Attitüden. Aber weit mehr bleibt vieldeutig.

In unseren Einleitungsparagraphen (S. 18) hatten wir aufgezählt, wie vielen Welten Kafka *nicht* zugehört; d. h. wie viele virtuelle Verbindlichkeiten er versäumt ... Verbindlichkeiten ganz verschiedenster Provenienz, Verbindlichkeiten, die von ganz heterogenen Autoritäten ausgehen. Daß sich bei Kafka die verschiedensten Autoritäten in eine einzige *„Autorität überhaupt"* verdichtet haben, darüber kann kein Zweifel bestehen; aber daß diese Autorität in sich einstimmig sei, können wir nicht erwarten; denn was sie zu *einer* macht, ist ausschließlich die Tatsache, daß sie alle zusammen *einer einzigen Autoritätslosigkeit*, nämlich der, von Kafka unermüdlich beschriebenen, *Unzugehörigkeit und Rechtlosigkeit seiner eigenen Existenz* als Korrelat gegenüberstehen. Die Vieldeutigkeit der Autorität (wenn also dieser Singularis erlaubt ist) geht so weit, daß sie zwischen „Welt" und „Gott" schillert ... ein Schillern, das durch keine Manipulation endgültig auf eine einzige Farbe festgelegt werden kann. Der Streit um die Farbe der Perlmutter ist unentscheidbar.

Nichtsdestoweniger tauchen bei Kafka dieser schillernden Autorität gegenüber traditionelle religiöse Fragen auf: Die wichtigste unter ihnen ist die *Theodizee-Frage*.

Die übliche Theodizee-Frage lautet etwa: „Zugegeben, Gott ist gut; zugegeben ferner die Existenz des Übels – *wie* sind diese beiden widerstreitenden Tatsachen vereinbar?"

Dieser Frage steht das konventionelle Argument des Atheismus gegenüber: „Zugegeben die Existenz des Übels – ist sie mit der Tatsache eines Gottes vereinbar? Nein."

Kafka nimmt, wie nach dem Vorausgehenden nicht anders zu erwarten, eine Zwischenstellung ein. Formelhaft zusammengefaßt, würde seine Position lauten: „Zugegeben die Existenz des Übels – wie haben wir uns die Mächte, die das Übel schufen oder verwalten oder gar genießen, vorzustellen?" Antwort: „Als *schlechte* Mächte. Als *schlechten* Gott."

Wirklich lebt bei Kafka die *marcionistische* Idee, nach der der Schöpfergott „demiurgisch", also „schlecht" ist, wieder auf – und die Entsprechung ist um so erstaunlicher, als bei Marcion dieser Schöpfergott (im Unterschied zum Gott der Liebe) zugleich der Gott des „Gesetzes", des Alten Testaments ist: Auch bei Kafka fallen die göttliche Instanz, das Gesetz und „Schlechtigkeit" zusammen. Mit diesem seinen Schluß von der Misere des menschlichen Lebens auf einen gleichfalls „miserablen" Gott steht Kafka in der modernen Welt allein. Entweder hat nämlich die Moderne die alte Theodizeetradition einfach aufgenommen, also dem Menschen alles Schlechte in die Schuhe geschoben; oder aus Empörung über die Ungerechtigkeit der Welt den gerechten Gott und damit Gott überhaupt geleugnet.[20]

Die erste, den Menschen belastende, Theodizee-Lösung spielt freilich bei Kafka gleichzeitig eine entscheidende Rolle. Die Bürger des Schloßdorfes sind überzeugt von ihrer Richtigkeit: teils in dem Sinne, daß von der höchsten Instanz nur Gutes kommen könne (selbst wenn dieses Gute sie unglücklich macht und sich in die Form eines verschlafenen, mundfaulen, Bett-Ansprüche stellenden Gott-Menschen namens Klamm verkleidet); oder in dem Sinne, daß als „gut" eben dasjenige zu definieren sei, was von der obersten Instanz komme oder verlangt werde. „*Das ist Klamms Entscheidung*", sagt die Wirtin im „Schloß", „*also korrekt*". In wie schauerlicher Weise dieses „Also", diese Identifizierung von „Macht" und „Moral" den heutigen Resten von Gleichschaltungsbereitschaft entgegenkommt, braucht nicht noch einmal eigens betont zu werden. Aber die Gleichschaltung, die K. versucht oder durchführt, ist „moralisch" noch ungleich erschrekkender.

Denn für K., den Fremdling, ist die Identifizierung ein Krampf. Outsider, der er ist, hat er die Chance, die Schlechtigkeit der Macht zu erkennen. Also identifiziert er nicht arglos wie Jene Macht und Recht, *vielmehr erkennt er die als schlecht erkannte Macht an*. Da nun aber Anerkennung die Legitimität des Anerkannten einschließt, anerkennt K. den schlechten Gott als rechtmäßigen und definiert immer wieder die höchste Instanz als diejenige, die dem Gesetz nicht unterstehe. „Unsere Gesetze sind nicht allgemein bekannt", heißt es in dem Stück „Zur Frage der Gesetze", „sondern Geheimnis der Adelsgruppe ... *Der Adel steht außerhalb des Gesetzes*" (Sperrungen von mir). Das Unmoralische münzt er also in das Außermoralische und dieses in das Übermoralische um.

Aber auch das ist noch nicht der Klimax. Da nämlich die Gesetze für die Adelsgruppe nicht verbindlich sind, „*sind*" sie dort vielleicht gar nicht. „Vielleicht", fährt Kafka nämlich fort, „bestehen diese Gesetze gar nicht." Das heißt: Es ist möglich, daß sie *nur* im Gehorsam, *nur* im Befolgenden (der sie freilich nicht kennt) Existenz haben. Die Behörden sind also durch ihre eigenen Gesetze nicht nur nicht gebunden, sondern haben sich der Gesetze, nachdem sie sie „gegeben", gewissermaßen auch schon „begeben": Sie sind nun Legalitätskram, den Herrschenden selbst schon kaum mehr bewußt, und haben ihre Wirklichkeit lediglich in jenen, die ihnen gemäß leben, ohne sie zu durchschauen. – Daß dieses Schreckbild, sofern es nur den Automatismus des Legalismus *beschreibt*, wahr ist, kann nicht geleugnet werden. Aber daß Kafka hier nur beschreibe, würden selbst die à-tout-prix-Verteidiger Kafkas nicht behaupten. Vielleicht ist hier mit einer gewissen verzweifelten Lust das letzte moralische Paradox bejaht; gewissermaßen das Paradox eines Über-Abrahams, der schon daran zweifelt, daß Gott sich seines Opferbefehls überhaupt noch entsinne; der nun, halb verzweifelt, aber auch halb stolz, gehorcht, weil nunmehr der Gehorsam der einzige „locus" der Moral ist; und der sich etwa so ausspräche: „Das ist meinem Gotte ganz recht, daß ich meinen Sohn verliere. Warum informiert er mich nicht über die Ungültigkeit seines Befehls?" (Nicht Kafkas Worte.)

Der Prozeß seiner Gleichschalterei erreicht freilich niemals sein Ziel. Da K., wie wir anfangs gesehen hatten, ständig ankommt, ohne je endgültig anzukommen, oszilliert der Prozeß eben auch ständig. Sein Anerkennen ist niemals definitiv, immer wieder schlägt es in ein „Rechten" um, und dieses „Rechten" immer wieder in ein Selbstbezichtigen. „Ich verdiene es nicht besser", lautet K.s Gewissens-Tenor. „Stünde ich nicht außerhalb, so sähe ich die schlechte Instanz gar nicht als schlechte, sondern würde, was von ihr kommt, eo ipso und arglos als das „Gute" akzeptieren können. Mea culpa." (*Nicht* Kafkas Worte.)

Noch am Ende des Prozeß-Romans, während seiner Vernehmung in der Kirche, ruft K. aus: „Wie kann denn der Mensch überhaupt schuldig sein. Wir sind doch alle Menschen, einer wie der andere." Das heißt: er begreift seine Schuld so wenig wie wir. Aber im Roman folgt diesem vernünftigen Ausruf K.s die furchtbare Entgegnung: „Richtig. Aber so pflegen die Schuldigen zu sprechen." Aus beiden Sätzen redet Kafka. Wem er letztlich recht gibt, ist unbeantwortbar. Denn sein Medium ist der Zweifel. Und die Darstellungsform des Zweifels der dialogische Roman.

Die Parallele zum Buche Hiob, das Kafka sein Leben lang begleitet hat, ist einleuchtend: hiob-artig ist, daß er die Identität des „Guten" und dessen, was von der höchsten Instanz kommt, nicht ohne weiteres anerkennt; daß er sich untersteht zu rechten; daß die Tatsache des Rechtens ihn ins Unrecht setzt; hiobartig schließlich sein sacrificium intellectus: Erkennt Hiob Gott schließlich deshalb an, weil dieser „Nilpferd und Krokodil" geschaffen habe – er aber nichts; so erkennt Kafka, mindestens K. an, daß seine eigene Machtlosigkeit ihn des Rechts beraubt, Rechte in Frage zu stellen. Bedenkt man, daß – im Unterschied zu Hiob – bei Kafka die höchste Instanz eben nicht mehr

Gott, sondern, jedenfalls weit mehr – die Welt bedeutet, dann kann seine Attitüde nicht anders genannt werden als würdeloseste Selbstdemütigung.

Kafka will das Paradies nicht herstellen, sondern betreten. Er ist kein jüdischer Theologe, sondern ein Theologe des jüdischen Daseins

Über Kafkas Erlösungsbegriff können wir uns kürzer fassen als über seinen „Ritualismus" und seine „Theodizee". Denn im Grunde hat unsere erste Deutung des Kafkaschen Lebensbegriffs („Ankommenwollen" und „Doch-nicht-Ankommen") schon deutlich genug gemacht, daß die Erlösung, nach der er dürstet, nicht Erlösung von der Welt ist, sondern Erlösung vom Nicht-in-der-Welt-sein.

Stellt man die Irdischkeit des Ziels in den Vordergrund, so scheint Kafka etwas mit dem Ziel jener Freiheitsbewegungen gemein zu haben, deren Blick nicht auf das Himmelreich, sondern auf ein Himmelreich auf Erden gerichtet ist. In der Tat stand er eine Zeitlang dem Sozialismus nahe. Aber seine Werke zeugen davon wenig. Denn während die Freiheitsbewegungen das „Paradies" *herstellen* wollen, will er es (in seinem Wort) *„betreten"* – ein höchst fragwürdiger Ausdruck, da er das Paradies als existierend unterstellt; aber auch ein begreiflicher Ausdruck, da eben für ihn, den Nichtzugehörigen, jede Welt, ob gut, ob schlecht, sofern er ihr nur zugehört, bereits das Paradies darstellt. „Die Vertreibung aus dem Paradies", heißt es in seiner 64. Betrachtung, „ist in ihrem Hauptteil ewig". Ist aber die Vertreibung ewig, so auch das Paradies. Tatsächlich heißt die Stelle im ganzen: „Die Vertreibung aus dem Paradies ist in ihrem Hauptteil ewig: Es ist zwar die Vertreibung aus dem Paradies endgültig, das Leben in der Welt unausweichlich, die Ewigkeit des Vorgangs aber (oder zeitlich ausgedrückt: die ewige Wiederholung des Vorgangs) macht es trotzdem möglich, daß wir nicht nur dauernd im Paradies bleiben könnten, sondern dort dauernd sind, gleichgültig, ob wir es hier wissen oder nicht."

Wie vieldeutig: Einerseits scheint der Vorgang der Vertreibung „existenziell" genommen, da er nicht einfach als einmal gewesener, sondern als ständig gegenwärtiger beansprucht wird. Aber gerade dadurch wird das Ergebnis des Vorgangs, das Vertriebensein, religiös wieder bagatellisiert: Denn da der Prozeß dauernd stattfindet, sind wir gewissermaßen mit einem Fuß noch immer im Paradiese, mit dem anderen außerhalb. Wir haben die Chance, beim Überschreiten der Schwelle versteinert zu sein. Das heißt: Blick dich um, vielleicht bist du tatsächlich im Paradiese; ob du es bist, hängt nur von deiner Blickrichtung ab; einen Schritt brauchst du nicht zu tun, denn du stehst grätschend über der Grenze. (Nicht Kafkas Worte.)

Nein, mit dem „irdischen Paradies", dessen Herstellung von den Freiheitsbewegungen aller Schattierungen angestrebt wird, hat das Kafkasche nichts zu schaffen. Eine „Umkehrung" dieser Welt lag ihm völlig fern. Dachte er überhaupt an so etwas wie „Handeln", so allein an eigenes „Umkehren", also an Selbstveränderung, nicht an Weltveränderung. Aber auch das blieb „frommer" Wunsch: Denn entscheidend ist eben, daß Kafka nicht wußte, *welcher* Welt, *welchem* Paradies er zugehören sollte: ob der Welt jüdischen Volkslebens, ob der zionistischen Bewegung, ob der umfangreicheren aller Erniedrigten und Beleidigten oder schließlich *„der"* Welt, also der Welt, die „zählt", und die ihn nicht mitzählte, also der Machtwelt. Wenn, wie er es ausdrückt, die „Vertreibung" für ihn „ewig" war, so also deshalb, weil er sich für kein *bestimmtes* Paradies entschied. Also konnte auch nichts anderes übrigbleiben, als „Erlösungshunger als solcher", ein buridanscher Hunger: Also wiederum (wie im Falle des Ritualismus) etwas nur Psychologisches; und wiederum – hier zeigt sich, wie eng die, im Laufe der Untersuchung sich ansammelnden Kategorien zusammengehören – ein *Lähmungszustand.*

Sowenig sein versteinerter Erlösungsdurst etwas mit Sozialismus zu tun hat, sowenig mit der jüdischen Religion. Die Paradoxie des jüdischen Messianismus, der gewissermaßen *jeden* in der Wirklichkeit auftretenden Messias grundsätzlich als *falschen* Messias abweist, hat mit der Paradoxie des Kafkaschen (über sein Erlösungsobjekt unsicheren) Erlösungsdurstes nichts gemeinsam. Die Grundkategorien der jüdischen Religion bezeichnen im Gegenteil gerade völlig eindeutig „Zugehörigkeiten": Wer zum Gott (mit dem Abraham seinen Vertrag abschloß) gehört, gehört zum Volke; und die henotheistische Komponente, die Gott und Volk zu Partnern machte, hat sich im Monotheismus niemals vollkommen verloren. Kafka als Fortsetzer jüdischer Religion oder Theologie in Anspruch zu nehmen, ist ganz und gar abwegig. Aber – und hier wird nun das Judesein zentral – es ist in der Tat sein Judesein, die soziale Tatsache, daß er als Jude *außerhalb* steht, die ihn „sündig" und „erlösungsbedürftig" macht. Er sieht sein Judesein – christlich. Er ist kein jüdischer Theologe, sondern ein christianisierender Theologe der jüdischen Existenz.[21]

Wenn etwas an Kafkas „Theologie" als jüdisch bezeichnet werden könnte, so, daß es bei ihm keine „Natur" gibt.[22] Auch in der Genesis gibt es die nicht, da ja die Welt *für* den Menschen geschaffen ist. – Mir scheint freilich, daß das Fehlen der Natur bei Kafka viel aktuellere geschichtliche Beweggründe hat: Auch in der Heideggerschen Existenz-Philosophie, die (darin Kafka durchaus ähnlich) einen, den Atheismus des Naturalismus übernehmenden, Kampf gegen den Naturalismus darstellt, gibt es ja keine Natur, sondern nur die Welt, sofern sie „für das Dasein" ist, also das sogenannte „Zeug". Heidegger und Kafka sind jene Denker, die *das Naturale und das Supranaturale zugleich abschneiden;* und insofern sind sie beide neuartig. – Die Naturlosigkeit ergibt sich bei Kafka aus der Tatsache, daß für ihn die Welt total, ja totalitär *institutionalisiert* ist: Also gibt es nicht mehr jenen unbesetzten und unbenutzten Restbestand, den wir als „Natur" zu verehren oder zu genießen pflegten. – *Wahr* ist diese Naturlosigkeit der Kafkaschen Welt insofern, als sie der technisierten Zivilisation von heute entspricht, die alles, was es gibt, mindestens virtuell, als Rohstoff oder Kraftquelle besetzt, und, was unbenutzbar ist, selbst Menschen, austilgt. –

Wie wenig Kafka seine Schriften als Stück jüdischer Theologie aufgefaßt hat, geht aus der sehr schönen, sonderbarerweise relativ unbekannten, Geschichte „Josefine" hervor, in der er eindeutig die jüdische Religion als einen *Zwischenfall* in der Geschichte des jüdischen Volkes darstellt.[23]

Die Heldin dieser Geschichte ist die Mäusin Josefine, die vermeint, das Volk zu beschützen, in Wahrheit aber vom Volk beschützt wird; die als pfeifende Primadonna religiös verehrt wird, aber kaum besser, eigentlich sogar schlechter pfeift als jede andere Maus; der es schon nicht mehr darauf ankommt, *was* sie pfeift, sondern die Gelegenheit ihrer Konzerte nur noch dazu benutzt, um sich im „warmen Bett des Volkes" zu dehnen, die etwas vom „verlorenen, nie wieder aufzufindenden Glück" verkörpert, aber am liebsten in Katastrophenzeiten konzertiert; die „nicht eigentlich das anstrebt, was sie wörtlich verlangt"; aber das Verlangen doch nicht einstellt; die eine „öffentlich eindeutige, die Zeiten überdauernde Anerkennung ihrer Kunst" beansprucht, aber nur darum so „dringlich werde, weil sie sich alt werden fühle"; die, ständig abgewiesen, ihr Publikum mit Konzertstreik straft, aber nur sich selbst damit schädigt; die nichts als eine *„kleine Episode in der Ewigen Geschichte"* des Mausevolkes, und als solche „verschmerzbar" sein wird; deren wirkliches Pfeifen „kaum mehr als eine kleine Erinnerung", eine „Erinnerung, unverlierbar, weil schon bei Lebzeiten längst verloren" – diese Geschichte ist der endgültige Beweis, daß Kafka, wiewohl religiöser Darsteller des jüdischen Schicksals, der jüdischen Religion kritisch gegenüberstand und ihre Stimme als ein Intermezzo betrachtet hat.

Nur wenige Thesen über Kafka können in der Tat so unzweideutig belegt werden, wie die, daß Kafkas „Religiosität" mit der jüdischen Religion direkt nichts zu tun hatte; daß er vielmehr, sofern er von Juden sprach, die Position der Juden in der Welt oder die Stellung des nicht mehr jüdischen Juden zum „jüdischen Juden" religiös formulierte. In der Geschichte „Der Riesenmaulwurf" stellt er dieses Verhältnis zwischen dem, dem Judentum nur noch in problematischer Weise zugehörenden, „Bildungsjuden" und dem orthodoxen Ostjuden folgendermaßen dar:

Ein Dorfschullehrer besitzt einen Riesenmaulwurf, den er in einer Schrift auf direkte und unliterarische Weise beschreibt. Worauf es ihm ankommt, ist allein, die *Existenz* dieses Maulwurfs zu beweisen – dieses Maulwurfs, der wohl zugleich den, im Dunkel versteckten jüdischen Gott wie die unterirdische und gewissermaßen unterschlagene Realität des jüdischen Volkes bedeuten mag. Wenn diese zwei „Gegenstände" zu einem einzigen Bilde verdichtet sind, so gewiß, weil sie für den Bildungsjuden ein einziges Verlustobjekt darstellen. – Da der Lehrer von den Gelehrten der Außenwelt als quantité négligeable behandelt wird, nimmt sich nun in der Geschichte der als „ich" Auftretende (der deutlich genug Kafka selbst ist) des Lehrers an: Aber nicht so sehr, um die Existenz des Maulwurfes, an die er irgendwie auch glauben mag, zu bestätigen, sondern um des Lehrers „gute Absichten" darzutun ... etwa so, wie der Westjude durch eine gepflegte Buchausgabe des Talmud die literarischen Qualitäten des orthodoxen Juden gönnerisch beweisen will, ohne selbst viel davon zu glauben. – Kein

Wunder, daß der Lehrer argwöhnt, er solle um den Ruhm, der ursprüngliche Beschreiber des Maulwurfs zu sein, betrogen werden – obwohl *er* es doch sei, der den Maulwurf wirklich *habe;* daß die, wie Kafka es ausdrückt, „*scheinbare*" Beschäftigung mit der Sache ihn wurmt; daß er, der weder sich selbst, noch seine Ehrenhaftigkeit für verteidigungsbedürftig hält, die „Ehrenrettung" als eine Beleidigung ansieht; als eine um so verletzendere Beleidigung, als der Autor seiner Ehrenrettung es noch nicht einmal für nötig gehalten hatte, sich vorher mit ihm ins Einvernehmen zu setzen. In der Tat liest der Autor der Ehrenrettung die Schrift des Lehrers erst, nachdem die seine erschienen. Das heißt: An das wirkliche Studium des Judentums geht er erst, nachdem er es gönnerisch in Schutz genommen ... was auf Kafka, aber nicht nur auf Kafka, zutrifft. – Aber wie entsetzlich die beiden einander auch mißverstehen mögen – von der Außenwelt, von den Unbeteiligten werden die beiden Juden *als* Juden in einen einzigen Topf geworfen; und die „Landwirtschaftliche Zeitung" behauptet sogar, die beiden Schriften stammten aus der Feder des Lehrers; der zweite Name sei nichts als dessen Deckname. – Schließlich treffen sich die beiden Autoren aber doch: Der Gönner besucht den Lehrer – er „kommt ihm entgegen" (dies ist beim Wort genommene Metapher) und tritt, da er Furcht hat, diesem geschadet zu haben, zurück; ja, zieht nachträglich alle Kopien seiner Schrift aus der Zirkulation. Das heißt: er *revoziert* den Sinn und die Legitimität seiner eigenen Tätigkeit. Trotz seiner Erklärung zurückzutreten, verläßt er aber das Zimmer des Lehrers doch nicht: Er gehört also weiter zu den Juden, obwohl als zurückgetretener.

Diese Geschichte ist nicht nur deshalb so aufschlußreich, weil Kafka in ihr die Distanz zwischen sich und der jüdischen Religion als Thema behandelt, sondern weil er seine eigene testamentarische Bestimmung, seine Werke nach seinem Tode zu vernichten, in ihr vorerklärt.

Die Geschichte kann nämlich, obwohl unsere Interpretation keine „Reste" übrigzulassen schien, noch mit einem viel unspezifischeren, einem „nicht-jüdischen" Schlüssel aufgeschlossen werden. Dann spricht sie, viel allgemeiner, über ein heute sehr akutes Verhältnis zwischen der Kultur und ihren (nicht von ihr selbst, sondern vom Glauben beigestellten) Inhalten. Was sie, so verstanden, formuliert, ist *das schlechte Gewissen der Kultur gegenüber dem „Urtext";* und die Selbstdemütigung der Kultur vor dem Urtext, an den sie zwar selbst nicht mehr glaubt, dessen Ursprünglichkeit ihr aber, im Vergleich zu der Unverbindlichkeit ihres eigenen Verhältnisses zu den Inhalten, das einzig Glaubwürdige zu sein scheint. Was hier beschrieben, oder besser: vertreten wird, ist also die letzte paradoxe Position des *Glaubens, nicht an die Glaubensinhalte selbst, sondern an den Glauben als* die *„wahre“ Attitüde.* Oder, negativ ausgedrückt: *Die Skepsis gegenüber der Rechtmäßigkeit der Skepsis.* In Kafka hat die „Kultur“ freilich das Paradox so weit vorgetrieben, daß sie ihr schlechtes Gewissen in Fabelform selbst noch einmal zum „Kulturgut“ macht. Das ist zwar konsequent. Aber dem Moralisten flößt es Schrecken ein: Also auch Kafka. Und deshalb zweifelt er am „Wert“ seiner eigenen Werke.

Die übliche Deutung, Kafka sei mit deren „künstlerischer Qualität“ nicht zufrieden gewesen, ist um nichts besser, als wenn man behaupten wollte, Saulus sei Paulus geworden, weil ihn die künstlerischen Qualitäten des orthodoxen Judentums nicht befriedigt hätten. *Weil sie letztlich eben nur künstlerische Perfektion besaßen,* hat Kafka an seinen Werken gezweifelt. Und deshalb ihre Vernichtung angeordnet.

Fazit

Er ist wie ein Mann, der im Geröll Ski fährt, um durch seine Purzelbäume und Schrammen denen, die das Geröll als Schnee ausgeben, zu beweisen, daß es wirklich nichts ist als Geröll.

Wie ein Mann, der vor einem leeren Teller sitzt und ihn obstinat auslöffelt, um denen, die ihn für ihn gefüllt halten, zu zeigen, daß er wirklich leer ist.

Wie ein Mann, der Risse im Schiefergestein übersetzt, als seien sie Hieroglyphen, um denen, die daherzureden pflegen, das Gestein der Welt habe Sinn, durch die Absurdität des Übersetzungstextes zu beweisen, daß die Risse wirklich nur Risse sind.

Er lebte in einer zweideutigen Epoche: in einer Epoche, die in allem, was sie tat, in Technik, Wirtschaft, Politik, Wissenschaft auf „Sinn“ lange schon verzichtet hatte; die mit dem „Tode Gottes“ die Providenz, also das Wofür, also den Sinn eingebüßt hatte; und selbst schon dem, die „Providenz“ ablösenden „Progreß“, dem letzten, kurzlebigen, obwohl rotbäckigen, Enkel der Sinnbegriffe nicht mehr traute; die aber ihrer eigenen sinn-nackten Praxis geistig oder seelisch absolut nicht gewachsen war; und die Scherben längst zerschlagener religiöser, metaphysischer und moralischer Vokabulare mit sich führte als Schmuckstücke und Amulette.

Er nahm die Scherben ernst. Aus ihnen stoppelte er sich Brillen zusammen. Und beschrieb den Blick durch die Sinngläser auf die sinnentleerte Welt: Daß sein Bericht Widersinniges, Apartes, Absurdes enthält, ist seine Schuld nicht.

Aber die ihn auf dem Geröll Ski fahren sahen, glaubten, unter seinen Brettern Neuschnee entstehen zu sehen. Und er mit ihnen.

Die ihn den leeren Teller auslöffeln sahen, glaubten, sein Essen beweise die Suppe oder beschwöre sie herauf. Er mit ihnen.

Die seinen Übersetzungen lauschten, waren fasziniert von der Tiefe seiner Texte. Er mit ihnen.

Die mit ihm durch die Brillen blickten, sahen in der Entstellung eine ungeahnte Welt. Er mit ihnen.

Er mit ihnen: darin liegt seine Schuld. Seinem eigenen ungeheuer ironischen Abenteuer war er nicht gewachsen.

Seine Schuld aber spiegelt sich in vielen Facetten. Eine Aufstellung seines Soll und Habens sähe so aus:

Er ist ein Realist der entmenschten Welt; aber auch deren Apotheotiker.

Er ist Moralist: fragt aber nicht nach Gut oder Böse der Welt, die er in ihrer ganzen Miserabilität respektiert.

Er will hin zur Welt; aber grundsätzlich scheiternd.

Er verlangt das Paradies; aber nicht herzustellen, sondern zu betreten.

Er ist von der Übermacht der verdinglichten Welt erschreckt; aber gibt den Schreck in Form von Bildern weiter.

Er entstellt, um festzustellen; aber *uns* „stellt" er gleichfalls „fest", d. h. er lähmt uns.

Er diskutiert Rechte; aber er weiß nicht einmal, ob er dazu das Recht habe.

Er ist Atheist; aber macht aus Atheismus eine Theologie.

Er ist Philosoph; aber als Agnostiker.

Er ist Skeptiker; aber skeptisch seiner eigenen Skepsis gegenüber.

Was *ist,* ist ihm (wenn auch nicht „vernünftig“, so doch) berechtigt: Macht ist ihm Recht. Und der Entrechtete schuldig.

Seine Philosophie ist die des vergeblichen Gleichschalters, der sich mit den Augen der vergeblich umworbenen Macht sieht.

Gegen Kafka als Menschen, seine Integrität, Wärme, Pathoslosigkeit besagt dieses Urteil wenig. Und von seiner Freundlichkeit des Herzens wissen wir nicht nur indirekt. Sie dringt durch alle Ritzen seines Gorgoneions hindurch, wenn auch nur wie das tröstende Wort des Zellennachbarn im Gefängnis.

Also schuldig?

Sein Werk ist nicht von heute, sondern von vorgestern. Die geschichtliche Situation, in der er verwendet wird, war von ihm nicht vorauszusehen. Die Anspielungen auf die Welt des Terrors und der Gleichschaltung, deren Zeitgenossen wir sind, waren für ihn keine Anspielungen.

Aber, wird man sagen, wirksam ist er *heute.* Was zählt, sind nicht Motive, sondern Effekte. Also verbrennen?

Nein.

In einer Situation, in der Literatur Entscheidendes verderben könnte, hätte anderes als Literatur „verbrannt“ zu werden. Anderes verändert zu werden, als die Rolle, die ein Dichter spielt.

Wenn nicht „verbrennen“, dann was?

Ihn „*zu Tode verstehen*“. Was heißt das?

Das heißt: Die Position, die er einnimmt, aufs Deutlichste bezeichnen; die in seinen Werken, teils direkt, teils indirekt investierten Nihilismen so durcherklären, daß sie ihre Lockung einbüßen; so, daß wer zur Verteidigung seines eigenen Verhaltens in der Welt auf ihn sich beruft, oder wer ihn nachahmt, notorisch ist.

Man hat auch Warnungen zu erben. Und durch große Warnungen sich selbst zu erziehen und andere zu bilden. Die von ihm durchgeführte Zeichnung der Welt, wie sie nicht sein sollte; der Attitüden, die unsre nicht sein dürfen – als Warnungstafeln in unseren Seelen aufgestellt, werden von Nutzen sein. Und da sie von einem guten Menschen gezeichnet waren, der letztlich zweifelte an der Brauchbarkeit seines Werkes und selbst für dessen Zerstörung plädierte, dürfen wir vielleicht hoffen, daß er als Warner das wird leisten können, was er als Ratgeber für sich oder andere nicht hatte leisten können: zu helfen.

Anmerkungen

1. Die phänomenologische Beschreibung dieser „Iteration" ist von Husserl geliefert worden. Siehe „Ideen" § 112 und „Logische Untersuchungen" V. S. 422.
2. Nur anmerkungsweise sei auf einen privaten Grund aufmerksam gemacht. Da Kafka (wie Kierkegaard) primär an seiner eigenen Existenz „interessiert" war, andererseits aber, wieder wie Kierkegaard, durchaus diskret war, kam für ihn eine direkte und schamlose Diskussion seiner selbst nicht in Frage. Wie es für Kierkegaard natürlich war, seine Autorennamen zu wechseln, so war es für Kafka natürlich, seine Probleme in einem pseudonymisierten Idiom vorzutragen.
3. Auf verblüffend naive Weise zeigt uns der frühe Kafka das Bild einer „Erlösung". In seinem Amerika-Roman gibt es ein „Naturtheater in Oklahoma", ein ungeheuer amerikanisch aufgezogenes Unternehmen, in dem „jeder willkommen" ist, jeder seinem Können entsprechend angestellt und sofort ernährt wird. Verglichen mit den immer neuen Nuancen des Schreckens ist die Darstellung dieses Arkadiens von kaum zu übertreffender Ärmlichkeit.
4. In der Tat ist das Bild allein gefährlich, nicht, was im Bilde dargestellt werden sollte. Es spricht nämlich Vieles dafür, daß jene Mauer, die als „System von Teilmauern" aufgeführt wurde, „bis diese sich vereinigten" – die Thora darstellen soll, mit der sich die Juden „ummauerten". Die, überall und ohne Übersicht des Ganzen errichteten, Teilstücke sind die, an den verschiedensten „Zeit-Stellen" der Geschichte auftauchenden Thorastücke, die zusammen ein Ganzes ergaben. Akzeptiert man diese Deutung, für die in der Tat viele Belege beigebracht werden könnten, dann ergibt sich auch unschwer die Übersetzung von „Führerschaft" in „Monotheismus". Nichtsdestoweniger wäre es unberechtigt, zu glauben, daß solche, in Tarnsprache geschriebenen Stücke nur eine einzige Bedeutung hätten. Ja, es ist bei der „Verdichtung", die jede Dichtung darstellt, wahrscheinlich, daß solche Stücke Hymnen und Wunschträume zugleich waren.
5. Works, American Edit. vol IV.
6. Der Eine wird, heißt es bei Pestalozzi (Meine Nachforschungen, WW 12, 77 u. 78) „ein Schneider, der andere Gelehrte, einer treibt ... Esel über den Berg, ein anderer Bauern in den Wald ... Ob ein Mensch will oder ob er nicht will, er ist im Joch des gesellschaftlichen Lebens gezwungen, das Glied am Leib und die Kraft der Seele, auf die ihm sein Brod und sein Haarpuder im gesellschaftlichen Leben angewiesen sind, vorzugsweise zu gebrauchen ... Die allgemeine Schiefheit der Menschen, in allen bürgerlichen Verhältnissen und ihre allgemeine Verhärtung im gesellschaftlichen Zustand ist eine Folge der innern Verstümmelung der Naturkräfte unseres Geschlechts in diesem Stand."

7. Die Idee, daß die Marionette eine angemessene Beschreibung des modernen Menschen sei, tauchte gleichzeitig auch bei Busoni und Stravinsky auf, die mit dem verdinglichten Menschen „spielten".
8. Novalis hat die tiefsinnige Bemerkung gemacht, daß mehrere Figuren im „Wilhelm Meister" die Darstellung einer einzigen Figur seien. Diese Ur-Figur erscheine, wie er es ausdrückte, in „Varianten" oder in „Reihen", also in verschiedenen Farb- und Sättigungstönen: „Melissa ist der gemeine Jarno". Novalis wollte damit sagen, daß die Figuren (A-B-C-D) nicht nur in Aktionszusammenhang stünden, sondern etwa in dem Verhältnis, in dem Violett und Orange als Abwandlungen des Rot zueinander stehen. Nach diesem Prinzip sind die Figuren des „Ofterdingen" tatsächlich konstruiert. Das Individuum ist hier die Möglichkeit *aller* Individuen. – Kafkas Figuren sind nun gleichfalls solche Varianten – alle jedenfalls außer der Figur K. selbst. Aber die frappante Inzuchtähnlichkeit aller Personen im „Schloß" ist dem, was Goethe und Novalis gemeint hatten, absolut entgegengesetzt: Bei ihm nämlich bedeutet sie nicht die Abwandlung einer einzigen Figur, nicht die Verkörperung der Möglichkeiten des Individuums in mehreren „Rollenfiguren", sondern im Gegenteil die virtuelle Anähnelung aller Menschen (des Schlosses) aneinander. Da nämlich alle Menschen bei ihm nichts als „Funktionäre": zugleich Vorgesetzte und Subordinierte sind; alle zwar verschiedene Ränge einnehmen, keiner aber weiß, wie weit es nach oben und wie weit nach unten ist, sind sie alle wie Einer.
9. *Der klassische Fall der Verwandlung des Schrecklichen ins Schöne: Die Gorgo.*

1. Was ist die Maske der Gorgo? Ein „apotropaion", d. h. ein Abschreckungsmittel. Bestimmt ist sie daher nicht, vom Menschen gesehen oder angesehen zu werden, sondern Geister abzuschrecken: Für sie soll das Schreckliche schrecklich sein. Als Schreckmittel aber ist die Maske zugleich *Schutz*, nämlich für denjenigen, der sie benützt. Hier ist der dialektische Punkt, an dem der Schrecken in Schönheit umschlägt: Die Maske ist für ihn *durch* die Kraft des Entsetzens (nicht trotz dieser) etwas Günstiges. „Furchtlos und mit schauerlicher Lust nähert er sich jetzt diesen Schreckbildern ..." (Schiller, „Über das Erhabene"). Im Glück über das gern gesehene, siegreiche Grauen wird das Grauenhafte „schön". Und so schön, wie das Grauenhafte dem Beschützten erscheint, wird es nun von ihm dargestellt: aus der entsetzlichen Maske wird im Laufe der Jahrhunderte der Inbegriff der Schönheit.

2. Wer macht eine Abschreckmaske? Der Verängstigte. Was ängstigt? Die Verletzung eines Tabus. Das Schreckmittel ist ein Gerät gegen den Rachegeist des verletzten Tabus; konkreter: Die Schreckmaske ist der Kopf des Erschlagenen, die Siegestrophäe, die dazu benutzt wird, den Erschlagenen selbst fortzuschrecken. Das Erschreckende und das Fortzuschreckende sind identisch.

3. Wovor schützt die Gorgomaske? Vor der Gorgo. Warum ist die Gorgo gefährlich? Weil sie der Rachegeist eines verbrecherisch Umgebrachten ist. Worin bestand das Verbrechen? In der Zerschlagung des Matriarchats.

4. Was spricht für die Deutung der Gorgo als erschlagener Mutter? Ihre Zugehörigkeit zum Erinnyen-Typ. Die Erinnyen aber sind Frauen: Kein erschlagener Mann taucht als Rachegeist auf; von vier Verbrechen, die die Erinnyen bestrafen, beziehen sich drei auf, gegen die Mutter begangene, Untaten; die Ermordung Agamemnons durch Klytämnestra rächen sie nicht, denn Frau und Mann sind nicht mutterrechtlich verwandt. Was nun die Gorgo speziell betrifft, so sind die Zeugnisse noch überzeugender: Der Mörder der Gorgo war ihr Sohn Perseus; die triumphierende Gegenspielerin der Gorgo ist die, dem Haupte des Zeus entsprungene, also mutterlose, männische Athena: Sie ist es, die dem Perseus die Hand führt, da dieser seine Mutter enthauptet; sie, die die Trophäe auf ihrem Schilde, der Aigis, führt; sie, die in den „Eumeniden" den Erinnynen schließlich ihren begrenzten Platz zuweist. Wenn Aeschylos in den „Eumeniden" die Erinnyen „älter" nennt als die anderen Götter, so will das sagen: Sie sind die entthronten, nun rachesüchtigen, Göttinnen der matriarchalischen Vorzeit. Wieweit auch die Zeugnisse auseinandergehen, selbst in der spätantiken Rationalisierung erkennt man noch die Ur-Reste: Der von Apollodor mitgeteilte Schönheitswettbewerb zwischen der Gorgo und der Athene ist nichts als die verdünnte Version des viel fundamentaleren Wettbewerbs zwischen dem matriarchalischen und dem patriarchalischen Prinzip. (Siehe: „Gorgones" in Roschers „Ausführlichem Lexikon der griech. und röm. Mythologie" und Harrison, „Prolegomena", 3rd edit. p. 232–237 und „Themis" (2nd edit. p. 432ff.).

5. Was besagt diese Interpretation philosophisch? Daß das Schöne ursprünglich kein in sich genügsamer Gegenstand ist, sondern ein „Gerät"; daß die Funktion dieses Gerätes darin besteht, etwas Erschreckendes (den rächenden Verfolger) zurückzuschrecken; daß der Schreck, den der „schreckliche" Verfolger einjagt, ein „Schuldschreck" ist; daß dem Schreck ein Verbrechen bzw. die Überzeugung von einem begangenen Verbrechen zugrunde liegt. – Dieser Zusammenhang von Verbrechen und Schönheit, der konventionellen Ästhetik fremd, ist letztlich die Rechtfertigung für die so oft behauptete Identität von „Schön" und „Gut": Beide stellen einen Triumph über die Schuld dar.

6. Was besagt diese Gorgo-Deutung für unsere *Kafka*-Interpretation? Etwas Indirektes. – Daß in Kafkas Werk ein Zusammenhang zwischen Verbrechen, Schuld und Schönheit bestehe, hatten unsere früheren Analysen bereits deutlich gemacht. Aber bei Kafka wird nicht, wie in der Entwicklung des Medusenhaupts, das Schreckliche schön, sondern *umgekehrt* das *Schöne wieder schrecklich*. Die dialektische Entwicklung des Medusenhauptes leitet von der, an den Schild gehefteten, entsetzlichen Trophäe über das noch immer grauenerregende Relief zum „schönen" Relief (immer zum Relief: vollplastische Darstellungen des Medusenhauptes gab es nie, der Charakter der „angehefteten Trophäe" blieb bestehen.) Diese Entwicklung vom Entsetzlichen zum Schönen macht die gegenwärtige Kunst wieder rückgängig. Sie führt vom Schönen zum Entsetzlichen zurück: Man denke an die, mit Kafka gleichzeitige Vorliebe für Masken nach dem ersten Welt-

kriege (bei Rouault und bei Nolde). Aus dem Bilde, das wir anzublicken gewohnt waren, wurde wieder die Fratze, die *uns* anstarrt. Die Grundlage des Schönen: Seine apotropaion-Rolle, die das Entsetzliche ehemals zum Schönen gemacht hatte, war völlig verlorengegangen. Da man sich von der Zeit nach dem ersten Weltkrieg an, und zwar mit Recht, völlig schutzentblößt fühlte, erschien die Herstellung bloß „schöner" Gegenstände als eitles Spiel. Man benutzte daher das Mittel des Kunstwerks, um sich die völlige Schutzlosigkeit ad oculos zu demonstrieren: Man schuf Fratzen, um sich selbst zu erschrecken, und stellte durch den fratzenerzeugten Schrecken jenes vague Schuldgefühl her, nach dem der Expressionismus und der Dostojewsky-Enthusiasmus geradezu süchtig war; und das dann später in Heideggers Existenzphilosophie eine so große Rolle spielen sollte. Im Kampf gegen die als „bourgeois" oder „philiströs" geltende Sekurität griff man zu dem Kunstgriff, sich *durch Selbsterschreckung existenziell schutzlos* zu machen. Man stellte Medusen für den Hausgebrauch dar. Zur Charakterisierung der Situation, in der Kafka schrieb, müßte man daher das Rilkesche Wort „das Schöne ist nur des Schrecklichen Anfang" umwenden: für sie war vielmehr das Schreckliche des Schönen Ende. Und wenn es erlaubt ist, das Rilkewort weiter zu variieren, so spiegeln die Werke jener Epoche den Menschen „der es verschmäht, sich nicht zu zerstören": Was er denn auch in einem Grade getan hat, der die Herstellung von Masken fürchterlich überflüssig gemacht hat. –

10. Über die Hintergründe dieser „Schöpfungs-Ideologie" s. des Verf. „Homeless Sculpture" in „Philosophy and Phenom. Research" Vol. V § 7.

11. Eine bemerkenswerte, gewiß nicht falsche, aber unerschöpfende Erklärung der „Nüchternheit" Kafkas gibt Rudolf Vasata (in „Kafka – a Bohemian Writer?" The Central European Observer XXIII, 18). Nach V. war das Deutsch der deutschen Minorität in Prag bereits eine halb tote, eigentlich nicht gesprochene, sondern geschriebene Sprache, etwa wie das mittelalterliche Latein, „unadulterated by any dialect". Diese Erklärung ist eng verwandt mit der von uns (S. 18ff.) gegebenen Analyse der „Nirgendzugehörigkeit" Kafkas. Vasata nimmt die Charaktere, die wir Kafka persönlich zugesprochen hatten, eben bereits für Kafkas Herkunftsgruppe selbst in Anspruch. Dagegen ist einzuwenden, daß anderen Autoren, die aus gleichem Milieu kamen, wie etwa Werfel, die „Nüchternheit" weder im Guten noch im Bösen nachgesagt werden kann.

12. Diesen „negativen" Erhebungsbegriff teilt Kafka mit seinem Zeitgenossen Schönberg. Während romantische, nachromantische oder impressionistische Musik den Hörer noch immer in eine *positive,* wenn auch rein sinnliche, Erlösungssphäre hinaufzuheben vorgibt, „hebt" uns Schönberg „nur" aus unserer Ebene „heraus": Wohin, ist unbeantwortbar. „Nur" in Anführungszeichen. Denn dieser Schritt der Zerstörung der Pseudo-Erlösungsdimensionen war eine fundamentale Reinigungsmaßnahme. Kein Zufall, daß Schönberg Stefan Georges „Ich spüre Luft von anderen Planeten" (aus dem „Siebenten Ring"), das die Versetzung ins schlechthin Befremdliche darstellt, in Musik gesetzt hat.

13. Dieser, von der modernen Religionswissenschaft, gewiß zu Recht, vertretene Originalsinn von „Religion" hat sich in dem englischen Adverb ‚religiously' = ‚skrupelhaft' bis heute erhalten. „Religio" von ‚religere', nicht von ‚religare' siehe Salomon Reinach, Orpheus, p. 1.
14. Siehe d. Verf. „Existenz und Nihilismus" in „Neue Rundschau" Oktober 1946.
15. Die Darstellung ist bewußt einseitig. Denn die, mit dem Titel „Ruf ohne Rufenden" bezeichnete Situation ist nicht allein das Kind der sterbenden Religion, sondern der Enkel oder Urenkel der seit der Antike niemals abgebrochenen Naturrechtstradition. Gerade da diese Tradition im christlichen Zeitalter nicht abriß, vermischten sich die naturrechtlichen mit den Säkularisierungsmotiven. Selbst wenn Gott nicht mehr da wäre, heißt es bei Grotius, würde das Naturrecht noch gelten. So vorsichtig dieses „Wenn" auch klingt – es nimmt bereits die Idee einer „Autonomie der Moral" (ohne die die „Moral der Autonomie" nicht möglich wäre) und, wenn auch im Konjunktiv, den „Tod Gottes" voraus. Bis auf wenige Ausnahmen (Benutzungen des naturrechtlichen Anspruchs zwecks Apriorisierung positivrechtlicher Institutionen) war das Naturrecht ein revolutionäres Ferment, das das Befehlsrecht der Herrschenden aufzulösen suchte (Monarchomachen) und deutlich in der Erklärung der „Menschenrechte" und im Kantischen Vernunftrecht wirksam war.
16. Hatten die ursprünglichen „Tabus" (bei den sog. „Primitiven") *noch nichts* mit Göttern oder Gott zu tun, so hatten die Moralprinzipien des 19. Jahrhunderts *nichts mehr* mit Gott zu tun. Beinahe könnte man, auf Grund der formalen Ähnlichkeit zwischen der prä-religiösen und der post-religiösen Phase, vermuten, die religiöse Verankerung der Moral werde sich als ein Intermezzo in der Geschichte der Moralen herausstellen – ein geschichtsphilosophischer Verdacht, dem wir hier nicht weiter nachgehen können.
17. Der Moralplatonismus, also die Anerkennung von Moral ohne Anerkennung eines Moralgebers oder Moralsanktionierers, stellte große psychologische Ansprüche an den Menschen; ungewöhnlich große Ansprüche aber in jenen Ländern, in denen die, in diesem Platonismus versteckten, demokratischen Motive niemals gesellschaftliche Wirklichkeit geworden waren, also z. B. in Deutschland. Einer der Gründe für die massenhafte Gleichschaltung in Deutschland bestand darin, daß es für diese Massen eben eine Erlösung zu sein schien, einem Befehlenden zu folgen statt „schwebenden" Befehlen. Während in echten Demokratien die citoyens in der „schwebenden Moral" sich selbst, d. h. die selbstgemachte Gesetzgebung wieder erkennen, war diese Identifizierung in Deutschland nicht möglich.
18. Überflüssig zu betonen, daß diese Beschreibung zugleich die Situation der jüdischen Orthodoxie wiedergibt, die *noch* die Regeln hält, ohne daß sie die lebende Stimme ihres Gottes noch hörte. Kafkas Metaphern beschreiben eben oft mehreres gleichzeitig. Reflektierten sie ausschließlich die jüdische Situation, dann wäre es vollkommen unbegreiflich, daß sich die Gegenwart so leidenschaftlich in ihnen wiedererkannte, wie das der Fall ist.
19. Was das Verhältnis von Skepsis und Kunst historisch betrifft, so kann es

folgendermaßen formuliert werden: Kunst *als* Kunst taucht in demjenigen Moment auf, in dem die Verbindlichkeit der der Kunst vorgegebenen mythischen oder religiösen Inhalte bereits geschwächt, aber die Verbundenheit mit diesen Inhalten doch noch lebendig ist. Die Götter bei Sophokles sind *nicht mehr* die selbstverständlichen Götter Hesiods, aber sie sind *noch nicht* bloße Allegorien. Zwischen dem Nichtmehr und dem Nochnicht steigt das Ästhetische auf. Der, auf Herz und Nieren nach dem Wirklichkeitsgrad der Götter gefragte Tragödienbesucher hätte zweideutige Antworten geben müssen. – In gewissem Sinne gilt Analoges von den Renaissance-Darstellern der christlichen Welt. Der „schwebende" Charakter des ästhetisch Schönen ist das Analogon der „Schwebe", in der der Skeptiker seine Aussagen beläßt. „Schön" ist der nicht mehr gefürchtete Gott – eine Formulierung, die uns zu den Gedankengängen über die Schönheit der Meduse zurückführt.

20. Brod ist dieses Sakrileg offensichtlich peinlich. Wenn er behauptet, Kafka habe die Differenz zwischen ethischer und religiöser Sphäre endlich wieder sichtbar gemacht, so ist damit nicht im mindesten erklärt, warum Kafka die göttliche Sphäre als *schuftig* darstellen mußte. „Klein, zäh, schmierig – und dies nur ein Symbol für das Anderssein", behauptet Brod. Wahrhaftig ein sonderbares Symbol für das Anderssein Gottes. Kafka meint, was er sagt, und verdient, wörtlich genommen zu werden. – Das große Vorbild für diese schroffste Scheidung zwischen religiöser und moralischer Sphäre ist natürlich Kierkegaards „Lobrede auf Abraham" (in „Furcht und Zittern"), in der Gott als der Zumutende, und der Glaube als das Glaubenkönnen *trotz* der paradoxen Zumutung (Isaak zu opfern) auftritt. „Sein" (Abrahams) „telos lag höher, außerhalb des Ethischen" heißt es bei Kierkegaard, der das „Ethische" dabei mit dem „Allgemeinen" identifizierte. Während Agamemnon die Iphigenie für das „Allgemeine" geopfert habe, habe Abraham gerade durch das Opfer das Ethische „suspendiert", denn Isaak, als der von Gott vorgesehene Sohn des Stammvaters, hätte ja gerade das „Allgemeine" dargestellt. – Kafkas Verhältnis zum „Allgemeinen" unterscheidet sich nun freilich von dem Kierkegaards radikal. Denn bei ihm ist es ja gerade das „Allgemeine selbst", nämlich die Verwaltung des Weltschlosses, das unter Suspension des „Ethischen" vor sich geht. Daß diese „Suspension" stattfindet, kann man natürlich nicht leugnen. Aber Kafka stellt eben nicht nur fest, sondern macht dieses Allgemeine zu einer gott-artigen Instanz ... zu einer Instanz, die sogar die Opferung Isaaks nicht nur verlangt, sondern auch durchführt.

21. Wenn es ein historisches Credo gibt, an das das Kafkasche Credo oder „Dubito" mahnt, so ist es nicht das jüdische, sondern (abgesehen vom gnostischen) das *calvinistische,* das eben in gewissem Sinne auch schon ein geheimes „Dubito" gewesen war. – Die folgenden Zitate, die Kafkas Welt zu beschreiben scheinen, beziehen sich auf den calvinischen Gott:

1. „Maßstäbe irdischer Gerechtigkeit an seine souveränen Verfügungen anzulegen, ist sinnlos und eine Verletzung seiner Majestät, da er, und er allein, frei, d. h. keinem Gesetz unterstellt ist, und seine Ratschlüsse uns nur soweit verständlich und überhaupt bekannt sein können, als er es für gut

befand, sie uns mitzuteilen." Kurz: Das Gesetz steht außerhalb des Gesetzes; Agnostizismus ist gottgewollt; finitus non capax infiniti.

2. „Mag ich zur Hölle fahren, aber solch ein Gott wird niemals meine Achtung erzwingen." Weil er das bloße Prinzip der erbarmungslosen Macht ist.

3. „Adam ayant pêché nécessairement par le décret de Dieu, il a été digné de la mort éternelle" – d. h.: Die Sünde ist, der zuvor schon beschlossenen Verdammung zuliebe, von Gott angeordnet; Schuld und Strafe sind also invertiert.

Diese Sätze, die sich auf Kafka beziehen könnten, beschreiben, wie gesagt, die Welt Calvins. Der erste Satz stammt von Max Weber und ist seinen Aufsätzen zur Religionsphilosophie entnommen (I, 92). Der zweite ist eine Invektive Miltons gegen Calvins Gottesbegriff. Der dritte Satz schließlich ist ein Êxzerpt aus Pascals Polemik gegen die Prädestinationslehre aus seinen „Écrits sur la Grâce".

Die erstaunliche Parallelität geht weiter: Im Calvinismus sowohl wie bei Kafka hat der Mensch nicht nur keine Möglichkeit zu wissen, ob er angenommen oder abgewiesen, begnadet oder verdammt ist – er hat auch keine Fähigkeit, sich auf die Annahme vorzubereiten (Westminster Confessions 1647). Das heißt: Er ist total unfrei und hat sich dennoch sein ganzes Leben hindurch methodisch zu bewähren. Im Calvinismus sowohl als bei Kafka. Für beide gilt weiter: Keine Arbeit ist für den Arbeitenden, jede nur in majorem gloriam einer weder liebenden noch gerechten, sondern majestätischen und undurchsichtigen Instanz. Ferner: Was bei Calvin „Askese" hieß, heißt bei Kafka „Fremdheit". Die bei Calvin als schlechthin teuflisch abgefertigte voluptas ist auch bei Kafka ein uneinordenbares residuum im Reiche der Entfremdungen; wenn auch bei ihm ein bereits tröstliches Residuum. – Wie ist diese Parallelität möglich?

Echter Calvinismus stellt bereits eine Schwächung des christlichen Glaubens dar; sein Haupt-Tenet könnte nämlich lauten: *Ich glaube, daß ich nicht weiß, ob ich verdammt oder begnadet* bin. Der Glaube ist also bereits, wie bei Kafka, ein religiöser Agnostizismus, eine religiöse Skepsis. Aber Agnostizismus kann ein sozial progressiver Faktor sein; Calvins Agnostizismus war es: Er nahm gewissen, wirtschaftlich nicht progressiven Schichten (der landed gentry) die Chancen der Gnadenbestätigung; die nun zum Monopol einer anderen Schicht, der der kleinen Kapitalisten, wurde. Denn etwas gab es, was für den Calvinisten die spätere Gnade zwar nicht bewies, aber wahrscheinlich machte: die profitable Vergrößerung des Betriebs (Weber-Troeltsch-Theorie). Ja, Gott selbst krankt bei Calvin gewissermaßen bereits an seiner ungeheuerlichen Majestät; denn er wird auf Grund dieser seiner Majestät ein grundsätzlich *unbekannter* Gott. Damit ist er, trotz aller Theokratie, aus der Welt herausgeschoben. Heraus in eine Entfernung, die bereits so etwas wie eine Welt ohne Gott ermöglicht; in eine Entfernung, aus der er uns zwar angeblich sieht, in der wir ihn aber nicht sehen – und damit ist auch bereits das einseitige Verhaltnis zwischen Macht und Mensch, das bei Kafka herrscht, vorbereitet. Aber auch der Mensch selbst ist bereits ein Kafkascher Mensch: Da das Gebot der „innerweltlichen Askese" dem Menschen untersagt, das Produkt seiner Arbeit zu genießen, da die Profitakkumulation nur zu Gottes Ruhme stattfindet, wird der Mensch nun zum „Verwalter" einer „Sache", also selbst verdinglicht. Da andererseits die Akkumulation nur dann verbürgt ist, wenn man von seinem Geschäft etwas versteht, verlangt der Calvinismus völlige Identifizierung mit dem Beruf, also Fachmannschaft. Das heißt: Der Mensch soll nichts sein als Funktionär (so bei dem, freilich von Calvin differierenden, Baxter). Und als „Funktionär" hatten wir den Kafkaschen Menschen beschrieben.

Fernerhin ist die Prädestinationstheorie, die nicht nur Gnade und Verdammung als unbeeinflußbare Vor-Urteile Gottes, sondern auch Wohlstand und Armut, bzw. Macht und Machtlosigkeit im Diesseits als irdische Symptome dieser himmlischen Vorurteile ansieht, bereits so etwas wie eine Justifikation der Erbarmungslosigkeit der Welt, die Kafka beschreibt. Troeltsch macht die interessante Bemerkung, daß nach der großen englischen Revolution, also in der Zeit des starken Einflusses des Calvinismus in England, die amtliche Unterstützung der Armen aus der Gesetzgebung ausgeschlossen wurde. Das „Wenige sind ausersehen" bezieht sich eben auf das irdische ebenso wie auf das himmlische Leben.

Es ist deutlich, daß bereits alle Formeln des Calvinismus Paradoxe sind. Diese Paradoxe waren zwar im klassischen Christentum vorbereitet: „Qui enim in Domino vocatus est servus, libertus est Domini: similiter qui liber vocatus est servus est Christi" (1. Kor. 7 V. 22) – aber bei Calvin werden diese Paradoxe überschärft. Als Heilsobjekt ist der Calvinsche Mensch, der als ökonomisches Wesen frei ist, angeblich unfrei; als religiöses Wesen ist der Mensch, der politisch Republikaner ist, „Theomonarchist"; als Konsumenten ist ihm das, was er als Produzent besitzt, entzogen: er begleitet, ja, er bestraft gewissermaßen, seine eigene Befreiung mit einer höllischen Metaphysik der Unfreiheit und Enteignung. Ursprünglich bezogen sich diese paradoxen Charakterisierungen auf einen und denselben Menschen, auf den kleinen bürgerlichen Händler und Unternehmer. Vierhundert Jahre später, in der Zeit, in der Kafka schrieb, also heute, verteilen sich die Eigenschaften „frei" und „unfrei", „besitzend" und „besitzlos" auf die Klassen; und jene Funktionen, die zuvor dem gnadenlosen Deus absconditus zugekommen waren, hat nunmehr die Welt selber übernommen. –

22. Es ist zwar wahr, daß Kafka dort, wo er „Natur" (Mäuse, Schakale, Affen usw.) sprechen oder handeln läßt, diese Tiere nicht einfach Menschen im Tierfell sein läßt, sondern jedesmal ganz spezifische Tiere. Die Geschichte „Der Bau" ist z. B. so umfangreich, daß ein bloßes Pappemaché-Tier sie nicht mit seinen Reflexionen hätte anfüllen können. Aber „Natur" im üblichen Sinne sind diese Tiere eben doch nicht: Jedes ist ein „animal rational", ein sprechendes Tier, das sein vorsprachliches Benehmen ins Sprachliche vor-übersetzt und eigentlich nur in Reflexionen lebt. Das Wesentliche an dem, was wir ebensosehr durch das Griechentum wie durch das Christentum als „Natur" bezeichnen, ist aber, daß es „vorsprachlich" ist, nichts bedenkt, und das ist, was es ist.

23. Daß die Juden in dieser Geschichte als Mäuse auftreten, darf uns, nach unseren Ausführungen über das „Metaphorische" (S. 39f.), nicht mehr verblüffen. Die der Geschichte zugrunde liegenden Metaphern sind: „Wirtsvolk" und „Gastvolk" (siehe auch: „Kleine Gäste, kleines Haus", Mörike); und der Ausdruck: „Aus dem letzten Loch pfeifen." Die Interpretation der Geschichte ist leichter als die jeder anderen Kafka-Erzählung: Die Gleichung enthält gewissermaßen zu viele „Bekannte", als daß sie erst „ausgerechnet" zu werden brauchte. Beansprucht z. B. Josefine, „von jeder Arbeit befreit zu werden", so ist damit deutlich auf den Gemeindeunterstützung beanspruchenden Talmudisten angespielt. Die Erzählung macht den Eindruck, als habe Kafka, der anders als metaphorisch nicht erzählen konnte, das Bedürfnis gespürt, die Maske gleichzeitig umzubinden und abzureißen.

Über Brecht

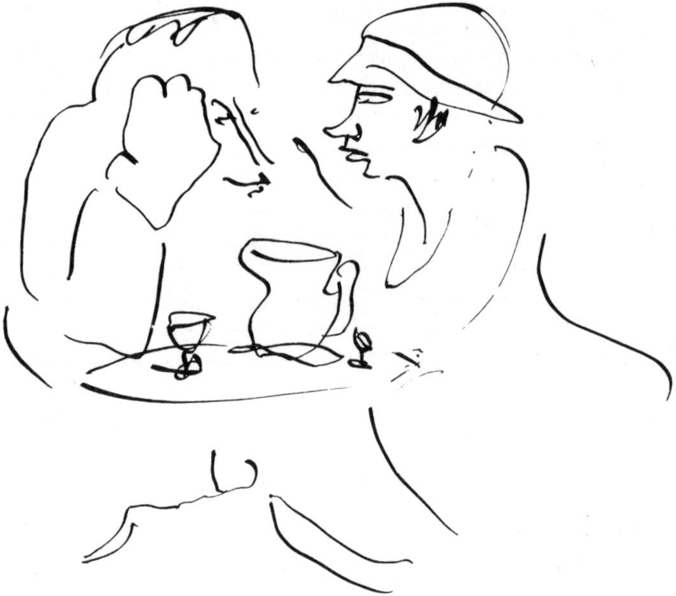

Gespräche und Erinnerungen

(Tagebuch 1941)

I

Als ich heute zu Br.s kam – es war sehr heiß, man saß im Garten, H. spritzte, schwimmen gehen sie (damit das im normalen Arbeitsleben erst gar nicht einreiße) ziemlich selten –, da saß in Badehose, braun, zottig und obeinig Gr., der Schauspieler; der bereits fünf leergetrunkene cans Bier vor sich aufgebaut hatte, bei Br.; und wirkte neben ihm (nicht zuletzt, weil dieser angezogen und wie stets nüchtern war) wie ein Gorilla. Gr., der Br. aufs tiefste bewundert, aber auf viel zu kindlich-impulsive und gierige Art eitel ist, als daß er sich auf den asketischen Gestus der Verfremdung einlassen, also darauf verzichten könnte, sich in seine Rollen hineinzuknien – also Gr. ging hemmungsloser aus sich heraus, als er es sonst Br. gegenüber wagt. Die Tatsache, daß er dabei, im Unterschied zu Br., nackt war, wirkte wie ein Regie-Einfall, der das Gespräch auf anderer Ebene wiederholte – was dem Dickhäuter unspürbar blieb, Br. dagegen offensichtlich Vergnügen bereitete. Das Gespräch handelte vom epischen Theater.

„Natürlich ist das alles großartig!" schrie Gr., und er schien dafür den ganzen Stillen Ozean zum Zeugen aufzurufen.

„Das soll's gar nicht sein", meinte Br. in ominös bescheidenem Tone, und vermutlich prägte er sich dabei Gr.s Pathos, das zu der absoluten Leere seines Ausrufes aufs herrlichste paßte, sehr genau ein.

„Aber daß das", fuhr Gr. fort, und zwar mit einer Geste, die als Frage anhob, um dann in grenzenloses Bühnenleid überzugehen, „daß das dem Publikum Spaß machen soll ... daß es ihm Spaß machen soll, sich *nicht* zu amüsieren ..."

„Das wäre allerdings bedauerlich", meinte Br., und zwar mit einer Nüchternheit, die er in einem direkten Verhältnis zu Gr.s Pathos zu dosieren schien.

Gr. nahm erst einen langen Schluck. ,,Was?" rief er dann, so als hätte er nun erst gehört, ,,*was* wäre bedauerlich? Wenn das Publikum sich amüsieren würde?"

,,Umgekehrt."

,,Also wenn es sich *nicht* amüsieren würde?"

,,Richtig."

Woraufhin Gr. beschloß, in tiefstes Nachdenken zu versinken – was, siehe Rodins ,,Penseur", schon bei Nackten fragwürdig, bei Ausgezogenen aber unwiderstehlich komisch wirkt. Br. machte dieser Anblick jedenfalls so große Freude, daß Gr. sein noch soeben von Tiefsinn zerfurchtes Gesicht überrascht hob. ,,Sie wünschen also *doch*", fragte er langsam, ,,daß die Zuschauer ihren Spaß haben?"

,,Was denn sonst", antwortete Br. (ohne alle Frage-Flexion – seine Extrem-Methode, um sein ,,dixi" auszudrücken).

Gr., dem das rätselhaft blieb, spielte seine Verblüfftheit aus: ratlos blickte er von rechts nach links, gewissermaßen in die Kulissen, um einen weiteren Partner zu finden; wobei sein Auge auf mich fiel. Jeder andere Gegenspieler wäre ihm ebenso recht gewesen. ,,Verstehen *Sie* das?" fragte er mich, ,,doesn't he want to have his cake *and* eat it too?"

,,Glaub ich nicht", antwortete ich. Und dann, improvisierend: ,,Was Sie sagen wollen, ist vielleicht eher: He wants to give them bread, but have them enjoy it as if it were cake."

,,You said it, buddy", rief Gr. enthusiastisch; hatte aber im nächsten Moment diese Begeisterung bereits vergessen: denn schon machte er, mit dem Daumen auf mich weisend, Br. ein Zeichen, das etwa bedeuten mochte: Der da ist eben dafür angestellt, unsere Worte auf Hochglanz zu wichsen.

Was Br. durchaus nicht fand. ,,Nein", korrigierte er. ,,Ich liefere Kuchen und hoffe, daß der sie ernähren wird wie Brot."

,,Also doch Kuchen!" schrie Gr. triumphierend, so als wäre ihm durch die Tatsache, daß das Wort ,,Kuchen" nun auch aus Br.s Mund kam, sein Sieg bestätigt worden. Den Unterschied zwischen Br.s und meiner Formel aufzufassen, hatte er sich gar keine Zeit genommen. ,,Also trotz allem epischen Theater doch Kuchen! Doch Freude am schönen Schein! Doch!"

,,Warum ,trotz'", meinte Br. ,,Und warum ,doch'. Und warum Freude am ,Schein'." (Daß er das *gefragt* hätte, konnte man wieder nicht behaupten.)

„Sondern?"

„Ich würde sagen: Freude an der vorgemachten Veränderbarkeit der Welt ... Die Einsicht in der Veränderbarkeit, die ermutigt ... Und dadurch belustigt sie auch ... Die Freude am Vorgemachten ist eben Vorfreude ... Auf Wirkliches ... Mindestens auf mögliche Verwirklichung ... Denn die Veränderbarkeit der Welt, die ist ja kein Schein."

Diese Erklärung schien Gr. ungeheuer zu verblüffen. „*Vorfreude?*" wiederholte er, das Wort endlos zerdehnend, „*Ermutigung?* Ermutigung wollen Sie im Zuschauer erregen?"

„Warum denn nicht." (Wieder ohne Frage-Flexion.)

„Aber dann sind ja Ihre Stücke ..."

„Was?"

„Na gewissermaßen erbaulich!"

„Warum gewissermaßen." (Diesen Ausdruck kann Br. nicht ausstehen.)

„Ist das Ihr Ernst?"

„Ich probiere", antwortete er, und begann seine Brasil zu inspizieren. „Natürlich sprech ich in die Kladde. Wenn sich der Zuschauer durch das, was er auf der Bühne sieht, darauf freut, mit dem Bauen oder Umbauen der veränderbaren Welt anzufangen, dann könnte man seine Freude ja unter Umständen ‚erbaulich' nennen." – Aber dann, nach einer letzten Begutachtung des intakten Aschenturms seiner Zigarre: „Verwenden werde ich den Witz allerdings kaum." Und schließlich die Asche abschlagend: „Nein. Unter keinen Umständen"

II

Schlug Br. heute folgende Deutung seines Theaterstils vor: „Modell der Situation, die Sie vor sich sehen, ist das physikalische Praktikum. An die Stelle der Studenten treten die Zuschauer; an die der Professoren die Kommentatoren. Im naturwissenschaftlichen Experiment setzen wir Stücke der Welt auf eine Weise ein, in der diese sich ‚von sich aus' nicht kombinieren; was im Experiment vor sich geht, ist stets ein Eingriff, ein von uns gemachtes Arrangement, eine von uns kontrollierte physische Veränderung. Diesen Begriff der arrangierten und kontrollierten Veränderung, den haben Sie nun mit jenem Begriff von ‚Veränderung', den Marx in seiner Konfrontierung mit ‚Interpretation' gemeint hatte, verschmolzen: Was Sie in Ihrem Theater durchführen, sind gleichfalls Experimente; aber solche, in denen Veränderungen der gesellschaftlichen Welt vorgemacht, mindestens die Voraussetzungen möglicher Veränderungen dargelegt werden. Experimentaldramatik. In diesem Sinne habe ich, als Sie sich vor mehr als zehn Jahren entschlossen, Ihre Veröffentlichungen ‚Versuche' zu nennen, Ihren Titel verstanden."

„Das heißt?"

„Daß Ihr Titel nicht die Verdeutschung des Wortes ‚Essay' oder ‚Approximations' darstellte, sondern des Wortes ‚Experiment', und nicht aussagen wollte, daß Sie Ihrer Sache stilistisch oder sonstwie unsicher gewesen wären und darum Ihre Arbeit nur als mehr oder minder geglückte ‚Versuche' vorlegten ..."

„Sondern?"

„Daß Sie das Experiment zu Ihrem Ziel machten; das heißt: daß es Ihre Absicht war, gelungene, das heißt brauchbare Experimente vorzulegen; und ‚Experimente' als positive literarische Gattung zu etablieren. In anderen Worten: *In* der Literatur haben Sie nur deshalb experimentiert, weil Sie darauf aus waren, mit Hilfe literarischer Werke nützliche Experimente aufbauen zu können."

„Stimmt. Kürzer: Der Unterschied zwischen dem üblichen und meinem Theater ist derselbe wie der zwischen beschreibender und experimenteller Physik. Episches Theater ist zugleich experimentelles Theater."

„Eben. Und aus dieser Identität scheinen sich mir alle Charakteristika Ihres Theaters zu ergeben."

„Zum Beispiel?"

„Ihre Theorie des Zeigens. Denn auch die stammt aus der Praktikum-Situation."

„Inwiefern?"

„Weil das im Praktikum durchgeführte Experiment nicht nur dasjenige zeigt, was sich nun physikalisch oder chemisch abspielt, sondern immer zugleich, was man, soll das Experiment gelingen, zu tun oder zu lassen hat. Die Rolle des in das gezeigte Experiment hineingehörenden Professors macht dieses doppelte Zeigen ja völlig klar: der tut nicht nur, sondern zeigt auf das, was er tut; und zeigt auch nicht nur auf das, was er tut, sondern auch zugleich auf sich, den Tuenden: ist also Zeiger und Gezeigtes zugleich. Oder: er macht nicht nur seine

Manipulationen, sondern macht sie *vor;* und macht sie ausschließlich, *um* sie vorzumachen."

Br. streckte seine Beine bequem von sich, was mir bewies, daß er einverstanden war und keinen Einwand vorhatte. „Genau das aber", fuhr ich fort, „ist die Doppelaufgabe des Zeigens, die Sie auf der Bühne verfolgen. Die Figur des, sein Tun vormachenden und durch sein Vormachen kommentierenden, Schauspielers ist keine andere als die auf die Bretter verpflanzte Figur des Professors. Wenn Ihr Dichten auf viele akademische Poeten so provokant wirkt, so deshalb, weil Sie der einzige wirklich *akademische* Dichter sind."

Diese Klassifikation schien Br. Spaß zu machen. „Die anderen können sich das auch nicht leisten", meinte er. „Die sind nämlich zumeist nicht nur nicht akademisch."

„Bleibt nur noch der Punkt, daß auch Ihre ‚Verfremdung' aus dieser Praktikum-Situation stammt. Wenn auch der Ausdruck nicht von Naturwissenschaftlern, sondern von Hegel geprägt worden ist. Daß der ‚vormachende' Physiker oder Chemiker die Stücke Welt, die er im Experiment kombiniert, entfamiliarisiert, also verfremdet, allein schon dadurch, daß er sie mit eigenen, im Alltagsleben ungebräuchlichen Namen belegt, das ist ja klar."

Br. hatte mir, an seiner Zigarre ziehend und sich immer bequemer zurücklehnend, zugehört. Nun bot er mir, obwohl er weiß, daß ich kein Zigarrenraucher bin – aber eine Zigarette schien ihm wohl zu gering –, eine Brasil an, vor der er mich freilich verschmitzt warnte; und brach dann, als ich die Zigarre anrauchte, in ein schallendes Lachen aus. Zuerst glaubte ich, ihm, dem Gestenjäger und -liebhaber, mache es eben Spaß, einen raschen Zigarettenraucher im Kampf mit der, Haltung und Gemächlichkeit erfordernden, Zigarre zu beobachten; und er lache allein deshalb. Aber er lachte weder über etwas noch über mich, überhaupt nicht „über"; sondern einfach aus Vergnügen. „Die Sache ist also in Ordnung", erklärte er nämlich.

„Welche?"

„Die meiner Dramatik. Ihre ‚Erklärung' beweist mir, daß ich nichts undeutlich gelassen habe."

„Undeutlich nichts."

„Aber?"

„Die Frage ist nur", meinte ich zögernd, „wie weit das alles durchführbar ist."

„Warum nicht?"

„Weil Sie die Rolle des Professors, des ‚Vormachenden', dessen, der *sich* zeigend, zugleich *auf sich* zeigt, und damit *etwas* zeigt, Leuten zuzuweisen haben, die sehr wenig professoral sind: Leuten nämlich, die nichts zu zeigen haben; die niemals meinen, was sie sagen; und die nicht gewöhnt sind, zu sagen, was sie meinen, weil sie ja gewöhnlich von sich aus gar keine Meinung haben."

„Sagen Sie schon: Schauspielern", ergänzte Br., und zwar plötzlich unwirsch: denn daß man über Schauspieler pauschal aburteilt, das liebt er durchaus nicht.

„Eben. Eine schöne Aufgabe haben Sie sich da eingebrockt", fuhr ich fort, „Lehrerbildung zum Zwecke des erfolgreichen Unterrichts *durch* diese Lehrer" – worauf er nur mit einem verächtlichen „you are telling *me*" reagierte.

„Und das Heikle besteht eben darin, daß diejenigen, denen Sie erst einmal beibringen müssen, nicht nur sich selbst zu zeigen, sondern gleichzeitig damit etwas vorzumachen. . ."

„. . .die Schauspieler. Ja? Was haben Sie denen schon wieder vorzuwerfen?"

„Daß die Schauspieler im Gestus des Zeigens, weil dieser für sie eine neue Aufgabe darstellt, die Hauptsache sehen werden, das eigentlich Wichtige."

„Das wichtiger wäre als was?"

„Als das, *was* sie zeigen sollen. Der Lehrgestus wichtiger als der Lehrgehalt."

„Wobei sie noch immer nützlich wären", meinte Br. Aber nach einer Pause: „Nein. Das gibt es gar nicht."

„Was?"

„Hohlformen."

„Hohlformen?"

„Epische Gesten für beliebigen Gebrauch; für beliebige Füllung; für auswechselbaren Lehrgehalt. Den richtigen Lehrgestus, den beherrschen die Schauspieler nur dann, und die Lehre übermitteln sie nur dann richtig, wenn sie diese verstehen."

„Die Umkehrung wäre nicht auch möglich?"

„Wie?"

„Daß Schauspieler, weil sie den Gestus zu beherrschen scheinen, oder weil sie diesen effektiv beherrschen, auch die Lehrmeinung als *ihre* Meinung betrachten? Daß sie sich diese eben gestisch aneignen? Daß sie dasjenige glauben, was sie können? Daß sie es glauben, *weil* sie es können? Zuweilen soll ja so was schon vorgekommen sein. Ganz zu schweigen davon, daß es gestische Hohlformen *doch* gibt."

„Wo?"

„Schließlich vergeht ja kein Tag, an dem Ihr Stil nicht irgendwo imitiert wurde. Ich meine: Ihr Gestenstil minus Lehrmeinung."

„Geschieht denen recht", meinte Br.

„Wie meinen Sie das?"

„Daß die entwendeten und verwendeten Lehrgesten viel zu scharf sind für die angeblichen Lehren, die die Diebe mit Hilfe dieser Gesten an den Mann zu bringen versuchen. Daß Gesten und Gehalt nicht zusammenpassen. Daß der Unterschied in die Augen springt. Und die Falschheit der Verwendung verrät."

„Meinen Sie, die Diebe werden sich durch Entwendung der Gestik infizieren?"

„Ob die, weiß ich nicht; das ist auch egal. Aber vielleicht diejenigen, denen diese oder jene Lehre in der zu scharfen gestischen Verpackung serviert wird, die werden sich vielleicht an dieser Verpackung infizieren. Praktisch wär das jedenfalls." Aber sein listiges Schmunzeln war nicht eigentlich schadenfroh: viel eher „nutzenfroh".

Wie großartig Br. sich von Kafka unterscheidet! Um wieviel sokratischer und wahrhaftiger er ist trotz seiner Listen! Da bei ihm der Bote die Botschaft verstehen muß, um sie übermitteln zu können, sind Vernunft und Menschenwürde gerettet. Während es bei Kafka geheißen hätte: „Was geht schon den Boten die Botschaft an? Sein Amt besteht darin, Botschaften richtig zu überbringen. Selbst nicht mehr gültige Botschaften. Zum Beispiel die des ‚toten Königs'." Und diejenigen Boten, die aus der rechten Art, die Botschaft zu übermitteln, deren Sinn erschließen, die hätte Kafka sogar disqualifiziert: als religiös oder metaphysisch indiskret.

Nicht anders als bei Kafka ist die Welt der Brechtschen Kreaturen eine juristische Welt. Jedes der Brechtschen Stücke könnte „Der Prozeß" heißen. Daß diese Ähnlichkeit von Kafka und Brecht niemals aufgefallen ist, ist erstaunlich. Nur – freilich ein sehr beträchtliches „nur" –, daß Br. den Zuschauer urteilsreif machen will und fähig, Vorurteile als solche zu durchschauen; daß er im Urteilen unterrichtet; daß er richtiges und falsches Urteilen vormacht. In der Tat gibt es in

Br.s Theater keine Situation, die häufiger vorkäme als die des zum Urteil führenden Gerichtsverfahrens. Oft geht das so vor sich, daß Vorurteile „verfremdet", nämlich in ausdrückliche Gerichtsurteile übersetzt und in dieser schockierenden Version dargeboten werden. Das heißt: Was er in seinen Stücken beabsichtigt, ist, Vorurteile zu zwingen, „Rede zu stehen"; unausgesprochene Urteile (bei ihm = Klassenvorurteile) in ausgesprochene, in gefällte, zu verwandeln. Diese „Ausgesprochenheit" macht die Prononziertheit seiner Sprache aus. Diese entstammt also nicht der Lust an Sprachfrechheit oder einer Stil-Caprice, sondern dieser Verwandlungs- und Exhibitionsabsicht. Daß der Hörer auf ausgesprochene und ausgestellte Urteile anders, nämlich ausgesprochener, reagiert als auf unausgesprochene, ist plausibel. Und diese ausgesprochene, diese schöffenhafte Reaktion des Zuschauers ist es, auf die Br. aus ist.

III

Gestern nachmittag Schachpartie mit Br., die ich nach zwanzig Minuten verlor. Da Br. durch jede technische Inkompetenz verstimmt wird, mir mein laienhaftes Spiel also verübelte, begann die nachfolgende Unterhaltung unter einem Unstern. Thema: die Rechtmäßigkeit der Verwendung von Moralbegriffen. Seine Ungeduld mit dem traditionellen Vokabular (Sollen, Pflicht usw.) wurzelt

1. in dem Verdacht, daß sich in jedem „Soll" eine supranaturale Stimme verstecke; Ethik nichts anderes sei als getarnte Religion;

2. in seinem (aus dem Medizinstudium stammenden) Naturalismus, von dem aus gesehen die Rede von „Seinsollendem" ontologischer Quatsch ist. „So was gibt's nicht";

3. in der (Marx überspitzenden) Behauptung, moralische Postulate zielten, da sie nur das Benehmen Einzelner regelten, ausschließlich darauf ab, die Menschen dazu zu erziehen, die Welt, also die Gesellschaft, intakt zu lassen. Was ihn gegen mich aufbringt (und diese Gereiztheit zieht sich zuweilen durch Wochen), ist, daß ich ihn unbekümmert um seine Allergie weiter als „Moralisten" respektiere, auch dieses Wort ruhig verwende; ja ihn, wenn er gar positivistisch kommt, einen „schiefgewickelten Theologen" nenne; und daß ich ihn dann frage, warum er, wenn es nichts „Gesolltes" gebe, seine politisch-

pädagogische Aufgabe so ernst nehme und unter Opfern durchführe; womit er ja bezeuge, daß er sie irgendwie als verbindlich anerkenne.

Dabei betone ich immer wieder (genau wie vor zehn Jahren – diese Gespräche sind nachgerade zu Reproduktionen eines einzigen, wenig musterhaften, Mustergesprächs geworden, das durch die Fluchtländer mitgewandert ist):

1. Die Sanktionierung des „Gesollten" (also die Instanz, die anordne und das Gesollte verbindlich mache) ist mir genau so unbekannt wie ihm;

2. andererseits dürfen wir uns selbst: unsere Leidenschaft (also die Tatsache, daß Niedertracht uns indigniere, daß wir „brennen", daß wir Aufgaben nachjagen) nicht einfach deshalb, weil sie uns in unseren doktrinären Kram nicht hineinpaßt, als Luft behandeln und über sie zur positivistischen Tagesordnung übergehen.

Aber gegen mein Zugeständnis des moralischen Agnostizismus bleibt er taub; und meine Aufforderung, den „Skandal" unserer unaufgeklärten moralischen Leidenschaft ernst zu nehmen und sie zu befragen, *was* sie eigentlich sei, scheint er gleichfalls nicht zu hören. Da für ihn (nicht zwar als Dichter, aber doch eben als Theoretiker) die Alternative von Kirche und Labor erschöpfend ist, hört er aus meiner Rede ausschließlich die „Stimme des Pfaffen". Eine verquertere Diskussions-Situation ist also nicht denkbar; gründlicher könnten meine agnostischen Worte nicht mißverstanden werden. –

Diesmal hatte er nun – eine Goebbelsrede war erwähnt worden – in einem gewissermaßen unkontrollierten Moment von der Lüge gesagt: „Das ist nicht erlaubt, das darf nicht sein!" – also sie dürfe nicht herrschen – woraufhin ich ihn sofort beim Wort nahm; ihn an seine Thesen über das „Schreiben der Wahrheit" erinnerte und fragte, was er damit denn meine. Warum die Wahrheit denn *sein* solle? Und sein *solle?* Und die Lüge nicht? Nämlich nicht „*erlaubt*" sei (*sein* Wort) und nicht herrschen *dürfe* (gleichfalls *sein* Wort)? Was diese Ausdrükke denn in seinem Munde zu suchen hätten? Ob nicht auch er durch sie an jenem „Pfaffengerede" teilnehme, das er so verachte? Denn als reiner Diktator, der dies oder jenes einfach auf Grund seiner Machtvollkommenheit untersage, könne er das Nicht-dürfen ja nicht meinen. Da er es so aber nicht meinen könne – ob er mir irgendeinen anderen Sinn von Nicht-dürfen außer dem moralischen verraten könne? Woraufhin er nicht etwa dies oder jenes antwortete oder antwortlos blieb; sondern, in der Überlegenheit seiner Position nicht im mindesten erschüttert, in höhnisches Lachen ausbrach. Vermutlich versteht er meine Frage genau so wenig wie ich sein Lachen. Hier ist ein Punkt, an dem zwei völlig verschiedene und endgültig ineinander nicht übertragbare Sprachen aneinandergrenzen.

Sein Zorn gegen Moralausdrücke hat nun aber eine höchst eigentümliche, in gewissem Sinne komische, letztlich aber sehr schöne Folge: Da er diese Vokabeln der „Pfaffenhaftigkeit" verdächtigt, überspringt er sie; aber um nun bei einem Worte zu landen, das (ich möchte fast sagen: dialektischerweise) der Dimension des Religiösen näher liegt als die Moralwörter: nämlich bei dem Herzworte „*Freundlichkeit*", das nun für ihn, den angeblich so Kaltschnäuzigen, eine ganz zentrale Bedeutung angenommen hat. Deren Nachbarschaft mit der Nächstenliebe und mit dem „reinen Herzen" nicht zu empfinden, ist beinahe unmöglich. Und es ist ja kaum denkbar, daß er nicht selbst spüren sollte, wie leicht es wäre, manche seiner Hauptfiguren, namentlich die weiblichen, in Legenden, ja sogar in christliche, zu verpflanzen. Und das ist es, was ich mit der schönen Folge seiner Vermeidung des prononziert Moralischen meine. Denn die Freundlichkeit, die er uns in seinen Stücken vorführt, ist eine Tugend, die lebendiger ist und unlarmoyanter und unpathetischer und liebenswerter als alles, was wir an eigentlich moralischen Tugenden auf der Bühne zu sehen gewohnt sind; sie ist nicht nur Unschuld, sie ist nicht nur „schöne Seele"; sondern, von robusterer Art, Gutsein, das Spaß macht; Gutsein, das Lust am Glück hat; Gutsein, das aus Willen zum Glück Charakter annimmt und Verstand; sogar Gutsein, das, aus Einsicht in die Schlechtigkeit der Welt, um auch nur ein wenig gut sein zu dürfen, sich darauf einläßt, außerdem unfreundlich und schlecht zu werden. Und steht auch diese „Freundlichkeit" verdammt nahe allem Animalischen und du auf du mit List und Verschmitztheit, so gibt sie doch dem Animalischen die Farbe des Mütterlichen und der List das Leuchten der Humanität.

Wer solche Lebendigkeit zu erfinden weiß, der hat wahrhaftig alles Recht darauf, sich als Diskutant falsch zu rechtfertigen und sich auf die ersten besten und schlechtesten und doktrinärsten Argumente zu berufen. Sogar auf positivistische.

IV

Dieses Wort „Freundlichkeit“ im Berliner Jahr 32 je aus seinem Munde gehört zu haben, kann ich mich nicht entsinnen. Nicht als wenn er damals unanfällig gewesen wäre; dem Mitleid weniger ausgesetzt; weniger sensitiv als heute oder gar so genießerisch kalt wie Grosz. Wenn er damals zuweilen kühl bis ans Herz hinan oder gar gefühlsroh wirken mochte, so weil er das schwere Pensum auf sich genommen hatte, Liebenswürdigkeit und Erbarmen (die ja von der Hauspostille an in unbestreitbarer Kraft da sind) aus seinem Herzen zu reißen – „abzumontieren“, wie er es damals in seinem Technikerjargon genannt hatte; und wenn er diese Gefühle „abmontierte“, so im Interesse am Ergehen der Elenden; so allein, weil er sich zur Einsicht ins Allgemeine gebracht hatte, eben zu der Überzeugung, daß nur eine prinzipielle und organisierte, also eine politische, Aktion wirklich helfen könnte, und weil er sich entschlossen hatte, dieser seine Kraft zur Verfügung zu stellen. Wie unbrechtisch, ja wie widerbrechtisch diese Ausdrücke auch klingen mögen: *Wärme* war es, was ihn drängte, sich kalt zu stellen; *Menschenliebe*, was ihn dazu veranlaßte, den Lieblosen zu spielen. Daß er sich schizophren gemacht habe (denn so glaubten ihn manche, wohl auch auf Grund seiner ganz äußerlichen Ähnlichkeit mit van Gogh, charakterisieren zu dürfen), davon kann gar keine Rede sein. Im Gegenteil: „Schizophrene“ sah er wohl eher in uns.

Zwar von seinem Seelenleben weiß ich nichts, jedenfalls nichts durch ihn; und daß er sich überhaupt darüber viel ausgelassen habe, halte ich für unwahrscheinlich: das empfand er wohl nicht nur als „unmaterialistisch“, sondern auch als schamlos und unerwachsen; und das Wort „psychologisch“ habe ich ihn, obwohl er weiß Gott Menschenkenner war, noch nie aussprechen hören. Aber unberechtigt ist es wohl nicht, zu vermuten, daß er, ohne sich viel darüber den Kopf zu zerbrechen oder gar eine Theorie darüber zu erfinden, versucht hat, *sein Gemüt auf die Höhe seines Geistes, seine Gefühle auf die Höhe seiner Einsicht zu bringen.* (Wie unbrechtisch das wieder klingt! Aber eben lediglich durch die verwendeten Vokabeln.) In anderen Worten: daß er darauf aus war, gerade *nicht* zwei Seelen in seiner Brust zu haben; nicht einerseits Grundsätzliches zu wissen; sich aber andererseits durch Mitleiden mit jeder einzelnen Misere entnerven zu lassen.

Ich entsinne mich des folgenden Falles aus dem Jahre 32: An einer bekannten Bettelecke an der Tauentzienstraße – wir waren zu dreien – hatte Döblin, „anfällig" geworden, einem Bettler etwas gegeben. Obwohl das im Augenblick erledigt war, unterbrach sich Br. mitten im Worte; und sah aus wie ein Mathematiker, der, verständnislos gegenüber der Möglichkeit von Nichtverstehen, zum Zeugen des Denkschrittes eines mathematischen Idioten wird. – Wie gesagt, in der damaligen Zeit habe ich den Ausdruck „Freundlichkeit" (obwohl die Sache selbst ihm gewiß nicht fremd war) nie von ihm gehört. Oft dagegen (und zwar in Fällen, in denen er heute von „Freundlichkeit" spräche) den Ausdruck „*Höflichkeit*". Und diesen Ausdruck verwendete er nicht nur aus Reserviertheit, nicht nur aus Hohn gegen Pathos oder um den Gebrauch eines zu expressiven Herzwortes zu vermeiden; sondern auch aus einem positiven Grunde: nämlich deshalb, weil er gewissermaßen konstitutionell Hegelianer war. Damit meine ich, daß es ihm natürlich war, Tugenden und Laster in institutionellen Begriffen, mindestens (was ja bei einem Theatermann, der Benehmen, nicht innere Erlebnisse zu zeigen hat, sehr plausibel ist) als „behavior patterns" aufzufassen; kurz: daß er Sittlichkeit und Unsittlichkeit, außer in Einrichtungen, nur in der Form „gute" oder „schlechte Sitte" als etwas Reelles und Taugliches anerkannte. Was er ja auch persönlich bewies. Denn obwohl er sich zuweilen in ziemlicher Grobheit gefiel, war er ja auch damals, in der Zeit seiner schockierendsten Dichtungen, zumeist musterhaft höflich. Und zuweilen gab es ja Gespräche (zum Beispiel mit Benjamin), sogar inhaltlich explosive Gespräche, von denen uneingeweihte Zufallszeugen den Eindruck davontragen mußten, daß da zwei Herren ein konfuzianisches Zeremonial durchspielten. Und noch heute steht er ja mit Freunden, die seit Jahr und Tag aufs engste mit ihm zusammenarbeiten, auf dem Siezfuß.

Man könnte denken, das beweise, daß er ein gewisses Vergnügen daran hatte, seinen Verfremdungsgestus auch ins Alltagsleben hineinzutragen. Das glaube ich nicht; ich glaube sogar, daß die Sache umgekehrt liegt: daß nämlich auch die Verfremdung auf der Bühne bereits ein Element der Diskretion und Höflichkeit in sich enthielt; und zwar deshalb, weil er durch deren Einführung darauf verzichtete, dem Zuschauer zuzumuten, sich gehen zu lassen. Da er außerdem seine Höflichkeit nicht für Fremde reservierte (oder etwa nur für Feinde, um diese zu epatieren und in Armeslänge von sich zu halten), sondern auch und gerade Menschen gegenüber bezeugte, die zu ihm gehörten und denen er gut war, stellte sie wohl auch damals schon eine Spielart von Güte, Achtung und Rücksichtnahme dar; und mit dem, was er nun ohne Hemmung „Freundlichkeit" nennt, stand sie wohl in der direktesten Beziehung.

V

Man sprach über das „Schreiben morgen"; das heißt: drüben. Denn daß man zurückkehrt, ist keine Frage. Wie, wo, was, für wen man zu schreiben haben werde. *Er* weiß, was er will. *Sein* genre ist eindeutig.

Bezeichnend, daß er das naheliegende Wort „*Tendenzdichtung*" nicht aussprach. Kann mich überhaupt nicht entsinnen, es je von ihm gehört zu haben. Nicht, daß er es vermiede. Vielmehr kommt es ihm gar nicht in den Sinn. Genau so wenig wie dem Bäcker der Ausdruck „Tendenzbäcker", dem Arzt der Ausdruck „Tendenzarzt", dem Pastor der Ausdruck „Tendenzpastor". Mit Recht nicht. Es wäre Pleonasmus.

Denn daß nichts zu wollen; oder ausdrücklich nicht zu sagen, was man will; oder ausdrücklich nicht zu wollen, was man sagt – daß darin die Legitimation des Dichters liegen soll, ist ja (obwohl das seit langem als eine Selbstverständlichkeit gilt, in die jeder Künstler hineingeboren wird) wirklich abenteuerlich. Der Versuch, einem Bäcker, Arzt oder Pastor, also unbefangen aktiven Männern, diesen Ehrbegriff plausibel zu machen, wäre wohl gênant.

Aus dieser gênanten Situation ist Br. nun herausgesprungen; oder richtiger – und erst damit ist das Ausmaß seiner Unabhängigkeit bezeichnet – er ist wohl niemals in die Versuchung geraten, sie zu akzeptieren. *Werk* und *Werkabsicht fallen bei ihm aufs natürlichste zusammen;* poiein und prattein sind eines und dasselbe; und diese Kongruenz ist um nichts weniger wichtig als die geläufige Identität von „Theorie und Praxis".

Was natürlich nicht bedeutet, daß er nun als Angestellter einer Partei Hausaufgaben erledigte und sich bei dieser Erledigung auf einen Kompromiß zwischen Kunst und Politik einließe. Wie weit seine „Sache" mit „Partei" identisch ist, das wissen die Götter. Ob er es weiß, weiß ich nicht. Soviel aber ist gewiß, daß es kein heute geschriebenes Werk gibt, das mit dem parteiamtlich verlangten ,,Sozialen Realismus" so wenig zu tun hätte wie das Werk Brechts; und die unbeirrbare Schlauheit, mit der er sich dumm stellt, um das Seine weiterzumachen, bezeugt eine diplomatische Kunst, die hinter der seiner Dichtung nicht zurücksteht. – Daß er *Dichter* ist (man könnte fast sagen: *der)* und nur als solcher tätig sein kann, ist das Axiom seines Arbeitslebens; ein Axiom, das auch unserem Gespräch mit solcher Selbstverständlichkeit zugrundeliegt, daß dessen Erwähnung oder auch nur die Verwendung des Wortes ,,Dichter" nur sein Achselzucken zur Folge haben würde.

Was nun wiederum nicht bedeutet – diese These höre ich immer wieder – daß er *trotzdem,* also obwohl er eine ,,Sache" hat, für die er dichtet, Dichter sei. Wenn er als Dichter groß ist, dann so wenig trotz seiner Tendenz, wie ein großer Liebesdichter groß ist trotz seiner Liebe; ein großer Arzt groß trotz seiner Heilabsicht; ein großer Geistlicher groß trotz seiner Seelsorge; Palestrina groß trotz seiner Christlichkeit. *Wer ihn* aus angeblicher Fairness *als „trotzdem großen Dichter"* hinstellt und ihn also, aber nur so, *gelten läßt, der verfälscht ihn.* Seit hundertfünfzig Jahren haben wir alle ,,weltanschaulichen" und Kunstdokumente in Qualitäten, die wir anerkannten, und Überzeugungen, die wir abwehrten, zerfällt; und dadurch die gesamte Geschichte in ein Magazin neutraler Genußgüter verwandelt. Auch Br.s Werk so zu zerfällen, wäre der Höhepunkt der Absurdität, weil ja Br.s Werkabsicht gerade darin besteht, sowohl diese Neutralität des Kunstwerks wie das ,,kulinarische Prinzip" zu bekämpfen. *Will man die Bekämpfung des „kulinarischen Prinzips" selbst noch einmal kulinarisch genießen?*

Nein, nicht ,,trotzdem" ist er Dichter. Denn entscheidend ist, daß er das, was er sagt, *„meint"*. (,,Meinen" im Sinne des englischen ,,to mean" und des lateinischen ,,intentio" – Wörter, die immer schon ,,beabsichtigen" bedeuten). Entscheidend, daß er, was er sagt, *bestimmten Menschen* sagt; daß er es *in bestimmten Situationen* tut; und *um aus bestimmten Gründen Bestimmtes zu erreichen.* Daß das alles nicht auslangt, um einen Dichter zu machen; ja nicht einmal dazu beiträgt; daß es nichts Öderes gibt und nichts Pathetischeres als einen durchschnittlichen Parteidichter; und daß Sedanfeier-Gedichte durch rote Tunke um nichts besser werden, ist ihm schließlich auch bekannt. Das verhindert aber nicht, daß er, wenn er nicht seine ,,Sache" hätte, auch seinen spezifischen Ton, seine spezifische Sprachgeste nicht hätte.

Deren Unverwechselbarkeit, Unzweideutigkeit, Deutlichkeit, um nicht zu sagen: Unwiderstehlichkeit, ist nur dadurch möglich, daß bei ihm Sprachabsicht und Sprachsituation eindeutig und deutlich sind. Nur diese Eindeutigkeit verbürgt die absolute Sicherheit der Lautstärke, des Tonansatzes, der Wortwahl, der Satzbildung, die ihm zu eigen ist; nur sie macht seine Sprache überzeugend. Im Alltagsleben ist dieses Verhältnis zwischen fester Absicht und Festigkeit der Sprache als Selbstverständlichkeit anerkannt; und auf denjenigen, der redet, ohne zu wissen warum und wen er anredet, auf den hört niemand. Nur in der Literatur ist es verpönt, diesen Zusammenhang anzuerkennen. Nur bei Schriftstellern.

Aber vielleicht ist auch Br. gar kein „Schriftsteller"; nicht einer der „schreibt", sondern einer der „spricht"; vielleicht besteht seine Tat eben darin, daß er den ursprünglichen Gestus des Sprechens wiederhergestellt hat; daß er uns *„anspricht"*.

Ob er auch „anspricht" im Sinne von „kaptivieren", ist eine andere Frage; aber die vor fünfzehn Jahren in ihrer Sensationalität gar nicht ausreichend gewürdigte Tatsache, daß gewisse Dreigroschenoper-Strophen die ersten Strophen waren, die nach Jahrzehnten, in denen es volkstümliche Dichtung nicht gegeben hatte, jedermann bekannt waren; die einzigen, die Schlagern erfolgreich Konkurrenz machten und trotzdem von niemandem als Schlager mißverstanden wurden – die spricht ja auch für den Sinn von „kaptivierend".

Mir jedenfalls scheint seine Klassifizierung als „Schriftsteller" irreführend; und die Bezeichnung „Lehrer" viel angemessener. Daß die, jedem anderen Autor gegenüber korrekte, Frage nach dessen Büchern Br. gegenüber so schief gestellt klingt, daß wir sein Werk primär gar nicht als „Bücher" auffassen; und daß der Gedanke, Brecht zu „schmökern", komisch ist, wird ja nicht grundlos sein. –

Aber um die dichterische Schönheit seiner Sprache zu durchschauen, bleibt der Hinweis auf sein „uns Ansprechen" unzulänglich. Ein zweites Element kommt dazu.

„Angesprochen" werden wir ja schließlich von früh bis spät, von Parteien und Waschpulverfirmen, durch die Presse und den Rundfunk, durch die pausenlos dröhnenden Schmeichelstimmen der mass media. Sie alle reden uns an, im Du-Ton sogar, sie alle reden in uns hinein, um uns einzureden, es seien nostrae res, die sie offerieren.

Br. ist es nun aufs deutlichste bewußt, daß er sich in einer Welt der

Demagogie, der Reklame, der falsch-intimen Ansprache, Gehör zu verschaffen hat. Ja, er ist wohl der einzige Dichter, der seinen Ton auf dieses Faktum abstellt, der mit dem durch diese Mittel geprägten Menschen rechnet und nun gegen diese Mittel andichtet. (Alle anderen Dichter, selbst die Rundfunkdichter, tun ja so, als gäbe es die mass media nicht; oder verwenden diese nur als Publikationsmittel.) Nur dann, wenn man sich die heute in massivster Front vorrückende „falsche Ansprache" als Folie klarmacht und die Art, auf die Br. sich von dieser abhebt, sieht man Br. richtig profiliert; dann erst, was seiner Sprache das Dichterische verleiht. Denn *das Einzigartige seines Unternehmens besteht darin, daß er,* obwohl er, mit den mass media konkurrierend, aufs Unbestreitbarste „anspricht"; und obwohl er den „Anruf", mit dem uns politische Demagogen und geschäftliche Reklame pausenlos im Ohr liegen, übernimmt, gerade *die Intimität dieser Direktheit ausschließt;* also *daß er den Anruf verfremdet.* Immer ist er beides zugleich: direkt *und* distant. Wo der Reklamefritze duzt, da siezt er; wo der Demagoge lockt, da ersucht er den Hörer um ein besonnenes Urteil. Wie dringlich er uns auch beanspruchen mag, immer bleibt er uns zehn Schritte vom Leibe. Und dadurch, gerade dadurch gewinnt er unser Ohr; das Ohr derer, die durch falsche Intimität sowohl der Schmeichelei wie des Kommandos angeredet, denen, die duzen, kein Wort mehr glauben. Er verfremdet sein Wort, um sich abzuheben von der Folie der Lüge.

Und *das* macht seine Sprache auch schön. Denn Schönheit scheint nur dort auf, wo der Reiz in Distanz bleibt, und wo die Einhaltung der Distanz die Würde des Angesprochenen intakt läßt. Durch seine Verfremdungstechnik hat Br. diese, Würde garantierende, Distanz ausgebildet und dadurch seiner Sprache einen Charakter verliehen, für den mir der Ausdruck „klassisch" nicht übertrieben klingt. Denn „klassisch" heißt, was eindringlich genug ist, um Aufdringlichkeit nicht zu benötigen.

Diese Sprache spricht er in einer Welt des aufdringlichen Pathos, des nackten Terrors und der vulgären Schmeichelei. Und *nennt* er auch das Aufdringliche, das Nackte und das Vulgäre bei Namen, so tut er das doch letztlich nur, um Pathos, Terror und Schmeichelei anzuprangern oder zu entkräften. Der Ton seiner Stimme bleibt höflich, beratend und unerbittlich. Und diese Legierung ist „schön"; sie hat die Schönheit gesitteter Autorität.

VI

Oder Br. benutzt, um ausgesprochen moralistische Vokabeln zu vermeiden, rein *pragmatische* Wörter; am liebsten, wo andere die Wörter „geboten" oder „erforderlich" oder „pflichtbewußt" verwenden würden, den Ausdruck *„praktisch"*. Heute nannte er es zum Beispiel „praktisch", daß K. dem T., dem es durch die Krankheit seiner Frau schlecht geht, tagsüber Gesellschaft leistet.

Zum großen Teil steckt hinter dieser seiner Wortverwendung natürlich das (gar nicht erst ausgesprochene) Argument, daß das Elend der Welt ausreichend bekannt sei; dessen Linderung oder Abschaffung moralisch zu begründen, also ein läppisches Unternehmen wäre; und die zweite, gleichfalls diskussions-unbedürftige Voraussetzung, daß das, worum es gehe, eben das Glück des Menschen ist. – Aber seine Verwendung der rein pragmatischen Vokabeln bringt es mit sich, daß jene Inversion von Mittel und Zweck, die hier in den Vereinigten Staaten so üblich ist, auch seine Argumente zu beherrschen scheint. –

Nichts macht ihn bei solchen Gelegenheiten ungeduldiger, als wenn ich ihn (und diese Frage ist nun schon zur Tradition zwischen ihm und mir geworden) mit einem *„praktisch wofür?"* unterbreche; also wenn ich darauf bestehe, daß hinter allen jenen Schritten, auch den politischen, die er als „praktisch" bezeichne, eine Idee stehe, ein Bild vom Menschen, wie er sein sollte, jawohl: *sollte;* und wie es ihm gehen sollte, jawohl *sollte.* – Diese Akkumulation von Idealismus („wofür", „Idee", „sollte"), dazu noch von solchen, die angeblich *seine* seien, die ist einfach zu viel für ihn. – Gestern geschah es nun, daß er meiner Frage, die er voraussah, zuvorkam; und zwar auf eine, gelinde gesagt, ebenso grobe wie ingeniöse Art: in diktierendem Tone nämlich, so, als wenn er für eines seiner Stücke die Redensarten einer später vielleicht verwendbaren *„Idealistenfigur"* festlegte. „Daraufhin" (diktierte er, oder schien er zu diktieren) „trieb der Idealist das Problem scheinbar unerbittlich bis zum Ende vor und stellte, um zu sabotieren, die Fangfrage: ‚Praktisch wofür?' In Betracht zu ziehen: der Mann weiß nicht, daß er als Saboteur angestellt ist."

Und dann ließ er diese Figur des „angestellten Idealisten" meinen einfachen Gedankengang (daß „praktisch" immer nur der Schritt zu einem Ziele sein könnte, nicht aber das Motiv der Zielbejahung) freilich mit Varianten, die ihn, den Spiegel, nicht weniger zeigten als mich, den Gespiegelten, wiederholen – kurz: um meine Frage nicht zu beantworten; oder um mir die Gelegenheit zu geben, sie zu beurteilen, requirierte er sie, verfremdete er sie, transformierte er sie in ein, für einen bestimmten Menschentyp charakteristisches, *Verhalten.* – Übrigens blieb er bei der Improvisierung dieser Figur absolut unbeteiligt, gewissermaßen trocken und reinlich; die Sätze, die er ihr (nachdem er sie mir von den Lippen gepflückt) in modifizierter Version in den Mund legte, waren wie ein Text, den er ablas: von Schöpfungsdämonie oder dergleichen nicht das geringste Anzeichen, obwohl der Geselle, den er da vor mir erstehen ließ, einfach überwältigend war: von blendender Glaubwürdigkeit, Komik und Lächerlichkeit. Wahrhaftig: wenn Br. mit dieser Aktion eine Lehrabsicht verband; wenn er *mich mir* zeigen wollte, dann war sie viel zu gut. Denn meine Faszination war mindestens ebenso groß wie meine Verstimmung darüber, daß ich da so mir nichts dir nichts als Karikaturmaterial verwendet wurde und wie mein Schreck darüber, daß diese Kreuzung von Wagner und Agent mein Spiegelbild sein sollte. Mir unter diesen Umständen meine Frage nicht rauben zu lassen, das war nicht ganz einfach; um so weniger, als unterdessen W. (der zu Br.s kleinem Gemüse gehört, zu den Probezuhörern, die er gerne benutzt) Lunte riechend, eingetreten war; geschmeichelt durch sein Dabeisein-dürfen bereits praenumerando den Ja-Sager beziehungsweise Ja-Lächler spielte; ja, als Br. fertig war, sogar wagte, sich mit einem schadenfrohen ,,Nun?" an mich zu wenden – was mir zuviel war. ,,Daß philosophische Fragen", antwortete ich ihm, ,,durch Komödienfiguren nicht widerlegt werden können, hätte sich in zweieinhalbjahrtausend Jahren eigentlich auch bis zu Ihnen herumsprechen können", worauf er mit absolutem Unverständnis reagierte; Br. dagegen befremdlicherweise mit einem ,,sehr wahr". Aber genug war mir dieses zu plötzliche ,,sehr wahr" nicht, denn schließlich war Br. ja der Verantwortliche gewesen und W. nur der kleine Ja-Sager. So zog ich es vor, mit der Frage an Br., ob er dieses Schauspiel für sehr ,,praktisch" gehalten habe, das Zimmer zu verlassen und H. in der Küche Gesellschaft zu leisten.

VII

Am Abend, als Berthold Viertel, Helli, Brecht und ich zusammensaßen – der Sohn war krank, draußen goß es – fragte ich Br., ob die Medizin für den Jungen zu holen nun lediglich „praktisch" sei. Worauf er antwortete, es nicht zu tun, wäre sowohl unmoralisch wie unfreundlich; und ich meinerseits fand, seine Antwort sei außerordentlich praktisch. Daraufhin wurde es sehr friedlich und gemütlich.

„Leben des Galilei“

(Sept. 1966)

I

Bekanntlich hat man Brecht jahrelang vorgeworfen, daß er kein reiner Dichter sei oder gewesen sei, vielmehr ein politischer Agitprop-Autor, der mit seinen Dichtungsmitteln unreine (nämlich skandalöserweise wirkliche statt nur fiktive) Ziele verfolgt habe – ein Vorwurf, den man natürlich mit gleichem Recht jedem Arzt, jedem Pfarrer, jedem Lehrer, jedem Richter, jedem Bäcker machen könnte; und bekanntlich ist dieser Vorwurf, mindestens hier in Wien, im angeblichen Interesse der Kunst, gerne applaudiert worden. Nichtsdestoweniger hat man – denn auf Folgerichtigkeit legt man bei der Bekämpfung dieses Mannes nicht allzu großen Wert – dem Publikum auch das Gegenteil davon aufgetischt: Nämlich, daß Brecht gar keine ernsten politisch-moralischen Ziele verfolgt habe, vielmehr die politische Welt gewissermaßen nur als die „Bretter, die die Kunst bedeuten“, also nur als Experimentierbühne für die Abfassung seiner Stücke, mißbraucht habe, kurz: daß er nichts als ein skrupelloser Ästhet gewesen sei. Eigentlich ist es schon blamabel genug, daß es die gleichen sind, die Brecht das eine Mal als Tendenzdichter, das andere Mal als reinen Ästheten abweisen, daß sie sich also noch nicht einmal dazu entschließen, *was* sie ihm eigentlich verübeln wollen, so lange sie nur wissen, *daß* sie ihm etwas verübeln. Aber die Tatsache, daß sie sich solche Blamage leisten können, das heißt: daß es keine Instanz mehr gibt, *vor* der sie sich blamieren können, die ist wohl noch blamabler. Und die wäre wahrhaftig des Hohns eines Karl Kraus würdig gewesen.

II

„Und sie bewegt sich doch" (nämlich die Erde um die Sonne) – dieser Ausspruch, mit dem Galilei seine ihm abverlangte Ableugnung des kopernikanischen Weltsystems aus Wahrheitsfanatismus widerrufen habe, der ist so ungefähr das einzige, was Nichtwissenschaftler über Galilei wissen. Ehrenvoll für uns und für unsere Voreltern, daß wir uns das Bild des uneinschüchterbaren und unbestechlichen Wissenschaftlers nicht hatten rauben lassen wollen und diesen durch Erfindung und Weitergabe des berühmten Wortes zum Helden gemacht haben. Aber gerade die Unbestechlichkeit, die wir ihm zusprechen und die wir an ihm bewundern, erfordert es, daß wir der Wahrheit ins Auge blicken, nämlich der Tatsache, daß Galilei, nachdem er mit Foltergeräten konfrontiert worden war, aus Angst vor dem körperlichen Schmerz, allein die von ihm vertretene Wahrheit abgeleugnet hat, nicht dagegen diese Ableugnung selbst. Ihn deswegen zu verurteilen, dazu wären nur Helden berechtigt und er selbst. Und in der Tat ist Brechts Galilei in seiner Wahrheitsliebe, mindestens in der Verachtung seines schmachvollen Benehmens, so weit gegangen, daß er seine körperliche Feigheit als Feigheit unterstrichen hat und den Versuch seines Lieblingsschülers, diese (mit dem Argument, daß ein wie Giordano Bruno auf dem Scheiterhaufen brennender Galilei niemals hätte weiterarbeiten können) zu rechtfertigen oder geradezu als moralisch-revolutionäre Methode wissenschaftlicher Forschung zu glorifizieren, unzweideutig von sich gewiesen hat. Gleichviel, die Geschichte, die Brecht uns erzählt, ist die Geschichte des moralischen Verfalls des großen Mannes Galilei. Und wenn ich sage: „des großen Mannes", so meine ich nicht nur: des großen Mathematikers, Beobachters, Physikers oder Astronomen, da die Größe, die Brecht uns vorführt, Größe in einem viel breiteren Sinn ist: nämlich die Größe eines in jeder Beziehung kraftvollen, vorurteilslosen und unersättlichen Mannes, eines Kerls, dessen Wissens- und Lehrbegierde gleich groß, nein, gleich maßlos und von der gleichen Art ist wie seine Lebens- und Genußgier – tatsächlich ist zwischen Galileis vitaler und seiner geistig moralischen Existenz, zumindest in den ersten Bildern des Schauspiels, nicht der geringste Unterschied auszumachen. Wenn Brechts Galilei die Zerbrechung der seit Kopernikus' Hypothese und seit seinen eigenen empirischen Funden nicht mehr aufrechtzuerhaltenden geozentrischen Astronomie für erforderlich hält, so nicht allein aus wissenschaftlichen Gründen, sondern auch aus moralischen: deshalb, weil er überzeugt davon ist, daß die Widerlegung eines so lange für gültig gehaltenen Weltsystems seine Zeitgenossen in allen Sparten des Lebens dazu ermutigen würde, auch andere Vorurteile, namentlich solche der Herrschaftsverhältnisse, zu widerlegen. Ursprünglich ist also Galileis Wissens- und Lehrleidenschaft zugleich eine moralische Leidenschaft – ich sage „moralisch", obwohl Brecht selbst diesen Ausdruck nur sehr selten und sehr zögernd in den Mund genommen und zuweilen als „idealistisch" sogar verhöhnt hat. Aber da Brecht selbst betont hat, daß Galilei schließlich „heruntergekommen" und ein „Lump" geworden sei, brauchen wir wohl seine Allergie gegen die Moralvokabeln nicht allzu ernst nehmen. In dem Galilei, den wir zu Beginn des Schauspiels sehen, sind jedenfalls die Begierde zu wissen, zu lehren, zu helfen und die Welt zu verbessern nur Spielarten einer einzigen Leidenschaft – während in dem Galilei, den wir am Ende des Stückes miterleben, höchstens zwei miteinander überhaupt nicht verbundene Begierden zu erkennen sind: einerseits die reine Genußbegierde und andererseits die ihm von den Behörden eingeräumte Wissensbegierde, der er aber allein deshalb frönen darf, weil er sich dazu bereit erklärt hat, sich als Forscher um die Effekte seiner Funde nicht weiter zu kümmern, diese vielmehr den Machthabern auszuhändigen, die dann mit diesen tun oder lassen können, was sie wollen – in anderen Worten: Der Galilei, den wir am Ende sehen, der zum Lumpen gewordene Galilei, ist gerade die Verkörperung dessen, was seit vier Jahrhunderten bis heute den Typ des „reinen Wissenschaftlers" ausgemacht hat. Brechts These würde, wenn man sie komprimieren würde, so lauten: *Was wir „reine Wissenschaft" nennen, ist die von Gewissen gereinigte Wissenschaft,* die Wissenschaft, die sich, wie sie es euphemisch nennt, „spezialisiert", das heißt, für die Konsequenzen ihrer Funde keine Verantwortung mehr übernimmt, und die deshalb notfalls auch dazu bereit ist, zu Völkermord oder zum Untergang der Menschheit beizutragen. Das Problem, das Brecht uns da vorführt, ist, wie diese wenigen Worte bereits zeigen, heute aktueller denn je; und was er uns lehrt, ist, daß wir die „Reinheit" der Wissenschaft stets daraufhin untersuchen müssen, ob sie nicht einfach ein Deckname sei für moralische Indolenz.

III

Manch einer wird sich vielleicht fragen, was dieses Astronomiestück mit jenen Grundmotiven Brechts zu tun habe, die mehr oder minder direkt in allen seinen Werken wirksam gewesen seien: mit der Frage der „Herrschaft" und des „Klassenkampfes". Die Antwort darauf lautet: Wenn die kopernikanische Theorie, das heißt die These, daß nicht die Sonne sich um die Erde, sondern diese sich um die Sonne drehe, auf Brecht eine solche Faszination ausgeübt hat, so deshalb, weil sie eine Revolution der Herrschaftsverhältnisse im Maßstab des Universums formuliert hat, weil sie, hegelisch gesprochen, den bisherigen „Knecht" (eben die Sonne) zum „Herrn" und den bisherigen „Herrn" (eben die Erde) zum „Knecht" gemacht hat. Immer wieder bezeugt der Text, daß Brecht in den Astronomen des 16. und 17. Jahrhunderts, die die als herrschend und als zentral geltende Erde ihres Herrschaftsanspruchs entkleideten und statt dieser die Sonne in den Mittelpunkt rückten, gewissermaßen die *Klassenkampftheoretiker des Universums* gesehen hat. In diesem Stück spricht Brecht immer zugleich kosmologisch *und* soziologisch. Erschüttern will er den Anspruch derer, die wähnen oder fest behaupten, im Mittelpunkt der Welt zu residieren. In der Tat beruht die Größe des Stückes weitgehend darauf, daß sich die sozialen Machtverhältnisse von „oben und unten" im Maßstab des Astronomischen wiederholen und daß die Hoffnung darauf, daß es „kein Oben und kein Unten mehr geben" werde, bei Galilei beziehungsweise bei Brecht immer sowohl einen sozialen als auch einen kosmologischen Sinn hat. Das Stück ist also nicht etwa kein sozialrevolutionäres, sondern umgekehrt eines, in dem sich die „Revolutionen" – nicht zufällig heißen ja auch die Umlaufbahnen der Planeten „Revolutionen" – als kosmische Ereignisse reflektieren. Außerdem aber spricht Brecht immer zugleich historisch *und* gegenwartsbezogen, also politisch: Denn wenn er Galileis Verrat vorzeigt und dessen Bereitschaft, in seinen künftigen Schriften, mindestens direkt die „kopernikanische Drehung" nicht mehr zu vertreten, so denkt er dabei außerdem auch an jene Wissenschaftler im nationalsozialistischen Deutschland, die sich dort seit 1933 dazu bereit erklärt hatten, die Möglichkeit einer „Umkehrung von oben und unten" künftig nie mehr zu erwähnen.

IV

In gewissem Sinne ist dieses Schauspiel kein typisches Brecht-Stück – deshalb nicht, weil „Verfremdung", die ja als Charakteristikum der „epischen Dramatik" Brechts berühmt geworden ist, in ihm eine ungleich geringere Rolle spielt als in den meisten seiner anderen Werke. Den an traditionelle Dramatik gewohnten Zuschauern bereitet daher das Stück geringere Schwierigkeiten als andere Brecht-Stücke. Der Grund für diese „Normalität" ist leicht erklärbar. Möglich und erforderlich ist Verfremdung allein dann, wenn vertraute Situationen, denen gegenüber unsere Urteile starr und eingegleist sind, Situationen, die wir zu Unrecht und zu unserem Verderben für unveränderbar halten, zur frischen Beurteilung vorgelegt werden sollen. Die klassische Methode solcher Verfremdung ist die Konstruktion einer *Fabel,* und daß die Mehrzahl der Brechtschen Stücke „Fabeln" sind, ist natürlich kein Zufall. Unmöglich, mindestens aufs schwerste behindert, ist aber der Verfremdungsversuch, wenn ein Dramatiker sich dazu entschließt, einen so und nicht anders vorliegenden geschichtlichen Stoff zu verwenden, statt „Geschichte" zu erfinden. Der geschichtliche Stoff „Leben des Galilei" lag vor, und diesen ad libitum zurechtzustutzen, wäre unerlaubt gewesen.

Und trotzdem ist auch das „Leben des Galilei" ein „verfremdendes" Stück. Was verfremdet wird, ist freilich nicht die historische Figur des Galilei selbst. Aber dadurch, daß statt eines heutigen Naturwissenschaftlers die uns viel fremdere Figur eines Naturwissenschaftlers aus dem frühen 17. Jahrhundert gezeigt wird, wird eben die Figur des heutigen Physikers (und dessen Indifferenz gegenüber den Konsequenzen seiner Forschung) verfremdet und dadurch neuer und frischer Beurteilung zugänglich gemacht. *Brecht verfremdet* also *nicht* eigentlich *die Geschichte Galileis, sondern benutzt diese als Mittel, um unsere heutige Situation zu verfremden.*

Als das Stück 1938 entworfen wurde, war es nicht nur avantgardistisch, sondern geradezu prophetisch, da ja Hiroshima, das die Verantwortung des Physikers jedem vor Augen geführt hat, noch nicht stattgefunden hatte. Heute ist das Schauspiel dagegen ein Gegenwartsstück – das freilich in einem schlimmen Sinn: deshalb nämlich, weil es zum Wesen unserer Gegenwart gehört, daß, ob es eine Zukunft geben wird oder nicht, von uns Gegenwärtigen abhängt.

,,Geschichten vom Herrn Keuner"

(1979)

Da schreibe ich also über etwas, worüber ich vor einem Halbjahrhundert geschrieben hatte. Damals hielt ich im ,,Frankfurter Rundfunk" auf Grund des 1. Heftes von Brechts ,,*Versuchen*" einen Vortrag über ,,*Bertolt Brecht als Denker*" – ein Titel, der damals, da man ,,den Brecht" (der bestimmte Artikel begann sich schon 1931 einzubürgern) nur als Autor der ,,*Dreigroschenoper*" kannte, Befremden hervorrief; mir aber eine langjährige Bekanntschaft mit ihm einbrachte. Die Kopien des Vortrags sind im Schlunde der Geschichte verschwunden. Also setze ich mich heute noch einmal hin, mit mehr Kenntnis (die nun freilich auch schon zu verdämmern beginnt). Und gewiß (denn unterdessen ist Brecht ja weltweit auch als Theoretiker bekannt geworden) mit geringerem Überraschungseffekt. Ich werde mich auf die ,,*Geschichten vom Herrn Keuner*" beschränken. Wer war Herr Keuner?

I

Er war (was niemand der ihn gekannt hat, bestreiten kann) Brecht selbst. Wenn Brecht Keuner sprechen läßt, dann spricht Keuner über Brecht. Zu sagen, er sei dessen ,,verfremdete Version" gewesen, wäre deshalb ungenau, weil Brecht selbst bereits als eine Verfremdung seiner selbst auftrat. Keuner ist höchstens eine Verfremdung in der Potenz. – Auf Grund meiner Identitätsthese spreche ich von Br. und K. immer zugleich.

II

Aber warum diese Zwischenfigur? Warum spricht Br., obwohl der ,,engagierteste" Schriftsteller, und obwohl er verbindlich genommen zu werden verlangt, nicht als er selbst? Warum schiebt er zwischen sich und die Aussage den Mund von K.?

Deshalb, weil er sich trotz seiner gewöhnlich verwendeten ,,Dixi-Tons" immer auch als *Experimentator* verstand und sich als einen solchen präsentierte. Die Tatsache, daß er seine ersten Kiepenheuer-Hefte unter dem Titel ,,*Versuche*" herausgegeben hat, ist keine Laune gewesen. Erst einmal probierte er seine Hypothesen aus (zumeist vor Mitarbeitern, die er als Plausibilitäts- und Wahrheitsthermometer verwandte). Zum Experiment gehörte, daß er seine Hypothesen einem anderen als Thesen in den Mund legte, einem *Strohmann*, einem Alibi – wobei er nicht nur vor den anderen, sondern auch vor sich selbst offenlassen konnte, ob oder wieweit er mit diesem Strohmann identisch war und für dessen Thesen geradestand und dingfest gemacht werden konnte. In der Tat benutzte er ja auch im wirklichen Leben Kunst als Alibi für seine politische Existenz. So in seinem Verhör vor dem ,,Committee for Unamerican Activities", in dem er als bemühter Künstler auftrat und indirekt jede Ähnlichkeit mit seiner Kunstfigur Keuner (die er freilich bei dieser Gelegenheit nicht erwähnte) abstritt. Hätte man nicht lockergelassen: wer denn dieser Herr Keuner gewesen sei, dann hätte er gebrummt: ,,Wenn ich Herrn Keuner eingeführt habe, so nicht, um einen sogenannten ‚Charakter' zu präsentieren; vielmehr damit die auszuprobierenden Einsichten einen Sprecher haben. Nicht auf die Lippen kommt es an, sondern auf das Gesagte." Ja, das *hat* Brecht gesagt, denn ich entsinne mich der großen (und zwar gemeckerten) Genugtuung, als ich ihm daraufhin davon erzählte, daß Augustinus in seiner Schrift ,,*De musica*" zwischen der allein wichtigen ,,res quae canitur" und dem irrelevanten ,,cantus" unterschieden habe. (Durch einen Heiligen bestätigt zu sein, schien ihm ein ganz besonderes Vergnügen zu bereiten.)

III

Es hat vor ihm keinen Philosophen gegeben, der den Philosophen derart unverblümt als unheroische Figur, um nicht zu sagen: als im Prinzip feigen Mann dargestellt, nein postuliert hätte. Der negative Held K. ist für alles Gefährliche viel zu schade: Weder ,,kämpfen darf er, noch die Wahrheit sagen, noch einen Dienst erweisen, noch nicht essen ... noch Ehrungen ausschlagen, noch kenntlich sein“. Seine einzige und unter allen Umständen zu rettende „Tugend“ sei die, *„daß er das Wissen trägt“*. Obwohl Br. nichts so pausenlos forderte wie die Praxis, und Theorien niemals nach ihrer Wahrheit, immer nur nach ihrem Nutzen (der die Wahrheit „sei“) beurteilt, reklamiert er doch für den Weisen restlose Abschirmung von der Praxis. Sein Wissen *sei* bereits Praxis. Da diese These von seinen politischen Freunden (wenn die sie verstanden hätten) niemals geschluckt worden wäre, ist es begreiflich, daß er seine Maxime nicht im eigenen Namen proklamiert, sondern in dem seines Strohmannes. Getarnt hat er nicht nur vor den Faschisten.

IV

Zuweilen zaudert Br. sogar, seinen Strohmann vorzuschieben, um mit diesem nicht identifiziert zu werden. Dann erfindet er für diesen wiederum einen Strohmann. Da gibt es z. B. die Geschichte von dem Jungen, der, als ihm ein Groschen entrissen wurde, nicht laut genug schreien konnte; und von dem Mann, der daraufhin diesem Jungen (offenbar nicht ganz unberechtigterweise) auch seinen letzten Groschen noch entreißt. Zwar soll die Moral von der Geschichte nicht lauten: „Beraube verängstigte Kinder“, sondern: „Lerne lauter zu schreien“. Trotzdem geniert sich Brecht, diesen Raub Herrn Keuner zuzuschreiben, vielmehr läßt er diesen von diesem Raub nur erzählen. Den „Keuners Keuner“ begangen hat. – So schlau war Brecht: Er berichtet von einem Mann, der von einem Mann berichtet, der etwas begangen hat. Er selbst steht unattackierbar da. –

V

Warum hat Br. seine Einsichten und Maximen nicht nur Keuner, sondern einem *Herrn Keuner* in den Mund gelegt? (Auf den Gedanken, seine Philosophie einem „Herrn Zarathustra“ in den Mund zu legen, wäre Nietzsche gewiß nicht gekommen.)

Aus demselben Grunde, aus dem man in den zwanziger Jahren, in denen Herr Keuner das Licht der Literaturwelt erblickte, Hamlet im Frack zu spielen begann; und aus dem auch heute noch, aufs obsoleteste „modern“, der „*Ring*“ in Bayreuth in Straßenkleidern aufgeführt wird. – Also nicht etwa, um die Figur zu *verfremden*, sondern umgekehrt, *um das „Verfremdete“*, die Fabelfigur, zu *„ent-fremden“*. Das heißt: um es so deutlich wie möglich zu machen, daß, was die Figur äußert oder tut, nicht als Bildungsgut rezipiert, sondern so ernst aufgenommen werden soll wie die Worte des Herrn von nebenan, die wir ja, da wir mit ihm „in the same boat“ oder „in the same world“ sitzen, ernst zu nehmen gewöhnt sind.

VI

Wiederholt heißt Herr K. „der Denkende“. Da er aber kein bestimmtes Denkgebiet beackert, sondern auf Grund der vorgefundenen Mensch- und Weltsituation über diese reflektiert, ist er kein Wissenschaftler, sondern ein *Philosoph* (was Br. selbst freilich, noch großgeworden in der Idolisierung der Naturwissenschaften, bestritten hätte). Da er aber keine Welttheorie aufstellt; Kosmologie, wie Sokrates, für Zeitvergeudung, damit für unmoralisch (in seiner Sprache: für „unpraktisch“) hält; da er sich also „nur“ für die Verhältnisse der Menschen und deren Glück interessiert, ist er kein Philosoph im Schulsinne, sondern ein „*Weiser*“. Weise waren aber bis zu B.'s oder K.'s Auftreten fast stets bejahrte Männer gewesen, die auf Grund ihrer in langen Jahren aufgespeicherten Erfahrungen den Jüngeren Rat erteilen konnten – was implizierte, daß sie die „Natur“ des Menschen und der Welt als konstant unterstellten. An diese Konstanz aber hat Br. nicht nur nicht geglaubt, vielmehr hat er diese so stur und höhnisch bestritten, daß man behaupten kann, *die Veränderbarkeit von Mensch und Welt* (also deren Nicht-Natur) sei *die Grundthese seines Lebens* gewesen. „Veränderbar“ bedeutete aber für ihn nicht nur „mutabile“, sondern „mutandum“, das heißt: er verstand die Welt deshalb als veränderbar, weil sie unter allen Umständen verändert werden *mußte*. Die berühmteste, nur knappe vier Zeilen einnehmende Geschichte, in der K., nachdem ihm jemand versichert hatte, er habe sich „gar nicht verändert“, „*erbleichte*“, die beweist, daß das sich gleich Bleibende in seinen Augen das Entsetzlichste war, was man ihm oder den Verhältnissen nachsagen konnte. Darum verabscheute er auch die Kategorie des „*Charakters*“. Und darum hörte er es auch so ungern, wenn jemand die Veränderung, die die Welt auch ohne die von ihm gemeinte Revolution durchgemacht habe oder durchmache (z. B. die technische) bereits als „revolutionär“ bezeichnete. Wer das tat (z. B. ich), der bestritt in seinen Augen die Veränderung als Aufgabe und zog sich flugs den Vorwurf des Konterrevolutionärs zu ... was mir öfter als einmal passiert ist. – Gleichviel, da er sich nicht damit begnügte, seine weisen Thesen einfach an den Mann zu bringen, vielmehr auf dessen Veränderung aus war, ist er ein *„revolutionärer Weiser“* oder ein *„weiser Revolutionär“* gewesen. Und das ist eine Figur, die es nicht nur zuvor in der Geschichte des Marxismus, sondern in der Geschichte nicht gegeben hatte.

Seine „fixe Idee“ der Veränderung hat er derart wahnsinnig übertrieben, daß er zuweilen Akte, die Konstanz voraussetzen, als sinnlos abtat, z. B. den Akt des *Versprechens:* weil derjenige, dem man nach Jahren das Versprechen hält, nicht mehr derselbe sei, dem man es gegeben hatte. Hintergrund dieser indiskutablen These (die er übrigens nicht befolgt hat, denn er war zuverlässig) ist die (lächerlich verallgemeinerte) Tatsache, daß der Mensch angeblich alle sieben Jahre seinen physischen Zellenbestand total erneuere. Daß nicht nur das Seiende „wird“, sondern auch das Werdende „ist“, das einzuräumen, wäre ihm gegen den Strich gegangen. – Hier kommen Anarchismusreste, Erinnerungen an Physiologie-Vorlesungen und Vulgärhegelianismus zusammen. –

Typisch keunerisch ist es, daß er sein einziges Anliegen: den Menschen zu verändern, modo negativo in die Behauptung ummünzt, er besitze wenig Menschenkenntnis – eben deshalb, weil es Menschenkennern allein darauf ankäme, die Menschen zu kennen, wie sie *sind;* ihm dagegen ausschließlich darauf, wie sie sein *sollten* (jawohl! trotz seiner Verhöhnung dieser Vokabel). Diese seine Behauptung ähnelt der von Grosz, er sei kein erstklassiger Portraitist, weil es ihm allein darauf ankäme, die Menschen zu zeigen, wie sie nicht sein sollten. Negative Protzerei in beiden Fällen. Von mangelnder Menschenkenntnis konnte bei Brecht wahrhaftig nicht die Rede sein: Nicht nur wußte er stets ganz genau, wen er auf Grund welcher Eigenschaften für sich einspannen konnte, er war der geborene Tester. Ohne seine enorme Menschenkenntnis hätte er auch keiner der zahlreichen prallen Figuren seiner Stücke zum Da- und Sosein verhelfen können.

VII

„*Schule*" war für ihn eine Lebenskategorie. In einem Alter, in dem andere ihre Lehrjahre längst vergessen oder verdrängt haben, betonte er (so sonderbar das klingen mag: mit einer gewissen Demut), daß er „Schüler" (von Marx, Lenin, Korsch, Sternberg) gewesen sei und noch immer sei. – Gleichzeitig hat er sich stets als Lehrer betrachtet. Alle Keunergeschichten kann man als Antworten auf Schülerfragen auffassen. Auch seine vielen Gespielinnen waren Schülerinnen. Sie zu lieben bedeutete für ihn – diesen Ausdruck hat er freilich nie benutzt – sie *zurechtzulieben.* – Die in den zwanziger Jahren kursierende Redensart vom „erzieherischen Eros" (Blüher/Wyneken) darf man auf ihn mutatis mutandis durchaus anwenden.

VIII

Herr K. war so *sittelos* und ungleichgeschaltet mit pragmatischen Vorurteilen wie kein bekannter Philosoph seit Diogenes. Er war, so heißt es, „nicht fürs Abschiednehmen, nicht fürs Begrüßen, nicht für Feste, nicht für das Beenden einer Arbeit, nicht für das Beginnen eines neuen Lebensabschnittes, nicht für Rache, nicht für abschließende Urteile". Die Figur des nichts mitmachenden K. ist aber nicht die eines Kauzes oder Untüchtigen. Umgekehrt war der von Menschen überlaufene Br. so tüchtig, daß er als Großunternehmer (der er als Organisator seines Ruhms in gewissem Sinne ja gewesen ist) genau so prominent geworden wäre, wie er es als Autor geworden ist. – Ebensowenig bedeutete seine radikale Sittelosigkeit[1] bohemehafte Sittenlosigkeit, obwohl sie ursprünglich aus dieser, nämlich aus dem Anarchismus der Münchener Zeit und aus jener Berliner Zeit bis 33 stammte, in der er durch die beabsichtigt auffällige Unauffälligkeit seiner Kleidung, als negativer Modefex, nicht nur seine Nichtzugehörigkeit zur Bourgeoisie, sondern seine angebliche Zugehörigkeit zum Proletariat zur Schau stellte – eine Tiefstapelei, die ihm natürlich weder die Bourgeoisie noch das Proletariat honoriert oder auch nur abgenommen hat.[2] Aber vom reifen Brecht, seit 33, gilt das alles kaum mehr. Seine Vorurteilslosigkeit verlor jede Spur von Sensationalismus. Von niemandem stach er in der Santa-Monica-Zeit, in der er mit der bürgerlichsten Regelmäßigkeit zuhause arbeitete und noch nicht einmal zur Entspannung ans Meer ging (die außermenschliche Natur irritierte ihn) – von niemandem stach er damals mehr ab, als von dem Typ des wilden Bohemiens, der in der Person von Alexander Granach seinen verspäteten Triumph am falschesten Orte feierte. Von „épatez-le-bourgeois" konnte um so weniger die Rede sein, als er kaum Bourgeois kannte, die er hätte epatieren können oder die sich hätten epatieren lassen, sondern ausschließlich Wissenschaftler, Politiker und Schauspieler. Was blieb, war etwas absolut Positives: die Unabhängikeit von Vorurteilen und Dogmen, die freilich restlos niemals gelungen ist, da er manche Dogmen des Marxismus (wenn auch nicht solche der Partei) gerade für „Unabhängigkeit von Dogmen" hielt.

Letztlich aber hat er mit Sitten deshalb tabulam rasam gemacht, weil er es sich nicht erlauben zu dürfen glaubte, an der Hoffnung zu zweifeln, daß eines Tages auf Grund veränderter Herrschafts- und Eigentumsverhältnisse eine Welt erstehen würde, in der mühselige Sittlichkeit sich erübrigen und eine unangestrengt funktionierende Sitte herrschen würde. Ob er trotz seines wahrhaftig nicht geringen Zynismus diesen Rest von Hoffnung bis zu seinem Tode aufbewahrt hat, kann ich, da ich ihn im letzten Jahrzehnt seines Lebens nicht mehr gesehen habe, nicht beurteilen. Aber mir schwant, daß auch er bereits, nicht anders als Bloch, durch die Nichtaufgabe seines Vertrauens auf die Zukunft zu den tragischen Figuren einer endgültig vergangenen Vergangenheit gehört.

IX

Daß Anarchismus für ihn nur ein Gedankenexperiment gewesen ist, und wie unsinnig es wäre, Brecht als Advokaten der Unverantwortlichkeit hinzustellen, beweist die Geschichte von dem Herrn Keuner angebotenen Mantel, den dieser (obwohl er ihn nicht mehr benötigt und durch Krankheit eigentlich sogar daran verhindert ist, den zugesagten Weg zu machen) dennoch abholt. Diese Geschichte von der Unabdingbarkeit von Verabredungen, und die Direktheit, mit der Br. von K. bemerkt (beiläufig sogar: dadurch mit um so größerer Selbstverständlichkeit), er sei *„für Ordnung der menschlichen Beziehungen"*, sind nicht minder extrem als jene Aussprüche oder Akte, die man als Plädoyer für Anarchismus hingestellt hatte. Die Rolle des moralisch Unbedingten hat er ebenso, und ebenso unverspielt, durchgespielt wie die des Amoralisten: denn er war eben ein Philosoph und das heißt: kein Dogmatiker, sondern ein Experimentator.

X

Keuner war der Stifter einer durchaus neuen *Erkenntnistheorie.* Denn für ihn bestand Wahrheit nicht in der Gleichung von „res“ und „intellectus“, sondern in der von *„res“* und *„Attitüde“*. Als ihm einer „unbequem gegenübersaß, unbequem redete und unbequem dachte“, da glaubte ihm Keuner kein Wort. „Sehend deine Haltung, interessiert mich dein Ziel nicht.“ *Haltung war für ihn also das Kriterium veri et falsi;* gestische Wahrheit galt ihm mehr als die Wahrheit von Worten: Und zwar deshalb, weil sich Gesten mehr verraten als Wörter; also verraten, ob sie die Wahrheit sagen oder lügen. – Aus diesem Grunde interessierte sich Br. so brennend für Schauspieler: sie hatten seine „Wahrheiten“ – und nur dadurch konnten diese sich bewähren – durch Haltung und Gesten glaubwürdig zu machen ... eine entsetzlich gefährliche Theorie: denn mit welchem unanzweifelbaren Ausdruck von Wahrhaftigkeit Lügen vertreten werden können, das hätte Br. durch die ehrlichen Nationalsozialisten wissen müssen.

XI

Das „small is beautiful“, das mit den von Webernschen Miniaturen begonnen hatte, wendete sich gegen die großflächigen, letztlich affirmativen symphonischen Weltanschauungsgemälde. Kritik braucht nicht so groß zu sein, darf nicht so groß sein wie das Kritisierte. Maximen, wie Br. sie formulierte, können und dürfen nicht die Voluminösität dickleibiger Romane oder Partituren haben, da sie unverwendbar wären. Seine Arbeit bestand oft im *„Rezeptschreiben“*. Dieses machte ihm freilich einen Heidenspaß, einen um so größeren, als er seine Berufsehre darein setzte, seinen Rezepten die Form schönster poetischer Produkte zu verleihen, die auch ihren Verwendern Spaß machen sollten (diesen aber bis heute letztlich mehr Spaß als Nutzen gebracht haben, selbst sein Antikulinarismus gehört heute ja zu den kulinarisch aufgenommenen Brechtspeisen). Gleichviel, fast alle sogenannten „großen Romane“ (im Unterschied zu Krimis, die ihm Denkspaß bereiteten und die er als Modelle handwerklich perfekter Konstruktion schätzte) waren ihm so zuwider, daß er nicht nur den *„Zauberberg“* verhöhnte und die *„Josephsromane“* erst gar nicht anrührte, sondern selbst seines langjährigen Freundes Döblins Romane nur mit Ungeduld las, und selbst den *„Berlin Alexanderplatz“* als schief und überflüssig, weil ohne unzweideutige und befolgbare Maximen, verwarf. Meinen ausführlichen Kommentar zu diesem Buche bezeichnete er als „Denkübungen am falschen Objekt“. Ich glaube, der einzige Döblin-Roman, den er effektiv durchgelesen hat, war die *„Babylonische Wanderung“*, und zwar deshalb, weil dieser die Emigration parabolisch behandelte. Aber da er kein Leser, sondern ein Benutzer war, also niemals gelernt hatte, „zu lesen ohne zu schreiben“ und das auch gar nicht lernen wollte, hat er den genialen und viel zu wenig bekannten Roman in eine Baugrube zurückverwandelt und aus dem Material, was gleichfalls viel zuwenig bekannt ist, den *„Guten Menschen von Sezuan“* gemacht.

XII

Bekanntlich ist sein Lieblingsbuch die Bibel gewesen. Und zwar deshalb, weil sie, nicht von einem einzigen Autor verfaßt, etwas ganz anderes war als übliche Autorentexte, weil niemand auf sie als „geistiges Eigentum“ Anspruch erheben konnte; und weil sie sich so gefiltert hatte, daß sie zum großen Teil aus Zitierbarem bestand.

Natürlich hat er seine Verhöhnung der Originalität „tongue in cheek“ gemeint. Denn außer Heidegger habe ich niemanden gekannt, der so eisern von seiner eigenen Originalität überzeugt gewesen wäre wie er. Und nicht minder eisern war er davon überzeugt, daß gerade diejenigen, die ihn des Plagiats bezichtigten – Kerr war der erste gewesen, der „haltet den Dieb!“ gerufen hatte –, in ihren angeblich „schöpferischen“ Werken ganz unoriginell „mit anderer Leute Zunge“ sprachen; und daß diejenigen, die (wie der als „Tui“ total danebengeschätzte Adorno) hermetisch schrieben, damit nichts anderes bezweckten, als als originell zu gelten, und daß sie durch ihre Unverständlichkeit attraktiv zu werden versuchten – was ihnen nicht gelingen würde. (Die Geschichte hat ihm Unrecht gegeben.) Gleichviel, der Vorwurf des ,,geistigen Diebstahls" prallte an ihm nicht nur deshalb ab, weil er den Begriff des ,,geistigen Eigentums" für eine fragwürdige, nein komische Klassenkategorie hielt (den Erfinder des Rades kennen wir ja auch nicht), sondern eben darum, weil er keinen Augenblick daran zweifelte, der Originalste aller zeitgenössischen Autoren zu sein. Das ging so weit, daß er sich unbehaglich fühlte, wenn man ihn als ,,Schriftsteller" klassifizierte, und daß er einmal sogar behauptete, er bliebe selbst dann, wenn er den Satz eines anderen verwendete, origineller als der ,,Bestohlene" und als jene Eigentumsfexen, die wie Kinder stolz darauf wären ,,alles allein gemacht" zu haben. Worauf es ankomme, sei einzig und allein, wo und wie und vor allem: zu welchem Zweck man ,,Diebesgut" verwende, dies gut durchzuführen, erfordere eine Kunst, die er seinen Spöttern nicht zutraue. Die neuartige Verwendung von Altem sei originaler als die Erfindung von angeblich Neuem. ,,Selbst von einer Wurst", sagte er einmal, ,,selbst von einer unoriginalen Wurst, die ich entwendet habe, braucht man nur eine hauchdünne Scheibe abzuschneiden, um zu riechen, daß sie mein originales Diebsgut ist." Den angeblich ,,Schöpferischen" (wenn er diese Vokabel hörte!) warf er oft vor, im Unterschied zu ihm ,,schlechte Erben" zu sein. –

Schließlich aber hatte Brechts Bekämpfung des Eigentumsbegriffs im Geistigen auch etwas mit seiner Hoffnung auf ,,Sitte" zu tun, zu der es ja gehöre, übernommen zu werden, ohne daß deren Übernehmer den ,,Sittenautor" zu kennen oder gar zu zitieren brauchten.

XIII

Allein eigene Produkte zu verwenden, hätte er für ebenso unsinnig (nein, wenn er dies Wort nicht verpönt hätte, es kommt in seinen Werken nicht ein einziges Mal vor), für ebenso ,,unmoralisch" gehalten, wie wenn ein Prediger nur sein eigenes Evangelium predigte oder ein Arzt seinen Patienten nur von ihm selbst erfundene und gedrehte Pillen verschriebe. Auch auf Rezepten stehe ja schließlich nur der Name des verschreibenden Arztes, nicht der des Pillenerfinders. Lächerlich wären diejenigen Architekten, die allein solche Gebäude entwürfen, die sie mit ihren eigenen Händen zu errichten imstande wären.

Wirklich hat er ja einen Großteil seiner Werke mit anderen zusammen hergestellt. – Wirklich? Angeblich. Denn abgesehen von Weill und Eisler hatte er ja, ehe die Zusammenarbeiten anhoben, die Mitarbeiter selbst ganz allein „verfaßt": nämlich sie in mehr oder minder sklavische Brechtianer verwandelt. Zum echten Widerspruch ist es wohl zwischen ihm und seinen brechtifizierten Mitarbeitern kaum je gekommen. Die Namen der künstlerisch oder denkerisch selbständigen seiner Freunde scheinen auf der der Liste seiner Mitarbeiter nicht auf, weder der von Korsch noch der von Sternberg, Döblin oder Benjamin. (Dessen Projekt, mit Brecht zusammen ein Anti-Heidegger-Pamphlet zu verfassen, ist wohl daran gescheitert, daß Brecht – das kann ich mit Bestimmtheit aussagen – keine zwei Seiten von *„Sein und Zeit"* gelesen hat. Übrigens hätte er diese, da ihm alle philosophiegeschichtlichen Voraussetzungen dafür gefehlt hätten, auch gar nicht verstehen können.)

XIV

Unter den gehämmerten Miniaturen, aus denen die Keunergeschichten bestehen, gibt es auch – machen wir uns da keine Illusionen – *gehämmerten Quatsch.* So etwa die Behauptung: „Nicht daß die Menschen verschieden sind, ist gut, sondern daß sie gleich sind. Die Gleichen gefallen sich. Die Verschiedenen langweilen sich." Schwer zu sagen, ob er diesen Unsinn wirklich gemeint hat, aber rezipiert worden sind seine (zuweilen nur ausprobierten) Hypothesen und Thesen stets als *Ukasse.* In dieser Hinsicht unterschied sich sein „Schülerkreis" nicht im geringsten von dem Heideggers. Daß es unter den zahlreichen Männern und Frauen, die er zur Mitarbeit herangezogen und benutzt hat, nicht einen einzigen gegeben hat, der die Zivilcourage aufgebracht hat, „to call a spade a spade" und ihm abzuraten, Derartiges der Öffentlichkeit zu übergeben, das spricht nicht nur gegen diese, sondern auch gegen ihn selbst, da er sich seine „Jasager" ja selbst ausgesucht hatte. –

Sein Autoritätston findet seine Klimax, wenn er – man traut nicht seinen Augen – Keuner jesusgleich verkünden läßt: „So wie ich esse, werdet Ihr nicht essen. Wenn Ihr aber eßt wie ich, wird es Euch nutzen." Außer bei Nietzsche und George hat es diesen prophetischen und selbstverherrlichenden Ton in der modernen deutschsprachigen

Literatur nicht gegeben. In der Tat stammt diese Sprache direkt von Nietzsche, der ja auch etwas anderes und Größeres als bloße Literatur oder Philosophie hatte produzieren wollen. Auch ich habe niemals den Mut gehabt, vor Brecht den Namen Nietzsche auszusprechen, gar zu behaupten, daß dieser einer seiner Ahnen gewesen sei. Er hätte mich rausgeschmissen. –

Die Ähnlichkeit besteht nicht allein darin, daß beide im autoritären „Ego-Dixi"-Ton sprechen. Wenn Keuner fordert, daß wir jede Einsicht darauf abfragen müssen, wem sie Nutzen bringe: „Wahrheit ist die Art von Irrtum, ohne welche eine bestimmte Art von lebendigen Wesen nicht leben könnte. Der Wert für das Leben entscheidet zuletzt", so klingt dieser Keunersatz nicht nur nietzschehaft, vielmehr stammt er von Nietzsche. („*Der Wille zur Macht*", Nr. 493.)

XV

Ein paar Worte über seine Tarnungen. – Zwar ist es wahr, daß sein letztlich stets didaktischer Stil und sein antikulinarisches Pathos (von dem er wußte, daß es höchst kulinarische Effekte erzeugen konnte ... wogegen er nichts einzuwenden hatte, im Gegenteil) gerade von denen, die er als Publikum nicht gemeint hatte, bejubelt wurde. Das hat sich, seitdem Bürger die Dreigroschenoper-Gleichung „Bürger sind Räuber" bejubelt hatten, nicht geändert und wird nun besiegelt durch die heute in Amerika grassierende Brechtmode. – Daß er aber absichtlich „dunkel" oder „tief" – und wie er diese Adjektiva verhöhnt hat! –, kurz: esoterisch gewesen sei oder zuweilen zu sein gewünscht habe, das hat ihm doch, so sollte man meinen, ganz fern gelegen. In der Tat hatte er es ja, da er vom März 33 an außerhalb der Diktatur lebte, nicht nötig gehabt, jene Methoden, in schwierigen Zeitläufen die Wahrheit zu schreiben, die er schon während seines Dänemark-Aufenthaltes dargelegt hatte, selbst zu befolgen. Wenn er es liebte, seine Wahrheiten zu tarnen, obwohl er nicht unter der Diktatur lebte, so war das wohl ein merkwürdiger Selbstbetrug, von dem man kaum annehmen kann, daß er von ihm, dem professionellen Durchschauer, nicht durchschaut worden sei. Als Realist konnte er ja nicht darauf hoffen, daß seine verschlüsselten Rezepte in Hitlerdeutschland gelesen oder gar befolgt werden würden. Mit dem Worte „Verfremdung" ist nichts erklärt, da, wer verfremdet, sich darüber im klaren sein muß, warum und vor wessen und für wessen Ohren indirekt zu reden erforderlich und erfolgversprechend ist. Welche Gründe und Ziele hatte dann seine Tarnung?

Ich glaube, die einzige plausible Erklärung ist die, daß er (wie manche andere unserer Generation) sich in den Jahren, die dem Machtantritt vorausgegangen waren, auf ein Untergrunddasein und auf indirekte Rede vorbereitet und Voltaire und Swift als Modelle hervorgesucht hatte. Und dieser Einstellung auf Bleiben und Tarn-Notwendigkeit haben wir nach 33, als wir uns selbst nicht mehr tarnen konnten und fliehen mußten, in den Emigrationsländern (die solche Tarnungen um so weniger erforderten, als die meisten ja keine Publikationsmöglichkeiten hatten) jahrelang die Treue gehalten. Wenn wir das, obwohl wir ja draußen waren, getan haben, so wohl deshalb, weil wir uns damit selbst weismachen konnten, daß wir irgendwie eben doch zuhause geblieben waren, daß wir drüben unentbehrlich seien, daß wir Botschaften hinüberzuschicken hätten, daß diese irgendwie doch ankämen oder mindestens „gleich danach“ (und im Beginn der Emigration hieß das: 1934 oder 35) ankommen würden. Diese Hoffnungen haben sich in der Mehrzahl nicht erfüllt, wohl aber im Falle Brecht.

Wirklich berechtigt ist sein Verfremdungsgestus eigentlich erst sehr spät geworden, nämlich in jenen letzten Jahren in der DDR, in denen man ihn wohl nur deshalb weiter toleriert hat, *weil* er verschlüsselt (also konsequenzenlos) sprach, und weil man im Ausland mit ihm als kultureller Prestigefigur protzen konnte. Aus dieser Zeit stammen einige Keunergeschichten, auf die ich mir, trotz meiner beinahe halbhundertjährigen Vertrautheit mit Brechttexten, keinen Reim machen kann. Einige dieser Texte sind in der Tat kafkaesk, eine Bezeichnung, die er, da er zu den ersten gehört hat, die Kafka als Realisten durchschaut haben, nicht abgewiesen hätte.

XVI

Da Brecht sich, wie gesagt, nicht mehr eigentlich als einen „Schriftsteller“ gefühlt oder klassifiziert hat, sondern vor allem als Lehrer; und da er in seiner Sammlung von Keunergeschichten nicht mehr eigentlich ein durchzulesendes oder gar zu schmökerndes Buch gesehen hat, sondern eher einen Katechismus, nehmen er und seine Schriften einen ganz speziellen Platz in der Geschichte der Literatur ein. Einen dialektischen: Da er mit höchstem literarischen Können die Kategorie „Literatur" in Frage stellt und aufzuheben versucht, gehört er zu den wichtigsten Autoren. Gewissermaßen als deren Schlußfigur; freilich nur „gewissermaßen", da die Welle der Literatur im konventionellen Sinne über ihn so hinweggehen wird wie im vorigen Jahrhundert der Strom der konventionellen Philosophie über den Anspruch derer, die das „Ende der Philosophie" proklamiert hatten, hinweggegangen ist. Auch die Ketzer landen in der Kirchengeschichte.

Anmerkungen

1. Diese Sittelosigkeit hat ihn aber nicht daran gehindert, sich zuweilen ausgesuchter Höflichkeit zu befleißigen und durch ausdrückliche Nichtbeachtung seiner Regel, Sitten nicht zu beachten, seinem Gegenüber spezielle Hochachtung zu erweisen.
2. Diese auffällige Unauffälligkeit ließ er sich sogar etwas kosten, denn seine bescheidenen Spezialjoppen aufzutreiben, war nicht minder mühselig als ein spezielles Luxusstück aufzugabeln, wenn nicht mühseliger. Und auch Nikkelbrillen sind trouvailles, die einem nicht in die offene Hand fallen. – Adorno behauptete sogar, daß er jeden Morgen aufs penibelste mit einem Spachtel „umgekehrte Manicure" betrieben habe. – Aber unbestreitbar ist, daß er durch die ausgestellte Unscheinbarkeit eine Faszination ausgeübt hat, um die ihn Elegantere beneidet haben.

Über Heartfield

S.M. ADOLF

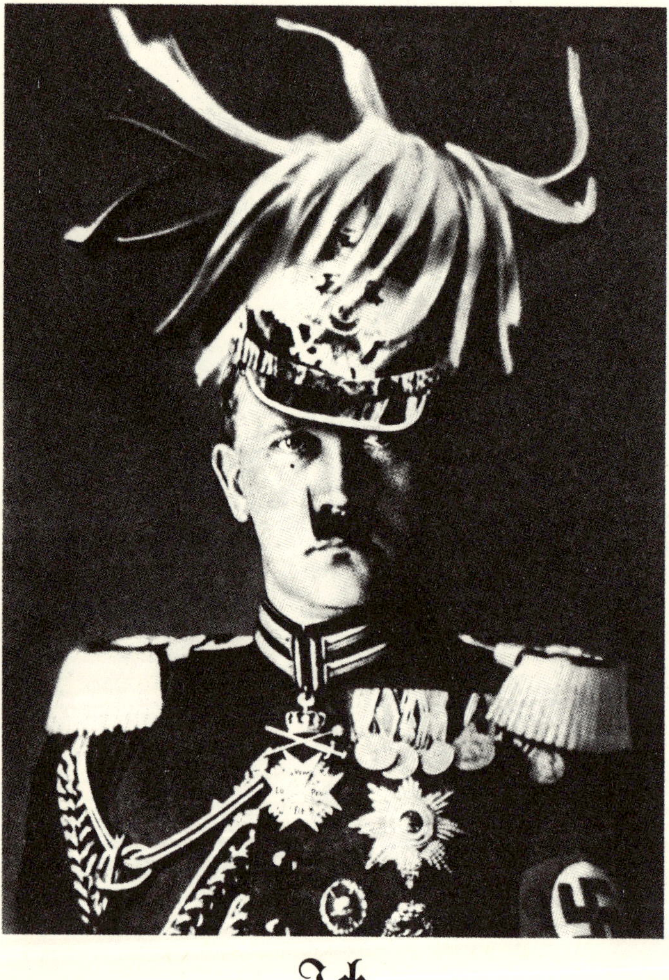

Ich
führe Euch herrlichen Pleiten entgegen!

Über Photomontage

Ansprache zur Eröffnung der Heartfield-Ausstellung 1938 in New York

Neunzehnhundertdreißig. In irgend einem Lande stirbt ein Kind an Unterernährung. Warum?

Sein Vater, ein Arbeiter, ist arbeitslos. Warum?

Die Fabrik in der er arbeitet, ist geschlossen. Warum?

Die Fabrik kann keine Profite mehr machen. Warum?

Ein anderes Land – weit entfernt vom Sterbeplatz des Kindes – kann das Produkt billiger herstellen. Warum?

Das Land kann sich erlauben, geringere Arbeitslöhne zu zahlen. Warum?

Es gibt in dem Land keine machtvollen Gewerkschaften. Warum? Warum? Warum? Warum?

Was immer das letzte Warum, die Tatsachenreihe vom Tode des Kindes bis hinunter zu den schwachen Gewerkschaften in dem weit entfernten Lande, von dem das Kind nie gehört hatte, ist *eine* geschlossene Reihe, ist „*Eine* Welt".

Nun nehmen wir einmal an, wir bäten einen Künstler, einen Maler oder Photographen, diese Wirklichkeit darzustellen. Was könnte er darstellen? Vielleicht einen Arzt, der sich über das Sterbebett des Kindes beugt? Oder einen Lohnstreik, der von Polizei zerstreut wird? Die Bilder mögen noch so realistisch oder naturalistisch sein – sie wären nur Ausschnitte, sie zeigten nur Kettenglieder; aber nicht die Wirklichkeit, die aus Verkettung besteht. Die *Beziehung*, d. h. die *Wirklichkeit*, bliebe also *unsichtbar*.

Von dieser Unsichtbarkeit und von dieser Unzulänglichkeit des menschlichen Auges geht *Heartfield* aus. Er überschreitet das Prinzip des Naturalismus, die Welt so darzustellen, wie sie aussieht, denn er weiß, *ihr Aussehen* ist *trügerisch*. Diese Überschreitung kennen Sie aus allen progressiven Theorien. Der progressive Materialismus beruft sich nicht auf das menschliche Auge als Zeugen, sondern benötigt das Denkmittel der Dialektik, um die einzelnen sichtbaren Stücke – und nur das Einzelne ist sichtbar – zusammenzubringen. Genau so sind für Heartfield die einzelnen Stücke Irrealitäten, ja Fälschungen der Wirklichkeit. *Um diese Fälschungen zu überwinden, kombiniert er in der Ebene der Sichtbarkeit, im übersehbaren Rahmen eines einzelnen Blattes Papier, diejenigen Elemente, die in der Wirklichkeit verbunden sind.*

Ich erinnere mich, wie man etwa vor zwanzig Jahren, angesichts der ersten Heartfieldschen Stücke, tadelte, sie seien Fälschungen. Das ist in einem oberflächlichem Sinne gewiß richtig. Aber wenn Heartfield „fälscht", *wenn er die Wirklichkeit entstellt* und auf ungewöhnliche Art zusammenstellt, tut er es nur, *um sie richtig zu stellen.* Wenn er konstruiert, konstruiert er nicht, um von der Wirklichkeit abzuführen wie die Konstrukteure üblicher Phantasiebilder, Klinger oder Böcklin oder die Surrealisten, sondern um erst die wirkliche und dem unbewaffneten Auge *unsichtbare Welt sichtbar zu machen.* –

Was nimmt Heartfield nun als Bruchstücke zum Zusammensetzen? Dokumentarische Photographien. Er verläßt also dadurch nicht endgültig die Domäne des Auges, um sie durch bloße Zeichen zu ersetzen, wie es etwa der Statistiker tut, der in einer graphischen Kurve Fakten-Zusammenhänge illustriert. Er bleibt im Gebiet des Sehbaren. *Aber aus den sichtbaren Bruchstücken,* die er kombiniert, *macht er Zeichen:* er schafft einen Gegenstand, der die Wahrheit der wissenschaftlichen Kurve mit der Unmittelbarkeit des künstlerischen Bildes verbindet; *er verschafft dem Auge den weiten Horizont der Vernunft, er schaltet das Auge mit der Vernunft gleich.* Diese Kombinierung ist schon an sich höchst bemerkenswert. Aber für Heartfield hat diese Kombination kein wissenschaftliches Interesse. Er ist Propagandist. Und wenn er voraussetzt, daß die Welt unsichtbar ist, so meint er nicht die geographische Unsichtbarkeit, nicht das Faktum, daß ich hier von New York aus Tokio nicht sehen kann. Die einzige Unsichtbarkeit, die ihn interessiert und die er bekämpft, ist die Unsichtbarkeit, die vom Menschen selber hergestellt wird; vom Menschen für den Menschen; die Unsichtbarkeit der politischen Interessen, die hinter den angeblich offen vor Augen liegenden Ereignissen sich verborgen halten. *Was* Heartfield also den *dokumentarischen Photographien zufügt, ist stets der Grund oder Hintergrund der dargestellten Erscheinungen:* der Motor,

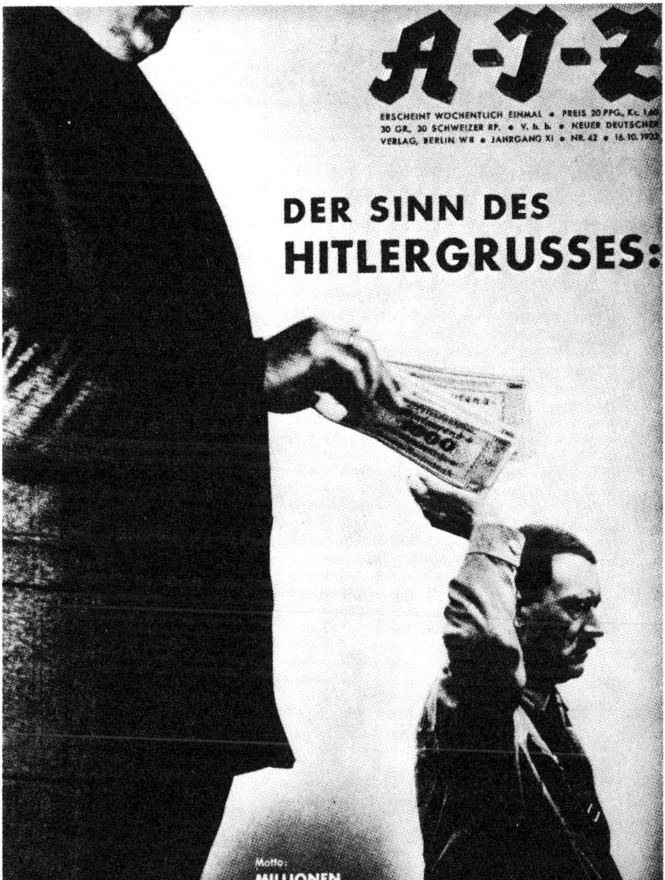
A-I-Z
ERSCHEINT WÖCHENTLICH EINMAL • PREIS 20 PFG., Kc. 1,60
30 GR., 30 SCHWEIZER RP. • V. b. b. • NEUER DEUTSCHER
VERLAG, BERLIN W 8 • JAHRGANG XI • NR. 42 • 16.10.1932
DER SINN DES
HITLERGRUSSES:
Motto:
MILLIONEN
STEHEN
HINTER MIR!
Kleiner Mann bittet um große Gaben

der sich gerade hinter der scheinbaren ehrlichen Sichtbarkeit versteckt. Es ist also kein Zufall, daß der eigentliche Feind Heartfields der Faschismus ist. Denn der Faschismus begnügt sich ja nicht einfach mit dem Grad an Sichtbarkeit, den jeder Gegenstand dieser Welt hat. Der Faschismus macht sich in seinen Schaustellungen *eigens* sichtbar, um sich in seinen eigentlichen Interessen unsichtbar zu halten. Das Mißtrauen, das man gegenüber der sichtbaren Welt hegt, muß also gegenüber dem Faschismus um so größer sein, als er Sichtbarkeit als spanische Wand benutzt. Eine deutsche Maikundgebung zum Beispiel ist so ungeheuer sichtbar, daß dahinter nichts mehr zu bestehen scheint. Dieses Dahinter in die Sichtbarkeit vorzuschieben, seinen Gegner auf den Platz zu schieben, wo er in flagranti ertappt werden kann, das ist die Aufgabe Heartfields. Seine Bilder haben deshalb sehr häufig zwei verschiedene Hälften. Die eine Seite ist die jedem bekannte, von jedem indentifizierbare, sichtbare Seite. Die andere Hälfte des Bildes ist die verborgene Seite. Sie sehen z. B. das (im Anfang der Hitler Diktatur) montierte Bild des Führers, der mit erhobener Rechter versichert: „*Millionen stehen hinter mir*". Das ist die sichtbare Seite. Aber dahinter sieht man den Mann, der Hitler jene Millionen gab, mit denen er seine Massenaktionen durchführte: Thyssen, der in die erhobene Hand die Millionenscheine legt. Die erhobene Hand selber bekommt etwas unvergeßlich Zweideutiges. Sie ist Grußhand und die Hand des bezahlten Agenten zugleich.

Ein weiteres Beispiel dafür, daß Heartfield stets die Hintergründe sichtbar macht, ist seine Veränderung des berühmten Bildes von Stuck „Der Krieg". Auf diesem Bilde ist bekanntlich der Krieg als ein nackter, heroïscher Jüngling dargestellt, der über ein Schlachtfeld reitet. Heartfield setzt auf den Gaul hinter den Jüngling den Führer, der dem Kriege, also der Jünglingsallegorie, einen Sporn in die Schenkel jagt. Dieses Bild ist darum so interessant, weil es nicht nur die Welt des Feindes entlarvt: denn nun erst, nachdem Hitler hinter der idealen Jünglingsfigur als zweiter Reiter hingesetzt ist, wird ganz erschreckend deutlich, wie nichtssagend diese Kriegsallegorie von Stuck gewesen war, in der der Krieg eben einfach da-ist, von niemandem geschickt, nirgend wohin reitend; und in welchem Grade die angeblich rein künstlerische Intention nichts anderes ist als pathetische Hohlheit.

Ein weiteres großartiges Beispiel für diese Vieldeutigkeit, ein Beispiel, in dem wiederum der Faschistengruß in doppelter Bedeutung benutzt wird, ist das Bild des am 30. Juni 1934 erschossenen Röhm. Wie Heartfield hier die Hand des Sterbenden und die Hand des Grüßenden in Deckung bringt, so daß jeder ablesen kann, dieser Gruß kann auch mich zur Strecke bringen, das ist unvergeßlich.

Oder betrachten sie das andere Bild, jenes Porträt, von dem sie nicht sagen können, ob es Hitler oder Kaiser Wilhelm darstellt, und in dem auf unbegreifliche Weise beide Physiognomien zur Deckung gebracht sind. Und vergleichen Sie mit diesem Bild ein einfaches Hitlerbild. Ein einfaches Hitlerbild mag erschreckend oder begeisternd sein, *aber es besagt nichts.* Das Heartfieldsche Bild aber sagt: Hitler *ist* Kaiser Wilhelm. Ein Satz der angesichts der nun inaugurierten imperialistischen Ostpolitik Deutschlands wahrer ist als zur Zeit, da Heartfield das Bild montiert hat. Sie werden sagen, das sei kein Bild mehr, sondern ein Urteil. Das ,,sondern" ist falsch. *In der Tat ist Heartfield der erste, der im Bilde Urteile und nicht einfach nur Gegenstände darstellt.* Ein übliches Bild, Landschaft oder Portrait, ist weder wahr noch falsch und hält sich stolz aber ängstlich entfernt von der für den Menschen entscheidenten Wahrheits-Frage. Heartfield ist es von seinen ersten Montagen an gelungen, die bildende Kunst wieder in Zusammenhang mit dem ,,Ernst des Lebens", also mit der Frage: wahr oder falsch, zusammenzubringen. Wenn er kombiniert oder komponiert, so nur, um das effektiv Zusammengehörige als *Urteil* zu unterbreiten; und wenn er erfindet, tut er es, um zu entdecken und um die Entdeckung weiterzugeben. Diese Formel: *erfinden, um zu entdecken,* ist wohl die kürzeste Formel, mit der man Heartfield charakterisieren kann. Es gibt daneben noch eine andere. Heartfield macht nämlich nicht nur dasjenige sichtbar, was in Wirklichkeit existiert, aber unsichtbar existiert; sondern er übersetzt auch die Lügen, Phrasen und Metaphern ins Bild, um sie durch die überdeutliche Versinnlichung ad absurdum zu führen. Zu diesem Typ Bild gehört z.B. die Montage, in der er Hitlers Beteuerung, selber Sozialist zu sein, beim Worte oder besser beim ,,Bilde" nimmt. Jenes Bild, das gewissermaßen eine doppelte Montage ist, da auf ihm dargestellt ist, wie Goebbels dem Führer einen Karl-Marx-Bart ummontiert. Heartfields Montage enthüllt hier die Montage des Feindes. Sie ist *Gegenmontage.*

Zu diesem Typ gehört auch jenes der seltenen Stücke von Heartfield, das außer Empörung Humor zeigt. Jenes Bild der eisenfressenden Familie, die vormacht, was Göring in seiner Hamburger Rede

DER KRIEG

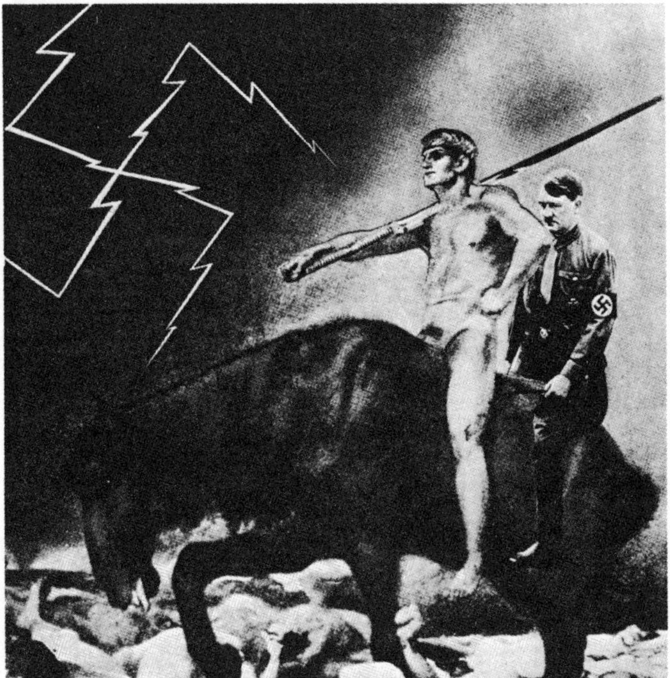

Ein Gemälde von Franz v. Stuck. Zeitgemäß montiert von John Heartfield gesagt hat: „Daß Schmalz und Butter das Volk höchstens fett macht, Erz aber stark mache". Wollen Sie bitte auch den offensichtlich gleichgeschalteten Hund auf dem Fußboden betrachten.

Wer ist nun dieser Mann, der diese neue Kunstform einführte? Es mag nicht zufällig sein, daß er der Sohn bereits politisierter Eltern war. Sie starben früh in der Emigration, Refugees der Sozialistengesetze. Jonny wurde als Waisenkind von Hand zu Hand gereicht, erhielt eine Klostererziehung, von der her sein Anti-Klerikalismus stammt, und flieht 1905 sechzehnjährig nach Deutschland. Er hatte eine ganze Reihe von odd jobs, zeichnete Schuhcremreklame und Suppenwürfelzeichen, um nachts in der Akademie studieren zu können. 1914 hatte er die gesamte sozialistische Vergangenheit seiner Eltern vergessen, er zieht als unscheinbarer Maler in den Krieg. Und kommt als Photomonteur zurück.

Wir müßen uns klar machen, in welche künstlerische Situation Heartfield zurückkehrte, als er aus dem Krieg aus Deutschland kam. Die bürgerliche Malerei war in vollem Aufruhr. Sie wurde expressionistisch. Was heißt das? Das heißt, daß die bürgerlichen Künstler keine Lust mehr hatten, die Welt, wie sie ist und aussieht, darzustellen und festzustellen. Denken Sie an den Doppelsinn des Wortes „feststellen": es bedeutet gleichzeitig konstatieren und festmachen. Aber so einfach es erscheinen mag, den Schritt vom darstellenden Künstler zum politischen Künstler zu machen, – so schwer fiel es doch jedem einzelnen: denn keiner dieser Künstler war vorbereitet und keiner ahnte, daß die Welt, die sie im Zusammenhang sahen, die bürgerliche Welt war. So begann jeder von ihnen, gegen diese Welt zu protestieren; die einen protestierten dadurch, daß sie ungegenständlich wurden; die anderen dadurch, daß sie Manifeste in die Welt hinausschrieen; aber jedermann war sein eigenes Manifest, niemand hatte etwas anderes zu manifestieren als sich selbst. Sie begannen programmatisch sich „auszudrücken". Sie glaubten damit ungeheuer revolutionär zu sein. Aber die Ausdrucksfunktion hat selber einen reaktionären Haken: *man kann immer nur ausdrücken, was ohnehin in einem schon da ist. Ausdruck verändert nicht die Welt.* Für wen ausgedrückt wurde und zu welchem Zwecke das ausgedrückte Objekt – das expressionistische Bild – da war, blieb vollkommen im Unklaren. Da man für das bürgerliche Publikum angeblich nicht mehr arbeiten wollte und sich ein anderes Publikum nicht vorstellen konnte, arbeitete man zum erstenmal wirklich vollkommen ins Leere; der expressionistische Künstler machte die klassische Ästhetik, nach der der Künstler ein von der Gesellschaft isoliertes Gebiet bewohnt, in einem vorher ungewohnten Maße wahr. Mit dieser Situation vergleiche man die Umstände, unter denen die Photomontage geboren wurde. Heartfield selbst erzählt davon: die Zensurbedingungen erlaubten es nicht, die Wahrheiten oder gar Antikriegsgedanken in Briefform in die Heimat zu senden. Da griffen die Soldaten an der Front zu allen möglichen Listen, um ihre Verwandten in der Heimat zu unterrichten. Die Mittel, die die Soldaten zur Verfügung hatten, waren ganz gering: illustrierte Frontzeitungen und Broschüren. Da benutzten sie folgende Mittel: Sie klebten z. B. Photographien zusammen, um so etwas darzustellen wie „Helden, die in der Heimat gefallen sind", unter Zuhilfenahme irgend eines Zeitungsbildes, das das Leben parasitärer Männer aus der herrschenden Klasse zeigt. Zwei, drei passende Worte ergänzen das Bild. An sich waren die Worte nicht schlimm. Die Photos waren offizielles Zeitungsmaterial. Und da die Zensur nicht Zeit hatte, sich Gedanken darüber zu machen, daß *das Ganze mehr ist* und *mehr bedeuten kann, als die Summe seiner Teile,* konnten die Soldaten diese Klebewerke ungestraft nach Hause schicken. Das war die Geburt der Photomontage. Aber es genügt für kein Phänomen, nur geboren zu werden; wie Heartfield das Neugeborene, das kaum mehr als nur ein Feldpostjux gewesen war, in die Hand nahm und zu einer gefährlichen Waffe machte, zu einem Instrument, das von der gesamten bürgerlichen Presse, der ganzen publicity-Technik der auf Konkurrenz aufgebauten Wirtschaft, ja sogar vom Faschismus übernommen wurde, das zu erzählen wäre eine Geschichte für sich. Ohne Einschränkung können wir Heartfield als den Schöpfer der Photomontage ansehen.

Ich habe oft die Meinung gehört, es sei ein reiner Zufall, daß Heartfield links stehe. Zwar sei er gewiß der begabteste unter allen Photomonteuren, aber eben nur jener Spezialist, der diese neue Kunstform für den linken politischen Kampf ausnütze. Ich halte diese Theorie für falsch. Untersuchen wir, wo und für wen es anderweitig Photomontagen gibt.

In gewissen Sinn kann man sagen, daß Photomontage vom Feind erfunden worden ist. Sie kennen jene Fakebilder, die die Pressequartiere aller Länder aus verschiedenen Photographien zusammensetzen, um Greueltaten des Feindes oder liebenswerte Taten der Landsturmleute

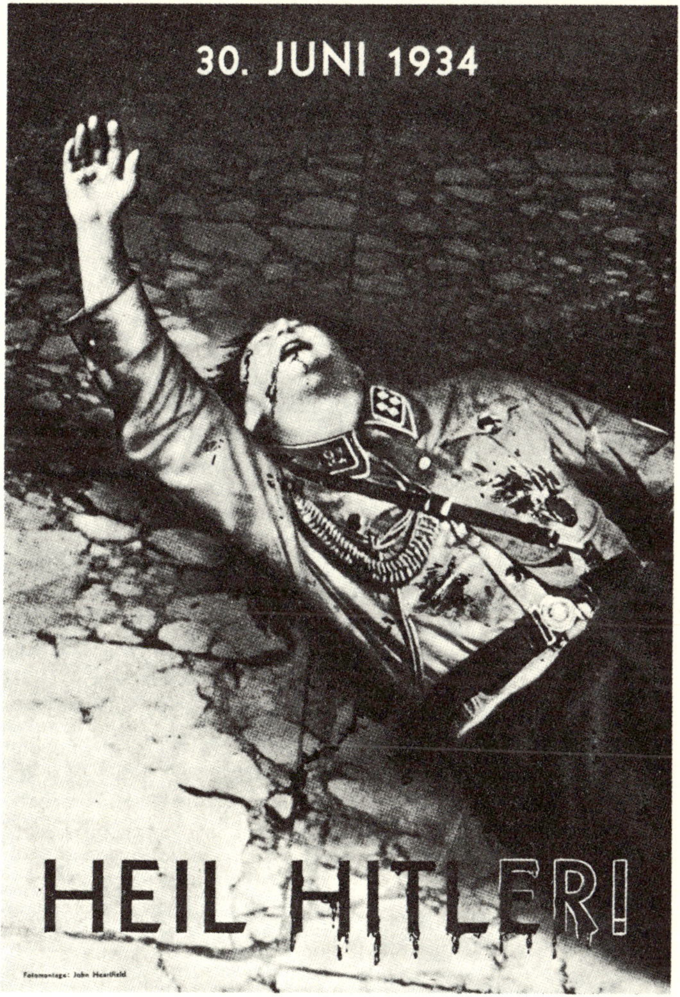
30. JUNI 1934
HEIL HITLER!
Fotomontage: John Heartfield

der Heimat präsentieren zu können. Diese Bilder sind im technischen Sinn gewiß Photomontagen; aber der Unterschied zwischen ihnen und den Heartfieldschen ist ganz klar: Heartfield behauptet niemals, daß Goebbels wirklich Hitler einen Marxbart umgehängt habe; seine Absicht ist es nicht, das Bild als authentische Photographie auszugeben. Jene zum Zweck der Meinungsfabrikation und der Enthusiasmusproduktion hergestellten Kriegmontagen sahen ihr Ideal darin, *so zu montieren, als sei nicht montiert worden:* also zu fälschen. Durch die Nähte ihres Pseudophotos quillt die Lüge und das schlechte Gewissen.

Wenden wir uns einer anderen Sorte zu: da gibt es jene Photomontageform, die in Deutschland, England, Holland nach dem Weltkrieg gierig als Reklamemittel aufgegriffen wurde. Was wird auf den Bildern zusammenmontiert? Da montiert z. B. der Reklamezeichner einer Autofirma ein Auto in eine herrliche Rivieralandschaft. Die Montage bedeutet: dahin kannst Du mit dem Wagen fahren. Die Montage konnte ohne weiteres ersetzt werden durch die wirkliche Photographie eines an der Riviera fahrenden Autos. Sie ist also nichts anderes als eine bloße Fake-Photographie. –

Die zweite Form der bürgerlichen Photomontage hat schon, jedenfalls historisch, mehr mit der echten Heartfieldschen Photomontage zu tun. Da sehen Sie z. B. die Anzeige für ein Warenhaus, das Ihnen versichert, Sie mit Waren jeder Art zu überschütten. Oder die Reklame für ein Vergnügungsetablissement, das Ihnen verspricht, Sie mit Getränken und Jazz und Tänzerinnen usw. vollkommen durcheinanderzuwirbeln.

Die Reklame-Photomontage wird also aus einem Chaos von Jazzinstrumenten, Weingläsern, Mädchenbeinen, etc. bestehen und Ihnen wirklich bereits den Zustand, in dem Sie sich dort befinden werden, wahrheitsgetreuer darstellen als eine Photographie des Etablissements es vermöchte. Etwas hat diese Montage bereits mit *Wahrheit* zu tun.

In der Tat kann die bloße Auflösung der Wirklichkeit, die Anarchie dieser Welt, mit dem Mittel der Photomontage wunderbar dargestellt werden. Der sogenannte Dadaismus, jene Bewegung, in der manifestartig die Anarchie der Welt kurz nach dem Krieg formuliert wurde, ist nichts anderes als ein Mittel, *durch völlig beliebige Unordnung des Bildes die Unordnung der Welt darzustellen.* Nach dem Krieg schien die Welt derart erschüttert, daß für die Intellektuellen kein Gegenstand mehr in ein bestimmtes Fach, an einen bestimmten Platz gehörte. In Bildern suchten sie diese völlige Anarchie darzustellen und klebten Köpfe, Aktphotographien, Zeitungsausschnitte, Reklamebilder, Untergrundbillets wahllos zusammen. Gewiß dokumentierten diese Montagen bereits den Schock der erschütterten bürgerlichen Intellektuellen, und es machte Spaß, den Mitbürger weiter zu schrecken, insbesondere als es klar wurde, daß die bürgerliche Welt doch noch nicht zusammengebrochen war. Der Dadaismus begann als Bekenntnis des Bürgers zu seiner zerstörten Welt. Aber er wurde sofort Snobismus, da eben diese Welt doch zusammenhielt und die Revolution lediglich auf dem Papier stattfand. Es ist historisch kein Zufall, daß Heartfield anfangs, als er vom Kriege zurückkam, der dadaistischen Bewegung sehr nahe stand, aber im Augenblick, als aus historischen Gründen der Dadaismus Snobismus werden mußte, die Bewegung verließ, um sich einer größeren Bewegung anzuschließen. –

Am interessantesten ist es natürlich, das Kunstmittel der Montage, das auf dem Prinzip des dialektischenWiderspruchs aufgebaut ist (auf den Widersprüchen zwischen Theorie und Praxis, zwischen Wort und Tat, zwischen Aussehen und Wirklichkeit), zu beobachten, wenn es in die Hände des Feindes gerät, also in die Hände des Faschismus, dessen ganzes Bemühen ja darauf abzielt, die Hintergründe abzudecken und die Zweiseitigkeit, die die Stärke und Aggresivität jeder Montage ausmacht, zu leugnen. Es gibt eine ganze Reihe faschistischer Montagen. Aber keine von denen, die ich kenne, zeigen eine Kollision zwischen Aussehen und Realität, sie kombinieren vielmehr einfach zwei Stücke aus der Domäne des Aussehens. Das klingt sehr abstrakt. Aber das Beispiel, das ich Ihnen gleich zeigen werde, wird Ihnen die abstrakte Formel illustrieren. Illustration. Da ist einerseits Mussolini zu sehen und andererseits die ihm zujubelnde Menge der Faschisten. Mussolinis Jackett besteht aus einer begeisterten Menge. Das ganze ist eigentlich nur ein Vexierbild, eine heroische Juxpostkarte. Und die einzige Wahrheit, die das Bild wider Willen zeigt, ist der Größenunterschied zwischen dem Diktator und der seinen Busen bewimmelnden Bevölkerung. Wenn das Bild durch die Zusammensetzung zweier heterogener Stücke irgendeinen Schock versetzt – und ein Schock muß ja beabsichtigt gewesen sein, sonst hätte man ja eine simple Photographie nehmen können –, ist es der Schock der Komik.

Es ist übrigens nicht uninteressant festzustellen, wann selbst im fa-

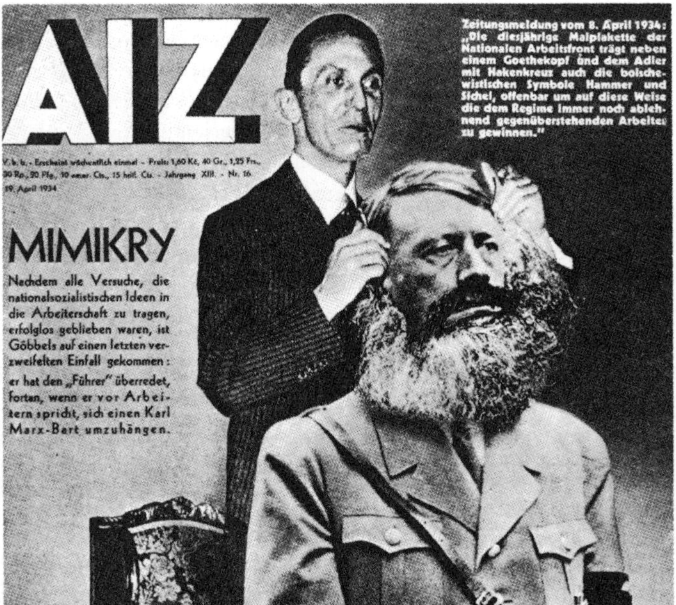
AIZ
V. b. b. - Erscheint wöchentlich einmal - Preis: 1,60 Kč, 40 Gr., 1,25 Frs., 30 Rp., 20 Pfg., 10 amer. Cts., 15 holl. Cts. - Jahrgang XIII. - Nr. 16
19. April 1934
MIMIKRY
Nachdem alle Versuche, die nationalsozialistischen Ideen in die Arbeiterschaft zu tragen, erfolglos geblieben waren, ist Göbbels auf einen letzten verzweifelten Einfall gekommen: er hat den „Führer" überredet, fortan, wenn er vor Arbeitern spricht, sich einen Karl Marx-Bart umzuhängen.
Zeitungsmeldung vom 8. April 1934: „Die diesjährige Maiplakette der Nationalen Arbeitsfront trägt neben einem Goethekopf und dem Adler mit Hakenkreuz auch die bolschewistischen Symbole Hammer und Sichel, offenbar um auf diese Weise die dem Regime immer noch ablehnend gegenüberstehenden Arbeiter zu gewinnen."
Fotomontage: John Heartfield

schistischen Italien Photomontage auftauchte. In dem Augenblick nämlich, in dem Italien wirklich einen Platz als hochindustrialisierte Macht einnahm. Die Vorliebe für Photomontage, in der Bildteile wie Maschinenstücke zusammengesetzt werden und in der die Bildelemente nicht organisch, sondern wie Apparatglieder zusammenhängen, hat weitgehend zu tun mit der Vergötterung der Industrie, die um so heftiger wird, je neuer sie ist. Daher auch die Begeisterung für Photomontagen in Rußland.

Das vorhin gezeigte Italien-Beispiel sollte uns den engen Rahmen klar machen, in dem Photomontage allein möglich ist. Photomontage ist da zum Enthüllen und nicht zum Preisen. Man kann die Kollision, die eo ipso in jeder Photomontage stattfindet, nicht dazu benutzen, um einzuladen. *Der Schock, der zum Scharfschießen erfunden war, kann nicht zum Böllerschießen benutzt werden.* Es gibt da z. B. eine Photomontage von Heartfield, die folgendes Bild zeigt: Unten sieht man eine ehemalige Slum-Gegend von Moskau, die nun zum menschenwürdigen und sanitären Wohnviertel gemacht ist. Darüber schwebt im Himmel das riesige Porträt Lenins. Auf diesem Bild ist Lenin zwar zweifellos als Baumeister dieses Viertels gemeint. Aber die Disproportion zwischen dem übermenschlichen Portrait und der Stadtansicht lassen uns sofort einen inhaltlichen Gegensatz vermuten. Trotz Lenins freundlichem Ausdruck sieht er bedrohlich aus. Ich glaube, Photomontage nicht zu sehr einzuschränken, wenn ich sage, sie ist ein *grundsätzlich kämpferisches, ein grundsätzlich vorrevolutionäres Mittel.*

Ich bin oft gefragt worden, wo man eine solche Photomontage aufhängen soll. Man kann sie sich schließlich nicht ins Zimmer hängen als Schmuck. Einen Goya, selbst einen noch so heftigen Goya, kann man sich noch als diabolischen Wandschmuck vorstellen. Aber wo ist der soziale Platz für Photomontage? Die Frage ist vollkommen berechtigt. Sie beweist, daß es Heartfield gelungen ist, die seit dem holländischen bürgerlichen Gemälde übliche und selbstverständliche *soziale* Funktion des Bildes als Schmuckstück des bürgerlichen Heims zu verändern. Da diese Bilder auf *Veränderung der Welt* abzielen, haben sie *in dieser Welt* keinen bestimmten sozialen Platz: weder in der Kirche noch im Wohnzimmer; und wenn sie irgendwo öffentlich gezeigt werden dürfen, so nur deshalb, weil die wirtschaftliche politische Weltordnung des Landes, in dem sie gezeigt werden, noch so sicher ist, daß es die Propaganda gegen sich selbst erlauben und ertragen kann. Die Bilder sind also durchaus nicht mehr Bilder im Sinne der Kunst des vorigen Jahrhunderts. Vergeblich wird man versuchen, sich voll künstlerischer Seligkeit in sie einzufühlen. Vergeblich wird man „künstlerischen Ausdruck“ suchen. Das Bild hat eine völlig neue Funktion angenommen. Es repräsentiert nicht die in Distanz sich darbietende Schönheit, es ist eher wie das Haupt der Gorgo: das Schreckbild, das dem Menschen vorgehalten wird und das ihn nicht anzieht, sondern zurückstößt. Aber zurückstößt in die Wahrheit. Mit dieser neuen Funktion hängt zusammen, daß der Unterschied zwischen Original und Reproduktion, der Jahrhunderte hindurch selbstverständlich war, nun völlig hinfällig wird. Was Sie hier in der Ausstellung sehen, nennt man zwar „Originale“. Aber so ehrfurchtslos es klingen mag: Ich behaupte: *die Reproduktionen sind die Originale.* Schon vor einem Photo können Sie nicht fragen: ist dieses Photo das Original oder nicht? Und es wäre snobistisch, wollte man sich als Original das Negativ ins Zimmer hängen. So wie die Bilder hier von Ihnen hängen, sind sie von Heartfield nicht gemeint. Sie sind so gemeint, wie die Reproduktionen sie zeigen. Die Bilder sind für *Massenwirkung* gearbeitet. Das ist ihre *originale* Tendenz. Was sie also vor sich sehen, sind nicht die Originale, sondern die Herstellung der Bilder in der vorletzten Phase ihrer Fertigstellung.

Wie stellt man nun eine solche Photomontage her? Auf den ersten Blick mag das sehr einfach aussehen, und gerade die sogenannten Originale, die Sie hier vor sich sehen, scheinen zu sprechen: Du brauchst nur zwei Stücke aus einer illustierten Zeitung auszuschneiden und überraschend zusammenzustellen. Und auch Heartfield sagt einmal: „Oft braucht man nur ein unbedeutendes Pünktchen Farbe auf eine Photographie zu tupfen, damit sie sich in eine Photomontage verwandelt.“

Da gibt es z. B. die Photographie der Hinterwand einer Mietskaserne. Im dritten Stock steht in einem Fenster ein winziges Blumentöpfchen. Aus dem Blumentöpfchen wachsen ein, zwei kümmerliche Blätter. Diese beiden kleinen Blätter, die noch nicht ein tausendstel des Flächeninhaltes des Bildes einnehmen, koloriert Heartfield grün. Plötzlich, durch das Pünktchen Farbe, ist die ganze Häuserwand, die vorher keine Farbe gehabt hatte, selber farbig. Und zwar von einem unsäglich grauen Grau.

Die Herstellung einer Photomontage, die scheinbar nur das rasche Werk von Schere und Klebstoff ist, ist das Ergebnis einer vorsichtigen und überlegten Arbeit, die nicht geringer ist, als die Arbeit eines Malers oder Zeichners oder Schriftstellers. –

In diesem Zusammenhang möchte ich Ihnen vorlesen, wie Tretjakow, der in der Prawda 1935 anläßlich der Heartfieldschen Gesamtausstellung in Moskau eine ausführliche und sehr geistreiche Analyse des Heartfieldschen Schaffens gegeben hat, die Entstehung einer Photomontage beschreibt. „Auf folgende Weise", beschreibt Tretjakow, hat Heartfield sich in Moskau mit einer Gruppe von Rotarmisten beschäftigt: Man baut eine Photomontage. Ein Kind verabschiedet sich vom Vater, der eine Gasmaske vor dem Gesicht trägt. Im ersten Stadium der Arbeit hat man die Maße des Photos bestimmt. Ein Buchumschlag sollte in einem, eine Zeitungseite in einem anderen, und ein Straßenplakat in einem dritten Maße hergestellt werden. Man beriet, wie man die Photographien beschneiden solle. Dann ging man dazu über, die Unterschrift zu suchen, die das Thema vom Soldaten, der in den Kolonialkrieg geschickt wird, zuspitzen sollte. Man schlug vor: „Lebe wohl und bete für die, die mich geschickt haben." Ein zweiter Vorschlag: „Bete für die, die da den Kindern den Vater nehmen." Ein dritter: „Hungere für die, die mich weggeschickt haben". Dies alles war als Ausspruch des Vaters gedacht. Sehr bald stellten sich die Fehler dieser Unterschriften heraus. Erstens: der Vater spricht durch die Gasmaske. Das ist unnatürlich. Zweitens: in diesen Sätzen ist soviel Ergebenheit, daß man sich damit nicht zufrieden gaben kann. Drittens: der Satz an sich klingt zu ruhig, zu belehrend von den Lippen des ausziehenden Soldaten. Wenn er schon irgendetwas dem Sohn hinterläßt, so auf keinen Fall, daß er hingehen und beten soll. Ein neuer Vorschlag: Diesmal sucht man Worte für den Sohn: „Vater, warum bist du so angezogen?" Und diesen Satz verschärfend, die folgende Variante: „Vater, wo ist dein Gesicht?". Das ist eine sehr gute Unterschrift. Schon deswegen, weil das Wort „Gesicht" außer dem Sinn „Physiognomie" im Russischen noch einen zweiten Sinn hat, den des „geistigen" Gesichts, des Charakters. „Wo ist dein Gesicht", ist gleichzeitig die Frage: „Wem hast du gestattet, Dein Gesicht zu vernichten?", und der Ruf: „Enthülle dein wirkliches Gesicht!"

Oder sehen wir einmal das Dimitroff-Göring Bild an. Sie dürfen nicht annehmen, daß Heartfield diese Figuren in dieser Proportion

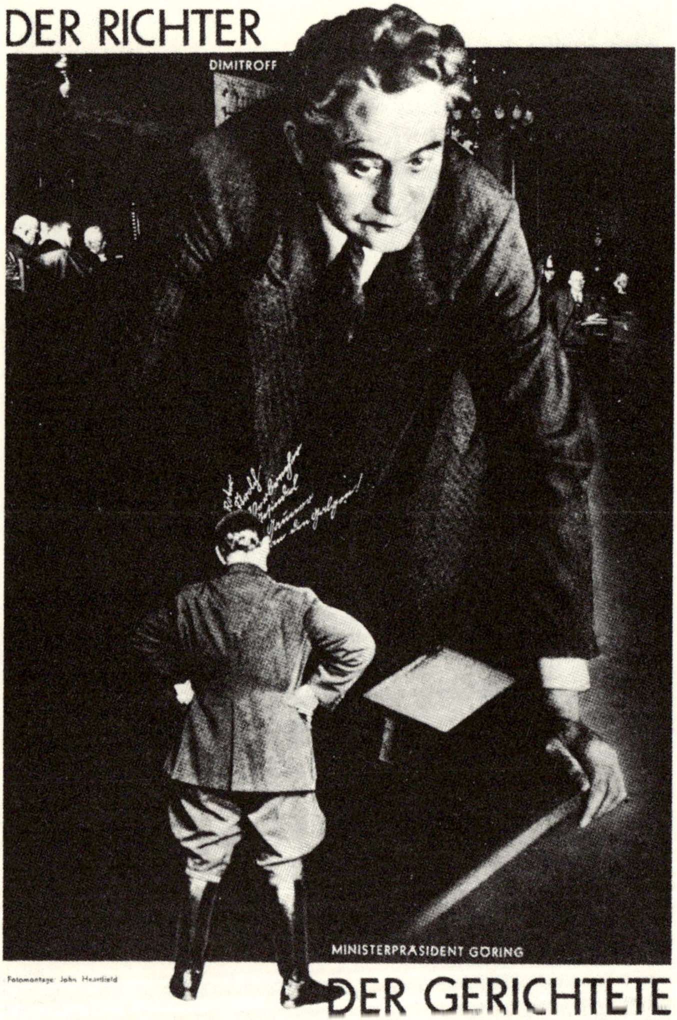
DER RICHTER
DIMITROFF
MINISTERPRÄSIDENT GÖRING
Fotomontage: John Heartfield
DER GERICHTETE

einfach zu Verfügung standen. Er hatte die Proportionen der Figuren zueinander erst einmal zu skizzieren. Dann danach die Photographien herstellen zu lassen; wenn er überhaupt eine Photographie Görings aus der Rückenansicht zur Verfügung hatte, was mir sehr unwahrscheinlich erscheint; er mußte also vielleicht eine Rückenansicht Görings herstellen; aber schon bevor er sie erfand, mußte er die ungeheuer beleidigenden Situationen vor Augen haben, in der Göring eines Gesichtes nicht gewürdigt wird. Wie unbeschreiblich raffiniert ist es, ihn trotzdem sprechen zu lassen; Sie sehen von hinten aus seinem Munde unflätige Worte aufsteigen. Wie geschickt ist es weiter, daß die Höhe Dimitroffs dadurch ins ungeheuerliche vergrößert wird, daß er den Bildrahmen sprengt. Er hat gewissermaßen nicht Platz in einem Bilde: während Göring gewissermaßen nicht wert ist, ganz im Bilde zu stehen, und nur rasch einmal vorzitiert wird. Wie großartig ist weiter die vorgebeugte Haltung Dimitroffs: in der ursprünglichen Photographie ist sie die typische Haltung des intellektuellen Sprechers, der sich zwar dem Publikum zuwendet, aber nach unten blickt, um bei sich die Gedanken zu sammeln. In der Montage nimmt diese Haltung eine völlig neue Funktion an. Göring steht nun im Machtbereich Dimitroffs, und Dimitroffs Kopf hängt über ihm wie das Schwert des Damokles.

Sie sehen also: obwohl die Materialien der Photomontage – Photo, Schere, Leim und Wort – jedem zur Verfügung stehen, steht doch ihre *Verwendung* nicht jedem zur Verfügung. Wer mit Schere, Leim und Wort nur schneiden, kleben und sprechen kann, soll sich an diese politische Kunst nicht heranwagen. Man muß mit Schere, Leim und Wort zeichnen können. Und man muß seine Opfer so zeichnen können, wie Gott Kain zeichnete: daß sie ein für alle Mal Gezeichnete bleiben. Jonny Heartfield kann das. Jonny Heartfield hat das Wort.

Über Broch

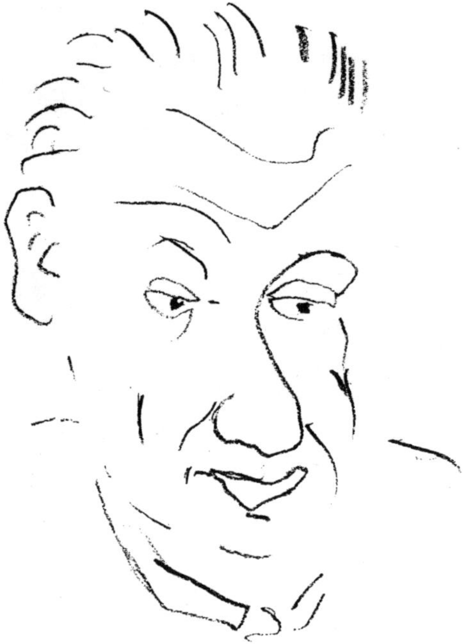

Der „Tod des Vergil“ und die Diagnose seiner Krankheit

Der Inhalt der mehr als fünfhundert Seiten ist rasch erzählt: Kaiser Augustus nimmt den in Griechenland erkrankten Dichter Vergil mit nach Italien. Nach der Landung in Brindisi wird der Leidende durch das Elendsviertel der Stadt in den kaiserlichen Palast geschafft, wo er, nach dem vergeblichen Versuch, seine unvollendete Äneis zu vernichten, und nach langen philosophischen Gesprächen stirbt. „Aktion“ im üblichen Sinne hat das Buch also kaum; wer es zur Unterhaltung vornimmt, scheitert. Aber auch der Philosoph hat Schwierigkeiten.

Denn es gibt keine These, die dieses erstaunliche Buch verträte. Und zwar deshalb nicht, weil es keine These gibt, die es nicht verträte. Es ist voll wie die Welt. Von Erscheinung und Gegenerscheinung. Von Gefühl und Gegengefühl. Er versucht, alles zu sein: Hymne, Moralphilosophie, Selbstanklage, Dialogdrama, Roman; und alles zu geben: Mensch, Tier und Pflanze; Religion und Tat; Liebe, Männerliebe und christliche Liebe; Natur, Politik und Kultur. Sprachlich das Gleiche: Der Blätterwald dieses Buches ist so dschungelhaft vollgestopft, daß kein Substantiv ohne wucherndes Adjektiv erscheint, kein Adjektiv, das nicht durch Selbstteilung sich mindestens in zwei weitere zerlegte; kein Satz, dessen Verästelungen nicht in das Schlingwerk anderer Sätze hinein oder gar in den Boden zurückwüchsen. Horror vacui scheint die Schlingpflanzen und Tausendfüßler dieser Prosa zum Wachsen gebracht zu haben. Und selbst der an schwierigstes literarisches Gelände gewöhnte Eindringling, der sich in das phosphoreszierende Dunkel des Buches hineintraute, tritt verängstigt, atemlos und übersättigt ins Freie und fragt: Woher dieser Totalitätsrausch?

Was kann einen Menschen jagen, alles in einem einzigen Buch zu versuchen? Darauf gibt es nur eine Antwort: *Versäumnispanik*.

Was ist Versäumnispanik? Die Panik vor der Fülle der Welt, die man nicht ist, und die man nicht hat. Aber diese Angst, alles zu versäumen, hat nur derjenige, der „alles“ sein könnte, für den alles und jedes „in Betracht“ kommt, weil er selbst nichts Bestimmtes ist.

Als solcher Mensch erscheint nun – gleichviel ob zu Recht oder Unrecht – der Brochsche Vergil: Die Welt hat er, so gesteht er, nur mit Worten begleitet: also war er kein Mensch mit bestimmter Aufgabe in der Welt; also war er ein Niemand, eine bloße Möglichkeit, ein Konjunktiv; und im Konjunktiv überfällt ihn, was alles sein könnte; was er alles sein könnte. „Alles" und „könnte": Abundanz und Konjunktiv gehören zusammen und sind nur zwei Seiten einer einzigen fluchwürdigen menschlichen Situation.

Daß Broch freilich in der Lage war, solche Panik in ein umfangreiches Werk zu verwandeln; daß er fähig war, täglich durch Jahre jene tausend Fäden, die er am Abend losgelassen, am Morgen gewissenhaft wieder aufzunehmen, das ist psychologisch kaum faßbar und zwingt uns zu allergrößtem Respekt.

Aber Versäumnisangst ist nicht nur Angst; sie ist zugleich etwas Moralisches; sie ist eine Schwester der Reue. Sie will Versäumtes nachholen. Der „Tod des Vergil" ist in der Tat die „Reue Vergils". Aber er bereut vergebens. Denn er bereut falsch: Wer alles und jedes als „versäumt" auffaßt, wer *zuviel* bereut, der kommt niemals ans Ende der Reue: niemals zur Wiedergutmachung. So ist es mit der Reue Vergils bestellt: sie ist gierig, berauscht sich an der eigenen Fülle, schlägt um in dithyrambische Preisung des Versäumten, also der Welt und wird damit zum erneuten Versäumnis der eigenen Bestimmung. Apotheotische Reue – dies ist die Tonart des Brochschen Buches.

Der Held des Buches ist also ein „failure"; ein Mensch, der trotz seines beispiellosen Erfolges, in seinen eigenen Augen, mindestens in den Worten Brochs, das „Wesentliche" versäumt hat: Das Wesen des Dichters, denn er ist kein Homer mehr, der unmittelbar den „Grund seines Zeitalters" ausgesprochen habe; das Wesen der Welt, denn statt mitzulieben, habe er nur epigonenhaft die „Oberfläche der Welt" mitgeschmückt; das Wesen des Menschen, denn statt zu handeln und statt teilzunehmen am politischen Aufbau Roms, habe er sein Leben nur in schönen Worten vertrödelt. Die Einsicht in die „existentielle" Unzulänglichkeit des Dichters ist also das zweite Motiv des Buches. Es ist ein echtes Motiv und ein dringliches. Aber Brochs Einsicht verläuft im Kreise: In der Verzweiflung über den Unernst dichterischer Existenz macht er diese Verzweiflung selbst zum Gedicht. Statt der Lösung der Schwierigkeit gibt er uns die Schwierigkeit in lyrischer Form. – Die Ähnlichkeit mit der Heideggerschen Existenzphilosophie (unter deren

Zauber Broch deutlich steht) ist frappant: Ist bei Heidegger die Bekämpfung der akademischen Philosophie in der Form einer neuen akademischen Philosophie der Verzweiflung zur Welt gekommen, so bei Broch die Einsicht in die Unzulänglichkeit der dichterischen Existenz in der Form eines Gedichtes über den verzweifelten Dichter. Beide – Heidegger und Broch – verlassen zwar, scheinbar radikal, ihr bloßes Fach: aber nicht, um auf den rechten Weg der Praxis zu finden, sondern um sich seitwärts ins Gebüsch der Metaphysik zu schlagen. Da warten sie nun und bestimmen den Tod als den Sinn des Lebens.

Vergils Reue ist unernst, weil er zuviel bereut. Aber noch unernster ist sein Versuch, die Reue in die Tat umzusetzen: sein Opfer. Seine Totenbett-Diskussionen drehen sich ausschließlich um den Gedanken, den Inbegriff seiner Verfehlung, sein (wie er insistiert) ganz undichterisches und unsubstantielles Lebenswerk, die Äneis, zu vernichten. Der reine Ästhet einerseits, der bloße Tatmensch andererseits, mit denen Vergil um das Sein oder Nichtsein seines Werkes kämpft, begreifen freilich nicht, worauf der Dichter mit seinem Opfer hinauswill. Auch dem Leser bleibt dunkel, warum das Verschwinden des Werkes ein verfehltes Leben oder gar die verfehlte Welt, in der dieses Leben sich bewegt hatte, wiedergutmachen oder gar erlösen könne. Gleichviel, dem Brochschen Vergil ist es mit dieser ungeheuerlichen, gewissermaßen negativen, Überschätzung der Literatur feierlich ernst: er hält sein Buch für so wichtig, daß seine Vernichtung bereits einen positiven Wert darstellen, ja ein neues Weltalter einleiten kann. Denn bei ihm taucht die Opfertheorie im Zusammenhang mit der Opferidee des Christentums auf, dem durch das Vergilsche Opfer der Boden bereitet werden solle. Die, zu Unrecht, stets als messianisch mißverstandene Vierte Ecloge Vergils gibt für diese Stellen die prophetischen Töne her. – Daß schließlich das Opfer doch nicht stattfindet, ist ein etwas harter religiöser Antiklimax.

Dennoch wird Vergil erlöst. Die Erlösung selbst (der ganze letzte Teil des Buches) geht nun freilich als ein völlig außermoralischer Prozeß vor sich, als Durchgang durch tierische, pflanzliche und mineralische Existenz bis zum seligen Einswerden von Sein und Nichts – d. h.: Broch erneuert das rein kosmische Erlösungs-Happy-Ending im Stile des neunzehnten Jahrhunderts und vollzieht damit die Rückkehr zur Spätromantik. In der Tat wollte ja auch Wagner über die bloße Kunst hinaus, und auch er benutzte als „Erlösung" die bloße „Auflösung" des Menschen. „Höchste Lust unbewußt“, heißt es am Ende des Tristan. „Denn es war jenseits der Sprache“, schließt das Brochsche Buch. Aber Erlösung, geschweige denn Auflösung des Menschen, haben Lösungen von Problemen niemals ersetzen können, und auch die selige Desintegration des Vergil beantwortet uns nicht die Frage nach der Funktion des Dichters in der Welt.

Neben diesen Hauptthemen „Versäumnis“ und „Opfer“ laufen aber noch andere Ideenmotive, ja unabsehbar viele: Jedes Wort scheint symbolisch geladen: jedes Ding, jedes Ereignis, jede Geste von Sinn überladen. Woher diese Abundanz an Sinn?

Das „Zuviel“ an Sinn hat die gleiche Wurzel wie das „Zuviel“ an Welt, von dem wir zu Anfang gesprochen hatten. „Zuviel“ (oder „tiefen“) Sinn haben die Dinge für denjenigen Menschen, der mit ihnen im System seiner praktischen Welt „nichts mehr im Sinn hat“; dem die Stelle fehlt, von der sich der bestimmte Sinn jedes einzelnen Dinges artikuliert. So ging es z. B. dem, im konkretesten Sinne „stellenlosen“, arbeitslosen Franz Biberkopf in Döblins „Berlin Alexanderplatz“: jedes Ding schien ihm, da er, als Ausgebooteter nichts mehr zu tun hatte, etwas zu bedeuten. So geht es dem Brochschen Vergil, so geht es Broch. Aber wenn ihm jedes Stück Welt so reich an Bedeutung zu sein scheint, so nur, weil sich in dem bedeutungsentblößten Stück jede Bedeutung versuchsweise einnisten kann. Und wenn jede Bedeutung unendlich zu sein scheint, so nur aus dem gleichen Grunde, aus dem ein Wegweiser mit verlöschtem Text ins Unendliche zu weisen scheint.

Was nun den Stil dieser Philosophie anlangte, so ist er, teils wegen seines klassischen Themas, teils wegen seines religiösen Anspruches, feierlich; in einem „gehobenen“ Deutsch, das schwer zu klassifizieren ist, da es keinem gehobenen gesellschaftlichen Stande und keiner gehobenen Situation in der Wirklichkeit entspricht. Aber diese hymnische Feierlichkeit wird durch einen Stil völlig anderer Provenzienz durchkreuzt: durch den Stil des Joyceschen Ulysses. Wie kommt es zu dieser Kreuzung? Warum pfercht Broch, wie Joyce, alles in den engen Raum von vierundzwanzig Stunden? Aus einem einfachen Grunde.

Menschliche Existenz ist für Broch rein passiv; 500 Seiten hindurch liegt der Held des Buches fast unbewegt; sein Leben ist – Sterben. Nun ist aber die Joycesche Zeitlupenmethode eine Methode der Verwandlung des Aktiven ins Passive: Sie zerdehnt jeden menschlichen Akt in den Brei eines bloßen Geschehens, jeden Entschluß in ein zähflüssiges

Erlebnis, jedes Leben in ein bloßes Gelebt-werden. Jeder winzigsten Impression, jeder Nuance körperlichen Befindens, verleiht sie automatisch äußerste Wichtigkeit. Und ebenso automatisch degradiert sie die Welt zum bloßen Anlaß möglicher Erlebnisse. Schon bei Joyce irritiert es, daß er uns eine nicht endenwollende Galerie von Großaufnahmen von Sekundenbruchteilen zumutet; irritiert um so mehr, als er diese Bruchteile willentlich als vague, schillernd und vieldeutig darstellt. Aber bei Joyce ist diese Irritierung doch nicht stilwidrig. Da er lediglich auf „vergrößerte Registrierung“ des menschlichen Bewußtseins abzielt, ist die Verbindung von Pointillismus und Großaufnahme konsequent. Aber eine Kombination von Zeitlupe und Feierlichkeit, von Pointillismus und Opfer, von Assoziationspsychologie und Goldenem Zeitalter, wie wir sie bei Broch finden, das ist keine Verbindung mehr, das ist eine Kollision; und ihr Resultat ist ein Stil, wie er hybrider kaum vorgestellt werden kann.

Jede seelische Caprice wird bei ihm zum metaphysischen Gewitter, jede Reizung der Netzhaut zur Vision. Wirklich besteht das Buch aus tausenden von Visionen, jede von ihnen ist in sich ein lyrisches Gedicht, ihrer hunderte sind großartig und von äußerster sprachlicher Leuchtkraft – aber keinem dieser Lyrismen ist der freie Raum gegönnt, sich als diese und keine andere Stimmung durchzusetzen und zu entspannen; jeder quillt über in den nächsten Lyrismus. Nietzsche schlug einem Manne, der sich seine Wagner-Kritik zu leicht machte, einmal vor, sich eine Bratschenstimme aus der Götterdämmerung herauszuschneiden. Wer die Bedeutung Brochs als Lyriker ermessen will, sollte mit der Schere an das Buch herangehen.

Am Ungewöhnlichsten freilich sind jene Stellen, die völligen Verfall beschreiben: sie sind von geradezu penetranter Sinnlichkeit. Der Ekel scheint den Autor zu beschwingen, wie er zuvor Céline und Benn beschwingt hatte. Mit wilder Lust sind die Elends- und Kloakenquartiere beschrieben, die Vergil niemals gekannt hat und deren Gerüche ihn nun zur Strafe höhnend in den Tod verfolgen. Es ist gewissermaßen ein Symptom für das schlechte Gewissen des Brochschen Prachtstils, daß er sich zuweilen durch beabsichtigte Vulgarität selbst beschmutzt. Es ist, als würfe Broch in die klassizistische Landschaft seiner Sprache Klumpen von Schlamm, Patzen von Slang. So schmutzig freilich, wie er es wünscht, macht er die Landschaft damit nicht: denn sein Slang ist gesellschaftlich genau so unwirklich wie sein gehobener Stil; gewissermaßen ein „Zoten-Deutsch überhaupt", ein, in der Literatur-Retorte sorgsam gebrautes, Gossenidiom, das nirgendwo gesprochen wird und in den Mündern der Einwohner Brindisis um die Wende unserer Zeitrechnung eher verblüffend als chokierend wirkt.

Für wen ist dieses erstaunliche Buch geschrieben? Die Schwierigkeit der Sprache, die Langsamkeit der Aktion, der Einbau klassischer Textfragmente, die Identifizierung der Bildungswelt mit der Welt, die gewollte Sprunghaftigkeit der Assoziationen – all das scheint das Buch nur für ein Luxuspublikum, gewissermaßen nur für Joyceliebhaber mit humanistischer Bildung brauchbar zu machen. Aber seine Selbstanklagen, seine Hymnen, seine Opfertheorie, besonders aber sein Plädoyer für die Wirklichkeit der Macht, gegen die Kunst und gegen das Wort – diese Elemente schließen das Luxuspublikum wieder aus. Als Unterhaltungslektüre kommt das Werk überhaupt nicht in Frage, denn es predigt. Aber da es wiederum *alles* predigt, aus schlechtem Gewissen, irgendetwas auszulassen; und da es in der nicht ganz üblichen Form von Fieberphantasieen predigt, kommt eine Gemeinde für das Buch schwerlich in Frage. – Vielleicht richtet es sich vor allem an die Dichter in der Krise; aber einen Ratschlag fände selbst diese Minorität nicht in seinen Seiten; höchstens einen metaphysisch verbrämten Report über ihre eigene Krankheit. So reichhaltig, so vielseitg, so kunstvoll, so tiefsinnig das Buch ist – es ist ein Buch für Niemanden.

Über Grosz

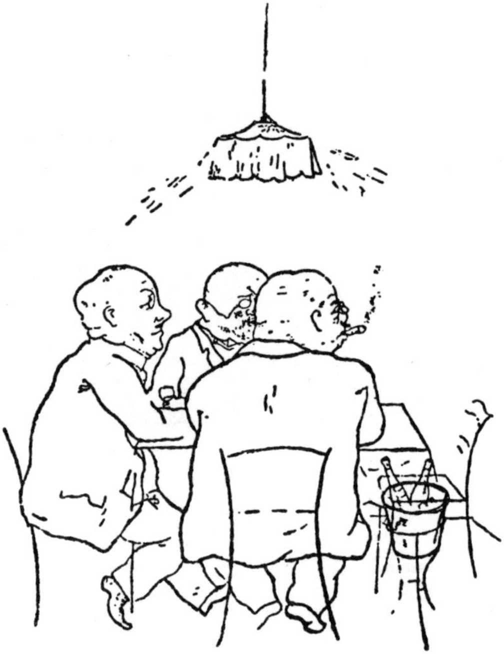

George Grosz

,Wenn sein Werk extravagant scheint, sein Fehler ist das nicht. Denn was er malte, sind unsere Laster. Jeder sollte sich mit seinen Bildern anfüllen, um sehen zu lernen.'

Frater Siquenza über Hieronymus Bosch

Als wer steht er vor uns?

Als *der* Graphiker Deutschlands in den erbärmlichen Berliner Jahren nach dem Zusammenbruch 1918. Ich sage: als *der*, nicht: als *einer*, weil sich sein Verhältnis zu dieser Zeit durchaus nicht darin erschöpfte, daß er, wie andere auch, deren Kind war; selbst das Zugeständnis, daß er deren charakteristischstes Kind gewesen sei, würde unzureichend bleiben. Was den Ausschlag gibt, ist umgekehrt, daß diese *Zeit* auch *sein Kind* war. Womit ich meine, daß die Energie, mit der er diese Jahre, deren Schande und Misere, deren Laster und Vergnügen, deren halbherzige Revolutionen und Konterrevolutionen in seinen Bildern registriert hat, so penetrant war, daß diejenigen, die diese Zeit miterlebt haben und die sich ihrer zu entsinnen versuchen, gewissermaßen danebengreifen, und statt ihrer eigenen Erinnerungsbilder *seine* Bilder in der Hand halten. Ein Künstler, der seine Zeit so abzubilden versteht, daß sein Bild für die Morgigen zum Weltbild des Gestern wird, der ist nicht nur ein interessantes Stück des Gestern, sondern eben ein Geschichtsformer, sogar ein Former des Heute: mithin ein Mann, der als Figur markiert zu werden verdient.

I

Wessen Gesicht er zeichnete, der war ,gezeichnet'. Wessen Typ er traf, der war getroffen wie von einem Hieb. Und wen sein Stift festhielt, der schien festgehalten, um abgeführt zu werden.

Wie der Angeprangerte am Schandpfahl sich von einem Standbild unterscheidet, so unterscheiden sich diese Stücke von Grosz von dem, was man gewöhnlich ‚Bilder' nennt.

Es gibt keine Werke in der Geschichte der Kunst – und selbst die von Bosch oder Goya machen da keine Ausnahme –, die sich von der Schmuckfunktion des Kunstwerks weiter entfert hätten als die von Grosz. Sie sind *‚Antibilder':* Was sie beanspruchen, ist nicht, als selige Inseln ‚schönen Scheins' im Grau des Alltags herumzuschwimmen, sondern umgekehrt als insulare (und zwar als Horror-)Wahrheiten den Scheinglanz oder die Indolenz des Alltags zu unterbrechen. Wo sich das Leben mit dem glänzenden Cellophan des ‚heiteren Scheins' verbrämt, da wird es zur Aufgabe der Kunst, ‚ernst' zu werden, also Revanche nehmend, das Unterhaltungskontinuum des Alltags zu zerreißen und zu diskreditieren. Heiter ist das Leben? Höllisch wird die Kunst.

Gewiß, die Künstler, deren Zeitgenosse er war (nein schon deren Vorgänger, denn die Entwicklung datiert eigentlich vom Frühimpressionismus an), waren durchweg damit beschäftigt gewesen, mit Hilfe der diversesten Korrosions-, Demontierungs- und Explosionsmittel die *Bildwelt* aufzulösen, zu zerlegen, zu zersprengen, zu entgegenständlichen – kurz: zu zerstören. Aber eben nur die Bildwelt. Und dieses ‚Nur', diese Konzentrierung auf die Zerstörung der Bildwelt blieb ein zweideutiges Geschäft. So gewiß es sein mag, daß sich jeder, der eine neue Zerstörungsmode einführte, für einen Revolutionär hielt, so gewiß ist es doch andererseits auch, daß alle diese Revolutionen ihr Genüge daran fanden, sich auf Staffeleien abzuspielen; daß man um so ungestümere Stürme und um so endgültigere Katastrophen riskierte, je harmloser die Wassergläser waren, in denen man diese sich austoben ließ. Und wirklich galten ja die Explosions- und Katastrophenergebnisse noch immer als Kunst- und Genußobjekte, sie wurden auf dem Kunstmarkt gehandelt, das gesicherte Kontinuum dieser Revolution machte geradezu das anregende und mit Stolz erfüllende Kunstleben aus. Kein Wunder, wenn immer wieder, gleich ob willentlich erzeugt oder nicht, die Illusion entstand, daß die Zertrümmerung ein eigens für Kulturkongresse oder -zeitschriften arrangiertes Binnengeschehen innerhalb der Kunst, einen (dem ‚schönen Schein' analogen) *‚makabren Schein'* darstelle. So jedenfalls sahen und sehen es die feinen Konsumenten. Sich *eingerahmtes Unheil,* surrealistische oder tachistische Trümmer, als Dekoration oder als Prestigemöbel an die Wände der durchaus massiven und heilen Villen zu hängen, das galt als schick. Und als das gilt es natürlich auch heute noch.

Mit diesem Illusionismus, mit dieser Relegierung der Zerstörung in die Bildwelt, hat Grosz, mindestens für seine Person, aufgeräumt. In dieser Hinsicht war er ungleich radikaler als alle seine malenden Zeitgenossen. Radikaler auch als der Picasso des Guernica-Bildes: denn auch in diesem wird doch die Zertrümmerung (obwohl ‚angeregt' durch wirkliche Trümmer) wieder in ein Bildereignis zurückübersetzt; und das Ergebnis dieser Rückübersetzung besteht doch wieder in einem abgerundeten Bilde, das, wie seine Ausstellungsreisen beweisen, nichts dagegen einzuwenden hat, sich, einem Delacroix gleich, von Kunstfreunden und Sachverständigen anschauen, genießen und ‚appreciate' zu lassen. Von Grosz zu behaupten, daß er in diesem Gelegenheitssinne durch die Wirklichkeit ‚angeregt' worden sei, würde an Albernheit grenzen. Das war er so wenig, wie ein Zuschlagender auch einmal durch Feinde dazu ‚angeregt' wird, zuzuschlagen. Vielmehr ist eben Zuschlagen und Auf-den-Feind-einschlagen eines und dasselbe. – Was Grosz zum Zuschlagen, und das heißt: zum Zeichnen, gebracht hat, war niemals etwas anderes als die Wirklichkeit; genauer: niemals etwas anderes als die Degoutiertheit und die Wut, mit der ihn die Wirklichkeit erfüllte, weil sie in seinen Augen ausschließlich aus Gemeinheit: aus Brutalen und Brutalisierten, aus Zerstörern und Zerstörten, bestand. Nicht eine gelegentliche ‚Anregung' war diese Gemeinheit, vielmehr *der* ‚Reiz' der Welt, auf den er extrem sensitiv antwortete, das heißt: furchtbar *‚gereizt'. Seine Muse,* ohne die es vermutlich zu keinem seiner Bilder gekommen wäre, *hieß ‚Ekel';* und sie war eine entsetzliche Muse, da sie eine Schwester der Furien war; und eine unausstehliche, da sie ihm kaum je eine Atempause gönnte.

Man wird einwenden, Ekel und Wut hätten, wie interessant sie auch für den Psychologen oder den Historiker sein mögen, in der Deutung eines opus nichts zu schaffen. Kunst gehöre in ein anderes Kapitel. Aber so hübsch säuberlich geht es in der reellen Geschichte der Kunst nicht zu, nur in der ‚Kunstgeschichte'. Will man es sich nicht versagen, Grosz's Stil zu begreifen, dann muß man sich schon dazu entschließen, seinen Weltabscheu ernst zu nehmen. Mindestens die Tatsache, daß er als fast einziger wesentlicher Maler seiner Zeit ‚gegenständlich' geblieben ist, findet in ihm ihren Erklärungsgrund.

Denn Abscheu ist unfähig, auf seine Welt zu verzichten[1]. Wer darauf brennt, auf seinen Feind zuzuschlagen und ihn den Blicken preiszugeben, der hat ihn gut ins Auge zu fassen, der muß ihn *treffen.* Mit diesem (schon eingangs verwendeten) Worte ist fast alles gesagt. Jedenfalls kann demjenigen, der versucht, das Idiom des Groszschen Werkes in das der Sprache zu übersetzen, kein größeres linguistisches Glück zustoßen als der Doppelsinn dieses Wortes, also als die Tatsache, daß das Wort ‚treffen' sowohl die geglückte Aktion des Angreifenden wie die des Portraitierenden bezeichnet. Natürlich ist der kämpferische Sinn des Wortes der ursprüngliche. Und es ist kein Zufall, daß uns angesichts eines ‚schlagenden Portraits' das unheimliche Gefühl beschleicht, dem Portraitierten sei durch die frappante Ähnlichkeit wirklich etwas angetan worden.[2] Was immer der Primärsinn der Ausdrücke ‚schlagende Ähnlichkeit' oder ‚schlagendes Portrait' gewesen sein mag – und gewiß war als ‚geschlagen' nicht der Portraitierte gemeint, sondern der Beschauer –, Grosz stellte ‚schlagende Portraits' nun in diesem neuen Sinne her, d. h.: er portraitierte seine Opfer, um sie damit wirklich zu treffen. *Nicht nur ein aggressiver Realist war er also, vielmehr deshalb Realist, weil er aggressiv war.* –

Damit ist es wohl deutlich genug, daß nichts törichter wäre, als Grosz auf Grund seiner ‚Gegenständlichkeit' mit jenen akademischen Abmalern auf einen Generalnenner zu bringen, die auf der Alm, in ihrem verspäteten Montmartre-Winkel oder im volkseigenen Atelier vom zerstörerischen Charakter der gegenwärtigen Welt noch nichts haben läuten hören, oder die das Geläute nicht wahrhaben wollen, und deshalb mürrisch und unbeirrbar fortfahren, die Welt als *‚heile'* abzupinseln. Eine heilloser unrealistische Unterstellung als die (angeblich realistische), daß die Welt in Wahrheit so sei, uns auch so vorkomme, wie sie morgens, mittags oder in Abendstimmung aussehe, ist heute in der Tat kaum vorstellbar[3]. Mit diesen ‚Philistern der Apokalypse' hatte Grosz natürlich noch weniger gemein als mit seinen avantgardistischen Zeitgenossen. Wenn er ‚gegenständlich' blieb, so ausschließlich deshalb, weil seine Welt *nicht heil* war, und weil er auf nichts anderes brannte als darauf, sie in dieser ihrer Unheilsqualität zu ‚treffen' und anzuprangern. Im Unterschied zu den Akademikern war der *Gegenstand seiner Kunst nicht die gegenständliche Welt, sondern die Zerstörung der gegenständlichen Welt.*

Aber neben seiner wirklich revolutionären Leistung schrumpft die Frage ‚gegenständlich oder ungegenständlich?' zur Frage zweiten Ranges zusammen. Ungleich wichtiger ist, daß seine Blätter eigentlich nicht mehr ‚Bilder' im herkömmlichen Sinne sind. Was heißt das?

Seit jener Frühzeit, in der die Verwendung von medusischen ‚apotropeia', also von Abschreckungsgeräten, ihr Ende gefunden hatte, hatte es zur selbstverständlichen Urbanität aller Bildwerke gehört, daß sie uns höflich dazu einluden, sie *anzublicken*. Selbst das Erhabene war noch ‚einladend' aufgetreten; sogar das Überwältigende hatte noch immer Genuß zugesagt (und sogar verschafft).

Von solcher ‚Einladung' an den Beschauer kann nun bei den Werken von Grosz keine Rede mehr sein. Sondern allein von *Terrorisierung* des Beschauers. Und diese geht mit derartiger Brutalität vor sich, daß nun plötzlich an der Stelle des Objekts das Subjekt, an der des Subjekts das Objekt steht, das heißt: daß Blickender und Angeblickter ausgetauscht sind. *Was blickt, sind nicht wir, sondern die Bilder; was angeblickt wird, nicht die Bilder, sondern wir.*

Die Entwicklung zu solcher Inversion zeichnet sich heute überall ab. Am deutlichsten in der kommerziellen und politischen *Werbung*, die uns mit dem Mittel des uns halb medusisch anstarrenden, halb sirenisch lockenden Plakats terrorisiert und Zwang auf uns ausübt. Wenn wir diesen Blick erwidern, so nicht etwa deshalb, weil wir als souveräne oder gleichberechtigte Blickpartner zum tête-à-tête zugelassen wären, sondern allein deshalb, weil wir entmachtet, also der Kraft beraubt sind, uns der Faszination des Blicks zu entziehen. Zahllose Stücke der heute uns umgebenden Bildwelt, namentlich die Titelbilder der Illustrierten, gehören trotz ihres sirenischen Charakters dieser terroristischen Bildklasse an. –

Von ‚Lockung' kann bei Grosz freilich überhaupt keine Rede mehr sein; ausschließlich von Terror. Der Weg der Kunst, der vor langem vom medusischen ‚apotropaion' fort- und zum Bild im humanen Sinne hingeführt hatte, der scheint nun durch ihn zum alten medusischen Ausgangspunkt zurückgefunden zu haben. Jedenfalls rechnet keines seiner Bilder mehr mit ‚gefälligen Betrachtern'; jedes vielmehr mit ungefälligen: nämlich mit solchen, die sich eigentlich dagegen sträuben, auf die Welt, die sie zeigen, hinzublicken.

Aber eben nur ‚eigentlich'. Denn das Faszinierende der Blätter besteht eben darin, daß sie uns dazu zwingen, gerade denjenigen Tatsachen, gerade denjenigen Infamien, von denen wir uns, wenn sie uns in der Wirklichkeit begegnen, fortwenden, doch ins Auge zu blicken. Dies ist ihre ungewöhnliche Leistung, dies ihr Effekt, der sie über alle bloße Bildleistung hoch hinaushebt. Andere Bilder – jene, die Plato verspottete – mögen zweite Auflagen einer ohnehin sichtbaren Scheinwelt darstellen; sie dagegen machen, wie Linsen oder Teleskope, die Welt überhaupt erst sichtbar. Man mag sagen, daß sie damit aufhören, ‚Bilder' zu sein, vielmehr der Klasse von *Geräten* zugehören. Aber auf die Nomenklatur kommt es nicht an, allein auf das Faktum. –

Sein Handwerk beherrschte er wie wohl keiner seiner expressionistischen oder neu-sachlichen Kollegen. Die zarteste, ja die klassizistischste Genauigkeit des Umrisses stand ihm zur Verfügung.

Aber er kannte auch die Gefahren dieses Könnens, er kannte das Gesetz der ‚Identität von Strich und Sujet'. Da er wußte, daß nicht jeder Duktus für jeden Gegenstand taugt; daß der *Charakter des Striches* als ein Urteil über das (mit seiner Hilfe dargestellte) Sujet oder geradezu *als der Charakter des Sujets selbst wirkt;* daß mithin ein zarter Strich selbst dann, wenn er Gemeinstes oder Brutalstes umreißt, einer Liebeserklärung an den Gegenstand gleichkommt, zog er die Konsequenz: machte er also von diesem seinem klassizistischen Können nur begrenzten Gebrauch. Nur Meister können es sich leisten, auf etwas zu verzichten, was sie leisten könnten; Talente verzichten höchstens auf dasjenige, was sie nicht beherrschen.

Statt des zart-genauen Duktus kultivierte er eine völlig andere Strichart. Sofern von ‚kultivieren' die Rede sein darf. Denn was er tat, bestand umgekehrt gerade in bewußter *Selbst-Brutalisierung:* darin nämlich, daß er sich der Roheit der Sujets, die er zeichnete, aussetzte und sich von dieser methodisch infizieren ließ. In der Tat wirken viele seiner Werke so, als hätte er die plumpen Geräte der Gewalttätigkeit, die er so verabscheute: Messer, Bajonett und Stiefel, seinen Feinden entrissen und sie dann als Arbeitsgeräte selbst eingesetzt. Manche seiner Zeichnungen scheinen mit dem Mordmesser der Portraitierten ins Papier geritzt, andere mit deren Kommisstiefel hineingegraben. In dieser Selbst-Infizierung entwickelte er eine so fürchterliche Virtuosität, daß er immer wieder den Verdacht erregen konnte, um nichts besser zu sein als seine Kreaturen, nicht weniger gewalttätig oder geil – ein Verdacht dem der persönliche Eindruck, den er machte, nicht gerade widersprach, da er als robuster und unsentimentaler Pommer den Habitus und die Stimme derer besaß, die er anprangerte, während er den gleichzeitig mit ihm malenden, larmoyant die Gewalttätigkeit der Welt beklagenden Expressionisten überhaupt nicht ähnelte. Gleichviel, was er erfand, war eine Art von ‚Mit-tun', eine ‚motorische Mimesis', wie wir sie sonst nur bei Schauspielern kennen: An die Stelle der bloßen ‚Wiedergabe' setzte er eine ‚Wiederholung'. Extremes Beispiel: Die Blutflecken, die auf einigen seiner Mordszenen zu sehen sind, hat er nicht ‚gemalt'; vielmehr hat er den Zeichenbogen in einen zweiten Tatort verwandelt, das dargestellte Delikt in effigie noch einmal begangen, die roten Farben also über das Papier gespritzt.

Auf alle Blätter von Grosz scheint diese Charakterisierung freilich nicht zuzutreffen. Denn auf vielen finden wir einen wie mit einer Nadel gezogenen, blutlosen, spinnwebeartigen, einen *nichtigen Strich*, der nicht nur jede motorische Mimesis-Kraft vermissen läßt, sondern dem sogar das Minimum an Konturschönheit, an kalligraphischem Druck oder an handschriftlichem Charakter fehlt – einen Strich also, der geradezu im äußersten Gegensatz zu dem eben geschilderten Duktus zu stehen scheint. Wie ist dieses Nebeneinander zu verstehen?

Es ist kein Nebeneinander.

Wir hatten gesagt, daß Grosz's gewalttätiger Duktus auf der (zwar nicht formulierten, aber beherzigten) Einsicht in die ‚Identität von Strichart und Sujet' beruht habe. Diese Gleichung gilt aber generell. ‚Wütende', heißt es im Molussischen, ‚zeichne mit wütender Hand, Indolente mit indolenter'. Das bedeutet, daß ein Künstler, dem diese Regel selbstverständlich ist, den zu verwendenden Duktus jeweils von derjenigen Aussage abhängen läßt, die er über sein Sujet zu machen gedenkt.

Damit wird aber auch der ‚nichtige Strich' Grosz's begreiflich.

Denn die Welt, die er als *seine* registrierte: also das Inferno-Berlin nach 1919, die enthielt ja nicht nur die ‚Gesichter der herrschenden Klasse', nicht nur die gewalttätigen Kerle, nicht nur die bedenkenlosen Untergangsgewinnler; die wimmelte ja auch von den anonymen Hinterhoftypen der Misere, von Hungernden und Dreigroschenhuren, und von den kleinen Chargenspielern der Gemeinheit. Dem Bilde dieser Niemande, deren Charakter darin bestand, daß sie keinen hatten, mehr oder Emphatischeres zu gönnen als das Minimum des ausdrucks-

und physiognomielosen Striches, das wäre (da Strichart und Sujet identisch sind) eben auf Unwahrheit herausgelaufen. Wenn er die Typen abzeichnete, so nur, um sie als nichtig und gleichgültig zu bezeichnen; so nur, um zu zeigen, daß sie eigentlich der Rede oder des Gezeigtwerdens nicht wert waren, kurz: um das Erbärmliche erbarmungslos *abzutun*. Und diese Gleichung: ‚*abzeichnen* = *abtun*' war die Rechtsquelle des Striches, den wir den ‚nichtigen' nennen.

Was ‚abgetan' werden sollte, war freilich nicht nur dieser Abschaum selbst, sondern implizite auch die Welt, deren Bankrott für die Existenz dieses Abschaums verantwortlich war. Es ist bemerkenswert, daß sich die Gesellschaft, obwohl sie selbst gar nicht dargestellt war, durch diese Blätter nicht weniger scharf angegriffen und getroffen fühlte als durch jene Portraits (der ‚herrschenden Klasse'), die direkt auf sie abzielten. Offenbar war es für sie evident, daß auch diese Zeichnungen ihr ‚Gesicht' abbildeten, daß nämlich durch die erbarmungslose Gleichgültigkeit des Groszschen Striches ihre eigene erbarmungslose Gleichgültigkeit wiederholt, und durch diese Wiederholung zur ausdrücklichen Sichtbarkeit befördert worden war. – Die Zeichnungen stellen also durchweg Attacken in zwei Richtungen dar. Und zu entscheiden, was Grosz grausamer angeprangert hat: ob die erbärmlichen Kreaturen selbst, oder ob die Gesellschaft, von deren Erbarmungslosigkeit diese Kreaturen Zeugnis ablegten, das wird wohl niemals möglich sein.

Überflüssig zu erklären, daß was Grosz mit Hilfe dieses seines ‚nichtigen Striches' zuwegebrachte, künstlerisch alles andere als nichtig war. Im Gegenteil: dem spinndünnen Duktus dieser Blätter wohnt eine solche Kraft inne, Grauen zu erregen, daß gerade *er* es war, der als seine persönliche und unverwechselbare Handschrift gegolten, und ihn berühmt gemacht hat.

Grosz war *Marxist*. – Wenn ich das betone, so meine ich natürlich nicht nur, daß er, ‚im Hauptberuf Künstler, als Hobby Marxismus getrieben' habe (oder umgekehrt) – das wäre kaum interessant; sondern daß er (trotz seiner, sogar im Vordergrunde stehenden, anarchistischen Züge, und trotz seiner Verhöhnung allen ‚Fortschritts') als Künstler dem Marxismus seine entscheidende Prägung verdankt hat; daß der ungewöhnliche Sinn, in dem er ‚Realist' war, ohne diese seine Prägung undeutlich bleiben würde; wenn nicht sogar, daß sein Werk als eine *‚optische Version von Marxismus‘* aufgefaßt werden muß. Warum?

Weil er dem *Aussehen der Welt* so gegenüberstand, wie die Theoretiker des Marxismus den *Ansichten über die Welt* gegenüberstehen.

Wenn es deren Überzeugung ist, daß die (philosophischen oder naiven) ‚Weltbilder‘ nicht die Wahrheit darstellen, sondern (‚ideologische‘) Betrugssysteme, die von den jeweils herrschenden Klassen ad hoc produziert und inokuliert werden – so war es die (radikalere) Überzeugung von Grosz, daß der Betrug bereits eine Etage tiefer einsetze; daß die ideologische Aktion bereits das effektive Aussehen der menschgemachten Welt (inklusive des Menschen) verfälschte. Für Grosz ist also auch dieses schon ein *Schein*, dem gegenüber kein geringeres Mißtrauen geboten sei als gegenüber Theorien. Dieses Mißtrauen ist vermutlich die schlimmste Kalamität, in die bildende Künstler geraten können.[4] Ein Maler (mindestens ein ‚gegenständlicher‘), dem es unmöglich ist, dem Aussehen der Welt Vertrauen zu schenken; der nicht voraussetzen kann, daß es eine Gleichung von ‚Erscheinung‘ und ‚Sein‘ gebe, mindestens eine zuverlässige Koordination, der kann sein Handwerk eigentlich an den Nagel hängen, denn die Herstellung eines (in Platons Worten) *‚Scheins des Scheins‘* wäre unter diesen Umständen ja ein absolut sinnloses Metier. Aber diese vom Maler vorauszusetzende Gleichung ist gerade diejenige, die Marxisten nicht unterschreiben können, genau so wenig wie Platoniker. Eigentlich dürfte es malende Marxisten nicht geben; sowenig wie es malende Platoniker je hätte geben dürfen.[4]

In dieser Kalamität befand sich also Grosz, der malende Marxist. Ob auch andere seiner Generation den Widerspruch gespürt oder unter ihm gelitten haben, das ist mir unbekannt. Gewiß ist aber, daß er als einziger unvoreingenommen und frech, sagen wir ruhig: ingeniös genug war, um einen Ausweg aufzuspüren, der aus dieser Kalamität herausführte.

Wenn es zum Wirklichen wesentlich gehört, sich als ‚Erscheinung‘ zu schminken, dann würde es zu dessen wahren und kompletten Bilde gehören, beides: Wahrheit *und* Schminke, zugleich zu zeigen. Und das ist es, was Grosz mit Hilfe seiner *‚Röntgen-Methode‘* versuchte. Von ‚Röntgen-Methode‘ spreche ich aber deshalb, weil er die opake Schminke des Wirklichen, also die ‚Erscheinung‘, der er mißtraute, durchdrang und (die ‚Beschauer‘ in ‚Durchschauer‘ verwandelnd) das der Erscheinung zugrundeliegende Eingeweide der ‚Wahrheit' *mit-sichtbar* machte; und ich sage ‚mit-sichtbar', weil er die durchschaute Oberfläche nicht einfach ungezeigt hinter sich ließ, sondern diese ebenfalls, und zwar eben gleichzeitig, zeigte. In anderen Worten: Statt, wie naive Realisten, nur den Schmink-*Effekt,* also die Erscheinung, im Schein seiner Bilder zu wiederholen, stellte er die Schminkung als einen *Prozeß* dar, der die beiden einander widersprechenden Stücke ‚Wahrheit' und ‚Lüge' zugleich verriet. Sein ‚nichtiger Strich' war seine Chance: Da er seinen Sujets keine kohärente Oberfläche und keine Massivität gönnte, verfügte er über genug Platz, um die ‚Eingeweide' unterzubringen. Er war der Portraitist des Widerspruchs: durch die Epidermis der scheinbar Wohlwollenden sehen wir nun die Bösartigkeit – beides zugleich; durch die dezente Bekleidung das lüsterne Fleisch – beides zugleich; durch die Prunketablissements die Misere des Publikums – beides zugleich. Da er nicht mehr den ‚Schein des Scheins' herstellt, sondern dessen Entlarvung, unterliegen seine Stücke nicht mehr der Kritik der Philosophie[6]. Vielmehr sind sie nun im gleichen Sinne ‚kritische Bilder', in dem die Theorie des Marxismus sich als ‚kritische Theorie' verstanden hat.

Neben Brecht war er der einzige deutsche Künstler der zwanziger Jahre, dem ein wirklicher Durchbruch gelang: Denn nicht nur die Schranke des Kunstpublikums durchbrach er, nicht nur die seines Jahrzehnts, sondern auch die nationalen Grenzen. Etabliert hat er sich im Westen nicht weniger fest als im Osten.

Im Westen: Um 1930 hielten in den richtunggebenden satirischen Zeitschriften, die bis dahin mehr oder minder ausschließlich vom Erbe Daumiers und Lautrecs gezehrt hatten, Figuren eines neuen Typs Einzug: gewicht- und schattenlose, kurz: phantomhafte Strichmännchen, deren Charme offenbar so unwiderstehlich war, daß sie bald auch in die Witzecken der muffigsten Provinzzeitungen eingeladen wurden. Seit Jahren sind sie omnipresent. Der Grund für ihre Attraktivität liegt auf der Hand: Sie verschaffen dem Zeitgenossen, der sich in ihnen wiedererkennt, die Chance, seine eigene Ohnmacht, Phantomhaftigkeit, Anonymität und Nichtigkeit als etwas Spaßhaftes zu genießen. Selbstverachtung als Süßware. – Keine dieser Figuren hätte je das Licht dieser Öffentlichkeit erblickt, wenn nicht Grosz Jahre früher (freilich in etwas anderer Absicht) deren Vorfahren erzeugt hätte. Bis jetzt ist es den Imitatoren gelungen, den aus Grosz politischem Werk destillierten Spott-Duktus für ihre Unterhaltungs- und Paprizierungszwecke zu verwenden. Daß das aber auf die Dauer möglich bleiben wird, scheint mir fraglich, und zwar deshalb, weil dem Spott-Duktus das Ingrediens der politischen Kritik nicht weniger fest innewohnt, als diesem Ingrediens der Spott-Duktus.

Im Osten: In Sowjetrußland sind bekanntlich schon in den zwanziger Jahren die Groszschen Gesichtszüge der ‚herrschenden Klasse' durch Plakate, Transparente und Agitprop-Aufführungen zu *Archetypen* für den gewalttätigen und stiernackigen Großkapitalisten geworden. So sieht man den Feind. – Auch dort völlige Funktionsveränderung, freilich in entgegengesetztem Sinne: während im Westen Grosz's Typen eine Verniedlichung durchmachten, erfuhren sie im Osten Monumentalisierung. Daß sie dadurch ebenfalls entkräftet wurden, mag zwar paradox klingen. Aber Kritiken können eben, wenn sie scharf sein wollen, ein gewisses maximales Format nicht überschreiten, Pointen werden durch Verbreiterung plump. Da die östlichen Grosz-Varianten dieses Maximum-Format (und zwar um Massenwirkung auszuüben) durchweg überschreiten, wirken sie überhaupt nicht mehr als Kritiken, sondern eher wie Baale oder wie gigantische *negative Ikonen*. – Übrigens sind die Typen noch weiter nach Osten gewandert. So sah ich zum Beispiel in Japan in einem anti-amerikanischen Theaterstück japanische Schauspieler, die sich so zurechtgemacht hatten, daß sie wie die (ihnen vermutlich als die Originale geltenden) sowjetrussischen Imitationen der Groszschen Typen auszusehen glaubten. Mit dieser Imitation der Imitation der Bilder, die Grosz in den zwanziger Jahren vom Typ des deutschen Industriekapitäns gezeichnet hatte, portraitierte nun also der ferne Osten den amerikanischen Kapitalisten des Jahres 1958. Daß nach solcher Funktionswandlung sehr viel von der Eigenart Grosz's bewahrt geblieben sei, kann man zwar nicht behaupten, aber etwas vom Original war selbst in dieser Verfälschung noch erhalten; und ich wüßte seit den Bildwanderungen, die die Wandernden Weltreligionen mit sich gebracht hatten, keinen Künstler, dessen typenbildende Kraft sich in so globalem Umfang ausgewirkt hätte. Außer vielleicht Disney.

Immer wieder hat man Grosz (genau so wie Brecht) als ‚*Tendenzkünstler*' abgetan und immer wieder versucht, sich und anderen weiszumachen, daß man seinen Erfolg durch Verwendung dieser Etikette diskreditieren könne. Was ebensowenig redlich wie sinnvoll ist. Denn wenn es etwas gibt, was für die Künstler, die man so etikettiert, charakteristisch ist, dann gerade die Tatsache, daß sie uncharakteristisch sind, daß sie zu den bereits Geprägten gehören; selbst also keine Prägekraft besitzen. Aber man mißverstehe nicht. Damit soll nicht etwa gesagt sein, daß Grosz kein Tendenzkünstler gewesen sei. Wenn man mich vor die Alternative stellen würde ‚ja oder nein?‘, ich würde bedenkenlos antworten: „Ja, er *war* Tendenzkünstler“. Nichts liegt mir ferner als zu glauben, daß seine Künstlerehre durch den Nachweis seiner Nicht-Tendenziosität gerettet werden müsse. Wer das, im angeblichen Interesse von Grosz oder Brecht tut, der hat das Argument bereits verloren, denn implizite gibt er damit die Rechtmäßigkeit des Ausdrucks ‚Tendenzkunst‘ zu; und damit wiederum die Rechtmäßigkeit jener Geringschätzung, die dem Ausdruck anhaftet. Von solcher Rechtmäßigkeit kann aber keine Rede sein. Und zwar deshalb nicht, weil der Unterton der Geringschätzung kein ‚Unterton‘, sondern die einzige ‚raison d'être‘ des Ausdrucks ist; in anderen Worten: Weil es *keinen tendenziöseren Ausdruck gibt als den ‚Tendenzkunst‘*. Wer sich nicht dazu versteht, Bäcker ‚Tendenzbäcker‘, Polizisten ‚Tendenzpolizisten‘, Ärzte ‚Tendenzärzte‘, Politiker ‚Tendenzpolitiker‘ zu nennen, der sollte auch den Ausdruck ‚Tendenzkünstler‘ nicht kritiklos in den Mund nehmen. Pfarrer, die ohne damit ihre (geistliche) Tendenz zu verfolgen, predigen würden, wären Heuchler; und selbst solche Heuchler würden die Unterstellung, daß ihr Rang, ihre Würde und Wahrheit in ihrer Ziel- und Überzeugungslosigkeit zu bestehen habe, als albern zurückweisen. Daß man gerade Künstlern, und nur diesen, mit dieser albernen Unterstellung kommen darf, ist höchst merkwürdig; und die geschichtlichen Hintergründe dieses entwürdigenden Monopols sind unaufgeklärt. Gleichviel, Künstlern gegenüber fühlt sich die Mitwelt berechtigt, *den Ehrentitel ‚ernst‘* nur dann zuzubilligen, wenn diese (gleich ob programmatisch oder nicht) mit dem, was sie melden, kein Ziel verbinden, dieses Ziel jedenfalls nicht mitteilen; wenn ihre Werke *nicht* meinen, was sie aussagen (und dieses ‚nicht‘ schön deutlich machen) oder *nicht* aussagen, was sie meinen (und dieses ‚nicht‘ hübsch im Dunkel lassen) – kurz: *nur dann, wenn Evidenz dafür besteht, daß sie auf Ernst verzichten.*[7] Ein ehrenrührigeres Epitheton als das der ‚Tendenzlosigkeit‘ läßt sich also wohl kaum vorstellen. Wenn Künstler es dulden, sich dafür gute Noten geben zu lassen, daß sie keine Tendenzen verfolgen, dann heißt das nichts anderes, als daß sie sich für ein *Alibi* loben lassen;[8] dafür nämlich, daß sie sich stets ‚anderswo' aufhalten; und ‚anderswo' bedeutet in diesem Falle: In einer Gegend, in der sie unfähig bleiben oder sich selbst daran verhindern, in die Dimension wirklicher Entscheidungen hinüber- und einzugreifen; daß sie sich darauf beschränken – denn das ist erlaubt, sogar gewünscht – zu *ergreifen*. In concreto läuft das stets auf Aufgabe der eigenen Würde und des Rechts auf Kritik heraus; denn daß jemand jemals deshalb als ‚Tendenzkünstler' diskreditiert worden wäre, weil er konformistische Tendenzen mitgemacht hätte, das ist ja noch nicht vorgekommen. *Nur Neinsager gelten als ‚Tendenzkünstler', niemals Jasager.* Noch würdeloser als die das Lob duldenden Künstler sind diejenigen, die den Ausdruck übernehmen; also sich selbst (und zwar ‚unbeirrbar') der Maxime der Tendenzlosigkeit zubekennen. Denn damit geloben sie, ihre Stimme niemals so zu erheben, daß sie im Nebenraum: der Wirklichkeit, gehört werden könnte; oder doch mindestens (sollte ihre Stimme versehentlich doch vernehmlich werden) das, *was* sie sagen, so zu formulieren, daß es folgenlos bliebe, also nicht ernst genommen zu werden brauchte. Ihren ‚*Ernst*' beweisen sie also durch ihr ‚*Nicht-ernst-genommen-werden-wollen*'. Eine schöne Tendenz ist das zwar nicht, aber daß auch das eine Tendenz ist, das läßt sich wohl nicht bestreiten.[9]

Geben wir also ruhig zu: Grosz *war* ein Tendenzkünstler.

In weitesten außerkünstlerischen Kreisen berühmt oder notorisch geworden ist Grosz weder durch seine Teilnahme an der Dada-Bewegung, noch durch seine (heute bereits neben Goyas ‚Desastres' und Daumiers Charivari-Zeichnungen ebenbürtig stehenden) Blätter ‚Das Gesicht der herrschenden Klasse': sondern durch die Empörung, mit der man auf seine Radierung des ‚Gekreuzigten mit der Gasmaske' reagierte.[10] Ich bestreite, daß es damals auch nur einen einzigen Beschauer gegeben habe, der dieses Bild des Gekreuzigten hätte mißverstehen können; der also in dem Haß, der Grosz offensichtlich die Feder oder die Radiernadel geführt hatte, einen Haß auf Christus hätte sehen können. Blasphemie – gewiß. Nur bestand diese nicht in Grosz's Zeichnung, da die Beleidigung Christi ja sein *Sujet* war; und zwar das Sujet, das er aufs fürchterlichste anprangerte. In der Tat entsprach die

Bewandtnis der Gasmaske – und dank diesem Vergleich fällt die letzte Möglichkeit der Irreführung – der der *Dornenkrone:* wie diese war auch die Maske *aufgestülpt,* und zwar als das Christo schlechthin nicht Gebührende, als ‚*Verspottung Christi*'. Und diese Unterschrift hätte Grosz auch (obwohl es die Verspottenden selbst nicht zeigte) seinem Blatte nach gutem altem Brauche geben können. Wenn er das getan (oder gewollt) hätte, wäre es vermutlich unmöglich gewesen, ihn zu belangen – jedenfalls kenne ich in der Geschichte der Malerei kein Beispiel dafür, daß ein Maler der Beleidigung als Beleidiger verfolgt worden wäre. Gleichviel, was er darstellte, war *die Verspottung des Friedensfürsten, und zwar diejenige, die in der blasphemischen Heiligung des Krieges in der christlichen Welt täglich stattfindet.* – Wenn man aber fragt, wo denn auf diesem Bilde der ‚Verspottung' die Verspottenden geblieben seien, die Männer, die Christo die Gasmaske aufgestülpt hätten, dann lautet die Antwort: Genau dort, wo sie in Wirklichkeit bleiben, nämlich in der *Unsichtbarkeit.* Denn die Taktik der Spötter, die Grosz im Auge hatte, besteht ja eben darin, daß diese sich *als* Spötter *nicht* zeigen: daß sie abstreiten, Spötter zu sein; daß sie ihren Spott niemals in Worten bezeugen, sondern immer und grundsätzlich ‚nur' in Effekten, als da sind Waffen, Ruinen, Gasmasken, Tote. Daher muß die Behauptung, Grosz habe die Spötter nicht gezeigt, korrigiert werden. Vielmehr hat er mit diesem Blatte ein ‚*soziales Vexierbild*' geschaffen, eines, das die Angeklagten dadurch enthielt, daß es diese aussparte. Genauer: *Was er gezeigt hat, ist das Sich-nicht-zeigen der Spötter.*[11] Also die Heuchelei.

Die Heuchelei. – daß es zu den Lieblingsbeschäftigungen der Heuchler gehört, Angriffe auf Heuchelei mit heuchlischer Empörung zu beantworten, das war Grosz, als er diese ‚Verspottung Christi' radierte, nicht nur klar, auf die Provozierung einer solchen Antwort hatte er es sogar abgesehen. Damit meine ich aber nicht, daß er nur im ordinären Klamauksinne habe ‚epatieren' wollen, daß es ihm nur darum gegangen sei, einen Chock auszulösen, irgendeinen, und sich Schadenfreude über diesen Chock zu verschaffen; vielmehr, daß es ihm auf *ein ganz bestimmtes ‚épater'* angekommen ist. Was er zu erzeugen wünschte, war nämlich *diejenige Epatiertheit, die die Wahrheit seines Bildes verraten würde.* Was er unternahm (und was ihm auch restlos glückte) war, jene Spötter, die er selbst ‚ausgespart' hatte, dazu zu zwingen oder zu verführen, von sich aus ‚to come into the picture', ins

Bild zu kommen, von sich aus sich zu zeigen; und sein Bild durch diese ihre Reaktion vollständig zu machen.

Was heißt das?

Kein Kunstwerk, also auch kein Bild, erschöpft sich in seinem ‚Gegenstand-sein'. Jedes ist vielmehr, da es anzukommen wünscht, da es darauf abzielt, etwas mitzuteilen und etwas zu bewirken, eine *Aktion;* als solche ein *Prozeß;* insofern *tendenziös.* Ein niegelesenes Buch bleibt rudimentär, d. h.: es ist eigentlich überhaupt nicht ‚da', da es sich nicht in einen Prozeß verwandelt, da es nicht durch die Mitarbeit des Rezipierenden, durch die den ausgeschickten Worten zugehörige Antwort seine Komplettheit gewonnen hat. Ich sage: durch die ‚zugehörige Antwort': Denn jedes Werk zielt auf eine bestimmte Reaktion ab, jedes lädt zu einer idealen Antwort' ein; die falschen Antworten beweisen nur, daß das Werk nicht angekommen ist; bzw. daß ‚at the receiving end', beim Empfänger, eine Figur auftritt, die mit der ausgeschickten nicht identisch ist.

Nun, die ‚Aktion', um die es sich bei Grosz's Bild handelte, bestand in Anprangerung von Heuchelei. Und auch diese lud zu einer ‚idealen' Mitarbeit oder ‚Antwort' ein. Diese hatte nun freilich – das mag sonderbar klingen, aber darin besteht das Dialektische des Falles – in einem *Nein,* in einer *abweisenden Reaktion* zu bestehen. Denn was Grosz wünschte, war ja, die Heuchler dazu zu veranlassen, auf das Bild ihrer empörenden Heuchelei mit geheuchelter Empörung zu reagieren, sich dadurch selbst anzuprangern und durch diese ihre Selbstanprangerung die Wahrheit seiner Aussage zu bestätigen.

Und diese Einladung akzeptierten sie. Bereitwillig liefen sie ihm ins Garn, blindlings ergriffen sie die Gelegenheit, jene Heuchelei, die sie zuvor nur in absentia praktiziert, nun öffentlich zu produzieren; sich mit ihr nun in flagranti zu produzieren. Indigniert stürzten sie sich auf die in dem Bild gezeigte Lästerung (ihre eigene), so als wäre sie eine, deren Grosz sich schuldig gemacht hätte:[12] und gaben dadurch dem Prozeß, dessen erste Phase in der Herstellung des Bildes bestanden hatte, seinen siegreichen Abschluß. Als Ankläger haben sie also das Bild der Heuchelei zu Ende gezeichnet; durch ihr Nein-schreien das Recht seiner Anklage also bejaht.

Die Attacke auf Grosz war mithin nichts weniger als ein Unfall, der ihm, weil er sein Bild durch die Veröffentlichung aus der Hand gegeben hatte, zugestoßen wäre; vielmehr ein Ereignis, das zu diesem Bilde als ‚ideale Reaktion‘ gehörte, und das als Signatur, nicht anders als das Bild selbst, den Namen George Grosz trug. Da aber der ‚Prozeß‘[13], der so ins Rollen kam, die Form eines wirklichen, das heißt: eines Gerichtsprozesses annahm, war etwas eingetreten, was es in der Geschichte der Kunst wohl nie zuvor gegeben hatte: Denn nun war nicht nur das Bild zu einem Stück der Wirklichkeit geworden, sondern auch die Wirklichkeit zu einem Stück des Bildes; und nicht nur das Bild zu einer Abbildung des Wirklichen, sondern auch das Wirkliche zu einer Abbildung des Bildes.

II

Das Oeuvre der letzten dreißig Jahre ist in Deutschland und Europa (wenn man von den Kennern seiner auch hier veröffentlichten Autobiographie absieht) so gut wie unbekannt. Zu Unrecht. Denn es ist nicht nur geschichtlich interessant, es enthält auch Stücke von künstlerisch höchstem Rang. Geschichtlich: Die Welt, deren Anprangerung ihn als enfant terrible seiner Zeit berühmt gemacht hatte, hatte längst einer anderen den Platz geräumt: Teils der kurzen Normalität der späten zwanziger Jahre; teils jener Welt, die bereits die neue Katastrophe durchscheinen ließ. Niemand empfand deutlicher als Grosz selbst, wie lächerlich es gewesen wäre, obstinat auf jene Opfer weiter einzuschlagen, die bereits zu vergangenen Typen oder zu vergessenen Gespenstern geworden waren. Es hat wohl in der Geschichte keinen Künstler gegeben, der auf Grund veränderter Umstände mit solcher Rücksichtslosigkeit seinen eigenen Stil zu zerstören versucht hätte, wie es Grosz getan hat. Neben der Radikalität, mit der er nach seinem Abschied von der alten Welt von sich selbst Abstand nahm und den Zyniker in sich mundtot machte, scheinen die Metamorphosen Picassos oder Strawinskys kapriziöse Kostümwechsel. Daß diese Selbstruinierung und deren Dokumente nur erfreulich gewesen wären, läßt sich freilich nicht behaupten. Im Gegenteil: da er sich selbst gegenüber nicht weniger skrupellos war als seinen schlimmsten Feinden gegenüber, würde man die Schärfe seines Stiftes benötigen, um ihn portraitähnlich nachzuzeichnen. Ganz bewußt versucht er, ‚brav‘ zu sein, also sich der Nachfrage und dem gängigen Optimismus des neuen Erdteils anzugleichen; sich, den ehemaligen Scharfrichter, in einen Erzeuger von ‚slick products', von glatten Machwerken, zu verwandeln, in einen gefälligen Bildlieferanten, der mit den kommerziellen Künstlern der Illustrierten in Wettbewerb treten konnte – was ihm auch gelang, da seine handwerkliche Könnerschaft um nichts hinter seiner Bereitschaft zur Selbstaufgabe zurückblieb; und mit Schadenfreude registrierte er die Stadien seiner Selbstzerstörung. Zugleich mit dieser Verhöhnung seiner früheren Hohnrolle tauchte eine neue Chance auf: nämlich die, seine neuen Kumpanen zu verhöhnen. Denn diese gehörten durchweg der früher von ihm angeprangerten ‚herrschenden Klasse' an, sogar als deren Parasiten. Daß ihm diese, gerade weil sie die Falschesten waren, gerade die rechten waren, das war ein Stück seiner Selbstzerstörung. In seinen Augen waren sie gerade deshalb lächerlich, *weil* sie Wert darauf legten, mit ihm zu verkehren. Lächerlich die Kühneren unter ihnen, weil sie es als einen ‚riot' begrüßten, mit etwas so herrlich Skandalösem wie einem ehemaligen ‚Roten' ihre Nächte zu durchsaufen; noch lächerlicher die harmlosen Ignoranten und die arglos-verlogenen Kunstprotzen, die sich darauf beschränkten, ihn anzustaunen, mit ihm über Probleme der modernen Kunst zu schwätzen und seine Kunststücke für bare Münze zu nehmen.

Bare Münze. Daß diese Grosz nicht unwillkommen war, das ist gewiß plausibel. Aber sein wirklicher Spaß bestand darin, daß er, der Künstler, unter ‚barer' Münze mit lärmender Ehrlichkeit ‚klingende Münze' verstand; während sie, die Banausen, dabei mindestens *auch* ‚cultural values' im Auge hatten und an ihr mit Hilfe dieser echt ‚continental' Kunst zu steigerndes Sozialprestige dachten. Der Höhepunkt des Vergnügens – und oft wurde dieser von ihm geradezu provoziert – war dann erreicht, wenn *sie* ihm mit geschwollenen Kunstvokabeln kamen, *er* dagegen die Rolle des echten Yankees übernehmen konnte, des Yankees, der von solchem ‚highbrowish stuff', von solchem unreellen Kulturquatsch, nichts hören wollte. Keine Frage, dieses ‚qui pro quo', das einer Brechtschen Kulturkomödie der Irrungen hätte entstammen können, war unwiderstehlich komisch, ja beinahe von gargantuesker Größe.

Nur eben nicht würdig. Und wenn jemand, um das Groszsche Schaffen einzuteilen, behaupten würde, in seiner ersten, der Berliner Periode, habe er mit der Darstellung des Mörderischen und des Gemeinen triumphiert; in Amerika dagegen als zweite Periode die seines mehr oder minder vollständigen Selbstmordes folgen lassen, und in diesem den Triumph seines Zynismus gesehen, so wäre das gewiß nicht ganz falsch.

Und doch war es ein Glück, daß dieser ‚Selbstmord‘ Grosz instandsetzte, sein „posthumes“ Leben einigermaßen komfortabel einzurichten. Denn zu Ende war es mit ihm noch lange nicht, noch große Aufgaben standen ihm bevor. Sein Absprung aus dem Grausigen und Gemeinen trug ihn durchaus nicht nur in geleckten Konformismus oder auf parties: Es gab ein anderes Ufer, an dem er ebenso oft landete; ein Territorium, das ihm (obwohl es die seinem Wesen angemessene Chance des rechtschaffenen Hohns auszuschließen schien) doch keine künstlerische Kapitulation zumutete: Grosz entdeckte nämlich auf seiner Flucht vor der Politik, auf seiner Suche nach dem von der Politik am weitesten entfernte Gebiet, die *Natur.* Und deren Darstellung, oder sagen wir ruhig: deren ‚realistische‘ Registrierung war so großartig, von einer derart atembeklemmenden Präzision, daß man sich nicht zu scheuen braucht, seine Blätter neben die von Holbein, Seghers oder Ingres zu stellen. ‚Abzeichnung‘ und ‚Naturdarstellung‘, das klingt nun freilich heutzutage, im Zeitalter abstrakter oder surrealistischer Kunst, reichlich anachronistisch; und dieses Bedenken: er habe als ‚Realist‘ nicht ‚auf der Höhe seiner Zeit‘ gestanden, ist vor den Groszschen Blättern auch oft laut geworden. Aber zu Unrecht. Denn diese Darstellungen gehörten (auch wenn Grosz selbst diesen Ausdruck nur selten verwendet hat, und obwohl er auf seiner Flucht in die Natur gerade das Gegenteil im Sinne gehabt haben mag) jenem Genre an, ohne das die Entgegenständlichung der Kunst, ja sogar der Surrealismus, niemals möglich geworden wäre; nämlich dem Genre *‚nature morte‘*. Daß zwischen ihm, der den Tod ungezählte Male dargestellt hat; und diesem Genre, das den Tod in seinem Namen aufgenommen hat, eine Affinität besteht, das ist ja nicht erstaunlich. ‚Affinität‘ ist sogar ein zu schwaches Wort. Vielmehr hat dieses Genre durch Grosz eine Großartigkeit angenommen, die ihm früher kaum zugekommen war; erst durch ihn ist es zu sich selbst gekommen.

Denn tot und tot ist nicht eines und dasselbe. Neben dem Tod, der auf den Blättern von Grosz sein Regiment führt, ist das auf uns vertrauten nature morte-Bildern herrschende Totsein ein ganz harmloser Zustand. Auf Bildern Chardins, de Kalfs, selbst van Goghs erscheinen Dinge deshalb als ‚mortes‘, weil sie aus der Textur des Menschenlebens herausgelöst und als sie selbst in ihrer friedlich-stummen Existenz vorgeführt werden; und auf Bildern geringerer Meister deshalb, weil sie eben Objekte sind, die im naturwissenschaftlichen Sinne als ‚unbelebt' gelten.[14] Sie sind tot, ohne daß sie eigentlich jemals gelebt hätten oder gestorben wären; ihr Totsein ist vielmehr ihre spezifische friedliche Art von Sein, wenn auch – denn oft dienen sie ja als Allegorien der ‚vanitas' – von vergänglichem Sein. Mit dieser friedlich-stummen Seinsart begnügt sich der Tod im Groszschen Universum nicht, vor dessen Gegenständen greift der übliche Ausdruck ‚nature morte' zu kurz, dieser muß durch den angemesseneren *‚nature assassinée'* ersetzt werden. Womit gemeint ist, daß die Gegenstände in Grosz' Universum deshalb kalt, stumm und seelenlos wirken, weil sie kalt, seelenlos und stumm *gemacht* zu sein scheinen; weil sie so aussehen, als seien sie einer Vergewaltigung oder einem Morde zum Opfer gefallen. Wenn man nicht sogar sagen könnte: die Dinge seiner Bildwelt sehen so aus, als wären sie *ihrem Wesen nach ermordete Dinge;* mindestens ermordbare. Wie immer Grosz diese entsetzliche Wirkung erzielt haben mag – seinen Kunstmitteln nachzugehen würde eine Analyse für sich erfordern –, was sich unserem Auge darbietet, ist ein *Universum, das nicht nur keinen ‚natürlichen Tod' kennt* (es sei denn, man bezeichnete, im wölfischen Sinne von Hobbes, als ‚natürlich' gerade den gewaltsamen Tod), *sondern in dem Getötet-sein als die natürlichste und am weitesten verbreitete Seinsart auftritt. ‚Sein' = Opfer-Sein'.* Und diese Fundamentalgleichung scheint nicht nur für die Groszschen Menschen zu gelten, sondern universell; für alle Dinge und Kreaturen seiner Bildwelt; für diese als ganze.

Für das Ohr des ‚common sense' klingt das natürlich unsinnig; Totes kann nicht getötet werden.[15] Aber dieser Einwand ist schwach. Umgekehrt scheint mir der Sinn dieser Bilder in die Augen zu springen. Mir jedenfalls sind keine Bilder bekannt, deren *Entlarvungssinn* so evident wäre; keine, die unsere heutige Welt (und in unserer apokalyptischen Situation bedeutet das: die *Gemeinheit* und die *Totalität* der heute möglichen Vernichtung unserer Welt) mit annähernd gleicher Rücksichtslosigkeit sichtbar gemacht hätten, wie diese Bilder von Grosz, in denen die Gleichung ‚Sein' = ‚Opfersein' ihre Herrschaft angetreten hat. Sie enthüllen die *Gemeinheit:* Denn diese besteht in der Vernichtung des Wehrlosen; und Inkarnation des Wehrlosen ist eben das tote Ding. – Und sie enthüllen die *Totalität:* denn diese besteht

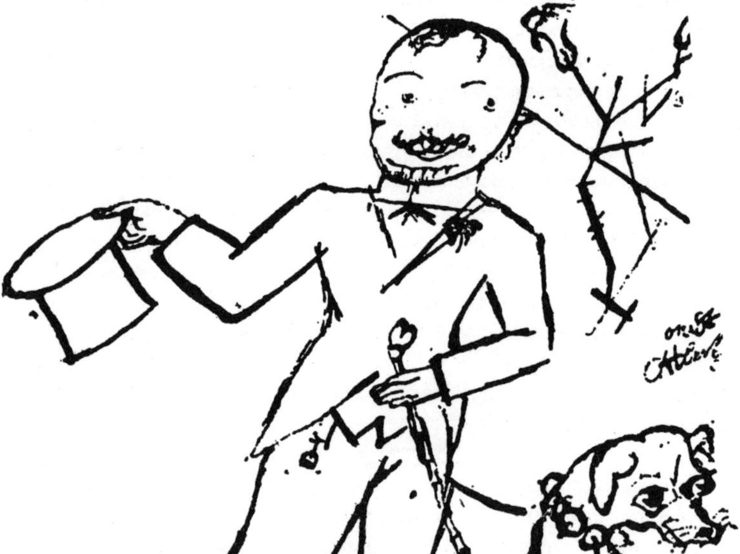

darin, daß im apokalyptischen Fall nicht nur wir als Opfer fallen würden, sondern mit uns auch unsere *Welt,* nein sogar diejenige, die ‚nicht unsere' ist: also die Natur. – Den Ausdruck ‚nature assassinée' hatten wir nicht grundlos vorgeschlagen.[16]

Damit erledigt sich aber auch der andere Einwand: der, Grosz habe, da er ‚Realist' gewesen, nicht ‚auf der Höhe unserer Zeit' gestanden. Umgekehrt hat er sich, da er den apokalyptischen Status der Welt, ehe dieser noch erkennbar geworden, antizipiert hat, als *Unheilsprophet* bewährt; und neben solchem ‚Avantgardismus' schrumpft der ausschließlich kunstgeschichtlich gemeinte Begriff des ‚Avantgardismus' zum bloßen Modebegriff zusammen. Wenn Grosz nicht ‚auf der Höhe seiner Zeit' gestanden hat, so allein deshalb, weil, was er vorweggenommen hat, nicht deren Höhe gewesen ist, sondern deren Tiefstand.

Diesem starken ‚pro' steht freilich ein starkes ‚contra' gegenüber.

Daß gerade ihm, der sich auf der Flucht vor den Tatsachen des Politischen und der Gewalt befand; und der versuchte, auf einem neutraleren und gefälligeren Territorium in vergnügt-lärmender Verzweiflung zu überleben – daß gerade ihm diese äußerste Konsequenz und Wahrhaftigkeit gelungen ist, das ist doch höchst merkwürdig. Wirklich darf man sich die Frage vorlegen, ob es sich hier in einem breiteren, im moralischen Sinne um ein ‚Gelingen' handle. Ob es nicht ebenso berechtigt wäre, in diesen Werken Zeugnisse einer *produktiv gewordenen Niederlage* zu sehen, also künstlerisch großartig geglückte Dokumente dafür, daß sich sein Fluchtversuch gerächt hat. Ob nicht zur Strafe dafür, daß er darauf verzichtete, das Mörderische, das er früher festgehalten, weiter festzuhalten, und die Opfer der Gewalt, die er uns früher vorgeführt, uns weiter vorzuführen – ob nicht zur Strafe für die Unterlassung nun alles und jedes für ihn das Aussehen von Opfern und Mördern annahm. Mir jedenfalls schien es damals, als jagten ihn die Furien, in deren Dienst er ursprünglich gestanden, nun, da er ihnen seinen Dienst aufgesagt hatte, als Fahnenflüchtigen vor sich her; als hätten sie ihn schadenfroh dazu verurteilt, nun alles und jedes in seinem alten makabren Ordinatennetz ‚Opfer und Gewalt' zu sehen. Selbst den Stein, selbst die Muschel.

Ohne Bild: Total hatte sich Grosz trotz aller seiner Selbstzerstörungsmühe eben doch nicht ruinieren können. Letztlich war er eben trotz seines offensichtlichen Sujet-Wechsels so geblieben wie er früher gewesen. Waren auch die geschichtlichen Wurzeln seiner Aggressivität bereits abgestorben, die aggressiven Kräfte selbst hatten sich auch in den Jahren seiner Kompromisse ungeschwächt erhalten. Einem Scharfrichter gleich, der sich, auf eine menschenleere Insel verschlagen, nun mangels besserer Beute auf Bäume stürzt, um diese zu köpfen; oder einem Halbstarken gleich, der, weil er an die Schuldigen seiner Wut niemals herankommt, diese Wut nun an unschuldigen Saalstühlen ausläßt, benutzte er nun dingliche ‚sujets' als seine ‚sujets' (im Sinne von ‚Untertanen'). Von ‚Gelingen' zu sprechen, wäre fehl am Ort. Der Ausdruck ‚*Ersatzbefriedigung*' träfe genauer. Und der Ausdruck ‚*Kapitulation*'. Denn auch diese verrät sein ‚Realismus'.

Realismus ist ja niemals nur ein Kunststil, sondern immer zugleich auch Zeugnis für die Position, die der Künstler der Wirklichkeit gegenüber einnimmt. Für viele Jahrzehnte – und in der Epoche Courbet-Zola war das völlig berechtigt gewesen – hatte es als unanfechtbares Dogma gegolten, daß Realismus mit einer mehr oder minder revolutionären Attitüde zusammengehöre. Aber es gibt umgekehrt auch Zeiten, in denen Realismus geradezu das Gegenteil anzeigt; in denen diejenigen, die als Realisten die Welt registrieren, damit die weiße Fahne hissen; damit ihre Widerstandslosigkeit oder das Ende ihres Widerstandes gegen die Faktizität proklamieren; damit den Dingen einräumen, auf unbestreitbare und unwiderrufliche Art so zu sein, wie sie nun einmal sind. Ein Rebell, der die Welt ursprünglich als etwas grundsätzlich Veränderungsbedürftiges und Veränderbares angesehen und behandelt hatte, nun aber als Verfasser einer ‚Physischen Geographie' auftritt, der verkündet damit, auch wenn sein Werk noch so exakt ausfällt, gerade dadurch, seine Unterwerfung. – Und auch das hat Grosz eben in seinen Blättern getan.

‚Niemand benötigt Menschen dringlicher als der Menschenfresser'. (Molussisch)

Gewiß, Grosz' Entschluß, den Satiriker in sich zu ersticken, der war ursprünglich seinem Wunsche nach Bequemlichkeit entsprungen; einmal wollte auch *er* den Weg des geringeren Widerstandes gehen dürfen. Aber seine Rechnung stimmte nicht, er hatte sich selbst falsch eingeschätzt. Einem Manne, der als Satiriker zur Welt gekommen ist, kann der Versuch, sich immer nur mit Ersatzopfern abzuspeisen, auf die Dauer nicht gelingen. Was als Bequemlichkeit geplant gewesen, mußte bald zur Unbequemlichkeit, was als keep smiling begonnen, rasch zum Krampf werden; und das tägliche Sich-tot-stellen verlangte eine solche Dauer-Askese, daß sich selbst Askesebegabtere überfordert gefühlt hätten.

Wenn es noch eine relativ harmlose Zeit gewesen wäre oder gar eine stagnierende; eine, die er nach den Schrecken des ersten Weltkrieges und der Nachkriegsmisere als unernst, als nicht der Rede, nicht des Stiftes wert hätte beiseiteschieben dürfen. Aber davon konnte ja keine Rede sein. Umgekehrt wurde ja die neue Zeit immer furchtbarer und schließlich so atemraubend furchtbar, daß neben ihr jene Bilder, vor denen er einst geflohen und die er hatte auslöschen wollen, nun ein geradezu harmloses Aussehen annehmen konnten oder wirklich verlöschen durften. Daß Grosz geographisch von den Schauplätzen und Tatorten des neuen Schreckens entfernt blieb, das hat ihm wenig genutzt: seiner Zeit konnte er eben nicht entrinnen. Da mochte er in seinem Elfenbeinturm sitzen und seine Zeichenbögen mit Gleichgültigem füllen, da mochte er Kiesel oder Muscheln noch so präzise anvisieren – das Klima seiner Zeit nagt sich durch die Turmwände, der Mörtel wurde rissig; der Katastrophenwind, den er hatte draußenlassen wollen, der pfiff von neuem durch die Mauerritzen; und diesem nach drängelte sich auch wieder das Volk der Opfer.

Mit jenen Opfern, die einst in seinen Berliner Tagen seine Bilder bevölkert hatten, verband dieses Volk der Opfer nun freilich kaum mehr irgend eine Ähnlichkeit; weder mit denjenigen, die er, weil sie wirklich Opfer gewesen waren, in ihrer kläglichen Opferrolle dargestellt hatte; noch mit denjenigen, die er, weil sie Schuldige gewesen waren, angeklagt und seinem Stift zum Opfer gebracht hatte. Die Grenzlinien zwischen Klasse und Klasse, zwischen Herrschenden und Beherrschten, zwischen Gewalttätern und Vergewaltigten (die damals so deutlich markiert gewesen waren, daß sie ausdrückliche moralische Orientierung überflüssig zu machen schienen), die waren nun alle bis zur Unkenntlichkeit verwischt. Gewiß, zu Beginn der Terrorzeit waren die ursprünglichen Interessenten, die hinter dem neuen, dem Hitlerischen Gewaltregime standen, noch deutlich identifizierbar gewesen; aber bald grassierte das Übel, bald verstrickte die Schuld Millionen; und die zahllosen verbrecherischen Einzelhandlungen und -unterlassungen, aus denen sich der Alltag der Gewaltherrschaft zusammensetzte, die straften bald die Alleinschuld der ersten Schuldigen Lügen. Wer infam war und wer nur infam gemacht: wer Mörder und wer nur Mit-Mörder, das zu entscheiden, war bald nicht mehr möglich, und selbst für die Beteiligten nicht. Gleich ob es sich um die Kriegsführung handelte, um die Behandlung der Juden, der Konzentrationäre oder der ‚Lebensunwerten' – was nun zählte, war allein die Tatsache, daß Millionen verstrickt waren, und das heißt: daß Millionen mitmachten. Das Infernalische des konterrevolutionären Prinzips besteht eben darin, daß die Millionen, die entmachtet werden sollen, nicht nur unterworfen werden, sondern total desorientiert; und zwar so total, daß sie nun, beschenkt mit der Illusion der Mit-macht, darauf brennen, selbstmörderisch das Geschäft ihrer Unterwerfung selbst durchzuführen: und sogar dankbar dafür sind, dieses blutige Geschäft selbst durchführen zu *dürfen*. Konterrevolution bedeutet eben: Verführung zum Selbstmord und Verstrickung der Opfer in Mitschuld.

Damit nicht genug. Die Grenzverwischung blieb ja kein deutsches Binnenphänomen. Nicht weniger verwischt schien ja die Grenzlinie zwischen den miteinander im Kriege liegenden Systemen: Die Depravierung des Menschen, der Polizeiterror, die Rechtlosigkeit in Sowjetrußland schienen ja um nichts geringer als in Hitlerdeutschland; und obwohl überfallen, war ja Stalin gewiß nicht nur ein Opfer. Kein Zweifel, daß der Schock, den Grosz, der ehemals extrem Linke, durch die Entwürdigung des Landes des sozialistischen Aufbaus erlitt, genau so betäubend war wie der Schock, den ihm die Entwicklung zuhause versetzte, wenn nicht sogar noch betäubender; und daß er mit dem lärmenden Zynismus, der für seine amerikanischen Jahre so charakteristisch war, nicht nur die Realität Hitlerdeutschlands zu überschreien versuchte, sondern auch den ‚God who had failed' und das ehemalige Vertrauen, das er diesem Gotte entgegengebracht hatte.

Nach diesem Rückblick auf die damalige Zeit wird es wohl niemandem, der nun mit seinen damaligen Blättern konfrontiert wird, in den Sinn kommen, die Rudel von Kreaturen, die diese Blätter überfluten, Ausgeburten von Grosz' privater oder gar pathologischer Höllenphantatasie zu nennen. Denn dieses armselig-hyänenhafte Pack, das sich, das Messer zwischen den Zähnen, da herumtreibt, das ist eben die Menschheit, die wir soeben geschildert haben: die Menschheit, die nun aller (und nicht nur der Klassen-) Unterschiede beraubt, zugleich schuldig ist *und* unschuldig, zugleich gierig *und* erbarmenswert, zugleich machtbesoffen *und* ohnmächtig, zugleich mörderisch *und* dem

Morde ausgeliefert. Und da diese ‚Nichtmehr-Menschen', diese blutbeschmierten Schnösel nicht nur ihre Eigenschaften eingebüßt haben, sondern auch (denn wir befinden uns bereits in der Zeit der Bombenteppiche) ihre Welt und ihr Eigentum, treiben sie sich nun in einem aus Schutt und Trümmern bestehenden Dschungel oder im nackten Nichts herum.

Natürlich konnte dieses *Inferno der Inferiorität* in keinem seiner früheren Stile Bild werden, weder in dem aggressiven seiner Frühzeit, noch in seinem späteren gefälligeren Idiom, noch in seiner nature morte-Manier. Technisch handelt es sich zumeist um überaquarellierte Zeichnungen, deren wässrige und giftige Farben nicht nur den Effekt der Besudlung beabsichtigen (und aufs ekelhafteste erzielen), sondern auch, da sie die Konturen unbekümmert überspülen, diese als unstabil, als ungültig, als verwesend erscheinen lassen. Wie wir den Stil nennen, ist nicht sehr wichtig. Aber da seine Malerei nun in der *Darstellung des Negativen* schlechthin bestand: in der des Nichtigen und des Nichtswürdigen, in der der Vernichtbarkeit und der Vernichtungsgier des Menschen, kommen wir seinen Absichten am nächsten, wenn wir (in Entlehnung des photographischen Ausdrucks) von der *Herstellung von ‚Negativen'* sprechen; wobei wir allerdings im Auge behalten müssen, daß Grosz, da er die Wahrheit seiner Welt im Triumpf des Negativen sah, im Unterschied zum Photographen mit seinen ‚Negativen' beanspruchte, die ‚Sache selbst' darzustellen.[17]

Aber ist es denn möglich, dem Negativen zu positiver Sichtbarkeit zu verhelfen?

Diese Frage rührt an den Nerv der bildenden Kunst. Denn der bildende Künstler befindet sich – diese Kalamität ist sonderbarerweise niemals in den Gesichtskreis der Philosophie der bildenden Kunst getreten, aber ohne deren Berücksichtigung bleibt diese Philosophie leer – in einer fatal benachteiligten Lage. Warum?

Weil er *‚zur Positivität verurteilt'* ist. Was heißt das?

Daß wir als Bilder machende Menschen von der Chance, die wir als sprechende Menschen besitzen: nämlich einen Sachverhalt zu verneinen, ihn als möglich oder wahrscheinlich hinzustellen oder gar vom Nichts zu reden – daß wir als Bildermacher von all diesen Spielarten (den sog. ‚doxischem Modalitäten') ausgesperrt bleiben. Der Maler kennt nur das Ja, er ist ein Gefangener des Parmenides, weder für das ‚Nicht' noch für das ‚Vielleicht' stehen ihm optische Korrelate zur

Verfügung. Einen nichtkommenden Menschen zu zeigen, ist er nicht imstande, einen vielleicht-kommenden kann er nicht aufs Papier zaubern; zeigt er einen Menschen, dann zeigt er einen Menschen; was er anrührt, verwandelt er midashaft in etwas, in etwas Positives.[18]

Dieser Kalamität müssen wir uns bewußt sein, wenn wir Grosz verstehen wollen. Denn was er, ungeachtet dieser ‚Zwangspositivität', darzustellen suchte, war ja das Nichtige, das Nichtswürdige, das Nichts; und nichts als das. Wie durchbrach er diese Kalamität? Wie half er sich?

Durch eine graphische Gewaltmaßnahme, auf die kein Theoretiker je hätte kommen können; durch eine Technik, die sich allein im Akt des Malens selbst, allein im verzweifelten Kampf gegen diesen Zwang, einstellen konnte. Durch ‚*Auslassen*'.

Das Wort klingt vertraut. „Zeichnen heißt auslassen" hatte einst Liebermann gelehrt. Aber mit dem, was Liebermann (heute dürfen wir wohl zufügen: aufs herkömmlichste) damit gemeint hatte: daß nämlich der Darstellung des Wesentlichen alles beiläufige oder nichtssagende Detail ‚geopfert' werden müsse – damit hatte, was Grosz meinte, nicht mehr die mindeste Ähnlichkeit. Im Gegenteil: Was er ausläßt, ist gerade das ‚*Wesen*'. Und er läßt *gerade das Wesen aus, um mit Hilfe des nichtgezeigten Wesens zu demonstrieren, daß es zum ‚Wesen' des heutigen Menschen gehört, daß sein ‚Wesen' bereits geopfert ist.* Ein radikalerer Unterschied zwischen ‚Auslassung' und ‚Auslassung' läßt sich nicht vorstellen. Die an sich schon merkwürdige Tatsache, daß Liebermann und Grosz noch gleichzeitig in derselben Stadt Berlin gearbeitet haben, wird geradezu gespenstig, wenn man sich diese Funktionsveränderung einmal klargemacht hat. Zeitalter scheinen die Zwei voneinander zu trennen.

Wie sehen nun Grosz's Auslassungen in concreto aus?

Wie Löcher. Oder richtiger: sie *sind* Löcher.

Da in der bildenden Kunst der sichtbare Leib des Menschen den Menschen repräsentiert, kann die Darstellung des Menschen, der ‚nichts und niemand' ist, also des zerstörten Menschen, nur in der Darstellung des zerstörten Leibes bestehen. Anwendung: Wenn Grosz sagen oder zeigen will, daß seine Kreaturen kein Selbst mehr haben, daß sie das, was sie sind, allein durch das sind, was sie nicht sind – dann baut er sie um *ausgesparte Nichtse* herum, um Löcher, um ‚Fensterhöhlen'; und diesen (auf das zufälligste und abenteuerlichste ausgefransten oder ausgezackten) Höhlen dienen die Leiber nun als *Rahmen;* etwa so, wie Mauerwerk ausgebrannten Fenstern als Rahmen dient. – Nein, nicht ‚etwa so', sondern genau so: Denn die Analogie stammt nicht von mir, sondern von Grosz selbst – womit ich natürlich nicht meine, daß Grosz seine Lochkreaturen ausdrücklich so kommentiert habe, sondern daß diese uns nicht die Freiheit lassen, sie anders zu sehen. Diese treiben sich nämlich in einem (sofern das schlechthin Unwohnliche so heißen kann) ‚habitat' herum, das ihnen völlig homolog und angemessen ist: in einem aus Lochdingen bestehenden Medium; nicht nur zwischen (ihnen gleichenden) splitternden Ruinen, sondern in einer als ganzer zur Ruine gewordenen Welt. Wenn, wie es auf seinen Blättern zuweilen geschieht, der Durchblick durch eines der ausgeschlagenen ‚Menschfenster' den Blick direkt auf eines der zerschlagenen Dinge freigibt; das heißt: wenn uns, ob wir es wollen oder nicht, in einem einzigen ‚Augenblick' beide Ruinen zugleich ins Auge treten, dann hat die Präzision der Gleichung ihr Maximum erreicht, denn ‚schlagender' könnte die Aussage „der Mensch ist eine Ruine" (bzw.: „der Mensch ist ein Nichts") nicht vermittelt werden.

Und trotzdem ist auch damit die eigentlich vernichtende Meldung, die uns diese Blätter überbringen, noch nicht formuliert. Denn diese ist eine *ontologische* Meldung, die Meldung nämlich, daß ‚Sein' und ‚Nichtsein' nunmehr einfach ausgetauscht sind. Da uns die Stücke, die von der Welt noch übriggeblieben sind, also die Mensch- und die Dingruinen, den Eindruck aufzwingen, daß sie nur ‚noch nicht nichtseiende' Stücke sind, wirken sie wie Unterbrechungen des Leeren, ontologisch genauer: als *‚Löcher im Nichtseienden'*[19]. Die Ontologie der Groszschen Welt ist also (in Analogie zur ‚schwarzen Messe') eine *‚schwarze Ontologie'*. Sie gipfelt – und damit erhält unsere frühere Ankündigung, Grosz habe ‚Negative' hergestellt, ihre endgültige Bestätigung – in dem Satze: *Nicht das Nichtseiende ist die Negation des Seienden, sondern umgekehrt das Seiende die Negation des Nichtseienden'*.

Wie gesagt, ‚ausgedacht' war das Symbol des Loches nicht. So gehen Symbolstiftungen nicht vor sich. Wenn es sich um etwas Ausgeklügeltes, gar um einen ikonographischen Trick gehandelt hätte, dann würden uns diese Schreckbilder nicht so unmittelbar einleuchten, dann würden sie uns nicht so unmittelbar Grauen einflößen. An der Spontaneität der Entstehung dieser ‚Negative' zu zweifeln ist einfach unmöglich. So wie es für Kafka das Natürlichste von der Welt gewesen war, Metaphern oder Redensarten beim Wort zu nehmen und sie dazu zu verführen, sich zu Fabeln zu entfalten, so natürlich war es für Grosz, die Bilder der Sprache ‚beim Bild zu nehmen'[20], also z. B. den ‚hohlen Menschen' als wirklich ausgehöhlten darzustellen. Nein, nicht nur natürlich war das für ihn, sondern unvermeidlich. Womit ich meine, daß er in actu creationis einfach außerstande war, seinen Kreaturen (die er ja nur zu dem Zweck berief, um sie dadurch annullieren zu können) auch nur die geringste Würde, auch nur den vulgären Seinsgrad einer massiven ‚res extensa' zuzubilligen; daß sich seine Feder dagegen sträubte, ihnen durch zu festen Umriß eine zu deutliche Identität zu verleihen; daß sein Pinsel es sich versagte, sie durch zu kompakte Farbe ‚zu seiend' zu machen. Aber ‚sich etwas versagen' bedeutet in diesem Falle eben kein ‚Versagen', sondern umgekehrt eine voll gelingende Aussage.

Wenn wir den Stil seiner frühen notorischen Anprangerungen als seinen ersten bezeichnen; den seiner ‚slick products' und seiner ‚Registrierungen' als seinen zweiten, dann bildet der seiner eben geschilderten ‚Negative' seinen dritten Stil. Aber nicht seinen letzten. Denn noch einmal hat Grosz einen Wandel durchgemacht; und sogar einen, der uns nicht nur überrascht, sondern einen, der uns sogar ergreift. In den Bildern, von denen wir nun abschließend zu sprechen haben, ist die äußerste Negativität überwunden.

Das klingt wie die Ankündigung eines Glaubenssprunges. Seien wir vorsichtig.

Denn, daß dem Manne, der ein so ‚schwarzes opus' hinter sich hatte, die Welt noch einmal als erträglich, oder gar als schön, würde gelten können, daß er noch einmal Bilder in majorem mundi gloriam würde malen können, das dürfen wir nicht erwarten. Und wir können auch nichts von einem spektakulären seelischen Kurzschluß vermelden, etwa von einer Konversion der Art, wie sie damals in den Vereinigten Staaten als schick galt. Nichts dergleichen. Die einzigen Zeugen, auf die wir uns, wenn wir von einer Wandlung sprechen, berufen können, sind seine neuen Bilder. Aber diese reden eine so unverstellte Sprache, daß sie Mißverstehen ausschließen. Selbst Grosz hätte uns, wenn er das, was seine Bilder verraten, aus Trotz oder aus Scham oder aus welchem Grunde immer verleugnet hätte, nicht überzeugen können. Was verraten diese neuen Bilder?

Daß er in seine schwarze Welt, obwohl ihm diese durch kein noch so kleines Licht aufgehellt war, nun mit einem neuen Gefühl hineinblickte. Mit *Trauer.*

Nach soviel Kälte, Hohn und Finsternis zögert man, als Schlußwort über Grosz dieses humane Wort niederzuschreiben. Aber unter den anderen Worten, die sich anzubieten versuchen, gibt es kein akzeptables.

Man wird fragen, wie diese Metamorphose möglich war; durch welche Ereignisse sich die Flamme seiner Leidenschaft, die als kaltes Hohnfeuer begonnen, schließlich in brennendes Leiden hat verwandeln können. Mit Tatsachen kann ich auf diese Frage nicht antworten. Nur mit einer Vermutung. Mit der folgenden:

Die Zeit, in der diese neuen Stücke entstanden, war die des Ruins Deutschlands. Ich vermute nun, daß Grosz, der alte Roué des Negativen, der zu den ganz wenigen gehörte, die bereit und fähig waren, den Gedanken des Ruins ohne Beschönigung zu denken und festzuhalten, das Ausmaß des Ruins damals für *total,* daß er die Verwüstung als *endgültig* angesehen hat, also als das wirkliche Ende. Wenn es damals unter uns, die wir in fernen Ländern erstarrt vor den starren Photos der Schuttstädte saßen, jemanden gegeben hätte, der von ‚entrümpeln‘ oder von ‚wiederaufbauen‘ gesprochen hätte, oder der es als möglich oder als wahrscheinlich bezeichnet hätte, daß diese Wüstenei einmal vergessen sein könnte, und das gar innerhalb weniger Jahre – wir hätten diesen Mann nicht nur für albern gehalten, sondern für einen Verniedlicher der Apokalypse und hätten ihm die Türe gewiesen. Grosz wohl auch. Wie routiniert er auch zeitlebens als Zyniker gewesen sein mochte, in gewissem Sinne war doch auch er ein Zyniker alten Stils geblieben. Damit meine ich, daß sich sein Zynismus noch immer in der Maxime *‚alles ist vernichtbar‘* erschöpfte. Aber diese Maxime fing damals eben an, zu veralten, denn damals begann ja eine andere, sehr viel ‚vernichtendere‘ Spielart von Zynismus zeitgemäß zu werden, die Spielart, die unterdessen triumphiert hat und deren Maxime lautet: *„Alles ist wiederaufbaubar, Vernichtung daher garnicht so schlimm, zuweilen opportun“.* Daß dieser neue Zynismus für Grosz (mindestens in der Kriegsendzeit, da ich ihn kannte) bereits eine Rolle gespielt habe, dafür spricht wenig. Vielmehr glaube ich eben, daß in seinen Augen der Untergang wirklich *der* Untergang gewesen ist, nicht *einer;* also etwas Absolutes. Und daß dieses Absolute die Stoßkraft gewesen ist, der er seine Verwandlung verdankt hat.

Wie immer sich in den Buchkolonnen eines allwissenden Richters Schuld und Strafe, Infamie und Misere, Mitmachen und Mitdranglaubenmüssen gegenseitig verrechnen würden – die Rechnung, die Grosz aufstellte (und diese liegt in seinen ‚Trauerbildern' eben vor), die besagte, daß im Vergleich mit der Endgültigkeit der Verwüstung und mit dem Übermaß des Jammers die Größe der Infamie und all dessen, was er sein Leben lang gehaßt, attackiert und verhöhnt hatte, unbeträchtlich geworden war; vielleicht sogar, daß die Schuld unter den Trümmern nun mitbegraben und dadurch getilgt war. Gewiß aber ist, daß die Tausende von Meilen von ihm entfernt zusammenstürzenden Städte seinen Hohn mit sich gerissen und unter sich begraben haben. Freilich ‚Ende des Hohns' bedeutet noch keinen Anfang der Zuversicht; Vorboten der Hoffnung tauchen auf seinen Bildern nicht auf.[21] Aber die giftigen und die fahlen Farben seiner ‚Negative', die sind nun verschwunden; ein wärmeres Licht sickert durch die Trümmerwelt; und zwischen Schutt, Blut und Mörtel scheint ein, wenn auch kaum vernehmliches, „es ist schade um die Menschen" aufzusteigen. Also Trauer. Mindestens Trauer um die Chance, die nun ein für alle Male verspielt zu sein scheint; wenn auch nicht Trauer um eine Welt, die er geliebt hätte.

Das hier beigegebene Bild wird, was ich meine, besser verdeutlichen als meine Worte es können. In dieser Darstellung des aus dem Keller der zertrümmerten Welt zum Licht, freilich noch immer zum Licht der Feuersbrünste, aufsteigenden letzten Menschen auch nur einen Rest von Haß, Hohn oder Schadenfreude aufzuspüren, das wird wohl niemand wagen; solche Reste zu finden, wäre wohl auch niemandem möglich. Und fließt auch keine Träne, so allein deshalb, weil, was geschehen, viel zu viel war und viel zu groß, als daß es noch beweint werden könnte. Aber gerade dieses Vielzuviel wird in diesem Bilde betrauert und diese Tränenlosigkeit. Und in der Trauer um die nichtgeweinte Träne verbirgt sich der erste Schimmer der wiederaufsteigenden Humanität.

Ob diese Phase Grosz's letzte Phase gewesen ist (oder vielleicht nur

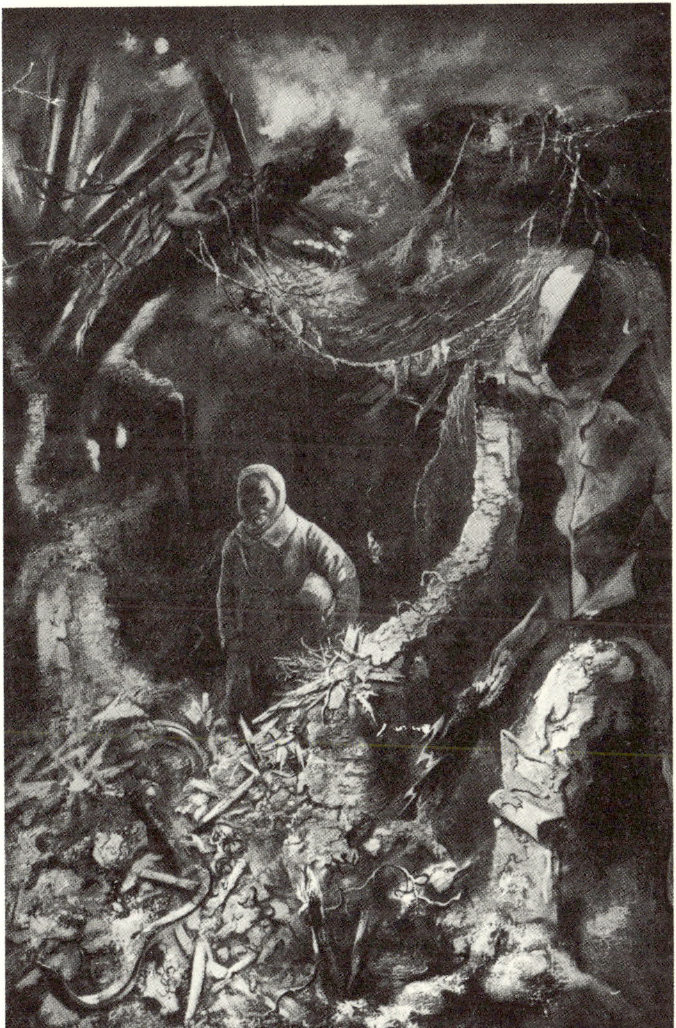

die letzte, die ich vor sovielen Jahren miterlebt habe), das weiß ich nicht. Aber was immer auch nachgekommen sein mag, in einem mehr als zeitlichen Sinne war diese Phase – denn dem Besten kann Besseres nicht nachfolgen – gewiß seine letzte. – Ebensowenig weiß ich, ob sich Grosz der Tiefe seiner Verwandlung wirklich bewußt war. Mir scheint es durchaus möglich, daß die längst verhärtete und nicht mehr abstreifbare Hornhaut über seinem verzweifelten Herzen die Wunde, die in seiner Tiefe aufgebrochen war, völlig zugedeckt hat; daß er selbst sie nicht gesehen hat. Verändert oder gar wie ein Konvertit verwandelt wirkte er damals durchaus nicht. Aber auch das wäre unwichtig, auch das würde uns nichts angehen. Was uns angeht, ist ausschließlich die trauernde Stimme, die aus seinem Werk tönt. Und dieser gebührt unser Respekt.

Anmerkungen

1. Ebenso unfähig wie die Liebe. Mir ist kein einziges nicht-gegenständliches Bild bekannt, das von Liebe zur Welt oder von Haß gegen die Welt Zeugnis ablegte. Das Alibi scheint perfekt. Und dieser emotionalen Neutralität ist es auch zuzuschreiben, daß nichtgegenständliche Kunst so oft politische Patronisierung genossen hat.
2. Umgekehrt gehört es stets zur Gefahr des liebevollen Portraits, daß es versehentlich zu ‚schlagend' werden könnte.
3. S. d. V. ‚Die Krise der Phantasie', in ‚Die Sammlung', 10. Jahrg., S. 122–34.
4. Ob damit etwas gegen das Mißtrauen oder gegen die Malerei gesagt ist, kann hier offenbleiben. Plato z. B. hat gegen die Malerei entschieden. Denn die Maler hat er ja, da sie sich, Bilder herstellend, mit der Produktion von ‚Schein von Schein' zufriedengeben, als die unüberbietbar Unphilosophischen verspottet. (Politeia 597/98).
5. Wie die malenden Platoniker diese Kalamität gemeistert haben, davon gibt uns die Geschichte der klassizistischen Kunst Europas Zeugnis.
6. Daß sie dadurch obszön sind, das mag zwar wahr sein. Aber doch nicht wahrer, als daß es grausam ist, Grausamkeiten sichtbar zu machen; oder daß es ungerecht ist, Ungerechtigkeiten sichtbar zu machen.
7. Willkommen und populär ist dagegen jener, am liebsten ‚dämonisch' genannte Ernst, der in nichts anderem besteht als in feierlicher, zumeist symmetrisch präsentierter, Mürrischkeit. In der über den meisten Klavieren der meisten Länder hängenden Maske Beethovens (die nichts mit seiner Totenmaske zu tun hat) hat dieser erlaubte ‚Ernst' seine unübertreffbare Verkörperung gefunden.

8. Das beste Alibi ist stets die Musik gewesen, weil ihr niemals nachgesagt werden konnte, daß sie etwas Bestimmtes ausgesagt habe. Darum blühte Musik im Metternichschen Österreich. Moralisch gesprochen ist die an Wundern unerschöpfliche ‚Gegenstandslosigkeit der Musik' ein Skandal. Daß eine Beethovensymphonie von jeder Regierung, gleich wo sie steht, als Mittel der Zelebrierung ihrer Ziele oder ihres Bestandes verwendet werden kann, spricht fürchterlich gegen die Sprache der Musik.
9. Erlaubt und willkommen waren dagegen ‚Ideale', das heißt: solche ‚Ziele', von denen auf Grund ihrer Sublimität von vornherein feststand, daß sie nur gewünscht, aber nicht gewollt werden konnten. Die Gefahr, daß jemand versuchen würde, sie durch wirkliche Schritte zu erreichen, und sie dadurch zu besudeln, die kam nicht in Betracht. Ihre Sublimität gründete im Tabu ihrer Realisierung. – Nichts war für den politischen Ernst der Zwanziger Jahre charakteristischer als die Tatsache, daß die Vokabel ‚Ideal', die die vor Jahrhundertbeginn Geborenen noch mehr oder minder arglos verwendet hatten, aus dem Sprachgebrauch verschwand. Das Wort würde im ‚Lexikon der sterbenden Wörter' als Prachtstück figurieren können. – An seine Stelle trat damals das ‚Ziel', für das man faktisch (im Kampf der Parteien) eintrat und kämpfte. – Freilich ist auch das bereits Vergangenheit: Denn unterdessen ist es so selbstverständlich geworden, das Kind mit dem Bade, das heißt: die Ziele mit den ‚Idealen', auszuschütten, daß man schon gar nicht mehr spürt, was man nicht hat. Da damit nun jedes Verhältnis zur Zukunft entkräftet ist, beschränkt sich, was den Heutigen bleibt, auf die reine, und das heißt durchweg: die unreine Gegenwart.
10. Diese gehört übrigens durchaus nicht zu den chockierendsten in der Geschichte der Christusdarstellungen. In der klassischen Kunst hat es ungleich skandalisierendere gegeben. Z. B. Mantegnas ‚toten Christus' (in der Brera). Neben dem, was sich Mantegna dort herausgenommen hatte (nämlich durch Anwendung der Froschperspektive Christi Leichnam zu einem ausschließlich auf Fußsohlen und Brustkorb bestehenden Paket zu machen, also den Christus des Opfertodes in ein Opfer der optischen Verkürzungsgesetze zu verwandeln) – neben solcher Quattrocento-Kühnheiten wirkt Grosz' Bild, auf dem das überlieferte Schema des Gekreuzigten unangetastet beibehalten ist, lammfromm.
11. Schon hier wird es deutlich, daß Grosz dialektische Mittel erfunden hat, um Negatives sichtbar zu machen. Diese Kraft zum Negativen ist in der bildenden Kunst etwas so Ungewöhnliches, daß wir später auf sie noch einmal ausführlicher zurückkommen werden. Siehe 47.
12. Wollte man die Maxime ihrer Aggression auf eine Formel bringen, diese würde lauten: ‚*Nicht das Gezeigte, der Zeigende ist schuldig*' – deutlich zeichnet sich bereits das Prinzip ab, das ein paar Jahre später Goebbels virtuos systematisiert hat.
13. Nicht zufällig spielte damals auch in der Literatur die *Gerichtsverhandlung* eine zentrale Rolle. Auf den juristischen Generalnenner läßt sich ein beträchtlicher Teil des damaligen Schrifttums, vom ‚religiösen' Flügel (Kafka) bis zum politischen (Brecht) zusammenfassen. Brechts Stücke leben gerade-

zu von Prozessen. Diese stellte er nicht nur als Sujets dar, vielmehr verstand er seine Stücke selbst als Prozesse, die er gegen die Wirklichkeit anstrengte; und hätten sie ihre Fortsetzung in wirklichen Gerichtsverhandlungen gefunden, so wäre ihnen das nicht nur als ein ‚der Sache äußerliches' Pech zugestoßen, sondern das hätte sie komplettiert. Faute du mieux wurde für diejenigen, denen direktere Eingriffe in die Wirklichkeit nicht zur Verfügung standen, das Anklagen, bzw. Sich-an-klagen-lassen, zu einem Modus der Aktion.

14. Leichenteile der aus der Welt der ‚nature morte' stammenden Objekte, z. B. der Guitarren, hingen ja noch lange wie Herkunftssymbole zwischen den Ecken und Ästen vieler kubistischer, abstakter und surrealistischer Kunstwerke.

15. Es ist kein Zufall, daß als Kulmination der Unmenschlichkeit stets die Zerstörung des Toten, nämlich *die Leichenschändung*, gegolten hat; damit das *Obszöne:* Denn dieses besteht ja in der Lust an der Entwürdigung, namentlich des Wehrlosen; vor allem in der Lust an der *Ausstellung* solcher Entwürdigung. – Also ist es auch kein Zufall, daß auch bei Grosz, der uns mit der entwürdigten Welt konfrontiert, das Obszöne eine solche Rolle spielt; daß seine aus Opfern bestehende Welt pornographisch wirkt. Das ist nicht etwa als muckerischer Vorwurf gegen ihn gemeint, umgekehrt als ein Hinweis auf den Ernst und die innere Folgerichtigkeit seiner Kunst. Denn wenn seinen makabren Bildern das pornographische Element fehlen würde, dann würde ihnen die Hauptsache fehlen; die *Gemeinheit des Furchtbaren* wäre dann nämlich ausgelassen. – Goya wußte darüber Bescheid: seine ‚Désastres' waren obszön und großartig; Stuck dagegen hatte keine Ahnung davon: sein berühmter ‚Krieg' blieb, weil unobszön, ein feierlich-melancholischer Schinken.

16. Dazu kommt, daß in Kunstwerken, namentlich in moralistischen, oft das ‚Gesetz der Inversion' herrscht. Das heißt: daß die Aussage des Werkes verlangt, in umgekehrter Lesart verstanden zu werden, (Siehe des Verfassers ‚Kafka – pro und contra', München 51, S. 37). Wenn Bert Brecht in der ‚Dreigroschenoper' aussagte: ‚Räuber sind Spießer' so meinte er (und so verstehen wir ihn unmittelbar) ‚Spießer sind Räuber'. Ob Grosz sich dieses Inversionsschrittes bewußt war oder nicht, ist gleichgültig, aber unbekannt war ihm, der Brecht früher nahegestanden hatte, diese Regel gewiß nicht. Anwendung: Sprechen seine Bilder: ‚Auch Dinge sind, so als wären sie Menschen, mordbar', so meinen sie: ‚Die heutigen Mordmöglichkeiten behandeln uns Menschen so, als wären auch wir nur Dinge'.

17. Daß snobistische Photographen im gleichen Jahrzehnt damit begannen, photographische Negativa (in denen Hell und Dunkel ausgetauscht waren) als Bilder zu präsentieren, das ist kein Zufall. Es handelt sich dabei um die verspielte Version dessen, was bei Grosz tödlich gemeint ist.

18. Kein Wunder, daß sich Bilderschriften stets in Schrift verwandelt haben: Die Zwangspositivität des Bildes war stets unerträglich, der Ausbruch aus ihr stets unvermeidlich gewesen.

19. Ähnliche Wirkungen erzielt zuweilen auch die nach-Webernsche Musik;

denn in dieser kommt es vor, daß Töne als Löcher im Stummen wirken, und das Musikwerk geradezu als ein Sieb fungiert, das dem Hindurchströmenden Nichts Kontur und Artikulierung verleiht.

20. Freilich auch ebenso unentrinnbar. Denn da diese Blätter in größter Zahl existieren, müssen wir wohl annehmen, daß ihn seine ‚Lochkreaturen' ebenso beharrlich verfolgt haben wie Kafka seine Schreckfiguren.

21. Außer auf einem einzigen Bilde, auf dem ein durch einen Sumpf watender Mann einem kaum sich ankündigenden Morgenrot entgegenwandert. Aber bei diesem ersten, einzigen und winzigen ‚Gehversuch der Hoffnung' blieb Grosz äußerst zurückhaltend; daß er den Mann von hinten darstellte, ist gewiß kein Zufall: das Gesicht der Hoffnung von vorne zu zeigen, das wagte er wohl nicht. Dieses Bild ist wohl sein humanstes: Denn es gibt nichts Ergreifenderes als die späte Scheu eines Mannes, der sein Leben lang vor keiner Lästerung zurückgescheut hatte.

Vorwort zu „Ecce homo“

Da wäre er nun also wieder, dieser Höllenband, der, als er zum ersten Male erschien, uns 20- bis 25jährige sehen machte und uns über die, wie wir damals glaubten: ‚verwüstete‘ Welt belehrte, in der wir zu leben hatten. Gewiß, gesehen hatten wir die Roheit, Vulgarität, Scheinheiligkeit, Dümmlichkeit, Lüsternheit, Erbärmlichkeit, Verhungertheit, Hoffnungslosigkeit, Indolenz und die Laster derer, die nach dem Zusammenbruch der halbherzigen Revolution von 1918 übriggeblieben waren: die angeblich Besiegten, denen schon wieder der Kamm schwoll; und die angeblichen Sieger: das Volk, das seine Unfreiheit nur in anderen Formen, in denen der Arbeitslosigkeit oder der inflationären Misere fortzusetzen hatte – irgendwie gesehen hatten wir das alles auch ohne ihn, aber doch nicht so wahrgenommen, daß wir hätten sagen können: ‚Ecce, dies also ist unsere Welt‘. Das geschah erst in demjenigen Augenblicke, in dem Grosz uns seine Augen einzusetzen begann. Aber was heißt da ‚begann‘? Da wir ja – ich entsinne mich des Tages noch deutlich – von einem Augenblick zum anderen, nachdem uns die ersten Blätter des ‚Gesichts der herrschenden Klasse‘ und des ‚Ecce Homo‘ begegnet waren, mit seinen Augen sahen, anders nicht mehr sehen konnten – ein Zustand, der dann so endgültig geblieben ist, daß wir selbst heute noch, nach mehr als 40 Jahren, wenn wir die Augen schließen, um uns zu erinnern, die damals von uns selbst erfahrene Welt durch Groszsche Augen vor uns sehen. Und so: gesehen durch seine Linse, wird wohl das Stück Geschichte, das ‚Berlin zwischen 1917 und 1922‘ heißt, in die Geschichte eingehen. Nicht nur der Kunstgeschichte gehört er also an, sondern der Geschichte selbst.

Der erste Augenblick der Begegnung war natürlich ein Moment der Betroffenheit, um nicht zu sagen: des Entsetzens. Aber doch eines Entsetzens, das, wie sonderbar das auch klingen mag, zugleich auch befreiend war – einfach deshalb, weil wir plötzlich das Gefühl hatten, mit der nackten, richtiger: mit der total ausgezogenen Wahrheit unserer Epoche konfrontiert zu sein; weil wir nun zu wissen glaubten, woran wir waren; und weil es uns einfach ausgeschlossen schien, daß ein Weltzustand, der einmal so rücksichtslos an den Pranger gestellt und so schlagend getroffen worden war, noch lange würde weiterbestehen können.

Nun, wären nur die sujets brutal und unverblümt gewesen, seine Blätter hätten uns wohl so tief nicht erschrecken können. Dreck, Elend, Hunger und Entwürdigung waren schon vor ihm gezeigt worden, Käthe Kollwitz hatte ihren großen Ruhm der Monumentalisierung der ungeschminkten proletarischen Misere verdankt. Aber auch Monumentalisierung kann als eine Art von Verhübschung oder von Verniedlichung wirken. Bei Grosz lag da offensichtlich etwas vollkommen anderes vor: Ein Stil nämlich, der sich, statt zu monumentalisieren, bewußt und willentlich an der Brutalität, Mediokrität und Schnödheit seiner Gegenstände infizierte, und dem das auch wirklich gelang, der also dem Negativen seiner sujets stets gewachsen blieb; eine Handschrift, die den Mut hatte (oder die Frechheit oder das Vergnügen daran – es kam wohl alles zusammen), ekelhaft zu sein und Ekel zu erregen; und die sich gerade dadurch, daß sie Gemeines gemein und Monströses monströs zeigte, eine eigene und völlig neue Art von schrecklicher Großartigkeit verschaffte. Wenn man bedenkt (damals war mir das unbekannt), wo Grosz künstlerisch herkam: einerseits aus der sehr professoralen Dresdener Kunstakademie und andererseits aus der Einflußzone der letzten lilienhaften Jugendstilillustratoren, dann scheint die so rasche und selbstsichere Etablierung seines gewalttätigen persönlichen Stils fast ein Wunder, auf jeden Fall bewies sie weit mehr als nur künstlerische Selbständigkeit. Aber Grosz hatte eben nicht nur Kunstschulen besucht, sondern auch die Schule der Welt, die Kasernenhöfe, die Schlachthäuser, die Schlachtfelder und Lazarette des Krieges, die Kleinleutewohnungen, die patriotischen Vereinslokale der Provinz, die Puffs und Bumslokale im Berlin der Kriegs- und Nachkriegsjahre – und sehen hatte er gerade dort gelernt, dort, wo auch nicht mehr der letzte Brösel von jener ‚Schönheit‘ entdeckt werden konnte, die ihm, als er klassizistische Sintflutkompositionen hatte entwerfen müssen, eingebläut worden war, und dort, wo sich der Anspruch der akademischen Ästhetik als einfach lachhaft herausstellte. Dort also hatte er zeichnen gelernt, und dort zeichnete er nun pausenlos, geradezu süchtig, um dadurch das, was man ihm als gültig beigebracht hatte, zu widerlegen und auszustreichen; und auszustreichen nicht allein jenes vergleichsweise unwichtige Vorurteil der akademischen Schönheit, das ihm vor gipsernen Junos weisgemacht worden war, sondern mit diesem zugleich, gewissermaßen in einem großen Aufwaschen, auch die aus tausend Vorurteilen, Scheinheiligkeiten, Roheiten und Muffigkeiten bestehende kleinbürgerlich-pommersche Welt, aus der er stammte, und die er mit sich herumtrug; und damit wiederum die ganze Vorkriegs- und Kriegswelt. Er war ein großer Kritiker und ‚Ausstreicher'. Und wenn schon seine frühen Blätter tödlich wirken, so eben deshalb, weil die Striche, mit denen er seine Figuren aufs Papier warf, letztlich nichts anderes bezweckten, als diese Modelle auszustreichen, und nichts anderes waren als Schwertstreiche – ein eigentümlicher Vorgang: denn daß man Bilder von Feinden vernichtet, um die Feinde selbst dadurch zu vernichten, das ist zwar seit den frühesten Zeiten der Magie bekannt; nicht dagegen, daß man, wie Grosz es tat, zu diesem Zwecke Bilder erst eigens herstellt. –

Nichts kann wohl die Treffsicherheit dieser seiner ‚ausstreichenden' und vernichtenden Kunst besser beweisen als die Rapidität, mit der, kaum daß er zu zeichnen begonnen hatte, Tausende begannen, in der sie umgebenden Menschheit ein Abbild seiner Bilder zu erkennen. Wenn es sich da nicht sogar um Hunderttausende handelte. Denn die Typen, die er damals (man bedenke: als junger Mann zwischen 23 und 28) schuf, die wanderten rasch über die Grenzen, über die westlichen ebenso wie über die östlichen, hinein in Plakate, in Zeitungen und Witzblätter, sie wurden über Nacht, wie verplumpt oder versüßt auch immer, zu internationalen ‚optischen Slogans', und in raschester Zeit gelang es ihnen, diejenigen Typen zu verdrängen, die jahrzehntelang als Modelle in den satirischen Zeitschriften geherrscht hatte, die Typen Daumiers, Lautrecs, des ‚Punch' oder des Simplicissimus. Und dieser Sieg war nicht etwa nur ein Strohfeuer. Denn noch in jenen Jahren, in denen Grosz selbst seine 40 Jahre zuvor geschaffenen Typen nicht mehr sehen, nicht mehr riechen konnte, triumphierten sie noch immer, und sogar in Ländern, die er niemals betreten hatte. Noch im Jahre 58 habe ich in einer Theateraufführung in Japan Gesichtsmasken gesehen, die seinen Zeichnungen nachgebildet waren, Masken, die nun freilich (so toll verläuft die Geschichte) die Gesichter der amerikanischen ‚herrschenden Klasse' darzustellen behaupteten. Aber auch solche Tollheit – und diese wäre gewiß nach dem Geschmack von Grosz gewesen – ist noch Beweis von Triumph. –

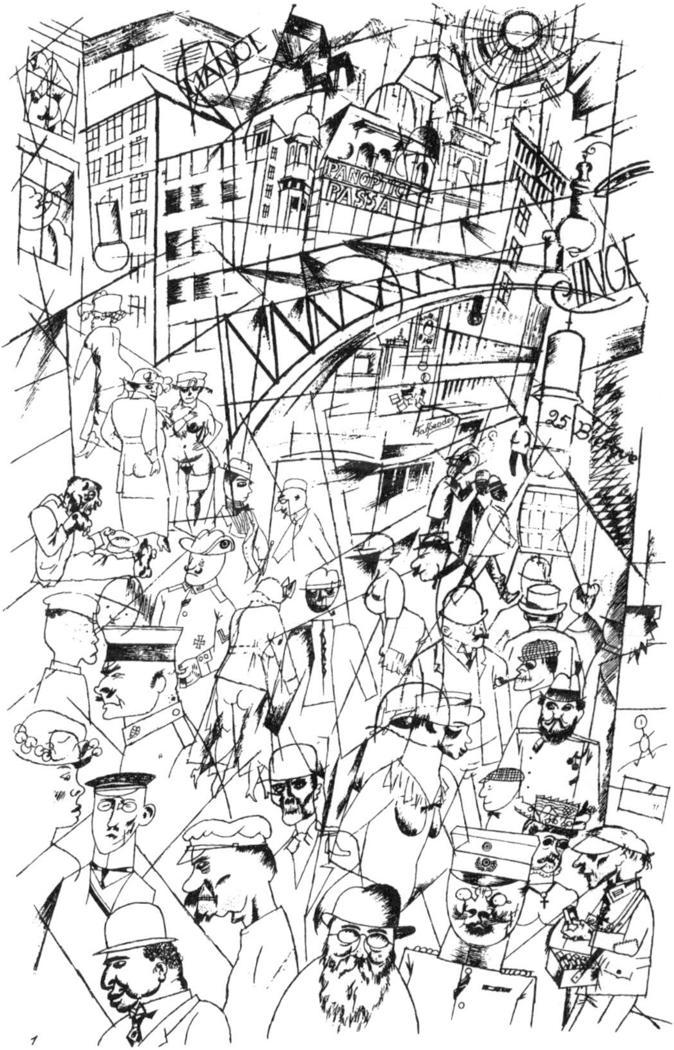

1

Nun, allein stand er als ‚Ausstreicher' natürlich nicht. Die Zeit fieberte. Nebenan hatte eine Weltrevolution stattgefunden. Und es gab damals, vom Marxismus zu schweigen, Zeitbewegungen, deren Anhänger die Welt, statt diese nur darzustellen oder gar zu preisen, oder statt sich dieser expressionistisch an den Hals zu werfen, aufs radikalste kritisierten, um nicht zu sagen: ‚ausstrichen'. Und der provokantesten dieser Bewegungen: nämlich der der *Dadaisten,* gehörte Grosz sehr bald an. Deren Rolle sollte man nicht unterschätzen. Auf jeden Fall ist es tröstlich, daß es nach dem ersten Ereignis wirklicher Massen-Annihilation: nämlich nach den Materialschlachten an der Somme und vor Verdun, in denen Millionen, sinnlos in den Tod gejagt, verblutet waren, mindestens eine kleine Gruppe gab, die, außer sich und melancholisch über den gigantischen Unsinn ihrer Epoche, den Mut zu ungeschminkt nihilistischen Formulierungen aufbrachte, und die nun programmatisch den absurdesten Unfug trieb (‚happenings arrangierte', würde man heute sagen), um dadurch ihren Zeitgenossen, die noch immer nicht begriffen oder nicht begreifen wollten, oder nicht begreifen konnten oder nicht begreifen durften, was sie da mitgemacht hatten, diesen Unsinn endlich ad oculos zu demonstrieren. Tatsächlich nahm Grosz an dieser ‚Bewegung', die in dem von Revolution und Gegenrevolution fiebernden Berlin viel politischer wurde als in Zürich, wo sie während des Krieges von verzweifelten Schriftstellern begründet worden war, aufs aktivste teil. Und das war kein Zufall. Denn seine zeichnerische Methodik war mit der dieser Dadaisten wirklich aufs engste verwandt: ebenso wie diese durch die schockierende Veranstaltung und Ausstellung von Absurditäten die Absurdität der Wirklichkeit vorzuführen versuchten, ebenso versuchte Grosz – und dieser Methode ist er ja niemals untreu geworden – durch Exhibition von Grausamkeit, Mediokrität und Gemeinheit die Grausamkeit, Mediokrität und Gemeinheit der Welt für diejenigen, die nicht Augen hatten, diese zu sehen, gewalttätig vorzuführen.[1] –

Nun, der Nachweis seines Zusammenhangs mit seinen Zeitgenossen bedeutet natürlich keine Schmälerung seiner künstlerischen Originalität. Überflüssig, auch nur zu erwähnen, daß sein Stil durchaus ihm gehörte, daß, was er da zustande brachte – nennen wir es, da ein offizieller kunstwissenschaftlicher Terminus dafür fehlt, *‚motorische Imitation'* –, seine Erfindung und sein ganz persönliches Verdienst war. Unter ‚motorischer Imitation' verstehe ich dabei, daß er stets denjenigen Duktus traf (bzw. daß ihm stets derjenige Duktus in die Feder floß), der dem Charakter, dem Bewegungstyp oder dem Schicksal seines sujets entsprach. Was er tat, war stets ein *Mittun*, nur daß seines eben, im Unterschiede zu dem der ‚liebenden Einfühlung', dem Haß entsprang und dem Ekel, dem Bedürfnis, seine sujets in flagranti ihrer Schwächen und Laster zu ertappen; und der Hoffnung, diese durch *motorische Nachäffung* in den Augen der Mitwelt unmöglich zu machen. Beispiele: Scheinheilige umschrieb er mit unglaubhaft wirkenden Arabesken. Verschweinte saute er ohne Rücksicht auf Konturen mit schweinisch ausgegossenen Tinten über den Bogen. Niemals hätte er Täter und Opfer mit einer und derselben Strichart zu Papier gebracht, es sei denn, um auszusagen, sie seien auswechselbar. Stellte er einen Mörder dar, dann kratzte er diesen mit mörderischem Strich, gewissermaßen mit Messer oder Stiefelabsatz, ins Papier, d. h.: er mordete graphisch mit – was ihn instand setzte, selbst toten Gegenständen Mörderischkeit zu verleihen und jeden beliebigen Schauplatz (was Benjamin anläßlich Julien Greens bemerkt hat) in einen *‚virtuellen Tatort'* zu verwandeln. – Führte er dagegen Figuren vor, von denen er sagen wollte, daß sie mißbraucht oder entkräftet, schon nicht mehr zählten, daß sie schon morgen um die Ecke gebracht oder ausgelöscht sein würden, dann strich er sie mit einem nichtigen Strich oder mit einer verneinenden oder gleichgültig fortwischenden Geste aufs Papier, nein eigentlich vom Papier fort; wie er denn – und damit springen wir für einen Moment von seiner Kunst in seine ‚Anthropologie' – uns Menschen primär nicht mehr als sterbliche, sondern als ermordbare, richtiger: als zum Morden und Ermordetwerden gezwungene Wesen verstand[2] – was, nachdem zehn Millionen einander gerade auf Befehl ausgerottet hatten, eigentlich gar nicht so radikal oder so erstaunlich war. Erstaunlich war es umgekehrt, und auch heute ist das noch unbegreiflich, daß Grosz mit dieser seiner ‚radikalen Philosophie' allein auf der weiten, von Leichen bestreuten Flur seiner Zeit stand; und daß (um das berühmteste deutsche Gegenbeispiel zu nennen) in jener Philosophie, die mit Grosz' Zeichnungen absolut gleichzeitig entstand, die ebenfalls ein Echo auf den Weltkrieg war, und die sogar als die radikalste Philosophie ihrer Zeit galt: daß in der Todesphilosophie Heideggers aufs altmodischste *nur* gestorben wird; also die Tatsache, die im Kriege ja nicht gerade unsichtbar geblieben war, daß wir einander töten und zum Töten und Getötetwerden gezwungen werden, unter den Tisch fiel bzw. unter das Katheder. Noch war das Blut auf den Schlachtfeldern nicht versickert, aber dieses Blutvergießen zu erwähnen, das galt offenbar, gleich ob noch oder schon wieder, als zu rot. –

Man sieht: Kunst, Philosophie und Politik in der Darstellung auseinanderzuhalten, ist nicht möglich, und das zu tun, wäre auch höchst unnatürlich. Kehren wir also zu Grosz als Künstler zurück.

Er gilt als einer der wenigen ‚*Gegenständlichen*' in der Epoche abstrakter Malerei. Was hat es damit auf sich?

Erst einmal ist es natürlich wahr, daß er das Aussehen der Welt nicht so zerstört hat, wie das die abstrakte Malerei und die dieser folgenden Stile getan haben. Aber das bedeutet nicht etwa, daß er, verglichen mit seinen Zeitgenossen, konservativ oder gar reaktionär gewesen sei; umgekehrt sogar, daß er in der Opposition stand: daß er nämlich, während seine Kollegen die Zerstörung der Welt, die um sie herum vor sich ging, auf der Staffelei konsequenzenlos, unkritisch und stolz auf Avantgardismus mitmachten, diese Zerstörung zu seinem *sujet* gemacht hat. – Freilich stellt er nun dieses sujet: die Zerstörung unserer Welt, nicht so dar, wie ‚gegenständliche Maler' das früher getan hätten, oder wie gegenständliche Maler in Sowjetrußland das heute noch tun würden. Diejenigen Darstellungsmittel, die ein normales Verhältnis des Beschauers zum Objekt voraussetzen, die hat er kaum je, und wenn, dann nur kursorisch, verwendet. Vergeblich wird man z. B. die Fluchtpunktperspektive suchen, da diese die dargestellten Gegenstände koordinieren und in eine ordentliche Beziehung zum Betrachter setzen würde. Da es Grosz aber darauf ankam, die Welt als *gestörte Ordnung*, als Chaos, als bloßes ‚*Nebeneinander*'[3] (von Mensch und Mensch, von Haus und Nebenhaus, von Glanz und Elend, von Ambition und Realität) zu entlarven, mußte ihm die Weiterverwendung des fluchtpunktperspektivischen Schemas, obwohl dieses den europäischen Realismus eingeleitet hatte, als unrealistisch, als Vorspiegelung falscher Ordnung vorkommen. Statt des koordinierten Zueinander präsentierte Grosz daher oft das bloße Nebeneinander, was zuweilen so weit geht, daß uns seine Blätter darüber im unklaren lassen, ob wir sie als normale Skizzenblätter auffassen sollen, als solche, auf denen er, wie der Augenblick es brachte, dieses sujet neben jenem hingekritzelt hat; oder ob wir nicht gerade in diesem ‚Neben', in diesem bloßen Nebeneinander der sujets das von ihm gemeinte sujet sehen sollen. –

Ebensowenig kümmerte er sich um die mit der Fluchtpunktperspektive zusammenhängende Staffelung der Größenverhältnisse vom Vordergrunde zum Hintergrunde hin. Was auf seinen Bildern als groß erscheint, tut das kaum je deshalb, weil es sich zufällig im räumlichen Vordergrund des Bildraumes aufhält, sondern deshalb, weil es auf Grund seiner Mächtigkeit ins Gesicht springen soll. Optisch groß darf bei ihm allein dasjenige sein, was nicht nur als optisch groß gemeint ist, also das Herrschende, das Böse. Die Perspektive gehört bei ihm der Moral an, nicht der physikalischen oder physiologischen Optik.

Was aber jene Wesen angeht, die er uns als Opfer vorführt, so sind diese oft nicht nur auffällig klein, sondern auch – was dem konventionellen Realisten besonders ärgerlich sein muß – völlig *unmassiv*. Auch das hatte natürlich seinen guten Grund. Wenn Menschen ‚Niemande‘ sind – und die meisten, die er uns vorführte, meinte er ja als Niemande –, dann sind sie für die Herrschenden ‚Luft‘, d. h.: dann kann man durch sie hindurchblicken. Sie als wirklich kompakte, opake, unverdrängbare ‚res extensas‘ darzustellen, wie sie jeder konventionelle, also auch jeder ‚sozialistische Realist‘, dargestellt hätte, wäre in Grosz' Augen *sozial unrealistisch* gewesen.[4]

Freilich hatte es mit dieser röntgenhaften Durchsichtigkeit seiner Kreaturen noch eine anderen Bewandtnis – und hier spielt nun aufs unbestreitbarste der Marxismus hinein, vor allem dessen berühmte Ideologiethese, die damals für Grosz eine geradezu gigantische Bedeutung annahm, eine Bedeutung, die weit über den eigentlichen Inhalt dieser These hinausreichte. Was er mit seiner oft unsäglich obszön wirkenden Durchleuchtung der Häuser, Kleider und Figuren demonstrieren wollte, war, daß das Aussehen unserer Welt und das unserer Mitmenschen *ideologisch* sei, daß die sichtbare Erscheinung einen bloßen trügerischen Schein, eine Schmuckfassade darstelle, hinter der sich die (wahrhaftig nicht nur im sexuellen Sinne) obszöne Realität verstekke und unkenntlich mache; daß dieser Schein, da ideologisch, nicht abgebildet, sondern eben demaskiert oder durchleuchtet zu werden verdiene. Es ist wohl keine Übertreibung, zu behaupten, daß für Grosz, wenn er eine Metaphysik geschrieben hätte, *Scheinheiligkeit das* Attribut des Seienden dargestellt hätte; und *Mißtrauen das* Organon der Erkenntnis. Nun, das sagt sich leicht. Schon für einen Philosophen ist eine solche Position unerfreulich genug. Für einen Maler aber ist sie geradezu katastrophal, und zwar deshalb, weil man ja als Bildermacher, sofern man sich nicht auf die Herstellung bloßer Arabesken beschränken will, darauf angewiesen ist, an eine gewisse Korrespondenz von Sein und Erscheinung zu glauben. Dem jungen Grosz aber war selbst ein Minimum dieses Glaubens nicht vergönnt. Daß es ihm trotz dieses Dilemmas gelungen ist, ein Bildermacher zu werden und zu bleiben, das ist höchst bemerkenswert, und im ersten Augenblick scheint das geradezu rätselhaft. Mit der bloßen Beteuerung, er sei zeichnerisch eben ungeheuer begabt gewesen (was gewiß zutrifft, denn seit Menzel hatte es keinen Graphiker seines Ranges gegeben) und er habe eben dieser Zeichenbegabung oder Zeichensucht keinen Widerstand entgegensetzen können, ist natürlich gar nichts erklärt. Denn warum sollte einer, wenn er das Aussehen der Welt für ideologisch hält, wild darauf sein, dieses zu wiederholen? Und süchtig danach, die Lüge zu verdoppeln?

Nein, nur andersherum wird ein Stiefel daraus. Die Leidenschaft, mit der Grosz seinen Objekten, der ganzen sichtbaren Welt, nachjagte, entstammte einem anderen Furor. Er war ein *‚invertierter Platoniker'*. Was heißt das?

Wenn ‚Idealisierung' – Plato selbst hat diesen Ausdruck natürlich niemals verwendet – bedeutet, die Erscheinungen so präsentieren, wie sie aussehen würden, wenn sie jenen Modellen, denen sie angeblich nachgearbeitet sind, wirklich und nicht nur ungefähr entsprächen, dann bestand Grosz' Leidenschaft in dem, diesem Idealisieren entgegengesetzten Geschäft: nämlich darin, zu *de-idealisieren.* Dieser Ausdruck impliziert, daß ihm das Aussehen der Welt selbst bereits als Idealisierung galt, daß er in diesem, verglichen mit dem, was die Welt im Grunde ist, nichts sah als einen viel zu hübschen, viel zu harmlosen ‚schönen Schein', eine Verzerrung ins Süßliche. Wenn er in Zeichenfuror geriet, so, *pour corriger la nature;* das heißt: um diesen schönen Schein zu dementieren, um diese ‚Idealisierung' zu widerrufen, um *der Welt mindestens im Bilde dasjenige Aussehen zu verleihen, das ihrer infernalischen oder vulgären oder banalen Realität eigentlich zukäme; sie so darzustellen, wie sie aussähe, wenn sie so brutal, so gemein und so jämmerlich aussehen würde, wie sie wirklich ist.*

Daß Grosz die Welt entstellt habe, ist daher absolut unwahr, unwahr obwohl sogar Grosz selbst später zuweilen in den Chor der Mäkler miteingestimmt hat. Wahr ist allein, daß er das Aussehen der

Welt als deren Entstellung haßte, und daß er es nicht aushalten konnte, zu leben, ohne diese Entstellung noch einmal zu entstellen, um durch diese verdoppelte Negierung die Wahrheit zu gewinnen.

Grosz also noch im Jahre 66. Oder wieder im Jahre 66.

Diejenigen, die heute im Begriff stehen, sich öffentlich über Grosz' Schamlosigkeit zu entsetzen, oder sich öffentlich angeekelt oder empört von ihm abzuwenden; oder vor ihm zu warnen, weil er ‚negativistisch‘, ‚nihilistisch‘, ‚obszön‘, ‚zynisch‘ und was es dergleichen mehr gibt, das eigene Nest beschmutzt habe – und nun, da sein Ruhm von neuem ansteigt, wird ja auch die Zahl derer, die das tun werden, von neuem ansteigen – die sich heute darauf einlassen, die sollten sich in acht nehmen. Durch den tierischen Ernst oder die Scheinheiligkeit ihres posthumen Angriffes könnte ihnen nämlich etwas Furchtbares zustoßen, eine homerische Metamorphose: sie könnten sich nämlich plötzlich in jene Kreaturen verwandeln, die Grosz vor 45 Jahren auf diesen Seiten vorgeführt hat. Jeder, der Kritik vorhat, sollte erst einmal das opus daraufhin prüfen, ob nicht er selbst vielleicht bereits pränumerando, gewissermaßen aus antizipierter Rache für die zu erwartende Attacke, als Selbstgerechter oder Selbstgefälliger oder als Spießer oder als Rohling oder als Lügner auf einer dieser Seiten ‚aufgeschrieben‘ worden ist; ob dort nicht vielleicht sogar schon die Geste seiner heiligen Empörung damals schon festgehalten worden ist. Es ist durchaus nicht undenkbar, daß der oder jener von uns in diesem nun bald halbhundertjährigen Bande sein eigenes Porträt wiederfindet; und daß wir, wenn wir uns tatsächlich so benehmen, wie er uns in seinem Verbrecheralbum dargestellt hat, seine Bilder noch wahrer machen, als sie es ohnedies schon sind, und noch aktueller, als sie es ohnehin noch sind.

Anmerkungen

1. Die Beziehung dieser ‚Demonstration‘ zu denen, die im damaligen politischen Theater aufkamen, und zu den Methoden von Brecht (mit dem G. ja vorübergehend zusammengearbeitet hat) liegt auf der Hand.
2. Und entsprechend die Landschaft unserer Welt nicht als eine ‚nature morte‘, sondern als eine ‚nature assassinée‘.
3. Nicht zufällig trug ein gleichzeitiges Theaterstück (von Bruckner) diesen

Titel. Und die bloße Gleichzeitigkeit von miteinander nicht koordinierten Ereignissen war ja eines der Hauptthemen des damaligen Films und der Romane Dos Passos' und Döblins.

4. Die Methode, deren er sich bediente, wenn er die Metapher ‚Sie sind Luft für die Anderen' zeichnete, war offensichtlich dieselbe, die in denselben Jahren Kafka (dieser starb ein Jahr nach ‚Ecce Homo') anwandte, wenn er wahre Redensarten beim Wort nahm und diese in realistische Fabeln verwandelte.

Nachweise

Dieser Sammelband enthält außer bisher unveröffentlichten Texten die folgenden Nachdrucke:

Kafka pro und contra. Die Prozeßunterlagen. C.H. Beck, München ^{4}1972 (1951).

Bert Brecht. Gespräche und Erinnerungen. Die Arche, Zürich 1962.

Brechts „Leben des Galilei". Programmheft des Burgtheaters, Wien 1966.

Bertolt Brecht. Geschichten vom Herrn Keuner. Merkur 9/1979.

Der verwüstete Mensch. Über Welt- und Sprachlosigkeit in Döblins „Berlin Alexanderplatz". Festschrift zum achtzigsten Geburtstag von Georg Lukács. Herausgegeben von Frank Benseler. Luchterhand, Neuwied und Berlin 1965.

Über Broch. Der „Tod des Vergil" und die Diagnose seiner Krankheit. Austro-American Tribune 1945/46.

George Grosz. Die Arche, Zürich 1961.

George Grosz. „Ecce homo". Vorwort. Rowohlt, Reinbek 1966.

Die Fotomontagen von John Heartfield wurden reproduziert aus:
John Heartfield, Krieg im Frieden. Fotomontagen zur Zeit 1930–1938. Fischer Taschenbuch 3465, Frankfurt 1982.

Die Bilder von George Grosz (S. 202, 222) wurden aus der Arche-Ausgabe übernommen, ergänzt durch das Trümmerbild (S. 233) nach einer Vorlage aus dem Archiv Günther Anders. Das Bild „Friedrichsstr." (S. 240) wurde aus „Ecce homo" reproduziert.

Die Bilder auf den Seiten VIII, 2, 44, 134, 194 stammen aus den unveröffentlichten „Pariser Skizzen 1923–1927" von Günther Anders (alias Günther Stern).

Weitere Werke von Günther Anders bei C. H. Beck

Die Antiquiertheit des Menschen

Band 1: Über die Seele im Zeitalter
der zweiten industriellen Revolution
Nachdruck 1992 der 7. Auflage. 1987. XII, 353 Seiten
(Beck'sche Reihe, Band 319)

Band 2: Über die Zerstörung des Lebens im Zeitalter
der dritten industriellen Revolution
Nachdruck 1992 der 4. Auflage. 1988. 465 Seiten
(Beck'sche Reihe, Band 320)

Beide Bände sind auch in Leinenausstattung lieferbar

Die atomare Drohung

Radikale Überlegungen zum Atomzeitalter
6. Auflage. 1993. XIV, 224 Seiten. Paperback
(Beck'sche Reihe, Band 238)

Hiroshima ist überall

Herausgegeben und eingeleitet von Robert Jungk
1982. XXXVI, 394 Seiten, 3 Abbildungen. Broschiert

Besuch im Hades

Auschwitz und Breslau 1966. Nach „Holocaust" 1979
2. Auflage. 1985. 218 Seiten. Paperback
(Beck'sche Reihe, Band 202)

Wir Eichmannsöhne

Offener Brief an Klaus Eichmann
2., durch einen weiteren Brief ergänzte Auflage. 1988
100 Seiten. Paperback
(Beck'sche Reihe, Band 366)

Weitere Werke von Günther Anders bei C.H. Beck

Philosophische Stenogramme

2. Auflage. 1993. 150 Seiten. Paperback
(Beck'sche Reihe, Band 36)

Tagebücher und Gedichte

1985. VIII, 394 Seiten. Broschiert

Lieben gestern

Notizen zur Geschichte des Fühlens
2., durchgesehene Auflage. 1989. 138 Seiten. Paperback
(Beck'sche Reihe, Band 377)

Der Blick vom Turm

Fabeln
Mit 12 Abbildungen nach Lithographien von A. Paul Weber
3. Auflage. 1988. 104 Seiten. Gebunden

Ketzereien

Durch ein Register ergänzte Auflage. 1991
358 Seiten. Broschiert

Die molussische Katakombe

Roman
1992. 323 Seiten. Leinen

Mariechen

Eine Gutenachtgeschichte für Liebende, Philosophen
und Angehörige anderer Berufsgruppen
1993. 86 Seiten. Paperback
(Beck'sche Reihe, Band 1013)